中国人民生活发展指数检测报告

(2017)

主编 / 王亚南
联合主编 / 祁述裕　张继焦
副主编 / 朱岚　刘婷　方彧

ANNUAL EVALUATION REPORT ON THE DEVELOPMENT INDEX
OF PEOPLE'S LIVING CONDITIONS OF CHINA (2017)

社会科学文献出版社
SOCIAL SCIENCES ACADEMIC PRESS (CHINA)

本项研究获得以下机构及其项目支持
  中共云南省委宣传部云南省哲学社会科学创新工程
  云南省社会科学院中国人文发展研究与评价重点实验室

发布机制 中国人文发展研究与评价实验室
合作单位 云南省社会科学院文化发展研究中心
      国家行政学院社会和文化教研部
      中国社会科学院文化研究中心
      北京大学文化产业研究院
      社会科学文献出版社
      光明日报文化产业研究中心
联盟单位 上海交通大学国家文化产业创新与发展研究基地
      武汉大学国家文化创新研究中心
      中国传媒大学文化产业研究院

顾　　　问 王伟光 周文彰 赵　金
首席科学家 王亚南 张晓明 祁述裕 向　勇
学术委员会 （以姓氏笔画为序）

王亚南	王国华	毛少莹	尹　鸿	邓泳红
包霄林	边明社	朱　岚	向　勇	刘　巍
刘玉珠	齐勇锋	祁述裕	花　建	李　涛
李向民	李康化	杨　林	杨正权	何祖坤
宋建武	张晓明	张瑞才	陈少峰	范　周
金元浦	周庆山	郑　海	郑晓云	孟　建
胡惠林	殷国俊	高书生	崔成泉	章建刚
傅才武	童　怀	谢寿光	蒯大申	熊澄宇

主　　编　　王亚南

联合主编　　祁述裕　张继焦

副主编　　朱岚　刘婷　方彧

编　　委　　（以姓氏笔画为序）

邓云斐（执行）　冯瑞　曲晓燕　李坚
吴敏　汪洋（执行）　沈宗涛（执行）
张超　张雍德　纳文汇　赵娟（执行）
姚天祥　袁春生（执行）　郭娜（执行）
黄淳　黄小军　董棣　惠鸣　温源
谢青松　意娜　窦志萍

撰著

总　报　告　　王亚南　刘婷
技术兼排行报告　王亚南　方彧　魏海燕
居民收入报告　　王亚南　赵娟　孙瑞
居民消费报告　　刘婷　王亚南　张林
物质消费报告　　方彧　王亚南　蒋坤洋
非物消费报告　　赵娟　王亚南　杨媛媛
居民积蓄报告　　魏海燕　王亚南　秦瑞婧
子　报　告　　（以文序排列）

刘娟娟　辉煌　王鹰
陈静　崔宁　李毅亭

主要编撰者简介

王亚南 云南省社会科学院研究员,文化发展研究中心主任,中国人文发展研究与评价实验室首席科学家,云南省中青年社会科学工作者协会会长。主要学术方向为民俗学、民族学及文化理论、文化战略和文化产业研究,得到国内相关学术界公认的主要学术贡献有:①1985年首次界定"口承文化"概念随后完成系统研究,提出口承文化传统为人类社会的文明渊薮,成文史并非文明史起点;②1988年解析人生仪礼中"亲长身份晋升仪式",指出中国传统"致亲合一"社会结构体制和"天赋亲权"社会权力观念;③1996年开始从事文化战略和文化产业研究,提出"高文化含量"的"人文经济"论述,概括出中心城市以外文化产业发展的"云南模式";④1999年提出"现代中华民族是56个国内民族平等组成的国民共同体"和"中国是国内多民族的统一国家"论点,完成国家社会科学基金项目《中华统一国民共同体论》;⑤2006年来致力于人文发展量化分析检测评价体系研创,相继主持撰著《中国文化消费需求景气评价报告》(2011年)、《中国文化产业供需协调检测报告》(2013年)、《中国公共文化投入增长测评报告》(2015年)、《中国人民生活发展指数检测报告》(2016年)。

刘 婷 云南省社会科学院研究员,文化发展研究中心秘书长,云南大学艺术人类学博士,"云南文化发展蓝皮书"副主编,云南省中青年社会科学工作者协会秘书长。主要学术方向为艺术人类学及休闲文化、休闲产业研究,代表作《民俗休闲文化论》,独立承担国家社会科学基金西部项目《云南少数民族民俗文化保护的新思路》。全程参与研创"中国人文发展量化分析检测评价系列",合作发表《面向协调增长的中国文化消费需求——"十五"以来分析与"十二五"测算》《中国文化产业未来十年发展空间——以扩大文化消费需求与共享为目标》《各省域文化产业未来十年增长空间——基于需求与共享的测算排行》等论文和研究报告,参与组织撰著"中国人文发展量化分析检测评价系列"年度报告,负责人员组织和撰稿统筹。

方　彧　国家民政部中国老龄科学研究中心副研究员,《中国老龄事业发展报告》执行编委,中国社会科学院博士。主要学术方向为口头传统、老龄文化和文化产业研究。全程参与研创"中国人文发展量化分析检测评价系列",合作发表《中国文化产业新十年路向——基于文化需求和共享的考量》《中国文化产业发展空间:4万亿消费需求透析》《深化文化体制改革机制创新的若干现实问题透析》等论文和研究报告,参与组织撰著"中国人文发展量化分析检测评价系列"年度报告,负责文稿统改及英译审校。

赵　娟　云南省社会科学院文化发展研究中心副研究员,"云南文化发展蓝皮书"副主编,云南省中青年社会科学工作者协会秘书处主任。主要学术方向为古典文学、民族文化和文化产业研究,合著出版《经典阅读与现代生活》。全程参与研创"中国人文发展量化分析检测评价系列",合作发表《以国家统计标准分析各地文化产业发展成效》《中国文化产业未来十年发展空间——以扩大文化消费需求与共享为目标》《各省域文化产业未来十年增长空间——基于需求与共享的测算排行》等论文和研究报告,参与组织撰著"中国人文发展量化分析检测评价系列"年度报告,负责文稿统改。

摘 要

2000~2015年，全国城乡综合演算的各类民生数据人均值持续稳步增长，2015年居民收入为2000年的5.96倍，总消费为5.51倍，物质生活消费为5.14倍，非物生活消费为6.40倍，积蓄为7.52倍。但居民收入比从46.37%较明显下降至43.94%，居民消费率从35.91%明显下降至31.43%，"十二五"期间略有回升；尤其应注意居民收入年均增长明显低于财政收入年增4.18个百分点，居民消费支出年均增长明显低于财政支出年增4.59个百分点。

居民收入、总消费、物质生活消费、非物生活消费、积蓄地区差全方位不断缩小，居民消费需求（包括总消费及物质生活消费、非物生活消费三个方面）城乡比全面逐步缩小，居民收入、积蓄城乡比缩减不大甚或继续扩大。物质生活消费比重较明显降低4.73个百分点，非物生活消费比重较明显增高4.73个百分点，消费结构出现较大"升级"变化；而居民积蓄率从22.57%持续明显升高至28.47%，对消费需求的抑制作用加重。

2000年以来的基数值纵向检测表明，西部民生指数提升最高，中部次之，东北再次之，东部稍低，表明国家区域均衡发展方略已见成效；西藏、陕西、云南、安徽、河南占据前5位。2015年无差距理想值横向检测发现，存在差距的原因仍在于各方面协调性、均衡性还不够理想；上海、北京、浙江、辽宁、天津占据前5位。假定全国及各地保持居民收入比、居民消费率不再降低，实现各类民生数据历年最小城乡比直至弥合城乡比，人民生活发展指数将更加明显地提升。

目 录

R.Ⅰ 总报告

R.1 "全面小康"进程人民生活发展总体评价
——2000~2015年民生指数检测……………… 王亚南 刘 婷 / 001
一 全国经济财政增长与民生发展基本态势 …………………… 003
二 全国居民收入增长态势 ………………………………………… 005
三 全国居民消费增长及其结构性分析 ………………………… 007
四 全国物质生活消费综合增长态势 …………………………… 013
五 全国非物生活消费综合增长态势 …………………………… 014
六 全国居民积蓄增长及其相关性分析 ………………………… 016
七 全国民生发展指数综合检测 ………………………………… 022
八 全国人民生活数据增长差距测算 …………………………… 026

R.Ⅱ 技术报告与综合分析

R.2 中国人民生活发展指数检测体系阐释
——技术报告兼2015年综合指数排行
……………………………… 王亚南 方 彧 魏海燕 / 029
R.3 全国省域居民收入增长指数排行
——2015年检测与2020年测算 …… 王亚南 赵 娟 孙 瑞 / 059

R.4 全国省域居民消费景气指数排行
——2015年检测与2020年测算 …… 刘　婷　王亚南　张　林 / 085

R.5 全国省域居民物质生活消费指数排行
——2015年检测与2020年测算 …… 方　彧　王亚南　蒋坤洋 / 111

R.6 全国省域居民非物生活消费指数排行
——2015年检测与2020年测算 …… 赵　娟　王亚南　杨媛媛 / 137

R.7 全国省域居民积蓄富足指数排行
——2015年检测与2020年测算 …… 魏海燕　王亚南　秦瑞婧 / 163

R.Ⅲ　省域报告

R.8　上海：2015年度民生指数排名第1位 …………… 刘娟娟 / 189
R.9　西藏：2000~2015年民生指数提升第1位 …………… 辉　煌 / 206
R.10　陕西：2000~2015年民生指数提升第2位 …………… 王　鹰 / 223
R.11　浙江：2015年度民生指数排名第3位 …………… 陈　静 / 240
R.12　辽宁：2015年度民生指数排名第4位 …………… 崔　宁 / 257
R.13　安徽：2000~2015年民生指数提升第4位 …………… 李毅亭 / 274

Abstract ……………………………………………………………… 291
Contents ……………………………………………………………… 293

总报告

General Report

R.1 "全面小康"进程人民生活发展总体评价

——2000~2015年民生指数检测

王亚南 刘 婷[*]

摘要： 2000~2015年，全国城乡综合演算的各类民生数据人均值持续稳步增长，2015年居民收入为2000年的5.96倍，总消费为5.51倍，物质生活消费为5.14倍，非物生活消费为6.40倍，积蓄为7.52倍。但居民收入比从46.37%较明显下降至43.94%，居民消费率从35.91%明显下降至31.43%，"十二五"期间略有回升；尤其应注意居民收入年均增长明显低于财政收入年增4.18个百分点，居民消费支出年均增长明显低于财政支出年增4.59个百分点。居民收入、总消费、物质生活消费、非物生活消费、积蓄地区差全方位不断缩小，居民消费需求（包括总消费及物质生活、非物生活消费三个方面）城乡比全面逐步缩小，居民收入、积蓄城乡比缩减幅度不大

---

[*] 王亚南，云南省社会科学院研究员，文化发展研究中心主任；刘婷，云南省社会科学院研究员，文化发展研究中心秘书长。

甚或继续扩大。物质生活消费比重较明显降低4.73个百分点，非物生活消费比重较明显增高4.73个百分点，消费结构出现较大"升级"变化；而居民积蓄率从22.57%持续明显升高至28.47%，反过来对消费需求的抑制作用加重。

关键词： 全国　人民生活　发展指数　检测和评价

20世纪末，面向2000年"基本建成小康社会"目标，邓小平同志提出以人均产值1000美元作为标志，后修正为800美元。中共十七大之后，随着"全面建成小康社会"进程步步深入，以人为本越来越深入人心，政界、学界和全社会都意识到"GDP标准"的缺陷，以民生发展衡量政绩成为基本共识。特别是十八大以来，"以人民为中心"的新发展理念得以确立，发展为了人民，发展依靠人民，发展成果由人民共享。对"全面建成小康社会"进程实际成效的检验，更有必要深入人民生活方方面面进行细致入微的检测。

"中国人民生活发展指数检测体系"于2006年开始研制，其演算数据库作为"中国文化消费需求景气评价体系"的背景数据支持一直在使用。多年以来笔者先后推出"文化消费需求景气评价""文化产业供需协调检测""公共文化投入增长测评"，2014年综合屡次研创的方法论思路和技术性设计，并将"民生"范围集中于国家现行统计制度下"人民生活"部分，"人民生活发展指数检测"历时八年终于独立成型。面向日益临近的"全面小康"目标年，经反复调试、改进、完善全文数据库，《中国人民生活发展指数检测报告》于2016年首次出版，现为第2个年度卷。

本项研究在"文化消费需求景气评价"中首创城乡比倒数权衡测算，独创地区差指标及其演算方法，并基于城乡、区域无差距理想值设逆指标；在"文化产业供需协调检测"中，用来测算文化消费需求缩小以至消除城乡、地区差距后文化生产供给可能出现的"短缺"；在"公共文化投入增长测评"中，检测公共文化投入均等化差距；在"人民生活发展指数检测"中，全面展开经济、社会、民生发展城乡比和地区差检测。目前我国户籍的"农"与"非农"划分已在名义上取消，但既有城乡差距并未随之自动消除，地区差距更可见于公共服务和社会保障尚无全国统一的"国民待遇"。全国及各地诸方面发展的城乡比、地区差量化分析检测为本项研究的独特优势，专门用来检验中国社会结构"非均衡性"发展差距。

一 全国经济财政增长与民生发展基本态势

人民生活发展离不开经济增长、社会进步的基本背景，各项民生数据需要放到历年经济增长、财政收入和支出增加的背景之下加以考察。

全国经济财政增长与城乡人民生活发展关系态势见图1，限于制图容量，图1仅列出产值数据，财政收入、支出数据置于后台进行相关演算。

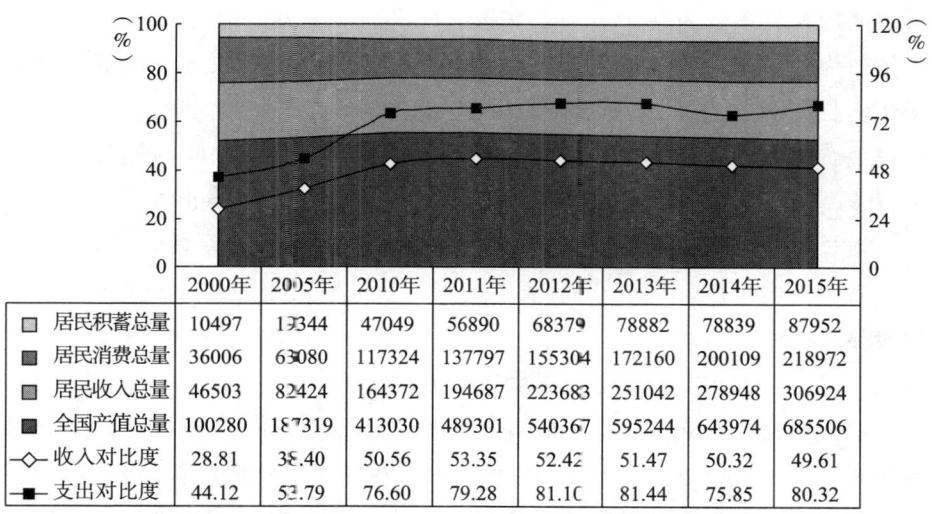

图1 全国经济财政增长与城乡人民生活发展关系态势

左轴面积：全国产值与居民收入、消费、积蓄总量（亿元转换为%），各项数值历年变化呈直观比例。右轴曲线：（基于财政演算）收入对比度、支出对比度（%）。囿于制图空间，省略若干年度，文中描述历年变化包括省略年度，全文同。

1. 全国产值、财政收支总量增长状况

2000～2015年，全国产值总量年均增长13.67%，同期财政收入总量年均增长17.59%，财政支出总量年均增长17.38%。① 财政收入和财政支出年均增长均超过产值年均增长，这意味着，在以万年产值体现的全社会总财富中，各级财政收取并支用的部分占越来越大的比例。

---

① 本项检测演算数据库每一次运算均无限保留小数，难免会与按稿面整数或两位小数演算产生小数出入，此属机器比人工精细之处，并非误差。全书同。

2. 居民收入、消费和积蓄总量增长状况

2000～2015年，全国城乡居民收入总量年均增长13.41%，消费总量年均增长12.79%，积蓄总量年均增长15.22%。15年间，全国城乡居民收入年均增长率低于产值年均增长率0.26个百分点，低于财政收入年均增长率4.18个百分点；居民消费年均增长率低于产值年均增长率0.88个百分点，低于财政支出年均增长率4.59个百分点。

在此有必要检测全国各类数据历年增长相关系数。产值与居民收入增长之间的相关系数为0.8352，呈稍强正相关性；与居民消费增长之间的相关系数为0.6431，呈较弱正相关性。可简单理解为居民收入、消费与产值历年增长分别在83.52%和64.31%的程度上同步，居民收入增长明显滞后，居民消费增长更极显著滞后。财政收入与居民收入增长之间的相关系数为0.6799，即二者历年增长在67.99%的程度上同步，呈较弱正相关性，居民收入增长显著滞后；财政支出与居民消费增长之间的相关系数为0.2482，即二者历年增长在24.82%的程度上同步，呈极弱正相关性，居民消费增长更极显著滞后。

3. 收入对比度、支出对比度历年变化状况

收入对比度、支出对比度出自本项检测的精心设计，即居民收入与财政收入、居民消费与财政支出之间相互对应的相关性比值（商值）。可基于居民收入或财政收入、居民消费或财政支出进行双向对应演算，其结果数据互为倒数百分值，用以检测居民收入与财政收入之间、居民消费与财政支出之间的相对关系及其历年变化情况。

基于全国财政收入演算（与居民收入比商值），15年间从居民收入的28.81%提高到49.61%，相对关系值增大了72.23%。这表明，在全国社会总财富历年分配中，财政收入所占份额扩增，而居民收入所占份额缩减，其间的相互关系用收入对比度变动来表示。全国居民收入比与财政收入比历年变化相关系数为-0.7511，呈极强负相关性，即两项比值在75.11%的程度上逆向变动。

基于全国财政支出演算（与居民消费之商值），15年间从居民消费的44.12%提高到80.32%，相对关系值增大了82.04%。这表明，在全国社会总财富历年支配中，财政支出所占份额扩增，而居民消费所占份额缩减，

其间的相互关系用支出对比度变动来表示。全国居民消费率与财政支出比历年变化相关系数为-0.7392，呈极强负相关性，即两项比值在73.92%的程度上逆向变动。

以上各类总量数据分析反映出，进入"全面建成小康社会"进程以来，"国富"的程度和速度明显高于"民富"的程度和速度。当然，这仅仅是对宏观层面的一种基本概括，深入透视全国民生发展的具体情况，特别是微观层面的深刻变化，还有必要对人民生活各类数据人均值进行检测，尤其需要尽可能展开各个方面的相关性分析。

二 全国居民收入增长态势

居民收入是国家现行统计制度中"人民生活"统计数据的基底，从根基上制约其余数据的变化动态。

居民收入及其相关性分析为民生指数检测系统的二级子系统之一。全国居民收入及其相关性变动态势见图2。

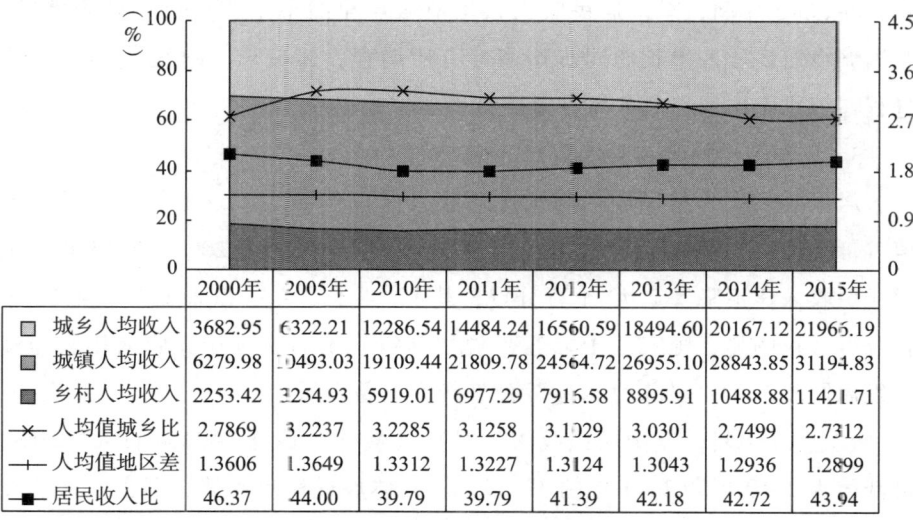

	2000年	2005年	2010年	2011年	2012年	2013年	2014年	2015年
□ 城乡人均收入	3682.95	6322.21	12286.54	14484.24	16560.59	18494.60	20167.12	21966.19
▨ 城镇人均收入	6279.98	10493.03	19109.44	21809.78	24564.72	26955.10	28843.85	31194.83
■ 乡村人均收入	2253.42	3254.93	5919.01	6977.29	7915.58	8895.91	10488.88	11421.71
✕ 人均值城乡比	2.7869	3.2237	3.2285	3.1258	3.1029	3.0301	2.7499	2.7312
＋ 人均值地区差	1.3606	1.3649	1.3312	1.3227	1.3124	1.3043	1.2936	1.2899
■ 居民收入比	46.37	44.00	39.79	39.79	41.39	42.18	42.72	43.94

图2 全国居民收入及其相关性变动态势

左轴面积：全国城乡综合、城镇、乡村居民收入人均值（元转换为%），各项数值历年变化呈直观比例。右轴曲线：居民收入人均值城乡比（乡村=1）、地区差（无差距=1）。左轴曲线：居民收入比（与产值即国民总收入近似值比）（%）。另需说明，本项检测经多重演算，衍生数值屡四舍五入，可能出现小数细微出入，实属演算常规，无误，全文同。

1. 城乡综合人均值及其地区差变动状况

2000~2015年,全国城乡居民人均收入年均增长12.64%(由于全国人口增长,居民收入人均值演算增长率略低于总量演算增长率)。居民收入人均值地区差最小(最佳)值为2015年的1.2899,最大值为2001年的1.3679。

在这15年间,全国居民收入人均值地区差缩小了5.20%。这意味着,全国各地居民收入增长的同步均衡性有所增强,体现出"全面小康"建设进程在缩小全国居民收入地区差距方面的有效进展。

2. 城镇与乡村人均值及其城乡比变动状况

2000~2015年,全国城镇居民人均收入年均增长11.28%,乡村居民人均收入年均增长11.43%,乡村人均值年均增长率高于城镇0.15个百分点。城乡之间增长相关系数为0.4543,即历年增长同步程度为45.43%,呈很弱正相关性。倘若把城乡各自年度增长指数制作成两条曲线,可以看出,城乡增长走势缺乏历年保持并行的良好均衡度。城乡比最小(最佳)值为2015年的2.7312,最大值为2009年的3.3328。

在这15年间,全国居民收入人均值城乡比缩小了2.00%。这意味着,全国城乡居民收入增长的同步均衡性有所增强,体现出"全面小康"建设进程在缩小全国居民收入城乡差距方面的有效进展。

3. 城乡综合居民收入比历年变化状况

居民收入比为居民收入与国民总收入(以产值为其近似值)之间的比值(商值),亦即社会总财富分配中居民收益所得部分。2000~2015年,全国居民收入比下降了2.43个百分点;其中,"十二五"以来上升了4.15个百分点。很明显,国家"十二五"规划制定"努力实现居民收入增长与经济发展同步"的"约束性指标"已经产生显著作用。

在这15年间,全国居民收入比最高(最佳)值为2002年的47.15%,最低值为2010年和2011年的39.79%。具体展开逐年测算,居民收入比在2002年、2009年、2012~2015年升高,在2000~2001年、2003~2008年降低,近年来仍未回复至2000年初始值,更未达到2002年最高值。这意味着,"全面小康"建设进程中全国居民收入增长与经济发展的同步协调性有待增强,甚而居民收入增长或应反超产值增长以补积年"拖欠"。

三 全国居民消费增长及其结构性分析

居民消费数据是国家现行统计制度中"人民生活"统计的主体部分，在市场经济条件下民生需求主要体现为居民消费需求。

（一）居民总消费增长基本态势

居民消费及其相关性分析为民生指数检测系统的二级子系统之二。全国居民总消费及其相关性变动态势见图3。

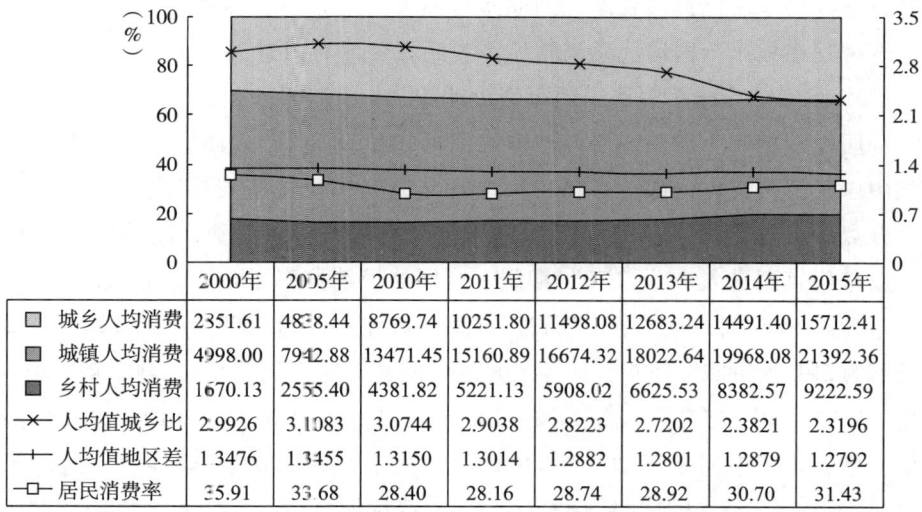

图3 全国居民总消费及其相关性变动态势

左轴面积：全国城乡综合、城镇、乡村居民总消费人均值（元转换为%），各项数值历年变化呈直观比例。右轴曲线：居民总消费人均值城乡比（乡村=1）、地区差（无差距=1）。左轴曲线：居民消费率（与产值比）（%）。

1. 城乡综合人均值及其地区差变动状况

2000~2015年，全国城乡居民人均总消费年均增长12.05%（由于全国人口增长，人均值演算增长率略低于总量演算增长率）。居民总消费人均值地区差最小（最佳）值为2015年的1.2792，最大值为2003年的1.3521。

在这15年间，全国居民总消费人均值地区差缩小了5.08%。这意味着，全国各地居民总消费增长的同步均衡性有所增强，体现出"全面小康"

007

建设进程在缩小全国居民总消费地区差距方面的有效进展。

2. 城镇与乡村人均值及其城乡比变动状况

2000～2015年，全国城镇居民人均总消费年均增长10.18%，乡村居民人均总消费年均增长12.07%，乡村人均值年均增长率高于城镇1.89个百分点。城乡之间增长相关系数为0.4101，即历年增长同步程度为41.01%，呈很弱正相关性。倘若把城乡各自年度增长指数制作成两条曲线，可以看出，城乡增长走势缺乏历年保持并行的良好均衡度。城乡比最小（最佳）值为2015年的2.3196，最大值为2003年的3.3505。

在这15年间，全国居民总消费人均值城乡比缩小了22.49%。这意味着，全国城乡居民总消费增长的同步均衡性有所增强，体现了"全面小康"建设进程在缩小全国居民总消费城乡差距方面的有效进展。

3. 城乡综合居民消费率历年变化状况

居民消费率为居民消费与产值之间的比值（商值），亦即社会总财富支配中居民消费支出的部分。2000～2015年，全国居民消费率下降了4.48个百分点。自应对国际金融危机实施"拉动内需，扩大消费，改善民生"国策以来，直到进入"十二五"期间，全国居民消费率才开始略有回升。

在这15年间，全国居民消费率最高（最佳）值为2002年的36.23%，最低值为2011年的28.16%。具体展开逐年测算，居民消费率在2002年、2009年、2012～2015年升高，在2000～2001年、2003～2008年、2010～2011年降低，近年来仍未回复至2000年初始值，更未达到2002年最佳值。这意味着，"全面小康"建设进程中全国居民消费拉动经济增长的同步协调性有待增强。还应注意到，居民消费率的下降程度大于居民收入比的下降程度，反过来即意味着居民积蓄率上升，同时亦即积蓄对消费的抑制作用加重。

居民消费子系统可相对自成一体，其下又包含八个三级子系统，即国家现行统计制度下"人民生活"总消费支出中的各分类单项消费。本项检测划分为"物质生活消费"和"非物生活消费"两个大类，其间消费结构变化尤其值得关注。

（二）物质生活消费结构关系变化态势

居民消费统计分类的前四类——食品烟酒、衣着、居住、生活用品及服务消费属于物质生活范畴，维系着人们衣、食、住、用的"基本需求"。居民物质生活分类消费及其相关性分析为民生指数检测系统的三级子系统之一至四。全国居民物质生活消费结构性关系变动态势见图4。

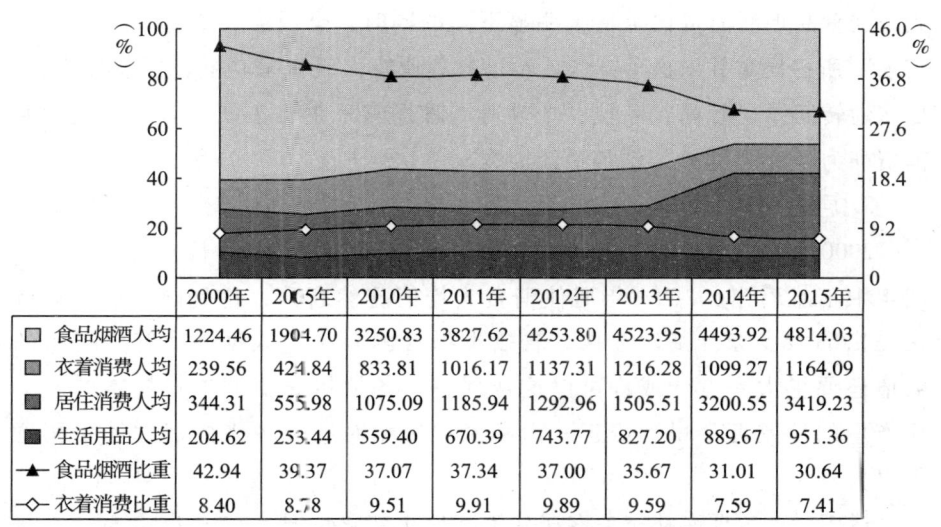

图4　全国居民物质生活消费结构性关系变动态势

左轴面积：全国城乡综合演算的居民物质生活消费单项（含食品烟酒、衣着、居住、生活用品及服务消费四项）人均值（元转换为%），各项数值历年变化呈直观比例。右轴曲线：食品烟酒消费比重、衣着消费比重（%），显示温饱需求消费支出占总消费比。

1. 食品烟酒消费人均值增长及其比重变化

2000~2015年，全国城乡居民人均食品烟酒消费年均增长9.56%。居民食品烟酒消费占总消费比重值即原始的恩格尔系数，用以检测维持生命"最基本消费"的比重，间接衡量居民生活宽余程度。

在这15年间，全国居民食品烟酒消费比重降低了12.30个百分点。最低（最佳。物质消费占比以低为佳，后同）比重值为2015年的30.64%，最高比重值为2000年的42.94%。可以看出，进入"全面小康"建设进程以来，全国居民食品消费"最基本需求"所占比重越来越低，这间接反映出人民生活从温饱"基本小康"向宽余"全面小康"发展。

2. 衣着消费人均值增长及其比重变化

2000~2015年，全国城乡居民人均衣着消费年均增长11.11%。在中国社会传统中，衣食与温饱总是联系在一起，移植恩格尔系数成为"中国版",应包括衣食温饱"基本需求",因此本项检测同样重视衣着消费。

在这15年间,全国居民衣着消费比重降低了0.99个百分点。最低(最佳)比重值为2015年的7.41%,最高比重值为2011年的9.91%。可以看到,在食品烟酒消费比重持续明显下降的同时,全国居民衣着消费"基本需求"所占比重并未显著降低,不过衣着原有保暖御寒功能已经发生变化,更多地转而体现时尚、品位、个性等。难怪有不少相关研究者建议把服装消费列为一种"别类"精神生活消费。

3. 居住消费人均值增长及其比重变化

2000~2015年,全国城乡居民人均居住消费年均增长16.54%。从图4中不难看出,2014年居住消费人均值陡然高升,这是国家统计局首次提供的城乡综合基础数据,若按本项检测系统的数据库演算,得出的数值还要更大一点。或许可以这样理解,各地居民受调查户样本的影响而产生的偏差近年得到修正,由私家住房相对普及带来的居住消费剧增得以体现。

运用后台数据库补充考察居住消费比重变化情况。在这15年间,全国居民居住消费比重增高了9.69个百分点。近十余年来各地城镇商品住宅市场火爆,各色人等需求旺盛,居住消费比重变化甚大,正是千家万户拥有私家住房的"刚需"开支成就了当今中国房地产的繁荣。

4. 生活用品及服务消费人均值增长及其比重变化

2000~2015年,全国城乡居民人均生活用品及服务消费年均增长10.79%。同样补充考察生活用品及服务消费比重变化情况。在这15年间,全国居民生活用品及服务消费比重降低了1.13个百分点。近十余年来各地城乡私家轿车市场升温,各色人等需求高涨,而生活用品及服务消费比重变化不大,或许"间歇性"购车支出列入长年日常消费也不明显。

(三)非物生活消费结构关系变化态势

居民消费分类的后四类——交通通信、教育文化娱乐、医疗保健、其他用品及服务消费属于非物生活范畴,维系着人们的社会交往、身心状态、精神生活等"扩展需求"。居民非物生活分类消费及其相关性分析为民生指数检测系统的三级子系统之五至八。全国居民非物生活消费结构性关系变动态势见图 5。

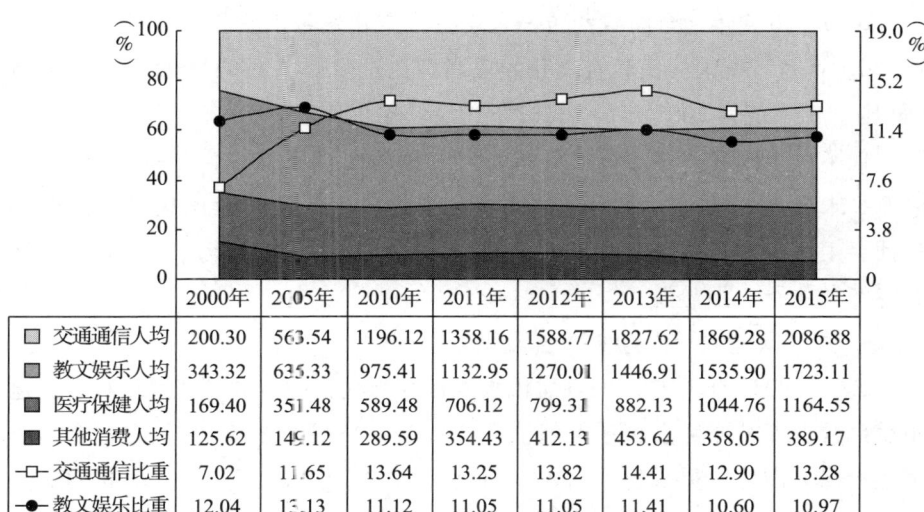

图 5　全国居民非物生活消费结构性关系变动态势

左轴面积：全国城乡综合演算的居民非物生活消费单项（含交通通信、教育文化娱乐、医疗保健、其他用品及服务消费四项）人均值（元转换为%），各项数值历年变化呈直观比例。右轴曲线：交通通信、教育文化娱乐消费比重（占总消费比）（%），显示社会生活交往、精神文化生活需求变化。

1. 交通通信消费人均值增长及其比重变化

2000~2015 年，全国城乡居民人均交通通信消费年均增长 16.91%。居民交通通信消费成为非物生活消费以至总消费中增长最快的部分，不难在生活现实中找到依据：全国每年有上亿人次出境旅游，数十亿人次在国内旅游；电话通信已成为国民的必需消费，手机及移动网络更是国内海量人群之"必备"，当然电信行业垄断造成的高收费也不容置疑。

在这 15 年间，全国居民交通通信消费比重增高了 6.26 个百分点。最高（最佳。非物消费占比以高为佳，后同）比重值为 2013 年的 14.41%，最低比重值为 2000 年的 7.02%。由此不难发现，人民生活水平已经从维持温饱的"基本小康"阶段超越出来，在物质生活需求达到较高水平之际，非物质生活需求迅速提升。交通通信消费比重显著增高，可以将其视为人民社会生活交往需求高涨的一种具体表现。

2. 教育文化娱乐消费人均值增长及其比重变化

2000~2015年，全国城乡居民人均教育文化娱乐消费年均增长11.35%。在这15年间，全国居民教育文化娱乐消费比重降低了1.07个百分点。最高（最佳）比重值为2002年的13.82%，最低比重值为2014年的10.60%。这里发现了一个问题，多年以来许多研究者预期的"精神文化消费需求高涨"局面并未出现。或许从满足温饱需求，到物质生活消费全面提升，再到注重社会生活交往需求，最后到追求精神文化生活丰富多彩，人民生活水平有待于"更上一层楼"。

3. 医疗保健消费人均值增长及其比重变化

2000~2015年，全国城乡居民人均医疗保健消费年均增长13.71%。运用后台数据库补充考察医疗保健消费比重变化情况。在这15年间，全国居民医疗保健消费比重增高了1.47个百分点。医疗保健消费比重增高明显并不难理解，健康是人们的"共同价值观"，但若干年来医院费用暴涨、保健产业暴利等问题也不容忽视。

4. 其他用品及服务消费人均值增长及其比重变化

2000~2015年，全国城乡居民人均其他用品及服务消费年均增长7.83%。同样补充考察其他用品及服务消费比重变化情况。在这15年间，全国居民其他用品及服务消费比重降低了1.93个百分点。其他用品及服务消费是一个"非明确"项，包括除了非物生活消费以上三类之外的其余消费开支，依据早年统计年鉴所列细目分类可知，家政服务相关支出也在其中。

至此可以归纳对比全国城乡居民物质生活、非物生活分类单项消费的增长变化差异。2000年以来的15年间，各类消费人均值年均增长率、比重值升降变化（百分比演算更为精确）排序如下：交通通信消费年增16.91%，比重上升89.08%，为最高；居住消费年增16.54%，比重上升80.23%，为次高；医疗保健消费年增13.71%，比重上升24.76%，为第三高；教育文化娱乐消费年增11.35%，比重下降8.91%，为第四高；衣着消费年增11.11%，比重下降11.81%，为第五高；生活用品及服务消费年增10.79%，比重下降15.62%，为第六高；食品烟酒消费年增9.56%，比重下降28.65%，为次低；其他用品及服务消费年增7.83%，比重下降43.78%，为最低。

四 全国物质生活消费综合增长态势

本项检测把居民全部物质生活消费设定为"必需消费",并设居民物质生活消费比重值为"全面小康"民生"必需消费系数",类比于放大的"恩格尔系数",检测"全面小康"建设进程中居民物质生活水平的提高,及其维持物质生活升级版"必需消费"支出的变动态势。

居民物质生活消费合计及其相关性分析为民生指数检测系统的二级子系统之三。全国居民物质生活消费合计及其相关性变动态势见图6。

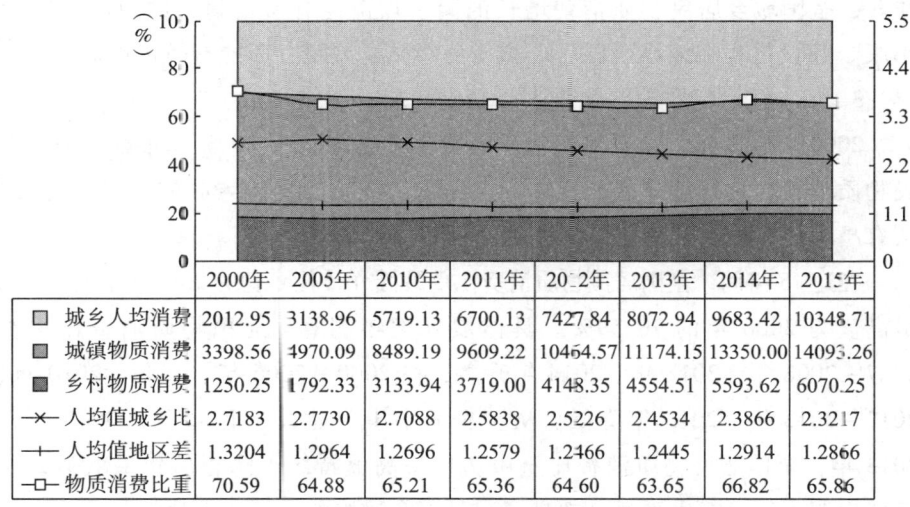

图6 全国居民物质生活消费合计及其相关性变动态势

左轴面积:全国城乡综合、城镇、乡村居民物质生活消费合计人均值(元转换为%),各项数值历年变化呈直观比例。右轴曲线:居民物质消费人均值城乡比(乡村=1)、地区差(无差距=1)。左轴曲线:居民物质消费比重(占总消费比)(%)。

1. 城乡综合人均值及其地区差变动状况

2000~2015年,全国城乡居民人均物质消费年均增长11.53%。居民物质消费人均值地区差最小(最佳)值为2013年的1.2445,最大值为2000年的1.3204。

在这15年间,全国居民物质消费人均值地区差缩小了2.56%。这意味着,全国各地居民物质消费增长的同步均衡性有所增强,体现出"全面小康"建设进程在缩小全国居民物质消费地区差距方面的有效进展。

2. 城镇与乡村人均值及其城乡比变动状况

2000~2015年,全国城镇居民人均物质消费年均增长9.95%,乡村居民人均物质消费年均增长11.11%,乡村人均值年均增长率高于城镇1.16个百分点。城乡之间增长相关系数为0.8604,即历年增长同步程度为86.04%,呈较强正相关性。倘若把城乡各自年度增长指数制作成两条曲线,可以看出,城乡增长走势缺乏历年保持并行的良好均衡度。人均值城乡比最小(最佳)值为2015年的2.3217,最大值为2003年的3.0039。

在这15年间,全国居民物质消费人均值城乡比缩小了14.59%。这意味着,全国城乡居民物质消费增长的同步均衡性有所增强,体现出"全面小康"建设进程在缩小全国居民物质消费城乡差距方面的有效进展。

3. 城乡综合物质消费比重历年变化状况

2000~2015年,全国居民物质消费比重下降了4.73个百分点。全国居民物质消费比重持续降低,意味着人民在保证物质生活"必需消费"之外,还有越来越多的余钱用以满足非物质消费需求。

在这15年间,全国居民物质消费比重最低(最佳)值为2013年的63.65%,最高值为2000年的70.59%。具体展开逐年测算,居民物质消费比重在2007~2008年、2011年、2014年升高,在2000~2006年、2009~2010年、2012~2013年、2015年降低。从"全面小康"建设进程起点2000年,到2013年,全国居民物质消费比重由历年最高值持续下降至历年最低值,这无疑表明人民生活水平早已超越了满足衣食温饱的"基本小康"阶段。

五 全国非物生活消费综合增长态势

本项检测把居民全部非物生活消费设定为"扩展应有消费",并设居民非物生活比重值为"全面小康"民生"扩展消费系数",检测"全面小康"建设进程中居民社会生活、精神生活质量的提升,及其在物质生活"必需消费"之外进一步增加"应有消费"支出的变动态势。

居民非物生活消费合计及其相关性分析为民生指数检测系统的二级子系统之四。全国居民非物生活消费合计及其相关性变动态势见图7。

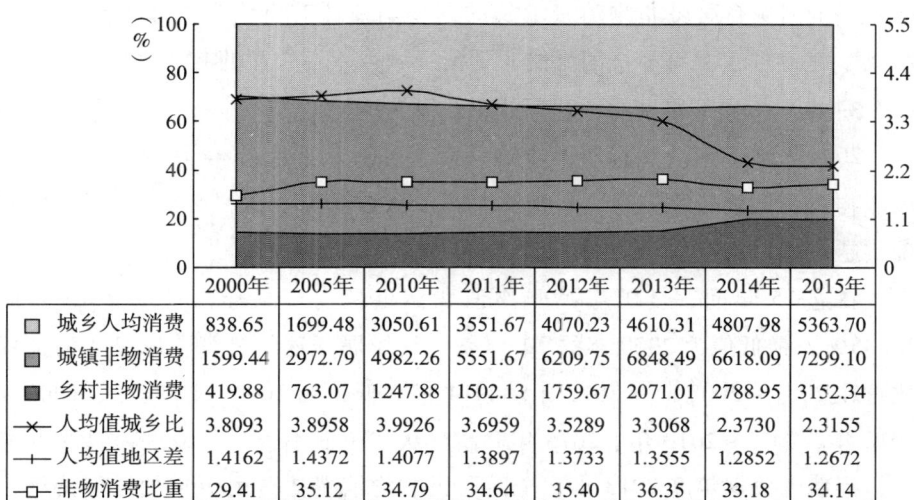

图7　全国居民非物生活消费合计及其相关性变动态势

左轴面积：全国城乡综合、城镇、乡村居民非物生活消费合计人均值（元转换为%），各项数值历年变化呈直观比例。右轴曲线：居民非物消费人均值城乡比（乡村=1）、地区差（无差距=1）。左轴曲线：居民非物消费比重（占总消费比）(%)。

1. 城乡综合人均值及其地区差变动状况

2000~2015年，全国城乡居民人均非物消费年均增长13.17%。居民非物消费人均值地区差最小（最佳）值为2015年的1.2672，最大值为2005年的1.4372。

在这15年间，全国居民非物消费人均值地区差缩小了10.52%。这意味着，全国各地居民非物消费增长的同步均衡性有所增强，体现出"全面小康"建设进程在缩小全国居民非物消费地区差距方面的有效进展。

2. 城镇与乡村人均值及其城乡比变动状况

2000~2015年，全国城镇居民人均非物消费年均增长10.65%，乡村居民人均非物消费年均增长14.38%，乡村人均值年均增长率高于城镇3.73个百分点。城乡之间增长相关系数为-0.4504，即历年增长逆向程度为45.04%，呈稍强负相关性。倘若把城乡各自年度增长指数制作成两条曲线，可以看出，城乡增长走势缺乏历年保持并行的良好均衡度。人均值城乡比最小（最佳）值为2015年的2.3155，最大值为2002年的4.3046。

在这15年间，全国居民非物消费人均值城乡比缩小了39.22%。这意味着，全国城乡居民非物消费增长的同步均衡性有所增强，体现出"全面小康"建设进程在缩小全国居民非物消费城乡差距方面的有效进展。

3. 城乡综合非物消费比重历年变化状况

2000~2015年，全国居民非物消费比重上升了4.73个百分点。全国居民非物消费比重持续提高，意味着人民在保证物质生活"必需消费"之外，确实越来越注重追求非物质生活"应有消费"。

在这15年间，全国居民非物消费比重最高（最佳）值为2013年的36.35%，最低值为2000年的29.41%。具体展开逐年测算，居民非物消费比重在2007~2008年、2011年、2014年降低，在2000~2006年、2009~2010年、2012~2013年、2015年升高。从"全面小康"建设进程起点2000年，到新近数据年度2013年，全国居民非物消费比重由历年最低值持续上升至历年最高值，这无疑表明人民生活水平已经转入注重生活质量整体提升的"全面小康"阶段。

六 全国居民积蓄增长及其相关性分析

本项检测取历年居民收入与消费之差作为最通常意义的"积蓄"，按理积蓄应大于并包含居民当年存入银行的储蓄，且不必再费心分辨、去除储蓄中政府和企业部分。

（一）居民积蓄增长基本态势

居民积蓄及其相关性分析为民生指数检测系统的二级子系统之五。全国居民积蓄及其相关性变动态势见图8。

1. 城乡综合人均值及其地区差变动状况

2000~2015年，全国城乡居民人均积蓄年均增长14.40%。居民积蓄人均值地区差最小（最佳）值为2014年的1.3370，最大值为2001年的1.4609。

在这15年间，全国居民积蓄人均值地区差缩小了7.20%。这意味着，全国各地居民积蓄增长的同步均衡性有所增强，体现出"全面小康"建设进程在缩小全国居民积蓄地区差距方面的有效进展。

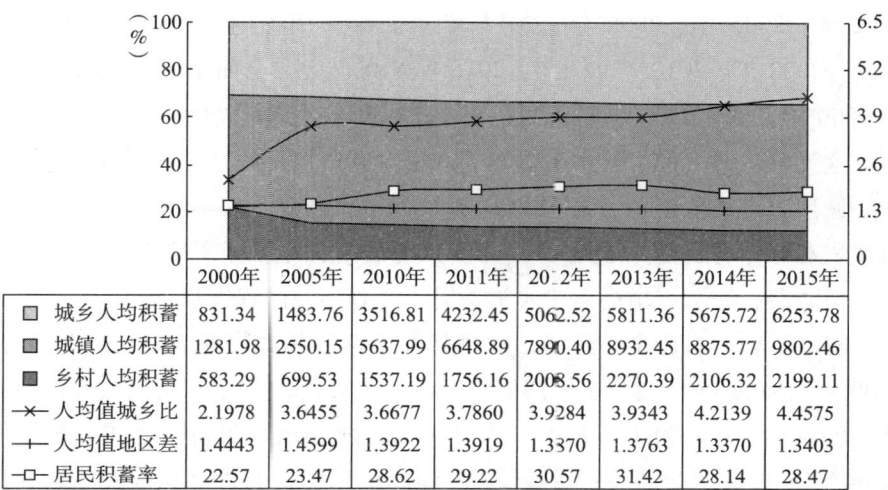

图 8　全国居民积蓄及其相关性变动态势

左轴面积：全国城乡综合、城镇、乡村居民积蓄人均值（元转换为%），各项数值历年变化呈直观比例。右轴曲线：居民积蓄人均值城乡比（乡村=1）、地区差（无差距=1）。左轴曲线：居民积蓄率（占居民收入比）（%）。

2. 城镇与乡村人均值及其城乡比变动状况

2000~2015年，全国城镇居民人均积蓄年均增长14.52%，乡村居民人均积蓄年均增长9.25%，乡村人均值年均增长率低于城镇5.27个百分点。城乡之间增长相关系数为0.6474，即历年增长同步程度为64.74%，呈较弱正相关性。倘若把城乡各自年度增长指数制作成两条曲线，可以看出，城乡增长走势缺乏历年保持并行的良好均衡度。人均值城乡比最小（最佳）值为2000年的2.1978，最大值为2015年的4.4575。

在这15年间，全国居民积蓄人均值城乡比扩大了102.81%。这意味着，全国城乡居民积蓄增长的同步均衡性有所减弱，体现出"全面小康"建设进程在缩小全国居民积蓄城乡差距方面的成效欠佳。

3. 城乡综合居民积蓄率历年变化状况

2000~2015年，全国居民积蓄率上升了5.90个百分点。全国居民积蓄率持续提高，意味着人民劳动所得可以保证物质生活"必需消费"、社会生活和精神生活"应有消费"，越来越多的宽余"闲钱"可供人民自由支配。

在这15年间，全国居民积蓄率最高（最佳）值为2013年的31.42%，最低值为2000年的22.57%。具体展开逐年测算，居民积蓄率在2000年、

2002年、2005年、2009年、2014年降低，在2001年、2003~2004年、2006~2008年、2010~2013年、2015年升高。从"全面小康"建设进程起点2000年，到2013年，全国居民积蓄率由历年最低值持续上升至历年最高值，这无疑表明人民生活水平已经进入相对充裕富足的"全面小康"阶段。

诚然，有必要澄清，居民积蓄率并非越高越好。相对于居民收入，积蓄率增高意味着富足余钱增多，可以体现出人民生活富裕程度；然而相对于居民消费，积蓄率增高意味着消费需求受到抑制的程度加重。

有必要归纳对比全国经济、财政与人民生活各类数据的增长变化差异。2000年以来的15年间，全国产值、财政收入和支出、城乡居民收入、总消费、物质生活和非物生活消费、积蓄人均值年均增长率排序如下：财政收入年增16.95%，为最高；财政支出年增16.74%，为次高；居民积蓄年增14.40%，为第三高；非物生活消费年增13.17%，为第四高；产值年增13.05%，为第五高；居民收入年增12.64%，为第六高；居民总消费年增12.05%，为次低；物质生活消费年增11.53%，为最低。其间，全国经济增长，财政收支额度增高，居民收入、消费（包括物质生活消费、非物生活消费）和积蓄增多之间的相对关系一目了然。

到这里，正好转入对各类数据之间增长相关性的深度分析。

（二）产值与收入、消费、积蓄之间增长关系

分析产值与居民收入、消费、积蓄之间的增长关系，可以检测出究竟是什么因素对居民收入、消费增长产生重要影响。全国产值与居民收入、消费、积蓄增长态势见图9，因相关系数分析需有历年不间断增长指数，而制图空间有限，故只截取2000~2010年（后台检测2000~2015年）。

1. 产值与居民收入、消费历年增长相关性

2000~2010年，标号（1）全国产值与（2）居民收入历年增长指数之间的相关系数为0.9098，呈很强正相关性，历年高低对比可见当年二者增长的同步关系；与（3）居民总消费历年增长之间的相关系数为0.7587，呈稍强正相关性；与（4）物质生活消费历年增长之间的相关系数为0.8511，呈较强正相关性；与（5）非物生活消费历年增长之间的相关系数为-0.4117，呈稍强负相关性。

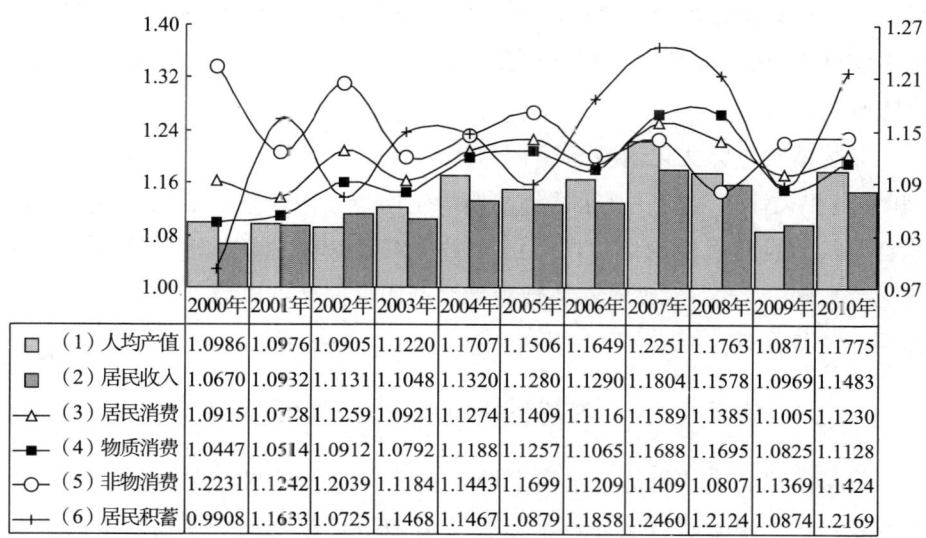

图 9 全国产值与居民收入、消费、积蓄增长态势

左轴柱形：全国产值年增指数。右轴曲线：居民收入、消费、积蓄年增指数，上年=1（小于1为负增长）。曲线间走势并行即正相关同步增长，上下交错对应即负相关逆向增长；相关系数1为绝对正相关完全同步，0为完全不相关，-1为绝对负相关完全逆向。后图同。

这些数据之间的增长相关性表明，全国经济增长并不能"自然"带动国内居民生活消费向着非物质需求方向"升级"。倘若各地大体如此，对"中国现实"特殊性的这一"逆规律性"的揭示即可成立。

2. 居民积蓄与收入、消费历年增长相关性

2000~2010年，标号（6）居民积蓄与（2）居民收入历年增长指数之间的相关系数为0.8261，呈稍强正相关性；与（3）居民总消费历年增长之间的相关系数为0.4082，呈很弱正相关性；与（4）物质生活消费历年增长之间的相关系数为0.6703，呈较弱正相关性；与（5）非物生活消费历年增长之间的相关系数为-0.7751，呈极强负相关性。

在全国范围这些数据之间的增长相关性中，相互间影响的正反方向、强弱程度已经不言自明。

由图9可见，标号（5）非物生活消费与（6）居民积蓄增长曲线形成横向镜面峰谷对应的"水中倒影"，二者呈77.51%逆向增长相关性。"积蓄负相关性"对于非物消费显著成立，对于总消费不成立，对于物质消费不

成立。后台数据库扩展演算，非物消费与积蓄增长之间在2000~2013年的逆向程度为69.63%，呈很强负相关；2000~2006年的逆向极值达95.15%，呈极强负相关。

非物消费包含文化消费，因而与本项研究早年发现的文化消费需求之"积蓄负相关性"对应，甚至两者的曲线走向也极为近似。显然，全国居民积蓄增长"自然而然"地抑制了国内居民生活消费向着非物质需求方向更快地"升级"。这一点倘若在各地得到普遍印证，又可成为"中国现实"中的特定"规律性""趋势性"发现。①

（三）居民收入、积蓄与非物消费之间增长关系

分析居民收入、积蓄与非物生活各项消费之间的增长关系，可以检测出究竟是什么因素对居民非物生活各项消费增长产生重要影响。全国居民收入、积蓄与非物生活消费增长态势见图10。因相关系数分析需有历年不间断增长指数，而制图空间有限，仅截取2000~2010年（后台检测2000~2015年）。

1. 居民收入与非物生活消费历年增长相关性

2000~2010年，标号（1）居民收入与（2）交通通信消费历年增长指数之间的相关系数为-0.5494，呈较强负相关性；与（3）教育文化娱乐消费历年增长之间的相关系数为-0.2373，呈很弱负相关性；与（4）医疗保健消费历年增长之间的相关系数为-0.4793，呈稍强负相关性；与（5）其他用品及服务消费历年增长之间的相关系数为0.0527，呈极弱正相关性。

这些数据之间的增长相关性表明，全国居民收入增高不"必然"带来国内居民生活消费向着非物质需求，尤其是精神文化需求方向"升级"。倘若各地大体如此，对"中国现实"特殊性的这一"逆规律性"的揭示即可成立。

---

① 本项研究针对各地分别取各自典型时段进行检测，这一"规律"普遍适用于全国29个省域，且绝大多数省域具有很高显著性或较高明显性，对于内蒙古基本成立，对于安徽不明显。

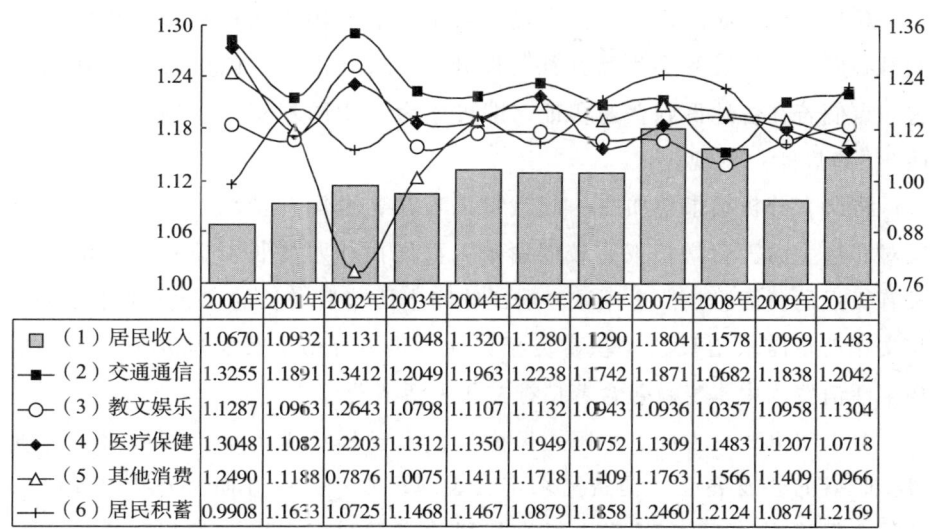

图10 全国居民收入、积蓄与非物生活消费增长态势

左轴柱形：居民收入年增指数。右轴曲线：居民非物消费单项、积蓄年增指数，上年＝1（小于1为负增长）。

2. 居民积蓄与非物生活消费历年增长相关性

2000～2010年，标号（6）居民积蓄与（2）交通通信消费历年增长指数之间的相关系数为 -0.7329，呈极强负相关性；与（3）教育文化娱乐消费历年增长之间的相关系数为 -0.4557，呈稍强负相关性；与（4）医疗保健消费历年增长之间的相关系数为 -0.8046，呈极强负相关性；与（5）其他用品及服务消费历年增长之间的相关系数为 0.0731，呈极弱正相关性。

在全国范围这些数据之间的增长相关性中，相互间影响的正反方向、强弱程度已经不言自明。

由图10可见，标号（4）医疗保健消费、（2）交通通信消费、（3）教育文化娱乐消费与（6）居民积蓄增长曲线形成了横向镜面峰谷对应的"水中倒影"，分别呈80.46%、73.29%、45.57%逆向增长相关性。"积蓄负相关性"对于医疗保健消费显著成立，对于交通通信消费明显成立，对于教文娱乐消费基本成立，对于其他用品及服务消费不成立。后台数据库扩展演算，教文娱乐消费与积蓄增长之间在2001～2010年的逆向程度为52.74%，呈较强负相关；2001～2005年的逆向极值达76.30%，呈极强负相关。

显然，全国居民积蓄增长已经严重地抑制了国内居民消费向着增强人们身心健康、扩展社会生活交往、提升精神文化需求方向更快地"升级"。这一点倘若在各地得到普遍印证，即可成为"中国现实"中的特定"规律性""趋势性"发现。①

将所有分析结果叠加在一起就可以看出，全国产值增长、居民收入增长对非物生活消费增长仅有较弱影响，而居民积蓄增长对非物生活消费增长有极强的负面影响。全国城乡居民非物生活消费增长的"积蓄负相关性"与文化消费需求增长的"积蓄负相关性"出奇相似。其实这并不奇怪，非物生活消费当中本身就包含着精神文化生活消费。

可以想见，一方面，中国人民生活消费已经突破了维持物质需求的阶段，旺盛的"发展性"消费需求定会表现出来；另一方面，公共服务体系和社会保障体制还不够完善，城乡居民为求"自我保障"的积蓄增长依然高居不下，这两个方面的"博弈"仍在持续之中。倘若没有"积蓄负相关性"，或这一负相关效应减弱，那么全国居民医疗保健消费、交通通信消费、教文娱乐消费等非物生活消费将出现更高的增长。

七 全国民生发展指数综合检测

全面汇总以上各类数据分析检测，以及置于后台数据库的全部相关测量演算，民生指数检测系统共包含一级指标（子系统）5项，二级指标（类别项）41项，三级指标（演算项）156项测算数值，最终综合加权得出全国民生发展指数检测结果。2000年以来全国城乡居民生活发展指数变动态势见图11。

1. 各年度理想值横向检测指数

各年度民生指数理想值横向检测方法的基本设置：①总量份额以上年为基准衡量升降变化（全国份额100%自为基准）；②人均绝对值以全国平

---

① 本项研究集中于教文娱乐消费，针对各地分别取各自典型时段进行检测，这一"规律"普遍适用于全国23个省域，且绝大多数省域具有很高显著性或较高明显性，而对于福建、内蒙古基本成立，对于新疆、山西、辽宁、浙江、安徽在局部时段成立，对于吉林不成立。

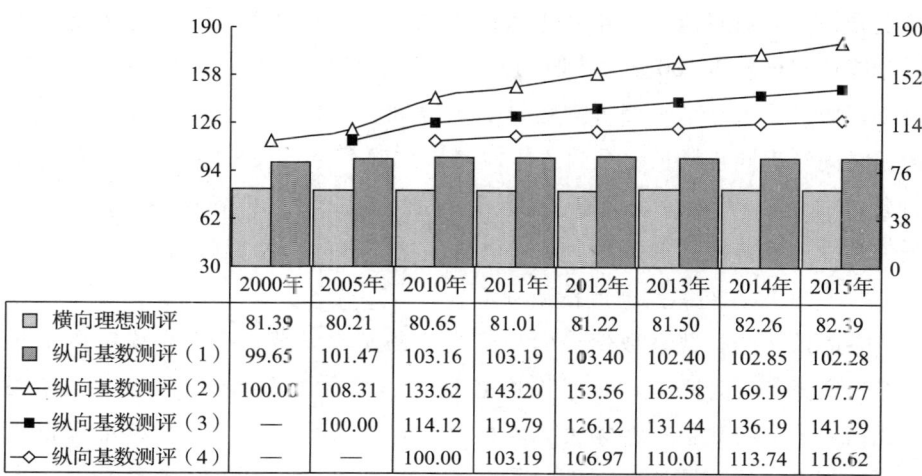

图 11　2000 年以来全国城乡居民生活发展指数变动态势

左轴柱形：横向理想测评（无差距理想值=100）；纵向基数测评（1），上年=100。
右轴曲线：纵向基数测评（起点年基数值=100），（2）以 2000 年为起点，（3）以 2005 年为起点，（4）以 2010 年为起点。

均值为基准衡量增减变动（全国自为基准）；③人均值城乡比、地区差以假定实现无差距理想值衡量现实差距（全国亦然）；④相关性比值以全国总体比值为基准衡量大小差异（全国自为基准）；⑤相关人均值之间增长率比差以上年为基准衡量高低程度（全国亦然）。

以假定全国各类民生数据城乡、地区无差距理想值为100，2015 年全国城乡总体民生发展检测指数为 82.39，低于无差距理想值 17.61%，但高于上年（2014 年）检测指数 0.13 个点。

各年度（包括图中省略年度）此项检测指数对比，各个年度均低于无差距理想值 100；2004 年、2007~2008 年、2010~2015 年 9 个年度高于上年检测指数值。其中，历年民生指数最高值为 2015 年的 82.39，最低值为 2006 年的 80.16。

在此项指数检测中，全国城乡综合演算之所以"失分"，原因在于"协调增长""均衡发展"两个方面尚有不小差距。其中，主要原因在于所有各类民生数据人均值的城乡比、地区差仍存在，有些数据的城乡比、地区差还比较大，以其倒数（数值越大其倒数越小）作为权衡系数势必"失分"较多。只要民生数据人均值城乡比、地区差缩小，全国总体检测指数就能够上升；只有彻底消除民生数据人均值城乡比、地区差，全国总体检测指数才能达到理想值100。次要原因在于所有各类民生数据与其对应的经济、财政、居民收入、总消费等数据增长率之间存在差异，如果全部相关对应数据之间实现同步增长，全国总体检测指数就不会"失分"，增长率反超反而会"加分"。其余总量份额、人均绝对值、相关性比值各项指标，均以全国为基准测算各地高低差异，对于全国自身"得分"并无影响。

2. 历年基数值纵向检测指数

各时段民生指数基数值纵向检测方法的基本设置：①总量份额以上年为基准衡量年度升降变化；②人均绝对值，人均值城乡比、地区差，相关性比值皆取自身数值；③相关人均值之间增长率比差以上年为基准衡量当年高低程度。所有这些指标的检测演算均以起点年度为基数进行测算，全国总体及各省域检测概莫能外。以下各类纵向检测同理，区别仅在于起始年度不同。

以上一年度（2014年）为起点的数据指标演算基数值为100，2015年全国城乡总体民生发展检测指数为102.28，高于起点年基数值2.28%，但低于上年（2014年）检测指数0.57个点。

各年度（包括图中省略年度）此项检测指数对比，2001~2015年有15个年度高于起点年基数值100；2001~2002年、2004年、2007~2008年、2010~2012年、2014年9个年度高于上年检测指数值。其中，历年民生指数最高值为2012年的103.40，最低值为2000年的99.65。

3. 2000年以来基数值纵向检测指数

以"全面小康"建设进程起点年"十五"末年2000年为起点的数据指标演算基数值为100，2015年全国城乡总体民生发展检测指数为177.77，高于起点年基数值77.77%，高于上年（2014年）检测指数8.58个点。

各年度（包括图中省略年度）此项检测指数对比，各个年度均高于起点年基数值100；各个年度均高于上年检测指数值。其中，历年民生指数最高值为2015年的177.77，最低值为2001年的100.81。

在此项指数检测中，全国城乡综合演算"得分"逐年明显提升，深究其原因有多个方面：首先，得益于各类民生数据人均值逐年稳步提高；其次，得益于多类民生数据人均值城乡比、地区差逐渐缩小；再次，得益于多类相关性比值有所上升（物质生活消费类部分比值反向检测下降为佳）；最后，得益于各类民生数据与其对应的经济、财政、居民收入、总消费等数据增长率之间的差距缩减甚至反超。至于全国份额指标，由于恒定份额100%自为基准，对于全国"得分"亦无影响。以下各类纵向检测同理。

4. 2005年以来基数值纵向检测指数

以"全面小康"建设进程第一个五年期"十一五"末年2005年为起点的数据指标演算基数值为100，2015年全国城乡总体民生发展检测指数为141.29，高于起点年基数值41.29%，高于上年（2014年）检测指数5.10个点。

各年度（包括图中省略年度）此项检测指数对比，各个年度均高于起点年基数值100；各个年度均高于上年检测指数值。其中，历年民生指数最高值为2015年的141.29，最低值为2006年的101.40。

5. 2010年以来基数值纵向检测指数

以"全面小康"建设进程第二个五年期"十二五"末年2010年为起点的数据指标演算基数值为100，2015年全国城乡总体民生发展检测指数为116.62，高于起点年基数值16.62%，高于上年（2014年）检测指数2.88个点。

各年度（包括图中省略年度）此项检测指数对比，各个年度均高于起点年基数值100；各个年度均高于上年检测指数值。其中，历年民生指数最高值为2015年的116.62，最低值为2011年的103.19。

归纳全文各个方面的分析检测，2000～2015年，全国城乡综合演算的各类民生数据人均值持续稳步增长，2015年居民收入为2000年5.96倍，总消费为5.51倍，物质生活消费为5.14倍，非物生活消费为6.40倍，积蓄为7.52倍。但居民收入比从46.37%较明显下降至43.94%，居民消费率从35.91%明显下降至31.43%，"十二五"期间略有回升；尤其应注意居民收入年均增长明显低于财政收入年增4.18个百分点，居民消费支出年均增长明显低于财政支出年增4.59个百分点。

居民收入、总消费、物质生活消费、非物生活消费、积蓄地区差全方位不断缩小，居民消费需求（包括总消费及物质生活、非物生活消费三个方面）城乡比全面逐步缩小，居民收入、积蓄城乡比缩减不大甚或继续扩大。物质生活消费比重较明显降低 4.73 个百分点，非物生活消费比重较明显增高 4.73 个百分点，消费结构出现较大"升级"变化；而居民积蓄率从 22.57% 持续明显升高至 28.47%，反过来对消费需求的抑制作用加重。

八 全国人民生活数据增长差距测算

按照中共中央十八届五中全会精神，国家"十三五"规划已经明确，坚持发展为了人民、发展依靠人民、发展成果由人民共享，使全体人民在共建共享发展中有更多获得感。重点促进城乡区域协调发展，促进经济社会协调发展。坚持居民收入增长和经济增长同步；消费对经济增长贡献继续加大。这些理念和目标应当实化和强化为"约束性指标"，以更加显著的民生进步迎接"全面小康"建设进程目标年的到来。

1. 协调性增长假定目标应然测算

纵观 2000 年以来的"全面小康"建设进程，协调性增长目标测算基于以下几点基本假设：①居民收入与产值增长同步，居民收入比应保持历年最佳（最高）水平；②居民消费与居民收入增长同步，居民消费比（占收入比）应保持历年最佳（最高）水平，两点叠加亦即居民消费率（与产值比）保持历年最佳水平，居民消费需求成为拉动经济增长的稳定动力；③居民物质生活消费比重应保持历年最佳（最低）水平，同时非物生活消费比重应保持历年最佳（最高）水平；④居民积蓄率应保持历年最佳（最低）水平，不再持续加大对居民消费增长的抑制作用。居民收入比、居民消费比两项历年最佳值叠加，可能出现两种情况：两项最佳值出现于同一年度，演算结果即等于居民消费率历年最佳值；两项最佳值出现于不同年度，演算结果或超越居民消费率历年最佳值。

假定 2015 年全国居民收入比保持历年最佳值（2002 年 47.15%），城乡综合演算的居民收入人均值应为 23569.05 元，居民收入总量应达 329320.41 亿元，高出现有实际值 7.30%；同样假定 2015 年全国居民消费比保持历年最佳值（2000 年 77.43%），城乡综合演算的居民总消费人均值应为 18248.87 元，居民消费总量应达 254320.62 亿元，高出现有实际值 16.14%。

进而假定 2015 年全国城乡居民物质生活消费、非物生活消费占总消费比重均保持历年最佳值（2013 年物质消费比重为 63.65%，非物消费比重为 36.35%，二者对应）：城乡综合演算的居民物质消费人均值应为 11615.48 元，总量应达 161878.84 亿元，高出现有实际值 12.24%；城乡综合演算的居民非物消费人均值应为 6633.39 元，总量应达 92441.78 亿元，高出现有实际值 23.67%。这两个方面的和即等于居民总消费数值。

按照本项研究的数据关系演算设置，居民收入与总消费之差距即为积蓄。继续假定 2015 年全国居民积蓄率保持历年最佳值（2000 年 22.57%，与居民消费比对应）：城乡综合演算的居民积蓄人均值应为 5320.18 元，总量应达 74999.79 亿元，低于现有实际值 14.93%，积蓄增长对消费增长的抑制作用明显减缓。此处测算与居民总消费测算之和即等于居民收入数值。

这一系列假设演算无疑是一种"应然"增长目标测算，尚未实现就意味着现实情况与目标确实存在差距，人民群众的"获得感"势必显得不足。

2. 均衡性增长假定目标理想测算

"全面建成小康社会"最为艰巨的攻坚之路、最有意义的决胜之举在于实现全国城乡、区域均衡发展。城乡差距源于自古以来"国野之分"体制的社会分层鸿沟，地区差距源于各层级之"央"的优势资源"集中度"，两种差距导致了中国社会结构的"非均衡性"。因此，本项研究高度重视城乡差距和地区差距检测，均衡性增长目标测算基于一个基本假设，即如果全面弥合民生发展各个层面的城乡差距，那么人民生活统计数据将出现"爆炸性"增长，地区差距也会显著缩小。

假定 2015 年全国居民收入比、居民消费比保持历年最佳值，并同步实现弥合城乡比（城乡比 = 1，以城镇人均值作为城乡持平人均值），城乡持平居民收入人均值应为 33471.10 元，总量应达 467677.63 亿元，高出现有实际值 52.38%；城乡持平居民总消费人均值应为 24845.74 元，总量应达 346256.24 亿元，高出现有实际值 58.13%。

进而假定 2015 年全国居民物质生活消费、非物生活消费占总消费比重均保持历年最佳值，并同步实现弥合城乡比进一步演算，城乡持平居民物质生活消费人均值应为 15818.80 元，总量应达 220458.30 亿元，高出现有实际值 52.86%；城乡持平居民非物生活消费人均值应为 9026.94 元，总量应达125797.92亿元，高出现有实际值68.30%。

同样假定2015年全国居民积蓄率保持历年最佳值，并同步实现弥合城乡比演算，城乡持平居民积蓄人均值应为8625.36元，总量应达121593.67亿元，高出现有实际值37.92%。

至此，把全国民生数据弥合城乡比测算值与东部城镇现有实际值（见本书R.3～R.7各篇专项分析报告中表3的城镇数据）加以对比：全国城乡居民收入人均值从为东部城镇居民收入人均值的60.13%提升至91.62%，总消费人均值从62.53%提升至98.88%，物质生活消费人均值从62.18%提升至95.05%，非物生活消费人均值从63.23%提升至106.41%，积蓄人均值从54.83%提升至75.62%。各项数据对比全都由差距显著转变为极为接近或较为接近，弥合城乡差距能够在很大程度上缩小地区差距。

这一系列假设演算当然是一种"理想"增长目标测算，也是"全面建成小康社会"的"共享"目标，而理想与现实的差距有必要加以精确测量。

技术报告与综合分析

Technical Report and Comprehensive Analysis

R.2 中国人民生活发展指数检测体系阐释

——技术报告兼 2015 年综合指数排行

王亚南 方 彧 魏海燕*

摘要： 从 2000 年以来的基数值纵向检测中可以看出，西部民生指数提升最高，中部次之，东北再次之，东部稍低，表明国家区域均衡发展方略已见成效；西藏、陕西、云南、安徽、河南占据前 5 位。2015 年无差距理想值横向检测发现，存在差距的原因在于各方面协调性、均衡性还不够理想；上海、北京、浙江、辽宁、天津占据前 5 位。假定全国及各地保持居民收入比、居民消费率不再降低，实现各类民生数据历年最小城乡比直至弥合城乡比，人民生活发展指数将更加明显地提升。

---

* 王亚南，云南省社会科学院研究员，文化发展研究中心主任；方彧，民政部中国老龄科学研究中心副研究员；魏海燕，云南省政协信息中心主任编辑，主要从事传媒信息分析研究。

中国人民生活发展指数检测报告（2017）

关键词： 全面小康　衡量标准　民生指数　阐释与排行

"中国人民生活发展指数检测体系"与早已推出的"中国文化消费需求景气评价体系"于2006年同时开始研制，研创者对文化研究更为熟悉更有信心，于是先行推出"文化消费需求景气评价"。不过，"人民生活发展指数检测"的构思设计一直在进行，其演算数据库作为"文化消费需求景气评价"的背景数据支持一直在使用。2014年，研创者综合"文化消费需求景气评价""文化产业供需协调检测""公共文化投入增长测评"的方法论思路和技术性设计，并将"民生"范围集中于国家现行统计制度下"人民生活"部分，"人民生活发展指数检测"历时八年终于独立成型。

本项分析检测主要面向人文学科研究界、读书界及相关实际工作领域，因此保持人文研究的思维方法及其表述方式，力求使用"自然语言"表达，尽量避免符号和公式。鉴于基础教育已经普及，初等数学演算成为"公共知识"，故将其视同"自然语言"。实际上，数理演算不过是一种通用分析工具，并无特定学科属性和方法专利，唯一的"法则"就是符合数学公理定律，理学、工学可以使用，经济学、社会学可以使用，人文学科亦可以使用。这当中并无什么神秘可言，关键是在相应统计数据历年变化的动态链之间，建立并展开各种相关性分析，发现和揭示其间的相关关系。

一　基础数据来源及其演算方法

"中国人民生活发展指数检测体系"数据来源、具体出处及相关演算见表1。

表1对数据来源、具体出处及相关演算的说明已经十分详细，无须再言。不过，有必要提及使用和理解统计数据的一点"必备"知识：统计年鉴历年卷发布的上一年某些重要数据均为"初步核算值"，需经下一个年卷再校订为"最终核算值"。全国及各地产值总量、人均值数据正是如此，历年全国产值数据依照2015年《中国统计年鉴》校订，对各地数据仅校订2010年以来的数据。以下需要详尽解释的是本项研究检测构思、设计的若干特殊演算。同时，调动本项检测后台数据库的强大功能，通过这些特殊演算，力求揭示其中潜藏的人民生活发展动向。

中国人民生活发展指数检测体系阐释

表1 "中国人民生活发展指数检测体系"数据来源、具体出处及相关演算

序号	数据内容		数据来源	全国数据具体出处	省域数据具体出处
1	城乡、城镇、乡村人口		国家统计局：《中国统计年鉴》历年各卷	二、人口，2-7分地区人口的城乡构成和出生率、死亡率、自然增长率	
2	产值总量及人均值			三、国民经济核算，3-1国内生产总值	三、国民经济核算，3-9地区生产总值和指数，3-10人均地区生产总值和指数
3	财政收入总量			七、财政，7-2中央和地方一般公共预算主要收入项目	七、财政，7-5分地区一般公共预算收入
4	财政支出总量			七、财政，7-3中央和地方一般公共预算主要支出项目	七、财政，7-6分地区一般公共预算支出
5	城乡居民人均收入			六、人民生活，6-17全国居民分地区人均可支配收入（仅2014年、2015年，回溯2013年无系列对应，不取）	
6	城乡居民人均消费			六、人民生活，6-19全国居民分地区人均消费支出（仅2014年、2015年，回溯2013年无分类消费对应，不取）	
7	城镇居民人均收入			六、人民生活，6-21城镇居民分地区人均可支配收入	
8	城镇居民人均消费			六、人民生活，6-23城镇居民分地区人均消费支出	
9	乡村居民人均收入			六、人民生活，6-25农村居民分地区人均可支配收入	
10	乡村居民人均消费			六、人民生活，6-27农村居民分地区人均消费支出	
11	城、乡消费分类项	A. 食品烟酒		全国及各地城乡居民分类消费：六、人民生活，6-20全国居民分地区人均消费支出（2015年）全国及各地城镇居民分类消费：六、人民生活，6-24城镇居民分地区人均消费支出（2015年）全国及各地乡村居民分类消费：六、人民生活，6-28农村居民分地区人均消费支出（2015年）	引入人口参数（城乡、城镇、乡村历年年末人口数据均换算为年平均人口数）演算衍生数据：（1）第3~4类人均值（2）第5~21类城乡总量（3）第7~21类城镇、乡村总量（4）第7~21类城乡人均值（5）第1~21类人均直地区差（6）第5~21类人均直城乡比（7）东、中、西部和东北整体数据
12		B. 衣着			
13		C. 居住			
14		D. 生活用品及服务			
15		E. 交通通信			
16		F. 教育文化娱乐			
17		G. 医疗保健			
18		H. 其他用品及服务			
19	增补	居民物质生活消费		A、B、C、D四项消费合计，统一归为物质生活方面消费	
20		居民非物质生活消费		E、F、G、H四项消费合计，大致归为社会生活、精神生活方面消费	
21		居民积蓄		居民收入与消费之差，大于银行储蓄，且排除政府和企业部分	

注：①数据具体出处章号章名、表号表名、统计项名称各年卷多有变化，以2015年卷（发布2014年数据）为准，该年卷于始提供城乡综合演算的居民人均收入、消费（含分类单项）数据，本项检测将其作为"特例数据""嵌入"，此前诸多年度仍系自行演算，数据库原有测算模型保持不

续表

变,以保证历年通行检测的系统性。本项研究多年前率先展开民生数据城乡综合演算,推动了国家统计制度及其数据项发布的改进。②本项检测体系借助并整合了"文化消费需求景气评价"、"文化产业供需协调检测"和"公共文化投入增长测评"三个体系的数据分析及其演算方法。

早在多年前"文化消费需求景气评价"研创伊始,本项研究就首创了城乡比倒数权衡测算,独创了整个地区差指标及其演算方法,基于无差距理想值设逆指标,用于检测中国社会结构中城乡、区域之间的"非均衡性"发展差距。"中国人民生活发展指数检测体系"阐释就从城乡比、地区差开始。

城乡差距和地区差距系中国社会结构长期存在"非均衡性"历史遗痕的主要根源,亦为全国当今经济、社会、民生发展"非均衡性"的主要成因,本项研究在"文化消费需求景气评价"中首创城乡比倒数权衡,独创地区差指标检测,在"公共文化投入增长测评"中将其用于公共投入均等化差距检测,并在"人民生活发展指数检测"中将其用于经济、财政、民生诸方面。

"城乡比"是较早出现的城乡间差异衡量演算,取城镇人均值与乡村人均值的倍差值(乡村人均值 = 1)。本项研究以此倍差值的倒数($1/N$,N = 城乡比,若无差距 $N=1$,则 $1/N=1$)作为无差距理想值权衡系数,检测城乡比存在与否及其历年大小增减变化。

所谓"地区差"是本项研究类比于"城乡比"精心设计的地区间差异衡量演算,但演算方法复杂得多:以全国人均值为基准值 1 衡量,各省域无论高于全国人均值,还是低于全国人均值,相通演算均取当地与全国人均值商值的绝对偏差值(不论正负)加基准值 1 作为省域地区差指数,全国及四大区域取相关范围省域绝对偏差值的平均值加基准值 1 作为相应地区差指数。同样以其倒数($1/N$,N = 地区差,若无差距 $N=1$,则 $1/N=1$)作为无差距理想值权衡系数,检测地区差存否及其历年大小增减变化。

相关系数检测可谓是相关性分析最简便的通用方法,同时检验两组数据链历年增减变化趋势是否一致、变化程度是否相近、变化动向是否稳定。相关系数 1 为绝对相关,完全同步;0 为无相关性,完全不同步;-1 为绝对负相关,完全逆向同步。设数据项 A 历年增幅变化为 N,若数据项 B 历年增幅(降幅绝对值)愈接近 N(高低不论),即保持趋近性(正负不论),

或历年增幅（降幅绝对值）存在固有差距（高低不论）但上下波动变化愈小，即保持平行（逆向）同步性，则二者相关系数（负值）愈高；反之相关系数（负值）愈低。

国家和地区经济发展与社会建设、民生改善密切相关，检测产值人均值地区差历年变化与各类民生数据人均值地区差历年变化之间的相关系数，可以准确反映出这一点。

2000~2015年，全国产值人均值地区差从1.4929缩小至1.3565，与城乡居民收入之间历年地区差相关系数为0.9719，即在97.19%的程度上同步变化；与居民总消费之间历年地区差相关系数为0.9754，即在97.54%的程度上同步变化；与居民物质生活消费之间历年地区差相关系数为0.7077，即在70.77%的程度上同步变化；与居民非物生活消费之间历年地区差相关系数为0.8444，即在84.44%的程度上同步变化；与居民积蓄之间历年地区差相关系数为0.8867，即在88.67%的程度上同步变化。

与之相应，全国居民收入人均值地区差从1.3606缩小至1.2899，与总消费之间历年地区差相关系数为0.9762，即在97.62%的程度上同步变化；与物质生活消费之间历年地区差相关系数为0.6512，即在65.12%的程度上同步变化；与非物生活消费之间历年地区差相关系数为0.8999，即在89.99%的程度上同步变化；与积蓄之间历年地区差相关系数为0.9492，即在94.92%的程度上同步变化。

这一系列的数据分析表明，全国经济发展与民生增进已经在缩小地区差距方面取得了坚实的进展。然而，在争取缩小城乡差距方面，情况却不容乐观。

产值数据不分城乡，城乡比检测集中于民生数据。2000~2015年，全国城镇居民与乡村居民之间收入历年增长相关系数为0.4543，即城乡同步增长程度为45.43%，呈很弱正相关，居民收入人均值城乡比从2.7869缩小至2.7312；全国城镇居民与乡村居民之间积蓄历年增长相关系数为0.6474，即城乡同步增长程度为64.74%，呈较弱正相关，居民积蓄人均值城乡比从2.1978扩大至4.4575。

同期，全国城镇居民与乡村居民之间总消费历年增长相关系数为0.4101，即城乡同步增长程度为41.01%，呈很弱正相关，居民总消费人均值城乡比从2.9926缩小至2.3196；全国城镇居民与乡村居民之间物质生活消费历年增长相关系数为0.8604，即城乡同步增长程度为86.04%，呈较强正相关，居民物质生活消费人均值城乡比从2.7183缩小至2.3217；全国城镇居民与乡村居民之间非物生活消费历年增长相关系数为-0.4504，即城乡逆向增长程度为45.04%，呈稍强负相关，居民非物生活消费人均值城乡比从3.8093缩小至2.3155。

这些数据分析表明，全国城镇与乡村之间人民生活发展诸方面的同步性大都较弱甚或极弱。在居民财富收益增长方面，城乡差距缩减不大甚或继续扩大；在居民消费需求增长方面，城乡差距在一定程度甚或较大程度上缩小。

二 检测体系建构与指标系统设计

"中国人民生活发展指数检测体系"指标系统见表2。

表2 "中国人民生活发展指数检测体系"指标系统

一级指标 （子系统）	二级指标 （类别项）		三级指标（演算项）			
			(1)	(2)	(3)	(4)
一	经济、财政背景	产值：国民总收入极度近似值，体现社会财富总增长。后台演算相关性背景值				
		财政收入：社会财富中各级政府获取部分，与居民收入对应。后台演算相关性背景值				
		财政支出：社会财富中各级政府支配部分，与居民消费对应。后台演算相关性背景值				
二	居民收入	（一）收入绝对值	总量份额变化	人均绝对值	人均值地区差	人均值城乡比
		（二）静态相关比值	居民收入比	收入对比度	反检消费率	反检积蓄率
		（三）动态历年增长	历年增率比	历年增率比	历年增率比	历年增率比
三	居民消费（总消费及分类消费八项均对应二、三级指标，构成相对独立的"民生消费需求景气评价"系统）	（一）总消费绝对值	总量份额变化	人均绝对值	人均值地区差	人均值城乡比
		（二）静态相关比值	居民消费率	支出对比度	居民消费比	反检抑制度
		（三）动态历年增长	历年增率比	历年增率比	历年增率比	历年增率比
		消费分类项 A.食品烟酒 B.衣着 C.居住 D.生活用品及服务 E.交通通信 F.教育文化娱乐 G.医疗保健 H.其他用品及服务	（分类消费八项同总消费二、三级指标、相关比值有所不同）			
			总量份额变化	人均绝对值	人均值地区差	人均值城乡比
			单项消费率	单项对比度	单项消费比	单项比重值
			单项增率比	单项增率比	单项增率比	单项增率比

续表

一级指标 (子系统)		二级指标 (类别项)	三级指标（演算项）			
			(1)	(2)	(3)	(4)
四	居民物质生活消费 (A、B、C、D合计)	(一) 合计绝对值	总量份额变化	人均绝对值	人均值地区差	人均值城乡比
		(二) 静态相关比值	物质消费率	物质对比度	物质消费比	物质比重值
		(三) 动态历年增长	历年增率比	历年增率比	历年增率比	历年增率比
五	居民非物生活消费 (E、F、G、H合计)	(一) 合计绝对值	总量份额变化	人均绝对值	人均值地区差	人均值城乡比
		(二) 静态相关比值	非物消费率	非物对比度	非物消费比	非物比重值
		(三) 动态历年增长	历年增率比	历年增率比	历年增率比	历年增率比
六	居民积蓄 (收入与消费之差)	(一) 积蓄绝对值	总量份额变化	人均绝对值	人均值地区差	人均值城乡比
		(二) 静态相关比值	民生富裕度	富足对比度	居民积蓄率	对消费抑制度
		(三) 动态历年增长	历年增率比	历年增率比	历年增率比	历年增率比

注：①基础数据来源及其衍生数据演算依据：国家统计局正式出版发布全国性统计年鉴历年卷，同一口径数据保障检测程序通约性及评价结果可比性。②衡量"全面小康"重在人民生活，置于相应经济、财政背景下，建立并检测可能存在的一应相关性，尤其是城乡比、地区差两项逆指标，测算各方面、各层次间增长协调性、均衡性的现实差距和预期目标。③"文化消费需求景气评价"侧重文化消费，设全部非文消费为极致放大的必需消费；本项检测不侧重特定消费，把全部物质生活消费放大为"全面小康"必需消费，把全部非物生活消费扩展为"全面小康"应有消费。

无论是经济发展与民生增进之间的协调性检测，还是城乡、区域之间民生发展的均衡性检测，关键都在于相应数据的年均增长率比较，及其历年增长指数的相关系数测量，正是其间的增长差异带来了各类相关比值（包括城乡比、地区差）的变化。确保各类数据演算尽可能精确，有利于测算其间历年增长差异、相关性比值升降等微小变动，本文演算检测取人均值进行，当然总量相关演算除外。

2000~2015年，在全国产值、财政收入、财政支出之间，财政收入增长最快，年均增长17.59%，高于产值年均增长3.92个百分点；财政支出增长次之，年均增长17.38%，高于产值年均增长3.71个百分点；产值增长再次之，年均增长13.67%。

同期，在居民收入、总消费、物质生活和非物生活消费、积蓄之间，居民积蓄增长最快，年均增长15.22%，高于产值年均增长1.55个百分点；非物生活消费增长次之，年均增长13.92%，高于产值年均增长0.25个百分点；居民收入增长排第三，年均增长13.41%，低于产值年均增长0.26

个百分点；居民总消费增长排第四，年均增长 12.79%，低于产值年均增长 0.88 个百分点；物质生活消费增长最慢，年均增长 12.27%，低于产值年均增长 1.40 个百分点。

2000 年以来的 15 年间，居民收入与产值之间历年增长相关系数为 0.8352，即居民收入仅在 83.52% 的程度上随之增长；居民总消费与产值之间历年增长相关系数为 0.6431，即居民总消费仅在 64.31% 的程度上随之增长。全国城乡居民收入增长滞后于产值增长，居民总消费增长也滞后于产值增长。

同时，居民收入与财政收入之间历年增长相关系数为 0.6799，即居民收入仅在 67.99% 的程度上随之增长；居民积蓄与财政收入之间历年增长相关系数为 0.6920，即居民积蓄仅在 69.20% 的程度上随之增长；居民总消费与财政支出之间历年增长相关系数为 0.6431，即居民总消费仅在 64.31% 的程度上随之增长。全国城乡居民收入增长滞后于财政收入增长，居民积蓄增长也滞后于财政收入增长，居民总消费增长则滞后于财政支出增长。居民收入和居民积蓄同属民众财富收益，当与财政收入对应；居民总消费自然与财政支出对应。这样的对应分析出于本项研究的独特设计。

不难看到，与全国经济、财政背景相比，民生领域各项数据的增长变化并非一片乐观。将这样一种分析检测模式运用于各个省域民生发展状况的测量，各地在不同经济、财政背景下的民生发展的高下长短必定能够十分清晰地呈现出来。

再深入展开民生领域数据分析。居民物质生活消费方面分类检测：2000 年以来居住消费增长最高，年均增长 17.31%，高于总消费年均增长 4.52 个百分点；衣着消费增长次之，年均增长 11.88%，低于总消费年均增长 0.91 个百分点；生活用品及服务消费增长再次之，年均增长 11.52%，低于总消费年均增长 1.27 个百分点；食品烟酒消费增长最低，年均增长 10.27%，低于总消费年均增长 2.52 个百分点。

很明显，2000 年以来食品消费增长持续低于总消费增长，意味着恩格尔系数（食品消费占总消费比重）不断降低。衣着消费恐怕已经发生了本质性的变化，不再以御寒保暖为主要目的，而转向追求新颖时尚、个性品位等。另外，居住消费、生活用品及服务消费包含着自有住房、私家汽车这样的当今"家庭大件"。人民生活早已从解决温饱向物质生活消费全面丰富、质量提升转变。

居民非物生活消费方面分类检测：2000年以来交通通信消费增长最高，年均增长17.69%，高于总消费年均增长4.90个百分点；医疗保健消费增长次之，年均增长14.42%，高于总消费年均增长1.63个百分点；教育文化娱乐消费增长再次之，年均增长12.10%，低于总消费年均增长0.69个百分点；其他用品及服务消费增长最低，年均增长8.58%，低于总消费年均增长4.21个百分点。

至此发现全国人民生活已经发生的一些变化。交通通信消费成为非物生活消费以至总消费中增长最快的部分，这不难在生活现实里找到依据：每年有上亿人次出境旅游，数十亿人次国内旅游；电话通信已成为国民的必需消费，手机及移动网络更是国内海量人群之"必备"。医疗保健消费增长迅速也不难理解，健康是人们的"共同价值观"。唯独教育文化娱乐消费增长不力，或许从满足温饱需求，到物质生活消费全面提升，再到注重社会生活交往需求，最后到追求精神文化生活丰富多彩，人民生活尚有"更上一层楼"的余地。目前国民消费需求的"热点"转移至"社会生活交往"层面，这一点已能够确定。

三　检测指标权重及其演算方式

（一）　主系统检测指标权重及其演算方式

"中国人民生活发展指数检测体系"指标权重及其演算方式见表3。

这里需要对"中国人民生活发展指数检测体系"参用和自设的若干相关性比值指标做出解释。同时，需调用后台数据库演算功能，实际检测这些特定比值的历年变化动态，证实其设计依据和实际功用。

1. 参用相关性比值

（1）居民收入比：指国民总收入中城乡居民劳动所得部分的相对比值，这是"人民生活"统计的基础性数据。国民总收入为国内生产总值与国外净要素收入之和，鉴于国外净要素收入占比极低，近一些年甚至出现负值，故以产值作为国民总收入极度近似值进行演算。单纯从"民生"角度来看，当然是居民收入比越高越好。

表3 "中国人民生活发展指数检测体系"指标权重及其演算方式

一级指标（子系统）	二级指标（类别项）	三级指标（演算项）		演算权重	年度理想值横向检测	历年基数值纵向检测	综合演算权重（%）
一 居民收入	（一）收入绝对值	1	总量份额变化	1.5	上年份额基准	自身起始年指标基准（第8、12项反向检测，以低为佳，即积蓄率以高为佳）	30
		2	人均绝对值	2	全国人均基准		
		3	人均值地区差	2.5	假定无差距理想值基准		
		4	人均值城乡比	3			
	（二）静态相关比值	5	居民收入比	0.25	全国比值基准（第8项反向检测，以低为佳）		
		6	收入对比度	0.25			
		7	反检消费比	0.25			
		8	反检积蓄率	0.25			
	（三）动态历年增长	9	与产值增率比	1	上年基准（第12项反向检测，以低为佳）		
		10	与财政收入增率比	1			
		11	与总消费增率比	1			
		12	与居民积蓄增率比	1			
二 居民消费	总消费及其分类消费项构成"民生消费需求景气评价体系"，详见表4						25
三 物质生活消费合计（作为综合系统组成部分；居民消费系统中物质消费分类演算）	（一）合计绝对值	1~4项三级指标及其演算与收入子系统同构				自身起始年指标基准（第7~8项、第11~12项反向检测，以低为佳）	15
	（二）静态相关比值	5	专项消费率	0.25	全国比值基准（第7~8项反向检测，以低为佳）		
		6	专项对比度	0.25			
		7	专项消费比	0.25			
		8	专项比重值	0.25			
	（三）动态历年增长	9	与产值增率比	1	上年基准（第11~12项反向检测，以低为佳）		
		10	与财政支出增率比	1			
		11	与居民收入增率比	1			
		12	与总消费增率比	1			
四 非物生活消费合计（同物质消费合计）	二、三级指标及其演算与物质消费子系统同构，但其中第7~8项、第11~12项正向检测，以高为佳，体现需求结构优化、消费质量提升						10

续表

一级指标 （子系统）	二级指标 （类别项）		三级指标 （演算项）		演算 权重	年度理想值 横向检测	历年基数值 纵向检测	综合演算 权重（%）
五	（一）	积蓄 绝对值	1-4项三级指标及其演算与收入子系统同构					20
居民积蓄（居民收入与总消费之差，对收入体现富足，但对消费形成抑制）	（二）	静态 相关 比值	5	民生富裕度	0.25	全国比值基准 （第8项反向检测，以低为佳）	自身起始年指标基准 （第8、12项反向检测，以低为佳）	
			6	富足对比度	0.25			
			7	居民积蓄率	0.25			
			8	对消费抑制度	0.25			
	（三）	动态 历年 增长	9	与产值增率比	1	上年基准（第12项反向检测，以低为佳）		
			10	与财政收入增率比	1			
			11	与居民收入增率比	1			
			12	与总消费增率比	1			

注：①包含可自成一体的民生消费需求景气评价子系统，共有一级指标（子系统）5项，二级指标（类别项）41项，三级指标（演算项）156项。②收入子系统反检消费比、积蓄率，总消费子系统反检积蓄对消费抑制度（见表4），积蓄子系统检测对消费抑制度，使之相对自足得出专项指数，其间双向演算形成相互对应。具体说明：收入反检消费比结果数值以高为佳，反过来亦即居民消费比降低（对照表4），收入反检积蓄率结果数值以低为佳，反过来亦即居民积蓄率提高，均指向富足余钱增多；消费反检积蓄对消费抑制度结果数值以高为佳（对照表4），反过来亦即积蓄检测对消费抑制度结果数值以低为佳，均指向积蓄对消费抑制作用减轻。

2000年，全国居民收入比为46.37%；2015年，全国居民收入比下降至43.94%。这意味着，"全面小康"建设进程15年来，居民收入增长滞后于产值增长。这就是国家"十二五"规划强调"努力实现居民收入增长与经济发展同步"，并将此列为"约束性指标"的真实背景。

（2）居民积蓄率：由"居民储蓄率"延伸而来，指城乡居民收入中用于满足消费需求之后的剩余部分所占收入的相对比值，不限于银行"储蓄"。本项研究中的"积蓄"范畴：一是"积蓄"必定大于"储蓄"且包含"储蓄"，而且直接取居民收入与总消费之差；二是"积蓄"取值纯属于"居民部门"，不必如同"储蓄"尚需区分其中的政府储蓄和企业储蓄部分；三是积蓄与总消费切分居民收入形成反向对应，与若干分类消费项的负相关性值得关注。

2000年，全国居民积蓄率为22.57%；2015年，全国居民积蓄率上升至28.47%。有必要澄清,居民积蓄率并非越高越好。相对于居民收入,积蓄率高意味着余钱增多,可以体现出富裕程度;然而相对于居民消费,积蓄率高却意味着消费需求受到抑制。当今中国社会的高储蓄率正好能够从反面印证,经济发展长期面临国内居民消费不足的困扰。

(3) 物质生活消费综合比重:指城乡居民物质生活消费合计数值占总消费的相对比值,这一项分析由恩格尔系数放大而来。原始的恩格尔定律、恩格尔系数以食品消费为必需消费,仅仅适用于解决温饱的"基本小康"检测,本项研究将其放大用于全部物质生活消费检测。

2000年,全国居民物质生活消费比重为70.59%;2015年,全国居民物质生活消费比重下降至65.86%。这意味着,"全面小康"建设进程15年来,城乡居民物质生活消费在总消费中所占比重持续降低,这就为社会生活交往消费、精神文化生活消费留出更大的余地。

(4) 非物生活消费综合比重:指城乡居民非物生活消费合计数值占总消费的相对比值,这一项分析由恩格尔系数扩展而来。沿用恩格尔定律检测"全面小康"远远不够,譬如移动电话通信消费已成为国民普遍的必需消费,本项研究将其扩展用于全部非物生活消费检测。

2000年,全国居民非物生活消费比重为29.41%;2015年,全国居民非物生活消费比重上升至34.14%。这意味着,"全面小康"建设进程15年来,城乡居民非物生活消费在总消费中所占比重持续提升,这就是中国人民生活切实进入"全面小康"阶段的深刻而具体的体现。

至于居民消费方面更多的相关性比值阐释及分析,留待下节结合相关指标列表再予处理。

2. 自设相关性比值

对一般看来似乎并无关系的数据链,本项研究自设诸多相关性分析,演算得到的比值指标统一用"度"定名,以示区别。

(1) 收入对比度:指居民收入与财政收入的相关性比值。在居民收入与财政收入之间建立相关性,分析检测二者的相对比值,可以更加透彻地揭示出,居民收入增长不仅存在与产值增长相比的绝对滞后,而且存在与财政收入增长相比的相对滞后,而后一方面更为严重。此项比值可以纵向比较历年变化,横向对比各地差异,这就是检测的意义。

这是一种可双向对应检测的相对比值，互为对方倒数演算百分值。基于居民收入演算，2000 年，全国（居民）收入对比度为 347.16%，即全国居民收入为财政收入的 3.47 倍；2015 年，全国（居民）收入对比度下降至 197.81%，即全国居民收入为财政收入的 1.98 倍。这意味着，"全面小康"建设进程 15 年来，居民收入增长更加明显地滞后于财政收入增长。

反向检测也是如此。基于财政收入演算，2000 年，全国（财政）收入对比度为 28.81%，即全国财政收入为居民收入的 28.81%；2015 年，全国（财政）收入对比度上升至 50.55%，即全国财政收入为居民收入的 50.55%。

（2）民生富裕度：指城乡居民积蓄与产值的相关性比值，即社会总财富中分配到"居民部门"而又未被用于"必需开支"的剩余部分所占比例，用以体现人民生活相对于社会总财富增长的富裕程度。

2000 年，全国民生富裕度为 10.47%；2015 年，全国民生富裕度上升至 12.51%。这意味着，"全面小康"建设进程 15 年来，中国人民生活确实正在走向富足，城乡居民不为"生活必需开支所迫"而可以自由支配的余钱增长显著。但是，下一项相关性比值又揭示出事情的另外一个方面。

（3）富足对比度：指城乡居民积蓄与各级财政收入的相关性比值，即"民富"之余钱与"国富"之官帑的相对比例关系，用以体现人民生活富足程度与各级财政丰盈程度的对比。

2000 年，全国富足对比度为 78.36%；2015 年，全国富足对比度下降至 56.32%。这意味着，"全面小康"建设进程 15 年来，各级财政所体现的"国富"增长速度明显高于"民富"增长速度。

（4）积蓄对消费抑制度：指城乡居民积蓄与居民消费的相关性比值，以此检验居民积蓄增长对居民消费增长的抑制作用大小。居民积蓄率与居民消费比构成对居民收入的整体分割，二者形成反向对应、相互牵制的关系，居民积蓄高增长必然抑制居民消费正常增长。

2000 年，全国居民积蓄对消费抑制度为 29.15%；2015 年，全国居民积蓄对消费抑制度上升至 39.80%。这意味着，"全面小康"建设进程 15 年来,全国居民积蓄增长速度明显高于居民消费增长速度,如果二者相互制衡、同步增长才是"合理"的,那么此处检测出来的变异差距揭示了积蓄过高增长对消费增长的直接抑制作用。

本项研究的这些构思设计运用于各省域分析检测,能够对各地不同经济、财政背景下人民生活在社会财富的收益分配、积蓄富余方面孰高孰低、孰快孰慢的绝对比较和相对比较进行通约测算。

(二) 总消费子系统检测指标权重及其演算方式

总消费子系统同时亦为自成一体的"中国人民生活消费需求景气评价体系",其指标系统及其权重、演算方式见表4。

这里需要对表4中"中国人民生活消费需求景气评价体系"若干参用和自设的相关性比值指标做出解释。同时,需要调用后台数据库演算功能,实际检测这些特定比值的历年变化动态,证实其设计依据和实际功用。

表4 "中国人民生活消费需求景气评价体系"指标系统及其权重、演算方式

一级指标 (子系统)	二级指标 (类别项)	三级指标 (演算项)		演算权重	年度理想值横向检测	历年基数值纵向检测	系统综合演算权重(%)	
一 居民总消费	(一) 消费绝对值	1	总量份额变化	1.5	上年份额基准	自身起始年指标基准(第7、11项反向检测,以低为佳)	100	50
		2	人均绝对值	2	全国人均基准			
		3	人均值地区差	2.5	假定无差距理想值基准			
		4	人均值城乡比	3				
	(二) 静态相关比值	5	居民消费率	0.25	全国比值基准(第7项反向检测,以低为佳)			
		6	支出对比度	0.25				
		7	居民消费比	0.25				
		8	反检积蓄抑制度	0.25				
	(三) 动态历年增长	9	与产值增率比	1	上年基准(第11项反向检测,以低为佳)			
		10	与财政支出增率比	1				
		11	与居民收入增率比	1				
		12	与居民积蓄增率比	1				

续表

一级指标 （子系统）	二级指标 （类别项）	三级指标 （演算项）		演算权重	年度理想值横向检测	历年基数值纵向检测	系统综合演算权重（%）	
二 物质生活消费分类（分类单项演算，综合权重不同，作为专项指数，与物质消费合计不同）	A. 食品烟酒						32.5	30
	（一）消费绝对值	1~4项三级指标及其演算与总消费子系统同构						
	（二）静态相关比值	5	单项消费率	0.25	全国比值基准（第7~8项反向检测，以低为佳）	自身起始年指标基准（第7~8、11~12项反向检测，以低为佳）		
		6	单项对比度	0.25				
		7	单项消费比	0.25				
		8	单项比重值	0.25				
	（三）动态历年增长	9	与产值增率比	1	上年基准（第11~12项反向检测，以低为佳）			
		10	与财政支出增率比	1				
		11	与居民收入增率比	1				
		12	与总消费增率比	1				
	B. 衣着	二、三级指标及其演算与食品烟酒消费项同构，第7~8项、第11~12项亦反向检测，以低为佳（恩格尔定律关系、恩格尔系数放大演算）					27.5	
	C. 居住						22.5	
	D. 生活用品及服务						17.5	
三 非物质生活消费分类（同物质生活消费分类）	E. 交通通信	二、三级指标及其演算与食品烟酒消费项同构，第7~8项、第11~12项亦反向检测，以低为佳（恩格尔定律关系、恩格尔系数放大演算）					32.5	20
	F. 教育文化娱乐						27.5	
	G. 医疗保健						22.5	
	H. 其他用品及服务						17.5	

注：①民生消费需求景气评价系统自成一体，包含一级指标（子系统）3项，二级指标（类别项）29项，三级指标（演算项）108项。②恩格尔定律以食品消费为必需消费，仅适用于"基本小康"温饱检测，放大全部物质生活消费为必需消费，方对应"全面小康"民生发展检测，其占居民收入、总消费比反向检测以低为佳，即恩格尔定律关系、恩格尔系数放大演算；同样扩展全部非物质生活消费为"全面小康"应有消费，其占居民收入、总消费比正向检测以高为佳，体现需求结构优化、消费质量提升。

1. 参用相关性比值

（1）居民消费率：指城乡居民消费与产值的相对比值，这无疑是国内居民消费需求拉动经济增长的关键性数据。无论是从拉动经济发展角度来看，还是从提升消费需求来看，居民消费率都是越高越好。然而，居民消费率的历年变化态势甚至不如居民收入比的历年变化态势。

2000年，全国居民消费率为35.91%；2015年，全国居民消费率下降至31.43%。这意味着，"全面小康"建设进程15年来，居民消费增长滞后于产值增长，而且滞后程度甚于居民收入增长的滞后程度（对比上节）。这就是国家多年以来十分注重"拉动内需，扩大消费，改善民生"的真实背景，这不仅是应对国际金融危机的短期对策，而且应当成为拉动经济发展的长期国策。

（2）居民消费比：指城乡居民消费占居民收入的相对比值。面向"全面小康"衡量民生发展，将全部物质生活消费放大为"必需消费"，全部非物生活消费扩展为"应有消费"，民生消费需求升降体现人民生活质量水平，剩余部分大小又体现人民生活富余程度。

2000年，全国居民消费比为77.43%；2015年，全国居民消费比下降至71.53%。继居民消费率降低之后，居民消费比亦呈降低之势，表明居民消费增长滞后于居民收入增长。本来居民收入增长已滞后于产值增长，居民消费增长又滞后于居民收入增长，这意味着居民消费率的降低态势甚于居民收入比的降低态势，居民消费增长不力的问题比居民收入增长不力的问题更加严峻。

（3）分类项消费比重：物质生活消费、非物生活消费一共有8个分类项，占居民总消费的不同相对比值。实际上，仅从这里就可以看出中国人民生活发生深刻变化的一些端倪。

2000~2015年，全国居民食品烟酒消费从42.94%下降至30.64%，比重位次保持第1位不变；居住消费从12.07%上升至21.76%，比重位次保持第2位不变；交通通信消费从7.02%上升至13.28%，比重位次由第6位升至第3位；教育文化娱乐消费从12.04%下降至10.97%，比重位次由第3位降至第4位；医疗消费从5.94%上升至7.41%，比重位次由第7位升至第5位；衣着消费从8.40%下降至7.41%，比重位次由第4位降至第6位；生活用品及服务消费从7.18%下降至6.05%，比重位次由第5位降至第7位；其他用品及服务消费从4.41%下降至2.48%，比重位次保持第8位不变。

2. 自设相关性比值

（1）支出对比度：指居民消费与财政支出的相关性比值。同样在居民消费与财政支出之间建立相关性，分析检测二者的相对比值，可以更加透彻地揭示出，居民消费增长不仅存在与产值增长相比的绝对滞后，而且存在与财政支出增长相比的相对滞后，而后一方面也更为严重。

这也是一种可双向对应检测的相对比值，互为对方倒数演算百分值。基于居民消费演算，2000 年，全国（居民）支出对比度为 226.64%，即全国居民消费为财政支出的 2.27 倍；2015 年，全国（居民）支出对比度下降至 122.50%，即全国居民消费为财政支出的 1.23 倍。这意味着，"全面小康"建设进程 15 年来，居民消费增长更加明显地滞后于财政支出增长。

反向检测仍是如此。基于财政支出演算，在 2000 年，全国（财政）支出对比度为 44.12%，即全国财政支出为居民消费的 44.12%；到 2015 年，全国（财政）支出对比度上升至 81.63%，即全国财政支出为居民消费的 81.63%。

（2）为使"人民生活发展指数"5 个子系统相对独立完成相关性分析，各自得出专项测算指数，本项检测体系设置了特定相关性比值的反向检测：居民收入反检消费比、反检积蓄率，居民消费反检积蓄对消费抑制度。这些反检比值皆为相应比值的反方向演算，亦可简化成相应比值倒数演算百分值，此处不再过多解释。

（3）居民消费各级分类项，包括表 3 中的物质生活消费合计、非物生活消费合计，表 4 中的物质生活消费和非物生活消费分类各 4 个单项消费，相关性比值由总消费相关性比值类推，无须逐一阐释。与总消费比值唯一不同的地方在于，另设一类占总消费比重值，文中解说均已具体涉及。

本项研究同样将这些构思设计运用于各省域分析检测，能够对各地不同经济、财政背景下人民生活在消费需求增长、消费结构升级、消费层次提升方面孰上孰下、孰高孰低的绝对比较和相对比较进行通约测算。

（三）检测指标系统的权重设置

设计相关性比值检测存在"理论值"，譬如居民收入比、居民消费率，保持居民收入增长与经济发展同步，实现居民消费增长拉动经济发展，居民收入比、居民消费率必须至少维持不降；设计城乡比、地区差检测存在"理想值"，最终应实现城乡、区域之间消除体制性、结构性差异，而历年增长波动的随机性差异在所难免。可是，权重设置只能取经验值，这成为量化分析评价的一道"难题"，而且最后综合演算的通约性、合理性在较大程度上取决于此。

本项研究近十年来历经"文化消费需求景气评价"、"文化产业供需协调检测"和"公共文化投入增长测评"的屡次设计与实施，积累了丰富的经验，为"人民生活发展指数检测"初步设置权重"测试值"并无困难。2014年年中演算数据库已成型，即使用2012年数据"测试"将近半年，2014年年底又使用2013年数据"测试"半年有余，经无数次赋值微调后基本定型。以极其复杂的居民消费测算交叉检验，以总消费、物质生活消费、非物生活消费合计演算与分类演算相互印证，全国及绝大部分省域指数及其排行极为贴近，仅有极个别省域由于某类数据特异性增长出现局部偏差。

另外，"人民生活发展指数检测"增添了相关性数据之间逐一对应的历年增长率对比指标（其间差异极其微小），在各省域之间很好地起到"平衡器"作用，使各地民生综合指数差异尽可能减小。在充分体现各地人民生活发展成效的同时，以细微差异确定各地排行。这一点在"应然增长测算"（各地综合指数更为接近）和"理想增长测算"（各地综合指数极度接近）中发挥得淋漓尽致。

这样一种检测突破了以往人文研究的"非精密科学"方法的局限，可以进行数理抽象量化分析的客观检测，实现演算的通约性和结果的可比性，可供重复运算检验。分析测算基于国家统计局正式出版公布的统计数据及专门设计的演算数据库，基本上具备了类似于理工科实验检测的科学性、客观性、模式化、规范化、标准化条件。

四 "全面小康"进程省域综合指数排行

综合居民收入、总消费、物质生活消费和非物生活消费、积蓄五大子系统各个类别演算指标（同时涉及产值和财政收入、支出等背景因素数据），即可得出全国及各地人民生活综合指数。2015年数据为国家统计局当前公布的最新年度数据，"中国人民生活发展指数检测体系"2015年综合指数排行见表5，分区域以无差距横向检测结果位次排列。

表5 "中国人民生活发展指数检测体系"综合指数排行

地区	各五年期起始年纵向检测（基数值=100）						2015年度检测			
	"十五"以来15年（2000~2015年）		"十一五"以来10年（2005~2015年）		"十二五"以来5年（2010~2015年）		基数值纵向检测（2014年=100）		无差距横向检测（理想值=100）	
	检测指数	排序	检测指数	排序	检测指数	排序	检测指数	排序	检测指数	排序
全国	177.77	—	141.29	—	116.62	—	102.28	—	82.39	—
辽宁	182.04	11	144.37	10	118.47	15	104.79	6	91.60	4
黑龙江	162.92	28	134.92	27	114.25	26	100.45	31	86.69	9
吉林	172.26	22	131.38	30	113.35	28	101.22	29	84.72	14
东北	173.80	[3]	138.02	[3]	115.90	[3]	102.32	[2]	88.09	[1]
上海	156.67	30	135.23	26	109.97	30	103.23	9	95.55	1
北京	172.08	23	132.42	29	109.74	31	101.69	27	94.32	2
浙江	168.44	27	135.89	24	115.24	23	101.78	26	92.20	3
天津	169.93	24	141.74	17	123.19	3	106.47	4	90.67	5
江苏	173.71	20	135.61	25	113.52	27	102.45	20	88.66	6
山东	169.87	25	136.17	23	114.27	25	102.84	15	87.99	7
福建	160.05	29	133.92	28	114.86	24	105.28	5	87.90	8
广东	150.95	31	131.29	31	112.06	29	102.85	14	86.22	10
河北	175.25	19	138.08	22	115.98	22	102.15	23	84.68	15
海南	168.79	26	141.40	19	120.14	11	102.90	13	83.36	21
东部	167.51	[4]	136.09	[4]	114.33	[4]	102.60	[1]	85.95	[2]
湖北	172.71	21	144.01	11	120.66	8	101.94	24	85.79	11
湖南	179.58	13	143.61	13	116.90	20	102.46	19	85.16	13
安徽	188.76	4	153.95	5	121.68	6	102.43	21	84.60	16
江西	178.72	16	142.10	15	118.03	17	102.95	12	84.43	17
山西	183.87	9	141.37	20	119.95	12	102.49	18	84.34	18
河南	188.35	5	147.74	8	117.24	19	102.66	16	83.62	20
中部	183.44	[2]	147.04	[2]	119.51	[2]	102.08	[4]	84.97	[3]
内蒙古	183.65	10	143.94	12	117.73	18	223.74	1	85.47	12
重庆	183.92	8	142.08	16	118.42	16	103.94	7	83.82	19
四川	178.80	15	145.10	9	118.91	14	102.25	22	81.81	22

续表

地区	各五年期起始年纵向检测（基数值=100）						2015年度检测			
	"十五"以来15年（2000~2015年）		"十一五"以来10年（2005~2015年）		"十二五"以来5年（2010~2015年）		基数值纵向检测（2014年=100）		无差距横向检测（理想值=100）	
	检测指数	排序	检测指数	排序	检测指数	排序	检测指数	排序	检测指数	排序
新疆	179.49	14	149.38	7	124.23	1	103.33	8	81.81	23
广西	181.21	12	158.07	3	120.92	7	101.94	25	81.75	24
陕西	197.75	2	158.22	2	122.96	4	103.15	10	80.51	25
宁夏	185.98	7	141.73	18	116.36	21	101.06	30	80.33	26
青海	177.11	18	140.95	21	120.30	10	107.04	2	79.42	27
云南	195.99	3	156.13	4	122.29	5	102.97	11	78.73	28
甘肃	177.66	17	143.08	14	120.44	9	101.48	28	76.33	29
贵州	187.32	6	150.65	6	123.68	2	102.65	17	75.05	30
西藏	206.69	1	161.33	1	118.96	13	106.81	3	74.33	31
西部	186.49	[1]	150.21	[1]	121.36	[1]	102.30	[3]	80.45	[4]

注：①省域排列以"1、2、3"为序，四大区域排列以"[1]、[2]、[3]"为序，全文同。②限于制表空间，本表直接列出各五年期起始年基数值纵向检测、2015年度理想值横向检测结果和排行；起始年2000年、检测年2015年居民收入、消费、总消费中物质生活与非物生活消费、收入与消费之差五个子系统的总量、人均值及其地区差、城乡比、相关性比值等各类数据演算依据，详见本书随后各篇专项指数排行分类报告。

1. 最新数据年度理想值横向检测

2015年度无差距横向检测人民生活综合指数，全国为82.39，即设各类人均值城乡、地区无差距为理想值100加以比较衡量，全国总体尚存差距17.61个点。

21个省域此项指数高于全国指数，即民生发展水平高于全国平均水平；10个省域此项指数低于全国指数，即民生发展水平低于全国平均水平。

在此项检测中，上海、北京、浙江、辽宁、天津占据前5位。上海此项指数95.55为最高值，高于全国总体指数13.16个点；西藏此项指数74.33为最低值，低于全国总体指数8.06个点。

2. 2014年以来基数值纵向检测

上一年度基数值纵向检测人民生活综合指数，全国为102.28，即设上年（2014年）为基数值100加以对比衡量，至2015年提升2.28%。

21个省域此项指数高于全国指数,即民生发展提升速度高于全国平均速度;10个省域此项指数低于全国指数,即民生发展提升速度低于全国平均速度。

在此项检测中,内蒙古、青海、西藏、天津、福建占据前5位。内蒙古此项指数223.74为最高值,即指数提升123.74%;黑龙江此项指数100.45为最低值,即指数仅提升0.45%。

3. 2000年以来基数值纵向检测

"十五"以来15年纵向检测人民生活综合指数,全国为177.77,即设2000年为基数值100加以对比衡量,至2015年提升77.77%。

16个省域此项指数高于全国指数,即民生发展提升速度高于全国平均速度;15个省域此项指数低于全国指数,即民生发展提升速度低于全国平均速度。

在此项检测中,西藏、陕西、云南、安徽、河南占据前5位。西藏此项指数206.69为最高值,即指数提升106.69%;广东此项指数150.95为最低值,即指数仅提升50.95%。

4. 2005年以来基数值纵向检测

"十一五"以来10年纵向检测人民生活综合指数,全国为141.29,即设2005年为基数值100加以对比衡量,至2015年提升41.29%。

20个省域此项指数高于全国指数,即民生发展提升速度高于全国平均速度;11个省域此项指数低于全国指数,即民生发展提升速度低于全国平均速度。

在此项检测中,西藏、陕西、广西、云南、安徽占据前5位。西藏此项指数161.33为最高值,即指数提升61.33%;广东此项指数131.29为最低值,即指数仅提升31.29%。

5. 2010年以来基数值纵向检测

"十二五"以来5年纵向检测人民生活综合指数,全国为116.62,即设2010年为基数值100加以对比衡量,至2015年提升16.62%。

20个省域此项指数高于全国指数,即民生发展提升速度高于全国平均速度;11个省域此项指数低于全国指数,即民生发展提升速度低于全国平均速度。

在此项检测中,新疆、贵州、天津、陕西、云南占据前5位。新疆此项指数124.23为最高值,即指数提升24.23%;北京此项指数109.74为最低值,即指数仅提升9.74%。

现有增长关系格局存在经济增长与民生发展不够协调的问题,存在城乡、区域间民生发展不够均衡的问题,维持现有格局既有增长关系并非应然选择。实现经济、社会、民生发展的协调性,增强城乡、区域发展的均衡性,均为"全面建成小康社会"的既定目标,有些甚至可以具体化为约束性指标。假定全国及各地实现居民收入增长与经济发展同步,实现居民消费需求持续拉动经济增长,实现各类民生数据城乡差距不再扩大以至消除,人民生活发展指数将更加明显地提升,各地排行也将发生变化,对"全面建成小康社会"进程最后攻坚起到"倒计时"预测提示作用。

五 "全面小康"目标年民生发展预测

(一) 2020年人民生活发展指数应然测算

实现居民收入增长与经济发展同步、居民消费需求拉动经济增长目标,具体指标即保持居民收入比、居民消费率不再下降,后者分解亦即在保持居民收入比基础上保持居民消费比(总消费中又包含物质消费比重降低而非物消费比重提升)。同时,即使暂时难以消除民生发展各方面的城乡差距,也有必要控制城乡差距不再扩大。据此,取各地居民收入比、消费比(包括对应的积蓄率)、物质生活与非物生活消费比重(相互对应)历年最佳值,以及历年各类最小城乡比,假定推演2020年居民收入、消费(包括物质与非物生活消费、收入与消费之差积蓄)诸方面"应然增长"动向,亦即协调增长"应有目标",预测全国及各地人民生活主要数据及人民生活发展指数见表6,分区域以2015~2020年纵向检测假定目标差距位次排列。

假定按实现居民收入比历年最高值及收入最小城乡比测算,2020年全国城乡综合演算居民收入人均值应为43517.67元。

20个省域人均值应高于全国人均值,11个省域人均值应低于全国人均值。其中,内蒙古人均值最高,应为81061.27元,高达全国人均值的186.27%;甘肃人均值最低,应为28067.23元,低至全国人均值的64.50%。

中国人民生活发展指数检测体系阐释

表6 实现居民收入比、消费比最佳值及最小城乡差距假定目标增长测算

地区	实现居民收入比、消费比最佳值及最小城乡比应然测算						人民生活综合指数测算			
	2020年居民收入			2020年居民消费			2015~2020年纵向检测（2015年=100）		2020年度横向检测（理想值=100）	
	城乡综合人均值（元）	人均值差距		城乡综合人均值（元）	人均值差距		预测指数	差距排序（倒序）	预测指数	排序
		地区差（无差距=1）	城乡比（乡村=1）		地区差（无差距=1）	城乡比（乡村=1）				
全国	43517.67	1.3070	2.7129	33694.54	1.3354	2.1307	120.31	—	83.51	—
湖北	57738.05	1.3268	2.2357	45504.64	1.3505	1.5837	150.84	24	104.88	5
湖南	52755.14	1.2123	2.5579	45375.41	1.3467	1.8277	141.88	21	98.68	9
安徽	42024.00	1.0343	2.4120	32833.15	1.0256	1.6190	136.17	18	93.76	17
江西	43736.60	1.0050	2.3753	32516.66	1.0350	1.8994	129.61	13	93.24	19
河南	37640.66	1.1350	2.3422	27131.13	1.1948	1.9734	126.36	9	89.70	24
山西	32994.99	1.2418	2.4791	24194.86	1.2819	1.8189	128.63	11	83.35	27
中部	44718.03	1.1592	2.4232	34828.89	1.2057	1.7925	131.43	[3]	91.84	[1]
天津	78540.99	1.8048	1.7278	60863.70	1.8063	1.4842	138.67	19	109.80	2
江苏	71558.41	1.6444	1.8915	51864.20	1.5392	1.8365	135.41	16	100.53	6
广东	64048.20	1.4718	2.5787	51249.53	1.5210	2.1131	134.95	15	100.40	7
福建	57350.26	1.3179	2.3007	43372.40	1.2872	1.8557	129.81	14	96.72	12
山东	53472.67	1.2288	2.4393	38993.77	1.1573	2.1072	129.54	12	96.44	13
浙江	70961.74	1.6306	2.0332	54489.21	1.6172	1.6647	121.92	7	96.00	14
北京	79495.04	1.8267	2.1522	64526.47	1.9150	1.9386	126.49	10	93.02	21
上海	75700.17	1.7395	2.0939	60053.46	1.7823	1.8438	118.74	4	91.04	22
海南	40564.46	1.0679	2.4182	30588.79	1.0922	2.1004	124.95	8	89.84	23
河北	31593.68	1.2740	2.2338	22722.45	1.3256	1.6548	120.19	6	83.90	26
东部	60355.16	1.5006	2.5442	45951.65	1.5043	2.0653	125.43	[2]	91.52	[2]
内蒙古	81061.27	1.8627	2.5164	64768.87	1.9222	1.9447	247.68	30	111.93	1
贵州	53797.33	1.2362	3.2039	43996.05	1.3057	2.2077	179.74	28	108.79	3
重庆	64919.90	1.4918	2.3838	53893.00	1.5995	1.8135	159.60	26	107.97	4
广西	45046.00	1.0351	2.6859	37043.87	1.0994	1.8743	147.00	22	99.80	8
陕西	53075.88	1.2196	2.8880	46572.74	1.3822	2.0588	150.88	25	97.20	11
青海	44192.25	1.0155	2.9778	38752.98	1.1501	1.9439	7219.06	31	95.69	15
西藏	32970.49	1.2424	2.5353	29054.08	1.1377	2.5919	161.44	27	94.23	16

续表

地区	实现居民收入比、消费比最佳值及最小城乡比应然测算						人民生活综合指数测算			
	2020 年居民收入			2020 年居民消费			2015~2020 年纵向检测（2015 年=100）		2020 年度横向检测（理想值=100）	
	城乡综合人均值（元）	人均值差距		城乡综合人均值（元）	人均值差距		预测指数	差距排序（倒序）	预测指数	排序
		地区差（无差距=1）	城乡比（乡村=1）		地区差（无差距=1）	城乡比（乡村=1）				
四川	42595.30	1.0212	2.3993	35528.19	1.0544	1.7931	139.30	20	93.69	18
宁夏	44932.50	1.0325	2.7336	37780.99	1.1213	2.0598	148.02	23	93.06	20
甘肃	28067.23	1.3550	3.4217	23821.98	1.2930	2.2372	223.38	29	77.84	29
云南	29555.22	1.3208	2.9047	24748.48	1.2655	2.2234	116.92	3	77.14	30
新疆	30092.11	1.3085	2.5869	23983.76	1.2882	2.2447	111.37	2	75.85	31
西部	45916.61	1.2618	2.7761	38185.63	1.3016	2.0409	138.49	[4]	90.74	[3]
吉林	48125.77	1.1059	2.1417	39238.79	1.1645	1.8920	136.13	17	98.46	10
辽宁	44641.25	1.0258	2.2663	35631.14	1.0575	2.4116	119.61	5	88.79	25
黑龙江	31271.22	1.2814	2.0341	24340.75	1.2776	1.9157	108.70	1	81.01	28
东北	40902.38	1.1377	2.2997	32640.80	1.1665	2.1311	116.62	[1]	85.80	[4]

注：纵向检测排序取倒序，指数越低差距越小；横向检测指数普遍接近，区域差异明显减小。此项测算系居民收入、总消费、物质生活消费、非物生活消费、积蓄五个子系统同类假定的综合演算结果，参看本书各篇专项指数排行分类报告末尾同类假定测算。

全国城乡居民收入人均值地区差应为 1.3070，即 31 个省域人均值与全国人均值的绝对偏差平均值为 30.70%，与 2015 年相比略微扩大。

18 个省域人均值地区差应小于全国地区差，13 个省域人均值地区差应大于全国地区差。其中，江西人均值地区差 1.0050 应为最小值，即与全国人均值的绝对偏差为 0.50%，仅为全国总体地区差的 76.90%；内蒙古人均值地区差 1.8627 应为最大值，即与全国人均值的绝对偏差为 86.27%，高达全国总体地区差的 142.52%。

全国居民收入人均值城乡比应为 2.7129，即全国城镇人均值为乡村人均值的 271.29%，其间倍差为 2.71，与 2015 年相比略微缩小。

25 个省域人均值城乡比应小于全国城乡比，6 个省域人均值城乡比应大于全国城乡比。其中，天津人均值城乡比 1.7278 应为最小值，即城镇与乡村的人均值倍差为 1.73，仅为全国总体城乡比的 63.69%；甘肃人均值城乡比 3.4217 应为最大值，即城镇与乡村的人均值倍差为 3.42，高达全国总体城乡比的 126.13%。

同样假定实现居民消费比历年最高值及消费最小城乡比测算，2020 年全国城乡综合演算居民消费人均值应为 33694.54 元。

20 个省域人均值应高于全国人均值，11 个省域人均值应低于全国人均值。其中，内蒙古人均值最高，应为 64768.87 元，高达全国人均值的 192.22%；河北人均值最低，应为 22722.45 元，低至全国人均值的 67.44%。

全国城乡居民消费人均值地区差应为 1.3354，即 31 个省域人均值与全国人均值的绝对偏差平均值为 33.54%，与 2015 年相比明显扩大。

20 个省域人均值地区差应小于全国地区差，11 个省域人均值地区差应大于全国地区差。其中，安徽人均值地区差 1.0256 应为最小值，即与全国人均值的绝对偏差为 2.56%，仅为全国总体地区差的 76.80%；内蒙古人均值地区差 1.9222 应为最大值，即与全国人均值的绝对偏差为 92.22%，高达全国总体地区差的 143.95%。

全国居民消费人均值城乡比应为 2.1307，即全国城镇人均值为乡村人均值的 213.07%，其间倍差为 2.13，与 2015 年相比明显缩小。

25 个省域人均值城乡比应小于全国城乡比，6 个省域人均值城乡比应大于全国城乡比。其中，天津人均值城乡比 1.4842 应为最小值，即城镇与乡村的人均值倍差为 1.48，仅为全国总体城乡比的 69.66%；西藏人均值城乡比 2.5919 应为最大值，即城镇与乡村的人均值倍差为 2.59，高达全国总体城乡比的 121.64%。

综合居民收入、总消费、物质生活消费（相应保持占总消费比重历年最低值及最小城乡比）和非物生活消费（相应保持占总消费比重历年最高值及最小城乡比）、积蓄（相应保持积蓄率历年最低值及最小城乡比）五大子系统各个类别演算指标，即可得出全国及各地人民生活综合指数。

2015～2020 年纵向检测人民生活综合指数，全国应为 120.31，即设 2015 年为基数值 100 加以对比衡量，2020 年要达到假定目标需提升 20.31%。

在此假定"应然目标"下，纵向检测指数即差距测量结果，指数越低意味着差距越小，越容易实现。

6 个省域此项指数应低于全国指数，即假定目标差距小于全国总体差距；25个省域此项指数应高于全国指数，即假定目标差距大于全国总体差距。其中，黑龙江此项指数108.70应为最低值，即达到假定增长测算目标的差距最小；青海此项指数7219.06应为最高值，即达到假定增长测算目标的差距最大。

2020年度横向检测人民生活综合指数，全国应为83.51，即设各类人均值城乡、地区无差距为理想值100加以比较衡量，全国总体差距尚存16.49个点。

在此假定"应然目标"下，四大区域横向检测指数较为接近，地区性差异排序部分失去意义。

26个省域此项指数应高于全国指数，即假定目标下民生发展水平高于全国平均水平；5个省域此项指数应依次低于全国指数，即假定目标下民生发展水平低于全国平均水平。其中，内蒙古此项指数111.93应为最高值，即达到假定目标情况下高于全国总体指数28.42个点；新疆此项指数75.85应为最低值，即达到假定目标情况下低于全国总体指数7.66个点。

在此项假定测算中，预设全国所有省域同步达到"应然目标"，各地纵向检测差距愈大，倘若实现则横向检测排行有可能愈靠前，反之亦然。

全国及绝大部分省域（不排除极少数省域例外）这两项"应有目标"叠加测算结果，表明城乡居民收入、消费人均值大幅提升，城乡比明显缩小，地区差随之缩小。特别应当看到，各地民生综合指数不仅普遍提升，而且相互接近，在四大区域之间尤为接近。

（二）2020年人民生活发展指数理想测算

城乡差距、地区差距系全国各地人民生活发展"非均衡性"的主要成因，假定全国及各地实现居民收入比、消费比（包括物质生活与非物生活消费比重、积蓄率）历年最佳值并同步弥合各类城乡比，以城镇人均值作为城乡持平人均值进行测算，可以检测最终消除城乡差距的实际距离。据此假定推演2020年"理想增长"动向，亦即均衡发展"理想目标"，预测全国及各地人民生活主要数据及人民生活发展指数见表7，分区域以2015~2020年纵向检测假定目标差距位次排列。

表7 实现居民收入比、消费比最佳值并弥合城乡差距假定目标增长测算

地区	实现居民收入比、消费比最佳值并弥合城乡比理想测算						人民生活综合指数测算			
	2020年居民收入			2020年居民消费			2015~2020年纵向检测（2015年=100）		2020年度横向检测（理想值=100）	
	城乡总量（亿元）	人均值及其差距		城乡总量（亿元）	人均值及其差距					
		城与乡人均值（元）	地区差距（无差距=1）		城与乡人均值（元）	地区差距（无差距=1）	预测指数	差距排序（倒序）	预测指数	排序
全国	806052	57332.96	1.2454	594023	42251.75	1.2853	170.24	—	96.25	—
贵州	28358	82368.16	1.4367	20917	60755.49	1.4379	286.88	28	131.93	1
西藏	2029	58355.64	1.0178	1808	51993.71	1.2306	248.09	27	123.92	2
内蒙古	26226	102067.49	1.7803	19952	77651.95	1.8378	460.68	30	120.97	3
青海	3833	62832.61	1.0959	3019	49485.80	1.1712	25806.66	31	117.64	4
广西	30939	63680.24	1.1107	22999	47338.28	1.1204	207.01	24	115.11	5
重庆	24974	80033.91	1.3959	19685	63085.22	1.4931	202.62	22	114.75	6
陕西	27170	71008.04	1.2385	22238	58119.05	1.3755	231.15	26	111.76	8
四川	47506	57931.70	1.0104	36453	44453.06	1.0521	199.22	21	108.24	12
宁夏	4200	59746.26	1.0421	3325	47294.51	1.1194	210.99	25	106.24	13
甘肃	11355	43637.33	1.2389	8595	33030.78	1.2182	430.29	29	100.90	21
云南	21440	43940.54	1.2336	16649	34122.06	1.1924	190.06	20	96.68	24
新疆	10828	42688.75	1.2554	8296	32708.16	1.2259	166.30	10	91.75	29
西部	238857	66261.87	1.2380	183937	47320.73	1.2895	211.77	[4]	109.59	[1]
湖南	49932	71337.33	1.2443	39389	56275.37	1.3319	205.31	23	113.13	7
湖北	43005	72689.27	1.2678	31202	52738.44	1.2482	186.68	19	111.33	9
江西	27021	57675.00	1.0060	18987	40526.39	1.0408	175.29	15	104.72	16
安徽	34458	55990.12	1.0234	24139	39223.01	1.0717	179.00	18	103.89	18
河南	48463	50877.41	1.1126	33301	34960.35	1.1726	167.92	12	100.79	22
山西	16428	43090.75	1.2484	11205	29391.07	1.3044	161.76	8	91.54	30
中部	219306	59644.87	1.1504	158223	41611.26	1.1949	175.72	[3]	103.63	[2]
广东	90335	77286.72	1.3480	70257	60108.37	1.4226	178.51	17	108.27	10
山东	69695	68805.00	1.2001	49276	48646.90	1.1514	171.37	13	106.03	14
天津	15462	83690.70	1.4597	11808	63909.47	1.5126	154.18	6	105.18	15
福建	27725	69586.34	1.2137	20174	50634.44	1.1984	172.91	14	104.38	17
江苏	67347	82003.19	1.4303	48574	59144.16	1.3998	162.66	9	102.41	19

续表

地区	实现居民收入比、消费比最佳值并弥合城乡比理想测算						人民生活综合指数测算			
	2020年居民收入			2020年居民消费			2015~2020年纵向检测（2015年=100）		2020年度横向检测（理想值=100）	
	城乡总量（亿元）	人均值及其差距		城乡总量（亿元）	人均值及其差距		预测指数	差距排序（倒序）	预测指数	排序
		城与乡人均值（元）	地区差距（无差距=1）		城与乡人均值（元）	地区差距（无差距=1）				
浙江	49062	83804.34	1.4617	36267	61948.50	1.4662	152.14	4	101.31	20
海南	5058	53200.28	1.0721	3691	38826.54	1.0811	167.15	11	100.31	23
北京	21596	85197.14	1.4860	17393	68615.04	1.6240	157.10	7	96.08	25
上海	22534	81273.51	1.4176	17714	63891.70	1.5122	148.81	2	94.74	26
河北	31952	41503.17	1.2761	21027	27312.97	1.3536	152.75	5	92.19	28
东部	400766	65623.39	1.3365	296181	52523.24	1.3722	160.86	[2]	96.34	[3]
吉林	17351	62631.06	1.0924	13670	49346.28	1.1679	176.29	16	108.20	11
辽宁	23756	53300.56	1.0703	19138	42938.97	1.0163	151.36	3	94.67	27
黑龙江	14826	38934.12	1.3209	11374	29867.76	1.2931	138.85	1	87.98	31
东北	55933	49909.89	1.1612	44182	39282.70	1.1591	150.20	[1]	93.20	[4]

注：①全国及各地总量分别演算，各地之和不等于全国总量。②纵向检测排序取倒序，指数越低差距越小；横向检测指数普遍接近无差距理想值100，尚存地区差距影响，部分省域指数超出无差距理想值100，由其他指标明显提升所致。

假定实现居民收入比历年最高值并弥合收入城乡比测算，2020年全国城乡持平居民收入人均值应为57332.96元。

21个省域人均值应高于全国人均值，10个省域人均值应低于全国人均值。其中，内蒙古人均值最高，应为102067.49元，高达全国人均值的178.03%；黑龙江人均值最低，应为38934.12元，低至全国人均值的67.91%。

全国城乡居民收入人均值地区差应为1.2454，即31个省域人均值与全国人均值的绝对偏差平均值为24.54%，与2015年相比明显缩小。

17个省域人均值地区差应小于全国地区差，14个省域人均值地区差应大于全国地区差。其中，江西人均值地区差1.0060应为最小值，即与全国人均值的绝对偏差为0.60%，仅为全国总体地区差的80.77%；内蒙古人均值地区差1.7803应为最大值，即与全国人均值的绝对偏差为78.03%，高达全国总体地区差的142.95%。

同样假定实现居民消费比历年最高值并弥合消费城乡比测算，2020年全国城乡持平居民消费人均值应为42251.75元。

21个省域人均值应高于全国人均值，10个省域人均值应低于全国人均值。其中，内蒙古人均值最高，应为77651.95元，高达全国人均值的183.78%；河北人均值最低，应为27312.97元，低至全国人均值的64.64%。

全国城乡居民消费人均值地区差应为1.2853，即31个省域人均值与全国人均值的绝对偏差平均值为28.53%，与2015年相比略微扩大。

17个省域人均值地区差应小于全国地区差，14个省域人均值地区差应大于全国地区差。其中，辽宁人均值地区差1.0163应为最小值，即与全国人均值的绝对偏差为1.63%，仅为全国总体地区差的79.07%；内蒙古人均值地区差1.8378应为最大值，即与全国人均值的绝对偏差为83.78%，高达全国总体地区差的142.99%。

综合居民收入、总消费、物质生活消费和非物生活消费、积蓄（后三者同样实现历年最佳相关比值并同步弥合城乡比）五大子系统各个类别演算指标，即可得出全国及各地人民生活综合指数。

2015~2020年纵向检测人民生活综合指数，全国应为170.24，即设2015年为基数值100加以对比衡量，2020年要达到假定目标需提升70.24%。

在此假定"理想目标"下，纵向检测指数即差距测量结果，指数越低意味着差距越小，越容易实现。

12个省域此项指数应低于全国指数，即假定目标差距小于全国总体差距；19个省域此项指数应高于全国指数，即假定目标差距大于全国总体差距。其中，黑龙江此项指数138.85应为最低值，即达到假定增长测算目标的差距最小；青海此项指数25806.66应为最高值，即达到假定增长测算目标的差距最大。

2020年度横向检测人民生活综合指数，全国应为96.25，即设各类人均值城乡、地区无差距为理想值100加以比较衡量，全国总体差距仅存3.75个点。

在此假定"理想目标"下，四大区域横向检测指数极为接近，地区性差异排序几乎失去意义。

24个省域此项指数应高于全国指数，即假定目标下民生发展水平略高于全国平均水平；7个省域此项指数应低于全国指数，即假定目标下民生发展水平略低于全国平均水平。其中，贵州此项指数131.93应为最高值，即达到假定目标情况下高于全国总体指数35.68个点；黑龙江此项指数87.98应为最低值，即达到假定目标情况下低于全国总体指数8.27个点。

在此项假定测算中，预设全国所有省域同步达到"理想目标"，各地纵向检测差距愈大，倘若实现则横向检测排行有可能愈靠前，反之亦然。

此项测算假定国家现行统计制度中"人民生活"各类人均值城乡比全面消除，这一"理想目标"检测结果表明，城乡居民收入、消费总量、人均值大幅提升，地区差显著缩小，各地民生综合指数普遍极为接近，在四大区域之间更为明显。由此可知，既有城乡差距加大了地区差距，弥合社会体制和生活现实中的城乡鸿沟，或许是消除中国社会结构"非均衡性"最后也最难的攻坚战，期待能够在新中国成立百年之前实现。

最终到了这一步，中国可能出现在欧洲常见的情形：驰名公司总部、著名大学本部纷纷设立于优美小镇，而不会拥挤在丧失各种"集中度"（目前包括雾霾）的特大城市，"中国大城市病"不治而愈。更为重要的是，中国社会结构趋近"均衡化"，各地不同的"市民待遇"（原先甚至不涉及当地乡村居民）融为基本的"国民待遇"，其余当下难题譬如"均等化""一体化"迎刃而解。不言而喻，这已经不仅仅是民生话题，而且也是法理意义上的社会公平正义话题。

R.3 全国省域居民收入增长指数排行

——2015年检测与2020年测算

王亚南 赵 娟 孙 瑞*

摘要： 居民收入增长指数系"中国人民生活发展指数检测体系"五个二级子系统之首。从2000年以来的基数值纵向检测中看出，西部居民收入指数提升最高，中部次之，东北再次之，东部稍低，表明国家区域均衡发展方略已见成效；陕西、河南、宁夏、内蒙古、安徽占据前5位。从2015年无差距理想值横向检测中可以发现，存在差距的原因仍在于各方面协调性、均衡性还不够理想；上海、北京、辽宁、浙江、天津占据前5位。假定全国同步实现居民收入历年最小城乡比直至弥合城乡比，民生发展指数将更加明显地提升。

关键词： 全面小康 居民收入 增长指数 检测与排行

居民收入增长指数系"中国人民生活发展指数检测体系"五个二级子系统之首，占据基础地位，在整个检测指标系统综合演算中占有的权重首屈一指（详见技术报告表3）。居民收入是现行统计制度"人民生活"部分的基础数据，无论是居民消费与居民积蓄的整体切分，还是物质生活消费与非物生活消费的单项分解，都在居民收入数据涵盖范围之内。各个子系统的基础数据皆来源于国家统计局《中国统计年鉴》，均采用检测指标自足设计方式，实现与其余子系统对应数据的相关性分析测算，独立完成专项检测指数演算，最后汇总为民生发展综合指数。

---

* 王亚南，云南省社会科学院研究员，文化发展研究中心主任；赵娟，云南省社会科学院文化发展研究中心副研究员；孙瑞，云南省社会科学院培训部主任、研究员，主要从事文化相关研究。

一 居民收入总量增长基本情况

根据正式出版公布的既往年度统计数据和最新年度统计数据,按照本项研究检测的构思设计进行演算,全国及各地居民收入总量增长状况见表1,分区域以份额增减变化位次排列。

表1 全国及各地居民收入总量增长状况

地区	2000年居民收入总量		2015年居民收入总量		15年间总量增长变化			
	城乡总量（亿元）	占全国份额（%）	城乡总量（亿元）	占全国份额（%）	年均增长指数 上年=1	排序	份额增减变化 变化（%）	排序
全国	46502.56	100.00	306924.26	100.00	1.1341	—	—	—
北京	1180.63	2.54	10476.71	3.41	1.1567	1	34.45	1
天津	671.71	1.44	4804.15	1.57	1.1402	7	8.36	7
上海	1709.28	3.68	11998.35	3.91	1.1387	8	6.35	8
江苏	3556.64	7.65	23931.38	7.80	1.1355	13	1.95	13
海南	264.81	0.57	1750.40	0.57	1.1342	14	0.15	14
浙江	3008.57	6.47	19820.60	6.46	1.1339	15	-0.18	15
河北	2185.41	4.70	13810.26	4.50	1.1308	20	-4.26	20
山东	3637.55	7.82	22932.71	7.47	1.1306	21	-4.48	21
福建	1659.39	3.57	9904.57	3.23	1.1265	25	-9.57	25
广东	5190.17	11.16	30187.75	9.84	1.1245	27	-11.88	27
东部	23064.15	48.28	149616.89	48.87	1.1328	[1]	1.22	[1]
山西	925.75	1.99	6713.63	2.19	1.1412	4	9.88	4
江西	1232.23	2.65	8634.73	2.81	1.1386	9	6.17	9
河南	2467.69	5.31	16673.78	5.43	1.1358	11	2.37	11
安徽	1782.15	3.83	11523.83	3.75	1.1325	18	-2.03	18
湖南	2202.28	4.74	13473.60	4.39	1.1283	22	-7.31	22
湖北	2110.75	4.54	11900.82	3.88	1.1222	30	-14.57	30
中部	10720.85	22.44	68920.39	22.51	1.1321	[2]	0.31	[2]
宁夏	150.31	0.32	1187.38	0.39	1.1477	2	19.69	2
新疆	537.43	1.16	4026.24	1.31	1.1437	3	13.51	3

续表

地区	2000年居民收入总量		2015年居民收入总量		15年间总量增长变化			
	城乡总量（亿元）	占全国份额（%）	城乡总量（亿元）	占全国份额（%）	年均增长指数 上年=1	排序	份额增减变化 变化（%）	排序
陕西	946.32	2.03	6860.61	2.24	1.1412	5	9.84	5
内蒙古	790.52	1.70	5679.97	1.85	1.1405	6	8.86	6
云南	1089.39	2.34	7542.66	2.46	1.1377	10	4.90	10
青海	141.15	0.30	951.82	0.31	1.1357	12	2.17	12
西藏	63.29	0.14	412.14	0.13	1.1330	17	-1.34	17
甘肃	574.08	1.23	3653.63	1.19	1.1313	19	-3.57	19
重庆	1021.15	2.20	6185.44	2.02	1.1276	23	-8.22	23
贵州	839.36	1.80	5080.45	1.66	1.1275	24	-8.29	24
广西	1396.47	3.00	8286.69	2.70	1.1260	26	-10.09	26
四川	2523.97	5.43	14503.60	4.73	1.1236	28	-12.94	28
西部	10073.44	21.09	64370.63	21.03	1.1316	[3]	-0.29	[3]
辽宁	1657.33	3.56	10910.21	3.55	1.1339	16	-0.26	16
吉林	905.60	1.95	5175.47	1.69	1.1232	29	-13.41	29
黑龙江	1351.91	2.91	7166.86	2.34	1.1176	31	-19.68	31
东北	3914.85	8.19	23252.54	7.59	1.1261	[4]	-7.32	[4]

注：①全国及各省域分别演算未予平衡，省域总量之和不等于全国总量，四大区域占全国份额已加以平衡。②数据演算屡经四舍五入，可能出现小数细微出入，属于演算常规无误。③年均增长指数取4位小数，以便精确排序。④省域排列以"1、2、3"为序，四大区域排列以"[1]、[2]、[3]"为序。全文同。

2000年，全国城乡居民收入总量为46502.56亿元；2015年，全国城乡居民收入总量为306924.26亿元。2000年以来的15年间，全国城乡居民收入总量年均增长13.41%。

14个省域总量年均增长高于全国平均增长，17个省域总量年均增长低于全国平均增长。其中，北京总量年均增长15.67%为最高值，高于全国总量年增2.26个百分点；黑龙江总量年均增长11.76%为最低值，低于全国总量年增1.64个百分点。

全国居民收入总量始终为份额基准100，基于各地历年不同的增长状况，东部总量份额上升，增高0.22%；中部总量份额上升，增高0.31%；

西部总量份额下降，降低0.29%；东北总量份额下降，降低7.32%。总量份额变化取百分点易于直观对比，但取百分比则更有利于精确排序。

14个省域总量占全国份额上升，17个省域总量占全国份额下降。其中，北京总量份额变化态势最佳，增高34.45%；黑龙江总量份额变化态势不佳，降低19.68%。各省域总量份额变化取决于年均增长幅度，其份额增减程度取百分比演算，排序结果与年均增长指数排序一致。

将居民收入增长放到相关背景中考察更有意义。全国居民收入总量历年增长率为13.41%，其年均增长低于产值年增0.26个百分点，低于财政收入年增4.18个百分点，高于居民总消费年增0.62个百分点，低于居民积蓄年增1.81个百分点，高于物质生活消费年增1.14个百分点，低于非物生活消费年增0.51个百分点。在本项检测中，倘若居民收入和消费增长滞后，"GDP追逐""财政增收至上"只会产生负面效应。

相关系数检测可谓相关性分析最简便的通用方式，同时检验两组数据链历年增减变化趋势是否一致、变化程度是否相近、变化动向是否稳定。相关系数1为绝对相关，完全同步；0为无相关性，完全不同步；-1为绝对负相关，完全逆向同步。设数据项A历年增幅变化为N，若数据项B历年增幅（降幅绝对值）愈接近N（高低不论），即保持趋近性（正负不论），或历年增幅（降幅绝对值）存在固有差距（高低不论）但上下波动变化愈小，即保持平行（逆向）同步性，则二者相关系数（负值）愈高；反之相关系数（负值）愈低。

居民收入历年增长相关系数（可简化理解为增长同步程度）：①与产值之间全国为0.8352，呈稍强正相关，5个省域呈75%以上强相关性，14个省域呈60%以下弱相关性；②与财政收入之间全国为0.6799，呈较弱正相关，7个省域呈75%以上强相关性，16个省域呈60%以下弱相关性；③与居民消费之间全国为0.7735，呈稍强正相关，11个省域呈75%以上强相关性，12个省域呈60%以下弱相关性；④与物质生活消费之间全国为0.6484，呈较弱正相关，12个省域呈75%以上强相关性，11个省域呈60%以下弱相关性；⑤与非物生活消费之间全国为-0.0334，呈极弱负相关，10个省域呈现负相关，其间1个省域呈-50%以上（更大负值）强负相关性。

对应数据链之间增长变化相关系数的高低、正负差异在于，其间增长动向的同步性是强还是弱，增幅升降的趋向性是相近还是相左。后台数据库检测表明，2000~2015年，全国居民收入年均增长略微低于产值增长，极显著低于财政收入增长，较明显高于居民总消费增长，明显高于物质生活消费增长，较明显低于非物生活消费增长。

二 居民收入人均值相关均衡性检测

1. 城乡综合人均值及其地区差

全国及各地居民收入人均值地区差变化状况见表2，分区域以地区差扩减变化倒序位次排列。

表2 全国及各地居民收入人均值地区差变化状况

地区	2000年居民收入地区差距			2015年居民收入地区差距			15年间地区差扩减（负值缩小为佳，取倒序）	
	城乡综合人均值		地区差（无差距=1）	城乡综合人均值		地区差（无差距=1）		
	人均值（元）	排序		人均值（元）	排序		百分比（%）	排序（倒序）
全国	3682.95	—	1.3606	21966.19	—	1.2899	-5.20	—
广东	6930.86	3	1.8819	27858.86	6	1.2683	-32.61	1
上海	10974.50	1	2.9798	49867.17	1	2.2702	-23.81	2
天津	6854.16	4	1.8611	31291.36	4	1.4245	-23.46	3
福建	4934.26	6	1.3398	25404.36	7	1.1565	-13.68	4
浙江	6633.38	5	1.8011	35537.09	3	1.6178	-10.18	5
北京	9033.10	2	2.4527	48457.99	2	2.2060	-10.06	6
山东	4068.62	8	1.1047	22703.19	9	1.0336	-6.44	9
江苏	4892.22	7	1.3283	29538.85	5	1.3447	1.23	19
海南	3414.71	12	1.0728	18978.97	14	1.1360	5.89	27
河北	3289.30	17	1.1069	18118.09	19	1.1752	6.17	28
东部	5381.09	[1]	1.6929	28583.46	[1]	1.4633	-13.56	[1]
河南	2614.77	26	1.2900	17124.75	24	1.2204	-5.40	10
安徽	2846.20	23	1.2272	18362.57	18	1.1641	-5.14	11
江西	2940.88	21	1.2015	18437.11	17	1.1607	-3.40	13

续表

地区	2000年居民收入地区差距				2015年居民收入地区差距			15年间地区差扩减（负值缩小为佳，取倒序）	
	城乡综合人均值		地区差（无差距=1）		城乡综合人均值		地区差（无差距=1）	百分比（%）	排序（倒序）
	人均值（元）	排序			人均值（元）	排序			
山西	2869.66	22	1.2208		17853.67	20	1.1872	-2.75	14
湖南	3363.80	14	1.0867		19317.49	13	1.1206	3.12	23
湖北	3548.07	11	1.0366		20025.56	12	1.0883	4.99	26
中部	3010.54	[3]	1.1771		18947.15	[3]	1.1569	-1.72	[2]
内蒙古	3339.74	15	1.0932		22310.09	10	1.0157	-7.09	7
陕西	2606.24	27	1.2924		17394.98	21	1.2081	-6.52	8
宁夏	2740.36	25	1.2559		17329.09	22	1.2111	-3.57	12
重庆	3311.66	16	1.1008		20110.11	11	1.0845	-1.48	15
贵州	2248.49	31	1.3895		13696.61	29	1.3765	-0.94	16
甘肃	2251.29	30	1.3887		13466.59	30	1.3869	-0.13	17
云南	2583.63	28	1.2985		15222.57	28	1.3070	0.65	18
四川	2943.06	20	1.2009		17220.96	23	1.2160	1.26	20
青海	2748.81	24	1.2536		15812.70	27	1.2801	2.11	21
广西	2951.44	19	1.1986		16873.42	25	1.2318	2.77	22
新疆	2966.75	18	1.1945		16859.11	26	1.2325	3.18	24
西藏	2462.74	29	1.3313		12254.30	31	1.4421	8.32	30
西部	2796.70	[4]	1.2498		17404.36	[4]	1.2494	-0.03	[3]
辽宁	3967.28	9	1.0772		24575.58	8	1.1188	3.86	25
吉林	3391.78	13	1.0791		18683.70	15	1.1494	6.51	29
黑龙江	3558.14	10	1.0339		18592.65	16	1.1536	11.58	31
东北	3676.95	[2]	1.0634		21212.14	[2]	1.1406	7.26	[4]

2000年，全国城乡居民收入人均值为3682.95元。9个省域人均值高于全国人均值，22个省域人均值低于全国人均值。其中，上海人均值最高，为10974.50元，高达全国人均值的297.98%；贵州人均值最低，为2248.49元，低至全国人均值的61.05%。

2015年，全国城乡居民收入人均值为21966.19元。10个省域人均值高于全国人均值，21个省域人均值低于全国人均值。其中，上海人均值最高，为49867.17元，高达全国人均值的227.02%；西藏人均值最低，为12254.30元，低至全国人均值的55.79%。

2000年以来的15年间，全国城乡居民收入人均值年均增长12.64%。12个省域人均值年均增长高于全国平均增长，19个省域人均值年均增长低于全国平均增长。其中，内蒙古人均值年均增长13.50%为最高值，高于全国人均值年增0.85个百分点；广东人均值年均增长9.72%为最低值，低于全国人均值年增2.92个百分点。

各省域地区差指数依据其人均值与全国人均值的绝对偏差进行演算，全国和四大区域地区差取相应省域与全国人均值的绝对偏差平均值进行演算。地区人均值增大具有正面效应，但由此可能导致地区差扩大，产生负面效应。

2000年，全国城乡居民收入人均值地区差为1.3606，即31个省域人均值与全国人均值的绝对偏差平均值为36.06%。24个省域人均值地区差小于全国地区差，7个省域人均值地区差大于全国地区差。其中，黑龙江人均值地区差1.0339为最小值，即与全国人均值的绝对偏差为3.39%，仅为全国总体地区差的75.99%；上海人均值地区差2.9798为最大值，即与全国人均值的绝对偏差为197.98%，高达全国总体地区差的219.00%。

2015年，全国城乡居民收入人均值地区差为1.2899，即31个省域人均值与全国人均值的绝对偏差平均值为28.99%。22个省域人均值地区差小于全国地区差，9个省域人均值地区差大于全国地区差。其中，内蒙古人均值地区差1.0157为最小值，即与全国人均值的绝对偏差为1.57%，仅为全国总体地区差的78.74%；上海人均值地区差2.2702为最大值，即与全国人均值的绝对偏差为127.02%，高达全国总体地区差的175.99%。

基于全国及各地城乡居民收入历年不同的增长状况，全国人均值地区差较明显缩小5.20%。同期，17个省域人均值地区差都有所缩小。10个省域地区差变化态势好于全国地区差变化态势，21个省域人均值地区差变化态势逊于全国地区差变化态势。其中，广东人均值地区差变化态势最佳，缩减32.61%；黑龙江人均值地区差变化态势不佳，扩增11.58%。

在经济、财政、民生全数据链中对本项检测体系的地区差距相关性考察进行通约演算，各地经济、社会、民生发展的地区差距具有贯通性。全国及各地产值地区差动态有可能影响居民生活各方面的地区差变化，随之居民收入、总消费、物质生活或非物生活消费、积蓄地区差动态又有可能影响各分类单项消费的地区差变化。

居民收入历年地区差相关系数（可简化理解为地区差变化同步程度）：①与产值之间全国为0.9719，呈极强正相关，9个省域呈75%以上强相关性，16个省域呈60%以下弱相关性；②与财政收入之间全国为0.9518，呈极强正相关，7个省域呈75%以上强相关性，21个省域呈60%以下弱相关性；③与居民消费之间全国为0.9762，呈极强正相关，16个省域呈75%以上强相关性，6个省域呈60%以下弱相关性；④与物质消费之间全国为0.6512，呈较弱正相关，9个省域呈75%以上强相关性，14个省域呈60%以下弱相关性；⑤与非物消费之间全国为0.8999，呈较强正相关，17个省域呈75%以上强相关性，8个省域呈60%以下弱相关性。

2000～2015年，全国居民收入地区差缩小5.20%，与之对应的数据链之间地区差变化相关系数的高低、正负差异在于，其间地区差扩减幅度的同步性是强还是弱，扩减变化的趋向性是相近还是相左。后台数据库检测表明，全国产值地区差缩小9.14%，财政收入地区差缩小6.60%，居民总消费地区差缩小5.08%，物质生活消费地区差缩小2.56%，非物生活消费地区差缩小10.52%。

2. 城镇与乡村人均值及其城乡比

全国及各地居民收入人均值城乡比变化状况见表3，分区域以城乡比扩减变化倒序位次排列。

2000年，全国城镇居民收入人均值为6279.98元。10个省域城镇人均值高于全国城镇人均值，21个省域城镇人均值低于全国城镇人均值。其中，上海城镇人均值最高，为11718.01元，高达全国城镇人均值的186.59%；山西城镇人均值最低，为4724.11元，低至全国城镇人均值的75.22%。

全国乡村居民收入人均值为2253.42元。11个省域乡村人均值高于全国乡村人均值，20个省域乡村人均值低于全国乡村人均值。其中，上海乡村人均值最高，为5596.37元，高达全国乡村人均值的248.35%；西藏乡村人均值最低，为1330.81元，低至全国乡村人均值的59.06%。

表3 全国及各地居民收入人均值城乡比变化状况

地区	2000年居民收入城乡差距			2015年居民收入城乡差距			15年间城乡比扩减（负值缩小为佳，取倒序）	
	城镇人均值（元）	乡村人均值（元）	城乡比（乡村=1）	城镇人均值（元）	乡村人均值（元）	城乡比（乡村=1）	百分比（%）	排序（倒序）
全国	6279.98	2253.42	2.7869	31194.83	11421.71	2.7312	-2.00	—
西藏	7426.32	1330.81	5.5803	25456.63	8243.68	3.0880	-44.66	1
云南	6324.64	1478.60	4.2775	26373.23	8242.08	3.1998	-25.19	2
重庆	6275.98	1892.44	3.3163	27238.84	10504.71	2.5930	-21.81	3
新疆	5644.86	1618.08	3.4886	26274.66	9425.08	2.7877	-20.09	4
四川	5894.27	1903.60	3.0964	26205.25	10247.35	2.5573	-17.41	6
陕西	5124.24	1443.86	3.5490	26420.21	8683.91	3.0407	-14.32	7
广西	5834.43	1864.51	3.1292	26415.87	9466.58	2.7904	-10.83	8
青海	5169.96	1490.49	3.4686	24542.35	7933.41	3.0935	-10.81	9
贵州	5122.21	1374.16	3.7275	24579.64	7386.87	3.3275	-10.73	10
宁夏	4912.40	1724.30	2.8489	25186.01	9118.69	2.7620	-3.05	17
甘肃	4916.25	1428.68	3.4411	23767.08	6936.21	3.4265	-0.42	22
内蒙古	5129.05	2038.21	2.5164	30594.10	10775.89	2.8391	12.82	28
西部	5640.45	1687.08	3.3433	26420.61	9062.89	2.9153	-12.80	[1]
安徽	5293.55	1934.57	2.7363	26935.76	10820.73	2.4893	-9.03	11
湖南	6218.73	2197.16	2.8303	28838.07	10992.55	2.6234	-7.31	13
湖北	5524.54	2268.59	2.4352	27051.47	11843.89	2.2840	-6.21	14
河南	4766.26	1985.82	2.4001	25575.61	10852.86	2.3566	-1.81	19
江西	5103.58	2135.30	2.3901	26500.12	11139.08	2.3790	-0.46	21
山西	4724.11	1905.61	2.4791	25827.72	9453.91	2.7320	10.20	27
中部	5325.27	2067.07	2.5762	26809.81	10920.05	2.4551	-4.70	[2]
天津	8140.50	3622.39	2.2473	34101.35	18481.63	1.8451	-17.90	5
浙江	9279.16	4253.67	2.1814	43714.48	21125.00	2.0693	-5.14	15
广东	9761.57	3654.48	2.6711	34757.16	13360.44	2.6015	-2.61	18
海南	5358.32	2182.26	2.4554	26356.42	10857.55	2.4275	-1.14	20
山东	6489.97	2659.20	2.4406	31545.27	12930.37	2.4396	-0.04	23
河北	5661.16	2478.86	2.2838	26152.16	11050.51	2.3666	3.63	24
福建	7432.26	3230.49	2.3007	33275.34	13792.70	2.4125	4.86	25

续表

地区	2000年居民收入城乡差距			2015年居民收入城乡差距			15年间城乡比扩减（负值缩小为佳，取倒序）	
	城镇人均值（元）	乡村人均值（元）	城乡比（乡村=1）	城镇人均值（元）	乡村人均值（元）	城乡比（乡村=1）	百分比（%）	排序（倒序）
上海	11718.01	5596.37	2.0939	52961.86	23205.20	2.2823	9.00	26
北京	10349.69	4604.55	2.2477	52859.17	20568.72	2.5699	14.33	30
江苏	6800.23	3595.09	1.8915	37173.48	16256.70	2.2867	20.89	31
东部	8178.12	3189.43	2.5641	36531.62	14330.93	2.5491	-0.59	[3]
吉林	4810.00	2022.50	2.3782	24900.86	11326.17	2.1985	-7.56	12
黑龙江	4912.88	2148.22	2.2870	24202.62	11095.22	2.1814	-4.62	16
辽宁	5357.79	2355.58	2.2745	31125.73	12056.87	2.5816	13.50	29
东北	5069.99	2192.92	2.3120	27408.61	11486.53	2.3862	3.21	[4]

2015年，全国城镇居民收入人均值为31194.83元。8个省域城镇人均值高于全国城镇人均值，23个省域城镇人均值低于全国城镇人均值。其中，上海城镇人均值最高，为52961.86元，高达全国城镇人均值的169.78%；甘肃城镇人均值最低，为23767.08元，低至全国城镇人均值的76.19%。

全国乡村居民收入人均值为11421.71元，仅为城镇人均值的36.61%。10个省域乡村人均值高于全国乡村人均值，21个省域乡村人均值低于全国乡村人均值。其中，上海乡村人均值最高，为23205.20元，高达全国乡村人均值的203.17%；甘肃乡村人均值最低，为6936.21元，低至全国乡村人均值的60.73%。

2000年以来的15年间，全国城镇居民收入人均值年均增长11.28%。11个省域城镇人均值年均增长高于全国城镇平均增长，20个省域城镇人均值年均增长低于全国城镇平均增长。其中，内蒙古城镇人均值年均增长12.64%为最高值，高于全国城镇年增1.37个百分点；西藏城镇人均值年均增长8.56%为最低值，低于全国城镇年增2.72个百分点。

全国乡村居民收入人均值年均增长11.43%，高于全国城镇年增0.15个百分点。同期，23个省域乡村人均值年均增长高于自身城镇年增。19个省域乡村人均值年均增长高于全国乡村平均增长，12个省域乡村人均值年均增长低于全国乡村平均增长。其中，西藏乡村人均值年均增长12.93%为最高值，高于全国乡村年增1.50个百分点；广东乡村人均值年均增长9.03%为最低值，低于全国乡村年增2.40个百分点。

城乡比及其扩减变化基于城镇与乡村人均绝对值及其不同增长进行演算，在民生发展的城乡差距长期存在的情况下，倘若乡村人均值增长滞后于城镇人均值增长，那么城乡比势必进一步扩大。

2000年，全国居民收入人均值城乡比为2.7869，即全国城镇人均值为乡村人均值的278.69%，其间倍差为2.79。19个省域人均值城乡比小于全国城乡比，12个省域人均值城乡比大于全国城乡比。其中，江苏人均值城乡比1.8915为最小值，即城镇与乡村的人均值倍差为1.89，仅为全国总体城乡比的67.87%；西藏人均值城乡比5.5803为最大值，即城镇与乡村的人均值倍差为5.58，高达全国总体城乡比的200.24%。

2015年，全国居民收入人均值城乡比为2.7312，即全国城镇人均值为乡村人均值的273.12%，其间倍差为2.73。20个省域人均值城乡比小于全国城乡比，11个省域人均值城乡比大于全国城乡比。其中，天津人均值城乡比1.8451为最小值，即城镇与乡村的人均值倍差为1.85，仅为全国总体城乡比的67.56%；甘肃人均值城乡比3.4265为最大值，即城镇与乡村的人均值倍差为3.43，高达全国总体城乡比的125.46%。

基于全国城镇与乡村居民收入历年不同的增长状况，全国城乡居民收入人均值城乡比较明显缩小2.00%。同期，23个省域人均值城乡比都有所缩小。18个省域城乡比变化态势好于全国城乡比变化态势，13个省域城乡比变化态势逊于全国城乡比变化态势。其中，西藏人均值城乡比变化态势最佳，缩减44.66%；江苏人均值城乡比变化态势不佳，扩增20.89%。

本项检测体系的城乡差距相关性考察集中于民生数据链。第一，有必要检验城镇与乡村之间居民收入增长相关系数（可简化理解为城乡增长同步程度）：全国为0.4543，呈很弱正相关，城乡增长同步性很差，26个省域呈60%以下弱相关性，其中2个省域呈现负相关性。第二，全国及各地居民收入、总消费、积蓄的城乡差距动态有可能对分类单项消费的城乡差距变化产生影响，而物质生活消费和非物生活消费的城乡差距动态又有可能反过来对总消费、积蓄的城乡差距变化产生影响。特别是各类消费需求之间的城乡比变化具有贯通性。

居民收入历年城乡比相关系数（可简化理解为城乡比变化同步程度）：①与居民消费之间全国为0.7113，呈较弱正相关，15个省域呈75%以上强相关性，10个省域呈60%以下弱相关性；②与居民积蓄之间全国为0.1896，呈极弱正相关，28个省域呈60%以下弱相关性，其间15个省域呈现负相关性；③与物质消费之间全国为0.5793，呈很弱正相关，17个省域呈60%以下弱相关性，其间5个省域呈现负相关性；④与非物消费之间全国为0.7409，呈较弱正相关，14个省域呈75%以上强相关性，13个省域呈60%以下弱相关性。

2000~2015年，全国居民收入城乡比缩小2.00%，与之对应的数据链之间城乡比变化相关系数的高低、正负差异在于，其间城乡比扩减幅度的同步性是强还是弱，扩减变化的趋向性是相近还是相左。后台数据库检测表明，全国居民总消费城乡比缩小22.49%，居民积蓄城乡比扩大102.82%，物质生活消费城乡比缩小14.59%，非物生活消费城乡比缩小39.21%。

中国社会由历史承继下来的结构性、体制性"非均衡格局"弊端根深蒂固，长期存在的城乡差距、地区差距系全国及各地民生发展"非均衡性"的主要成因。进入"全面建成小康社会"进程以来，国家把解决"三农问题"列为"重中之重"，并致力于推进区域"均衡发展"。就本文涉及的数据范围来看，国家大力推进缩小区域发展差距的几大战略已见成效，推进缩小城乡发展差距的多方努力也初见成效。

三 居民收入相关性比值协调性检测

全国及各地居民收入相关性比值状况见表4，分区域以居民收入比升降位次排列。

1. 居民收入与产值之比

2000年，全国居民收入比为46.37%，此为全国城乡居民收入与产值（国民总收入近似值）的相对比值。20个省域比值高于全国总体比值，11个省域比值低于全国总体比值。其中，贵州比值81.50%为最高值，高达全国总体比值的175.74%；辽宁比值35.50%为最低值，低至全国总体比值的76.54%。

表4 全国及各地居民收入与经济、财政相关性比值状况

地区	居民收入与产值相关性				居民收入与财政收入相关性			
	居民收入比		15年间比值升降（负值下降，上升为佳）		收入对比度		15年间比值升降（负值下降，上升为佳）	
	2000年	2015年			2000年	2015年		
	比值（%）	比值（%）	比值（%）	排序	比值（%）	比值（%）	比值（%）	排序
全国	46.37	43.94	-5.24	—	347.15	197.81	-43.02	—
辽宁	35.50	37.60	5.92	4	560.62	506.75	-9.61	1
黑龙江	42.90	47.12	9.84	3	729.43	609.56	-16.43	2
吉林	46.14	36.57	-20.74	18	872.23	418.38	-52.03	14
东北	40.06	40.22	0.40	[1]	669.44	514.14	-23.20	[1]
北京	37.45	45.50	21.50	2	342.21	221.68	-35.22	4
上海	36.99	48.04	29.87	1	352.15	218.68	-37.90	5
河北	43.33	45.01	3.88	6	878.51	506.39	-42.36	6
广东	54.42	41.27	-24.16	21	570.00	320.81	-43.72	7
福建	44.08	37.38	-15.20	14	708.82	381.68	-46.15	9
山东	43.63	35.38	-18.91	16	784.50	403.13	-48.61	11
浙江	49.44	45.77	-7.42	10	877.71	408.09	-53.51	15
海南	50.23	46.50	-7.43	11	675.55	274.28	-59.40	21
江苏	41.58	33.57	-19.26	17	793.35	293.17	-63.05	25
天津	39.50	28.98	-26.63	23	502.75	179.72	-64.25	26
东部	43.73	40.11	-8.28	[2]	631.66	321.99	-49.02	[2]
河南	47.98	43.77	-8.77	12	1001.21	537.01	-46.36	10
山西	50.15	51.13	1.95	7	808.69	397.44	-50.85	13
安徽	59.56	51.01	-14.36	13	997.18	457.38	-54.13	16
湖南	62.01	45.18	-27.14	24	1243.94	519.15	-58.27	19
湖北	56.38	39.53	-29.89	27	984.74	388.70	-60.53	22
江西	60.62	50.20	-17.19	15	1104.61	387.68	-64.90	27
中部	56.72	46.90	-17.31	[3]	1028.28	465.70	-54.71	[3]
云南	54.18	52.85	-2.45	8	602.72	398.03	-33.96	3
广西	63.44	47.95	-24.42	22	949.63	531.76	-44.00	8
甘肃	54.52	51.47	-5.59	9	936.74	469.82	-49.85	12
新疆	40.24	42.11	4.65	5	679.66	295.05	-56.59	17
宁夏	50.97	39.56	-22.39	20	721.79	308.44	-57.27	18

续表

地区	居民收入与产值相关性				居民收入与财政收入相关性			
	居民收入比		15年间比值升降（负值下降，上升为佳）		收入对比度		15年间比值升降（负值下降，上升为佳）	
	2000年	2015年			2000年	2015年		
	比值（%）	比值（%）	比值（%）	排序	比值（%）	比值（%）	比值（%）	排序
青海	53.50	38.33	-28.36	25	851.11	346.84	-59.25	20
四川	59.38	46.83	-21.14	19	1079.25	419.41	-61.14	23
陕西	52.46	36.52	-30.39	28	823.10	319.54	-61.18	24
内蒙古	51.36	31.38	-38.90	30	831.84	284.82	-65.76	28
贵州	81.50	45.89	-43.69	31	984.79	320.58	-67.45	29
西藏	53.87	38.30	-28.90	26	1175.39	286.64	-75.61	30
重庆	58.97	38.44	-34.81	29	1170.45	280.35	-76.05	31
西部	58.95	44.39	-24.70	[4]	893.60	373.95	-58.15	[4]

注：居民收入相关性分析取居民收入比、收入对比度两项。对于相关性比值的构思设计及界定阐释，详见本书技术报告。居民收入比下降意味着人民劳动所得占国民总收入的比例降低；收入对比度下降意味着人民劳动所得增长受到各级财政收入增长挤压。

2015年，全国居民收入比为43.94%，意味着居民收入与产值（国民总收入近似值）的相对比值下降。15个省域比值高于全国总体比值，16个省域比值低于全国总体比值。其中，云南比值52.85%为最高值，高达全国总体比值的120.27%；天津比值28.98%为最低值，低至全国总体比值的65.96%。

基于居民收入与产值（国民总收入近似值）历年不同的增长状况，全国居民收入比降低5.24%。同期，24个省域居民收入比都有所下降。8个省域比值升降变化态势好于全国比值变化，23个省域比值升降变化态势逊于全国比值变化。其中，上海比值升降变化态势最佳，升高29.87%；贵州比值升降变化态势不佳，降低43.69%。

2. 居民收入与财政收入之比

2000年，全国（居民）收入对比度为347.16%，此为全国城乡居民收入与财政收入的相对比值，即居民收入演算为财政收入的3.47倍；亦可反过来基于财政收入演算，（财政）收入对比度为28.81%。30个省域比值高于全国总体比值，1个省域比值低于全国总体比值。其中，湖南比值1243.94%

为最高值，高达全国总体比值的358.32%；北京比值342.21%为最低值，低至全国总体比值的98.58%。

2015年，全国（居民）收入对比度为197.81%，居民收入与财政收入的相对比值下降；反过来基于财政收入演算，（财政）收入对比度为50.55%，有所上升。30个省域比值高于全国总体比值，1个省域比值低于全国总体比值。其中，黑龙江比值609.56%为最高值，高达全国总体比值的308.15%；天津比值179.72%为最低值，低至全国总体比值的90.86%。

基于居民收入与财政收入历年不同的增长状况，全国（居民）收入对比度降低43.02%。同期，31个省域（居民）收入对比度都有所下降。6个省域比值升降变化态势好于全国比值变化，25个省域比值升降变化态势逊于全国比值变化。其中，辽宁比值升降变化态势最佳，降低9.61%；重庆比值升降变化态势不佳，降低76.05%。

本项检测体系建立的各类相关性比值分析测算十分复杂，不同方面、不同层次的比值当然不具可比性。将以下对应比值之间历年变化相关系数（可简化理解为比值变化同步程度）在同一层面，或在上下层次递进关系中进行检测：居民收入比与财政收入比、居民消费率同属对应于产值的相对比值；居民收入比与居民积蓄率、物质消费比、非物消费比属上下层递进的相对比值。

相关性比值之间历年变化相关系数：①居民收入比与财政收入比之间全国为-0.7511，呈极强负相关，22个省域呈-50%以上（更大负值）强负相关性；②与居民消费率之间全国为0.9583，呈极强正相关，30个省域呈75%以上强相关性，无省域呈60%以下弱相关性；③与居民积蓄率之间全国为-0.7303，呈极强负相关，16个省域呈-50%以上（更大负值）强负相关性；④与物质消费比之间全国为0.7488，呈较弱正相关，13个省域呈75%以上强相关性，14个省域呈60%以下弱相关性；⑤与非物消费比之间全国为-0.0552，呈极弱负相关，17个省域呈现负相关，其间7个省域呈-50%以上（更大负值）强负相关性。

对应数据链之间比值升降变化相关系数的高低、正负差异在于，其间增长升降的同步性是强还是弱，升降变化的趋向性是相近还是相左。后台数据库检测表明，2000~2015年，全国居民收入比降低5.24%，而财政收入比增高66.24%，居民消费率降低12.48%，居民积蓄率增高26.14%，物质消费比降低13.81%，非物消费比增高7.25%。

四 "全面小康"进程居民收入增长指数排行

2015年统计数据为目前已经正式出版公布的最新年度全国及各地系统数据。全国及各地居民收入子系统专项指数排行见表5，分区域以2015年度无差距横向检测结果位次排列。

表5 全国及各地居民收入子系统专项指数排行

| 地区 | 各五年期起始年纵向检测（基数值=100） | | | | | | 2015年度检测 | | | |
| | "十五"以来15年（2000~2015年） | | "十一五"以来10年（2005~2015年） | | "十二五"以来5年（2010~2015年） | | 基数值纵向检测（2014年=100） | | 无差距横向检测（理想值=100） | |
	检测指数	排序	检测指数	排序	检测指数	排序	检测指数	排序	检测指数	排序
全国	174.05	—	141.61	—	116.27	—	102.98	—	82.40	—
辽宁	178.86	6	144.95	10	118.51	12	105.55	5	93.72	3
黑龙江	162.28	27	136.70	24	114.16	25	102.14	25	89.18	6
吉林	168.91	20	132.49	29	110.94	29	101.40	28	85.60	14
东北	171.77	[3]	139.65	[3]	115.55	[3]	103.34	[2]	90.15	[1]
上海	156.30	30	132.05	30	110.41	30	104.04	10	96.23	1
北京	166.76	22	131.69	31	109.83	31	101.04	30	94.26	2
浙江	166.95	21	136.84	23	114.76	23	103.15	19	92.90	4
天津	161.00	29	138.10	21	116.33	19	108.05	3	89.89	5
山东	166.22	23	136.92	22	114.52	24	102.47	24	89.15	7
福建	161.28	28	135.28	27	115.97	21	107.41	4	88.87	8
江苏	169.65	18	136.25	25	113.36	27	104.24	8	88.74	9
广东	150.55	31	133.07	28	112.01	28	103.38	15	86.67	11
河北	162.84	26	135.64	26	113.78	26	104.92	7	85.48	15
海南	165.01	24	140.52	18	118.93	10	103.22	17	83.71	21
东部	165.25	[4]	136.85	[4]	114.10	[4]	103.62	[1]	86.41	[2]
湖南	169.39	19	142.21	15	117.13	15	103.98	11	86.33	12
湖北	164.69	25	142.95	14	118.16	13	101.60	27	85.89	13

续表

地区	各五年期起始年纵向检测（基数值=100）						2015年度检测			
	"十五"以来15年（2000~2015年）		"十一五"以来10年（2005~2015年）		"十二五"以来5年（2010~2015年）		基数值纵向检测（2014年=100）		无差距横向检测（理想值=100）	
	检测指数	排序	检测指数	排序	检测指数	排序	检测指数	排序	检测指数	排序
山西	176.53	9	140.06	20	119.83	7	103.19	18	85.08	16
安徽	180.70	5	152.78	2	119.82	8	101.21	29	85.07	17
河南	183.76	2	147.51	7	117.02	15	103.85	13	84.72	18
江西	175.83	10	142.07	16	115.96	22	102.50	23	84.58	19
中部	177.94	[2]	146.92	[2]	118.64	[2]	102.53	[4]	85.75	[3]
内蒙古	182.87	4	147.03	8	118.71	11	103.35	16	87.02	10
重庆	175.29	11	140.13	19	116.58	13	105.17	6	84.03	20
新疆	173.83	13	149.42	4	123.41	1	103.95	12	82.82	22
广西	172.39	15	148.36	6	119.28	9	100.04	31	82.55	23
四川	171.51	16	144.29	11	116.90	17	103.03	20	81.91	24
陕西	189.51	1	155.98	1	122.07	4	104.07	9	81.11	25
宁夏	183.06	3	141.28	17	118.04	14	102.08	26	79.81	26
青海	170.79	17	143.80	13	122.25	3	111.38	1	79.07	27
云南	178.70	7	150.68	3	120.15	6	103.77	14	78.98	28
甘肃	173.16	14	144.98	9	121.30	5	102.62	22	76.75	29
西藏	178.60	8	143.87	12	116.27	20	108.88	2	76.17	30
贵州	174.93	12	149.12	5	123.36	2	102.96	21	75.07	31
西部	178.76	[1]	149.14	[1]	120.87	[1]	102.88	[3]	81.05	[4]

1. 最新数据年度理想值横向检测

2015年度无差距横向检测居民收入增长指数，全国为82.40，即设各类人均值城乡、地区无差距为理想值100加以比较衡量，全国总体差距尚存17.60个点。

23个省域此项指数高于全国指数，即居民收入指数检测结果高于全国平均水平；8个省域此项指数低于全国指数，即居民收入指数检测结果低于全国平均水平。

在此项检测中，上海、北京、辽宁、浙江、天津占据前5位。上海此项指数 96.23 为最高值，高于全国总体指数 13.83 个点；贵州此项指数 75.07 为最低值，低于全国总体指数 7.33 个点。

2. 2014 年以来基数值纵向检测

上一年度基数值纵向检测居民收入增长指数，全国为 102.98，即设 2014 年为基数值 100 加以对比衡量，至 2015 年提升 2.98%。

20 个省域此项指数高于全国指数，即居民收入指数提升速度高于全国平均速度；11 个省域此项指数低于全国指数，即居民收入指数提升速度低于全国平均速度。

在此项检测中，青海、西藏、天津、福建、辽宁占据前 5 位。青海此项指数 111.38 为最高值，即指数提升 11.38%；广西此项指数 100.04 为最低值，即指数仅提升 0.04%。

3. 2000 年以来基数值纵向检测

"十五"以来 15 年纵向检测居民收入增长指数，全国为 174.05，即设 2000 年为基数值 100 加以对比衡量，至 2015 年提升 74.05%。

12 个省域此项指数高于全国指数，即居民收入指数提升速度高于全国平均速度；19 个省域此项指数低于全国指数，即居民收入指数提升速度低于全国平均速度。

在此项检测中，陕西、河南、宁夏、内蒙古、安徽占据前 5 位。陕西此项指数 189.51 为最高值，即指数提升 89.51%；广东此项指数 150.55 为最低值，即指数仅提升 50.55%。

4. 2005 年以来基数值纵向检测

"十一五"以来 10 年纵向检测居民收入增长指数，全国为 141.61，即设 2005 年为基数值 100 加以对比衡量，至 2015 年提升 41.61%。

16 个省域此项指数高于全国指数，即居民收入指数提升速度高于全国平均速度；15 个省域此项指数低于全国指数，即居民收入指数提升速度低于全国平均速度。

在此项检测中，陕西、安徽、云南、新疆、贵州占据前 5 位。陕西此项指数 155.98 为最高值，即指数提升 55.98%；北京此项指数 131.69 为最低值，即指数仅提升 31.69%。

5. 2010 年以来基数值纵向检测

"十二五"以来 5 年纵向检测居民收入增长指数,全国为 116.27,即设 2010 年为基数值 100 加以对比衡量,至 2015 年提升 16.27%。

19 个省域此项指数高于全国指数,即居民收入指数提升速度高于全国平均速度;12 个省域此项指数低于全国指数,即居民收入指数提升速度低于全国平均速度。

在此项检测中,新疆、贵州、青海、陕西、甘肃占据前 5 位。新疆此项指数 123.41 为最高值,即指数提升 23.41%;北京此项指数 109.83 为最低值,即指数仅提升 9.83%。

现有增长关系格局存在经济增长与民生发展不够协调的问题,存在城乡、区域间民生发展不够均衡的问题,维持现有格局既有增长关系并非应然选择。实现经济、社会、民生发展的协调性,增强城乡、区域发展的均衡性,均为"全面建成小康社会"的既定目标,有些甚至可以具体化为约束性指标。假定全国及各地城乡比、地区差不再扩大以至消除,居民收入增长将更加明显,各地排行也将发生变化,可对"全面建成小康社会"进程最后攻坚起到"倒计时"预测提示作用。

五 "全面小康"目标年居民收入增长预测

1. 实现居民收入比最佳值及最小城乡比应然测算

实现居民收入增长与经济发展同步目标,具体指标即保持居民收入比不再下降,按全国及各地居民收入比历年最高值测算 2020 年居民收入总量、人均值,再取居民收入历年最小城乡比进行演算。据此假定推演居民收入"应然增长"动向,亦即协调增长"应有目标",预测全国及各地 2020 年居民收入主要数据及居民收入指数见表 6,分区域以 2015~2020 年纵向检测假定目标差距位次排列。

假定实现居民收入比最佳值及最小城乡比测算,2020 年全国城乡居民收入总量应达 611820.58 亿元,人均值应为 43517.67 元。20 个省域人均值应高于全国人均值,11 个省域人均值应低于全国人均值。其中,内蒙古人均值最高,应为 81061.27 元,高达全国人均值的 186.27%;甘肃人均值最低,应为28067.23元,低至全国人均值的64.50%。

表6 全国及各地2020年居民收入应然增长测算

地区	实现居民收入比最佳值及最小城乡比测算				居民收入专项指数测算			
	居民收入		人均值差距		2015~2020年纵向检测（2015年基数值=100）		2020年度横向检测（无差距理想值=100）	
	城乡总量（亿元）	城乡人均（元）	地区差（无差距=1）	城乡比（乡村=1）	差距指数	排序（倒序）	预测指数	排序
全国	611820.58	43517.67	1.3070	2.7129	111.09	—	82.28	—
黑龙江	11907.99	31271.22	1.2814	2.0341	102.23	1	82.65	27
辽宁	19896.77	44641.25	1.0258	2.2663	107.06	5	86.88	23
吉林	13332.19	48125.77	1.1059	2.1417	128.47	20	98.53	9
东北	45136.96	40902.38	1.1377	2.2997	106.50	[1]	85.17	[4]
河北	24323.02	31593.68	1.2740	2.2838	106.95	4	83.65	26
上海	20988.37	75700.17	1.7395	2.0939	107.83	6	87.43	22
北京	20150.50	79495.04	1.8267	2.1922	109.89	8	86.81	24
浙江	41543.15	70961.74	1.6306	2.0332	112.54	9	93.72	18
山东	54164.34	53472.67	1.2288	2.4393	118.52	11	94.14	15
海南	3856.69	40564.46	1.0679	2.4182	118.87	13	90.20	21
福建	22849.68	57350.26	1.3179	2.3007	120.65	14	97.32	10
广东	74861.73	64048.20	1.4718	2.5787	123.38	16	98.65	8
江苏	58769.24	71558.41	1.6444	1.8915	125.82	18	99.68	6
天津	14510.87	78540.99	1.8048	1.7278	131.90	23	108.59	2
东部	336017.58	60355.16	1.5006	2.5442	114.90	[2]	89.66	[3]
山西	12579.01	32994.99	1.2418	2.4791	106.31	3	79.17	28
河南	35854.04	37640.66	1.1350	2.3422	118.79	12	90.45	20
安徽	25862.62	42024.00	1.0343	2.4120	120.90	15	91.29	19
江西	20490.98	43736.60	1.0050	2.3753	124.41	17	93.83	17
湖南	36925.27	52755.14	1.2123	2.5579	128.13	19	96.60	12
湖北	34159.67	57738.05	1.3268	2.2357	134.24	26	102.10	5
中部	165871.59	44718.03	1.1592	2.4232	119.25	[3]	90.36	[1]
新疆	7632.71	30092.11	1.3085	2.5869	105.98	2	77.31	30
云南	14420.89	29555.22	1.3208	2.9047	108.98	7	75.00	31

续表

地区	实现居民收入比最佳值及最小城乡比测算				居民收入专项指数测算			
	居民收入		人均值差距		2015~2020年纵向检测（2015年基数值=100）		2020年度横向检测（无差距理想值=100）	
	城乡总量（亿元）	城乡人均（元）	地区差（无差距=1）	城乡比（乡村=1）	差距指数	排序（倒序）	预测指数	排序
甘肃	7303.24	28067.23	1.3550	3.4217	113.31	10	77.66	29
四川	34929.86	42595.30	1.0212	2.3993	129.68	21	95.26	13
宁夏	3158.78	44932.50	1.0325	2.7336	131.67	22	93.87	16
广西	21885.57	45046.00	1.0351	2.6859	131.90	24	96.65	11
西藏	1146.18	32970.49	1.2424	2.5353	133.45	25	84.58	25
陕西	20308.52	53075.88	1.2196	2.8880	135.65	27	94.20	14
青海	2696.17	44192.25	1.0155	2.9778	140.09	28	99.30	7
重庆	20257.68	64919.93	1.4918	2.3888	142.40	29	104.31	4
内蒙古	20828.16	81061.27	1.8627	2.5164	150.47	30	112.79	1
贵州	18521.56	53797.33	1.2362	3.2039	164.96	31	108.47	3
西部	173089.32	45916.61	1.2618	2.7761	126.93	[4]	90.26	[2]

注：①全国及各地总量分别演算，各地之和不等于全国总量；另表外附加城镇、乡村人均值按最小城乡比反推演算，势必突破相应背景数值关系，于是全国及各地收入与总消费之差对应积蓄测算数值或有出入，实属此项设计使然。②纵向检测排序取倒序，指数越低差距越小；横向检测指数普遍接近，区域差异明显减小，部分省域指数超出无差距理想值100，由其他指标明显提升所致。

全国城乡居民收入人均值地区差应为1.3070，即31个省域人均值与全国人均值的绝对偏差平均值为30.70%。18个省域人均值地区差应小于全国地区差，13个省域人均值地区差应大于全国地区差。其中，江西人均值地区差1.0050应为最小值，即与全国人均值的绝对偏差为0.50%，仅为全国总体地区差的76.90%；内蒙古人均值地区差1.8627应为最大值，即与全国人均值的绝对偏差为86.27%，高达全国总体地区差的142.52%。

基于城乡人均值测算反推，全国城镇居民收入人均值应为57332.96元。21个省域城镇人均值应高于全国城镇人均值，10个省域城镇人均值应低于全国城镇人均值。其中，内蒙古城镇人均值最高，应为102067.49元，高达全国城镇人均值的178.03%；黑龙江城镇人均值最低，应为38934.12元，低至全国城镇人均值的67.91%。

基于城镇人均值演算反推，全国乡村居民收入人均值应为21133.64元，仅为城镇人均值的36.86%。24个省域乡村人均值应高于全国乡村人均值，7个省域乡村人均值应低于全国乡村人均值。其中，天津乡村人均值最高，应为48438.14元，高达全国乡村人均值的229.20%；甘肃乡村人均值最低，应为12753.21元，低至全国乡村人均值的60.35%。

全国居民收入人均值城乡比应为2.7129，即全国城镇人均值为乡村人均值的271.29%，其间倍差为2.71。25个省域人均值城乡比应小于全国城乡比，6个省域人均值城乡比应大于全国城乡比。其中，天津人均值城乡比1.7278应为最小值，即城镇与乡村的人均值倍差为1.73，仅为全国总体城乡比的63.69%；甘肃人均值城乡比3.4217应为最大值，即城镇与乡村的人均值倍差为3.42，高达全国总体城乡比的126.13%。

2015~2020年纵向检测居民收入增长指数，全国应为111.09，即设2015年为基数值100加以对比衡量，2020年要达到假定目标需提升11.09%。在此假定"应然目标"下，纵向检测指数即为差距测量结果，指数越低意味着差距越小，越容易实现。

8个省域此项指数应低于全国指数，即假定测算居民收入指数提升差距小于全国总体差距；23个省域此项指数应高于全国指数，即假定测算居民收入指数提升差距大于全国总体差距。其中，黑龙江此项指数102.23应为最低值，即达到假定增长测算目标的差距最小；贵州此项指数164.96应为最高值，即达到假定增长测算目标的差距最大。

2020年度横向检测居民收入增长指数，全国应为82.28，即设收入人均值城乡、地区无差距为理想值100加以比较衡量，全国总体差距尚存17.72个点。在此假定"应然目标"下，四大区域横向检测指数较为接近，地区性差异排序部分失去意义。

27个省域此项指数应高于全国指数，即假定测算居民收入指数高于全国平均水平；4个省域此项指数应依次低于全国指数，即假定测算居民收入指数低于全国平均水平。其中，内蒙古此项指数112.79应为最高值，即达到假定目标情况下高于全国总体指数30.51个点；云南此项指数75.00应为最低值，即达到假定目标情况下低于全国总体指数7.28个点。

在此项假定测算中，预设全国所有省域同步达到"应然目标"，各地纵向检测差距愈大,倘若实现则横向检测排行有可能愈靠前,反之亦然。

保持居民收入比不再下降,实现居民收入最小城乡比"应然目标",本身为"协调增长"的基本需要。据此假定测算可见,由于预设乡村居民收入加速增长,到2020年实现历年最小城乡比,全国及部分省域城乡综合演算的居民收入总量、人均值大幅提升。在假定实现最小城乡比情况下,与2015年相比,全国居民收入城乡比应略微缩小,31个省域城乡比相应缩小;但全国居民收入地区差仍将略微扩大,16个省域地区差相应扩大。其中部分省域居民收入城乡比趋于缩小,2020年城乡比本身即最小城乡比。

特别应当注意,各地居民收入增长指数不仅普遍提升,而且相互接近,在四大区域之间尤为接近。

2. 实现居民收入比最佳值并弥合城乡比理想测算

城乡差距系民生发展"非均衡性"的最主要成因,假定全国及各地实现居民收入比历年最佳值并同步弥合城乡比,以城镇人均值作为城乡持平人均值进行测算,可以检测最终消除城乡差距的实际距离。据此假定推演居民收入"理想增长"走向,亦即均衡发展"理想目标",预测全国及各地2020年居民收入主要数据及居民收入指数见表7,分区域以2015~2020年纵向检测假定目标差距位次排列。

假定实现居民收入比最佳值并弥合城乡比测算,2020年全国城乡居民收入总量应达806051.60亿元,城乡持平人均值应为57332.96元,即前面测算的城镇人均值水平。21个省域人均值应高于全国人均值,10个省域人均值应低于全国人均值。其中,内蒙古人均值最高,应为102067.49元,高达全国人均值的178.03%;黑龙江人均值最低,应为38934.12元,低至全国人均值的67.91%。

全国城乡居民收入人均值地区差应为1.2454,即31个省域人均值与全国人均值的绝对偏差平均值为24.54%。17个省域人均值地区差应小于全国地区差,14个省域人均值地区差应大于全国地区差。其中,江西人均值地区差1.0060应为最小值,即与全国人均值的绝对偏差为0.60%,仅为全国总体地区差的80.77%;内蒙古人均值地区差1.7803应为最大值,即与全国人均值的绝对偏差为78.03%,高达全国总体地区差的142.95%。

表7 全国及各地2020年居民收入理想增长测算

地区	实现居民收入比最佳值并弥合城乡比测算			居民收入专项指数测算			
	城乡总量（亿元）	城与乡人均值（元）	地区差（无差距=1）	2015~2020年纵向检测（2015年基数值=100）		2020年度横向检测（无差距理想值=100）	
				差距指数	排序（倒序）	预测指数	排序
全国	806051.60	57332.96	1.2454	165.20	—	96.48	—
黑龙江	14826.00	38934.12	1.3209	135.18	1	89.72	31
辽宁	23756.26	53300.56	1.0703	143.78	3	92.20	27
吉林	17350.57	62631.06	1.0924	172.99	17	109.22	11
东北	55932.83	49909.89	1.1612	144.92	[1]	93.13	[3]
上海	22533.62	81273.51	1.4176	140.04	2	90.41	29
浙江	49061.60	83804.34	1.4617	145.71	4	99.76	23
北京	21595.87	85197.14	1.4860	145.98	5	89.89	30
河北	31952.04	41503.17	1.2761	151.04	6	96.48	24
天津	15462.30	83690.70	1.4597	153.34	7	106.11	16
江苏	67347.29	82003.19	1.4303	157.76	9	102.12	21
福建	27724.82	69586.34	1.2137	162.98	11	105.77	17
海南	5058.04	53200.28	1.0721	166.03	12	101.77	22
山东	69694.99	68805.00	1.2001	166.08	13	105.09	19
广东	90335.37	77286.72	1.3480	170.76	15	107.23	13
东部	400765.95	65623.39	1.3365	152.51	[2]	92.91	[4]
山西	16427.92	43090.75	1.2484	155.57	8	91.95	28
河南	48462.51	50877.41	1.1126	167.58	14	103.83	20
江西	27021.24	57675.00	1.0060	172.94	16	106.28	15
安徽	34457.72	55990.12	1.0234	173.17	18	106.53	14
湖北	43005.29	72689.27	1.2678	181.46	20	113.03	7
湖南	49931.63	71337.33	1.2443	187.47	22	112.80	8
中部	219306.31	59644.87	1.1504	172.21	[3]	105.96	[2]
新疆	10827.78	42688.75	1.2554	162.57	10	93.61	26
云南	21439.93	43940.54	1.2336	180.89	19	96.44	25
四川	47506.32	57931.70	1.0104	186.43	21	111.64	9
宁夏	4200.20	59746.26	1.0421	191.43	23	108.88	12

续表

地区	实现居民收入比最佳值千弥合城乡比测算			居民收入专项指数测算			
	城乡总量（亿元）	城与乡人均值（元）	地区差（无差距=1）	2015~2020年纵向检测（2015年基数值=100）		2020年度横向检测（无差距理想值=100）	
				差距指数	排序（倒序）	预测指数	排序
重庆	24973.87	80033.91	1.3959	193.76	24	113.79	6
广西	30939.00	63680.24	1.1107	197.69	25	115.00	5
甘肃	11354.66	43637.53	1.2389	200.50	26	105.17	18
陕西	27169.93	71008.04	1.2385	203.70	27	110.46	10
内蒙古	26225.57	102067.49	1.7803	209.60	28	122.99	2
青海	3833.42	62832.51	1.0959	216.97	29	121.81	3
西藏	2028.67	58355.54	1.0178	230.79	30	116.62	4
贵州	28358.04	82368.15	1.4367	265.27	31	135.00	1
西部	238857.39	66261.87	1.2380	200.55	[4]	113.44	[1]

注：①全国及各地总量分别演算，各地之和不等于全国总量。②纵向检测排序取倒序，指数越低差距越小；横向检测指数普遍接近无差距理想值100，尚存地区差距影响，部分省域指数超出无差距理想值100，由其他指标明显提升所致。

2015~2020年纵向检测居民收入增长指数，全国应为165.20，即设2015年为基数值100加以对比衡量，2020年要达到假定目标需提升65.20%。在此假定"理想目标"下，纵向检测指数即为差距测量结果，指数越低意味着差距越小，越容易实现。

11个省域此项指数应低于全国指数，即假定测算居民收入指数提升差距小于全国总体差距；20个省域此项指数应高于全国指数，即假定测算居民收入指数提升差距大于全国总体差距。其中，黑龙江此项指数135.18应为最低值，即达到假定增长测算目标的差距最小；贵州此项指数265.27应为最高值，即达到假定增长测算目标的差距最大。

2020年度横向检测居民收入增长指数，全国应为96.48，即设各类人均值城乡、地区无差距为理想值100加以比较衡量，全国总体差距仅存3.52个点。在此假定"理想目标"下，四大区域横向检测指数极为接近，地区性差异排序几乎失去意义。

24个省域此项指数应高于全国指数，即假定测算居民收入指数略高于全国平均水平；7个省域此项指数应低于全国指数，即假定测算居民收入指数略低于全国平均水平。其中，贵州此项指数135.00应为最高值，即达到假定目标情况下高于全国总体指数38.52个点；黑龙江此项指数89.72应为最低值，即达到假定目标情况下低于全国总体指数6.76个点。

在此项假定测算中，预设全国所有省域同步达到"理想目标"，各地纵向检测差距愈大，倘若实现则横向检测排行有可能愈靠前，反之亦然。

实现弥合居民收入城乡比"理想目标"，本身即为"均衡发展"的理念要求。据此假定测算可见，由于预设乡村居民收入高速增长，到2020年人均值与城镇持平，全国及各地城乡综合演算的居民收入总量、人均值将大幅提升。在假定弥合城乡比情况下，与2015年相比，全国居民收入地区差亦随之明显缩小，16个省域地区差相应缩小。由此可知，既有城乡差距加大了地区差距。

特别应当注意，各地居民收入增长指数普遍十分接近，在四大区域之间更为明显。

R.4 全国省域居民消费景气指数排行
——2015年检测与2020年测算

刘 婷 王亚南 张 林*

摘要： 居民消费景气指数系"中国人民生活发展指数检测体系"五个二级子系统之二，同时亦为相对独立的"中国人民生活消费需求景气评价体系"。从2000年以来的基数值纵向检测中可以看出，西部居民消费指数提升最高，中部次之，东部再次之，东北稍低，表明国家区域均衡发展方略已见成效；青海、西藏、河北、安徽、四川占据前5位。从2015年无差距理想值横向检测中可以发现，存在差距的原因仍在于各方面协调性、均衡性还不够理想；北京、上海、天津、浙江、辽宁占据前5位。假定全国同步实现居民消费历年最小城乡比直至弥合城乡比，民生发展指数将更加明显地提升。

关键词： 全面小康 居民消费 消费景气指数 检测与排行

居民消费景气指数系"中国人民生活发展指数检测体系"五个二级子系统之二，同时亦为相对独立的"中国人民生活消费需求景气评价体系"，在整个检测指标系统综合演算中占据重要地位，占有的权重屈居次席，加上物质生活、非物生活消费两方面则达"半壁江山"（详见技术报告表3）。居民消费不仅与居民积蓄共同切分居民收入"蛋糕"，而且汇总物质生活与非物生活分类单项消费数据，关键还在于居民消费需求正是市场经济中民生需求的主要体现形式。各个子系统基础数据皆来源于国家统计局《中国

---

* 刘婷，云南省社会科学院研究员，文化发展研究中心秘书长；王亚南，云南省社会科学院研究员，文化发展研究中心主任；张林，云南省社会科学院培训部副译审，主要从事语言、文化、民族学研究。

统计年鉴》，均采用检测指标自足设计方式，实现与其余子系统对应数据的相关性分析测算，独立完成专项检测指数演算，最后汇总成民生发展综合指数。

一 居民消费总量增长基本情况

根据正式出版公布的既往年度统计数据和最新年度统计数据，按照本项研究检测的构思设计进行演算，全国及各地居民消费总量增长状况见表1，分区域以份额增减变化位次排列。

表1 全国及各地居民消费总量增长状况

地区	2000年居民消费总量		2015年居民消费总量		15年间总量增长变化			
	城乡总量（亿元）	占全国份额（%）	城乡总量（亿元）	占全国份额（%）	年均增长指数		份额增减变化	
					上年=1	排序	变化（%）	排序
全国	36005.66	100.00	218971.88	100.00	1.1279	—	—	—
天津	484.76	1.35	3709.26	1.69	1.1453	1	25.82	1
北京	958.31	2.66	7307.98	3.34	1.1450	2	25.39	2
河北	1411.83	3.92	9872.37	4.51	1.1384	7	14.98	7
上海	1291.73	3.59	8369.05	3.82	1.1327	8	6.53	8
海南	193.28	0.54	1250.43	0.57	1.1326	9	6.38	9
江苏	2577.79	7.16	16606.82	7.58	1.1322	12	5.93	12
浙江	2279.20	6.33	13427.49	6.13	1.1255	18	-3.13	18
福建	1250.71	3.47	7320.45	3.34	1.1250	19	-3.76	19
山东	2652.60	7.37	14696.52	6.71	1.1209	24	-8.90	24
广东	4139.22	11.50	22719.27	10.38	1.1202	25	-9.75	25
东部	17239.42	46.91	105279.63	48.24	1.1282	[1]	2.83	[1]
宁夏	126.39	0.35	941.69	0.43	1.1433	3	22.52	3
新疆	417.31	1.16	3066.20	1.40	1.1422	4	20.82	4
内蒙古	612.78	1.70	4356.32	1.99	1.1397	5	16.90	5
青海	114.67	0.32	813.73	0.37	1.1396	6	16.69	6
甘肃	459.41	1.28	2942.13	1.34	1.1318	13	5.30	13

续表

地区	2000年居民消费总量		2015年居民消费总量		15年间总量增长变化			
	城乡总量（亿元）	占全国份额（%）	城乡总量（亿元）	占全国份额（%）	年均增长指数 二年=1	排序	份额增减变化（%）	排序
陕西	801.27	2.23	5118.04	2.34	1.1316	14	5.03	14
云南	912.22	2.53	5409.94	2.47	1.1260	17	-2.48	17
四川	2026.25	5.63	11410.74	5.21	1.1221	21	-7.40	21
贵州	686.44	1.91	3820.21	1.74	1.1212	22	-8.49	22
西藏	49.88	0.14	277.17	0.13	1.1211	23	-8.62	23
重庆	847.04	2.35	4641.12	2.12	1.1201	26	-9.90	26
广西	1139.86	3.17	5562.38	2.54	1.1115	31	-19.76	31
西部	8193.50	22.30	48359.68	22.16	1.1256	[2]	-0.61	[2]
河南	1778.69	4.94	11494.02	5.25	1.1325	10	6.26	10
山西	678.84	1.89	4383.71	2.00	1.1324	11	6.18	11
江西	913.53	2.54	5776.49	2.64	1.1308	15	3.97	15
安徽	1322.23	3.67	8002.36	3.65	1.1275	16	-0.48	16
湖南	1894.21	5.26	9872.91	4.51	1.1164	27	-14.30	27
湖北	1647.54	4.58	8472.37	3.87	1.1154	29	-15.44	29
中部	8235.05	22.41	48001.86	21.99	1.1247	[3]	-1.85	[3]
辽宁	1316.19	3.66	7631.27	3.49	1.1243	20	-4.66	20
吉林	738.37	2.05	3810.76	1.74	1.1156	28	-15.14	28
黑龙江	1027.84	2.85	5163.08	2.36	1.1136	30	-17.40	30
东北	3082.40	8.39	16605.11	7.61	1.1188	[4]	-9.29	[4]

注：①全国及各省域分别演算未予平衡，省域总量之和不等于全国总量，四大区域占全国份额已加以平衡。②数据演算屡经四舍五入，可能出现小数细微出入，属于演算常规无误。③年均增长指数取4位小数，以便精确排序。④省域排列以"1、2、3"为字，四大区域排列以"[1]、[2]、[3]"为序。全文同。

2000年，全国城乡居民消费总量为36005.66亿元；2015年，全国城乡居民消费总量为218971.88亿元。2000年以来的15年间，全国城乡居民消费总量年均增长12.79%。

15个省域总量年均增长高于全国平均增长，16个省域总量年均增长低于全国平均增长。其中，天津总量年均增长14.53%为最高值，高于全国总量年增1.74个百分点；广西总量年均增长11.15%为最低值，低于全国总量年增1.64个百分点。

全国居民消费总量始终为份额基准100，基于各地历年不同的增长状况，东部总量份额上升，增高2.83%；西部总量份额下降，减低0.61%；中部总量份额下降，减低1.85%；东北总量份额下降，减低9.29%。总量份额变化取百分点将易于直观对比，但取百分比则更有利于精确排序。

15个省域总量占全国份额上升，16个省域总量占全国份额下降。其中，天津总量份额变化态势最佳，增高25.82%；广西总量份额变化态势不佳，降低19.76%。各省域总量份额变化取决于年均增长幅度，其份额增减程度取百分比演算，排序结果与年均增长指数排序一致。

将居民消费增长放到相关背景中考察更有意义。全国居民消费总量历年增长率为12.79%，其年均增长低于产值年增0.88个百分点，低于财政支出年增4.59个百分点，低于居民收入年增0.62个百分点，低于居民积蓄年增2.43个百分点，高于物质生活消费年增0.52个百分点，低于非物生活消费年增1.13个百分点。在本项检测中，倘若居民收入和消费增长滞后，"GDP追逐""财政增收至上"只会产生负面效应。

相关系数检测可谓相关性分析最简便的通用方式，同时检验两组数据链历年增减变化趋势是否一致、变化程度是否相近、变化动向是否稳定。相关系数1为绝对相关，完全同步；0为无相关性，完全不同步；-1为绝对负相关，完全逆向同步。设数据项A历年增幅变化为N，若数据项B历年增幅（降幅绝对值）愈接近N（高低不论），即保持趋近性（正负不论），或历年增幅（降幅绝对值）存在固有差距（高低不论）但上下波动变化愈小，即保持平行（逆向）同步性，则二者相关系数（负值）愈高；反之相关系数（负值）愈低。

居民消费历年增长相关系数（可简化理解为增长同步程度）：①与产值之间全国为0.6431，呈较弱正相关，1个省域呈75%以上强相关性，23个省域呈60%以下弱相关性；②与财政支出之间全国为0.2482，呈极弱正相关，29个省域呈60%以下弱相关性，其间7个省域呈现负相关性；③与居民收入之间全国为0.7735，呈稍强正相关，11个省域呈75%以上强相关性，12个省域呈60%以下弱相关性；④与物质消费之间全国为0.8959，呈较强正相关，30个省域呈75%以上强相关性，1个省域呈60%以下弱相关性；⑤与非物消费之间全国为-0.0489，呈极弱负相关，5个省域呈现负相关。

对应数据链之间增长变化相关系数的高低、正负差异在于，其间增长动向的同步性是强还是弱，增幅升降的趋向性是相近还是相左。后台数据库检测表明，2000~2015年，全国居民消费年均增长较明显低于产值增长，极显著低于财政支出增长，较明显低于居民收入增长，较明显高于物质生活消费增长，明显低于非物生活消费增长。

二 居民消费人均值相关均衡性检测

1. 城乡综合人均值及其地区差

全国及各地居民消费人均值地区差变化状况见表2，分区域以地区差扩减变化倒序位次排列。

表2 全国及各地居民消费人均值地区差变化状况

地区	2000年居民消费地区差距			2015年居民消费地区差距			15年间地区差扩减（负值缩小为佳，取倒序）	
	城乡综合人均值		地区差（无差距=1）	城乡综合人均值		地区差（无差距=1）		
	人均值（元）	排序		人均值（元）	排序		百分比（%）	排序（倒序）
全国	2851.61	—	1.3476	15712.41	—	1.2792	-5.08	—
广东	5527.43	3	1.9384	20975.70	5	1.3350	-31.13	1
上海	8293.64	1	2.9084	34783.55	1	2.2138	-23.88	2
北京	7332.13	2	2.5712	33802.77	2	2.1513	-16.33	3
浙江	5025.23	4	1.7622	24116.88	4	1.5349	-12.90	4
天津	4946.50	5	1.7346	24162.46	3	1.5378	-11.35	5
福建	3719.03	6	1.3042	18850.19	7	1.1997	-8.01	6
河北	2124.97	25	1.2548	13030.69	21	1.1707	-6.70	9
海南	2492.30	16	1.1260	13575.02	18	1.1360	0.89	22

续表

地区	2000年居民消费地区差距			2015年居民消费地区差距			15年间地区差扩减（负值缩小为佳，取倒序）	
	城乡综合人均值		地区差（无差距=1）	城乡综合人均值		地区差（无差距=1）	百分比（%）	排序（倒序）
	人均值（元）	排序		人均值（元）	排序			
山东	2966.95	9	1.0404	14578.36	11	1.0722	3.06	23
江苏	3545.79	7	1.2434	20555.56	6	1.3082	5.21	25
东部	4022.12	[1]	1.6884	20113.08	[1]	1.4660	-13.17	[1]
河南	1884.71	29	1.3391	11835.13	25	1.2468	-6.89	7
安徽	2111.68	26	1.2595	12840.11	23	1.1828	-6.09	10
江西	2180.27	23	1.2354	12403.37	24	1.2106	-2.01	15
山西	2104.29	27	1.2621	11729.05	26	1.2535	-0.68	19
湖北	2769.44	11	1.0288	14316.50	12	1.0888	5.83	26
湖南	2893.25	10	1.0146	14267.34	13	1.0920	7.63	27
中部	2312.50	[3]	1.1899	13196.36	[3]	1.1791	-0.91	[2]
青海	2233.07	21	1.2169	13611.34	17	1.1337	-6.84	8
宁夏	2304.20	19	1.1920	13815.63	14	1.1207	-5.98	11
陕西	2206.74	22	1.2261	13087.22	20	1.1671	-4.81	12
甘肃	1801.62	31	1.3682	10950.76	29	1.3030	-4.77	13
四川	2362.70	18	1.1715	13632.10	16	1.1324	-3.34	14
贵州	1838.84	30	1.3552	10413.75	30	1.3372	-1.33	16
新疆	2303.68	20	1.1921	12867.40	22	1.1811	-0.92	18
重庆	2747.01	13	1.0367	15139.54	10	1.0365	-0.02	20
内蒙古	2588.83	15	1.0922	17178.53	9	1.0933	0.10	21
云南	2163.44	24	1.2413	11005.41	28	1.2996	4.70	24
广西	2409.09	17	1.1552	11401.00	27	1.2744	10.32	30
西藏	1940.69	28	1.3194	8245.76	31	1.4752	11.81	31
西部	2274.77	[4]	1.2139	13075.36	[4]	1.2129	-0.08	[3]
辽宁	3150.68	8	1.1049	17199.80	8	1.0947	-0.92	17
黑龙江	2705.19	14	1.0513	13402.54	19	1.1470	9.10	28
吉林	2765.45	12	1.0302	13763.91	15	1.1240	9.11	29
东北	2895.09	[2]	1.0621	15148.02	[2]	1.1219	5.63	[4]

2000年，全国城乡居民消费人均值为2851.61元。10个省域人均值高于全国人均值，21个省域人均值低于全国人均值。其中，上海人均值最高，为8293.64元，高达全国人均值的290.84%；甘肃人均值最低，为1801.62元，低至全国人均值的63.18%。

2015年，全国城乡居民消费人均值为15712.41元。9个省域人均值高于全国人均值，22个省域人均值低于全国人均值。其中，上海人均值最高，为34783.55元，高达全国人均值的221.38%；西藏人均值最低，为8245.76元，低至全国人均值的52.48%。

2000年以来的15年间，全国城乡居民消费人均值年均增长12.05%。15个省域人均值年均增长高于全国平均增长，16个省域人均值年均增长低于全国平均增长。其中，内蒙古人均值年均增长13.45%为最高值，高于全国人均值年增1.40个百分点；广东人均值年均增长9.30%为最低值，低于全国人均值年增2.75个百分点。

各省域地区差指数依据其人均值与全国人均值的绝对偏差进行演算，全国和四大区域地区差取相应省域与全国人均值的绝对偏差平均值进行演算。地区人均值增大具有正面效应，但由此可能导致地区差扩大，产生负面效应。

2000年，全国城乡居民消费人均值地区差为1.3476，即31个省域人均值与全国人均值的绝对偏差平均值为34.76%。24个省域人均值地区差小于全国地区差，7个省域人均值地区差大于全国地区差。其中，湖南人均值地区差1.0146为最小值，即与全国人均值的绝对偏差为1.46%，仅为全国总体地区差的75.29%；上海人均值地区差2.9084为最大值，即与全国人均值的绝对偏差为190.84%，高达全国总体地区差的215.82%。

2015年，全国城乡居民消费人均值地区差为1.2792，即31个省域人均值与全国人均值的绝对偏差平均值为27.92%。21个省域人均值地区差小于全国地区差，10个省域人均值地区差大于全国地区差。其中，重庆人均值地区差1.0365为最小值，即与全国人均值的绝对偏差为3.65%，仅为全国总体地区差的81.03%；上海人均值地区差2.2138为最大值，即与全国人均值的绝对偏差为121.38%，高达全国总体地区差的173.06%。

基于全国及各地城乡居民消费历年不同的增长状况，全国人均值地区差较明显缩小5.08%。同期，20个省域人均值地区差都有所缩小。11个省域地区差变化态势好于全国地区差变化态势，20个省域地区差变化态势逊于全国地区差变化态势。其中，广东人均值地区差变化态势最佳，缩减31.13%；西藏人均值地区差变化态势不佳，扩增11.81%。

在经济、财政、民生全数据链中对本项检测体系的地区差距相关性考察进行通约演算，各地经济、社会、民生发展的地区差距具有贯通性。全国及各地产值地区差动态有可能影响居民生活各方面地区差变化，随之居民收入、总消费、物质生活或非物生活消费、积蓄地区差动态变化又有可能影响各分类单项消费地区差变化。

居民消费历年地区差相关系数（可简化理解为地区差变化同步程度）：①与产值之间全国为0.9754，呈极强正相关，7个省域呈75%以上强相关性，16个省域呈60%以下弱相关性；②与财政支出之间全国为0.9438，呈很强正相关，5个省域呈75%以上强相关性，24个省域呈60%以下弱相关性；③与居民收入之间全国为0.9762，呈极强正相关，16个省域呈75%以上强相关性，6个省域呈60%以下弱相关性；④与物质消费之间全国为0.7800，呈稍强正相关，25个省域呈75%以上强相关性，3个省域呈60%以下弱相关性；⑤与非物消费之间全国为0.8164，呈稍强正相关，19个省域呈75%以上强相关性，6个省域呈60%以下弱相关性。

2000~2015年，全国居民消费地区差缩小5.08%，与之对应的数据链之间地区差变化相关系数的高低、正负差异在于，其间地区差扩减幅度的同步性是强还是弱，扩减变化的趋向性是相近还是相左。后台数据库检测表明，全国产值地区差缩小9.14%，财政支出地区差缩小7.20%，居民收入地区差缩小5.20%，物质生活消费地区差缩小2.56%，非物生活消费地区差缩小10.52%。

2. 城镇与乡村人均值及其城乡比

全国及各地居民消费人均值城乡比变化状况见表3，分区域以城乡比扩减变化倒序位次排列。

2000年，全国城镇居民消费人均值为4998.00元。12个省域城镇人均值高于全国城镇人均值，19个省域城镇人均值低于全国城镇人均值。其中，上海城镇人均值最高，为8868.19元，高达全国城镇人均值的177.43%；江西城镇人均值最低，为3623.56元，低至全国城镇人均值的72.50%。

表3 全国及各地居民消费人均值城乡比变化状况

地区	2000年居民消费城乡差距			2015年居民消费城乡差距			15年间城乡比扩减（负值缩小为佳，取倒序）	
	城镇人均值（元）	乡村人均值（元）	城乡比（乡村=1）	城镇人均值（元）	乡村人均值（元）	城乡比（乡村=1）	百分比（%）	排序（倒序）
全国	4998.00	1670.13	2.9926	21392.36	9222.59	2.3196	-22.49	—
重庆	5569.84	1395.53	3.9912	19742.29	8937.71	2.2089	-44.66	1
西藏	5554.42	1116.59	4.9744	17022.01	5579.71	3.0507	-38.67	5
云南	5185.31	1270.83	4.0803	17674.99	6830.14	2.5878	-36.58	8
四川	4855.78	1484.59	3.2708	19276.85	9250.65	2.0838	-36.29	9
青海	4185.73	1218.23	3.4359	19200.65	8566.49	2.2414	-34.77	10
贵州	4278.28	1096.64	3.9013	16914.20	6644.93	2.5454	-34.76	11
广西	4852.31	1487.96	3.2610	16321.16	7581.98	2.1526	-33.99	12
甘肃	4126.47	1084.00	3.8067	17450.86	6829.79	2.5551	-32.88	13
陕西	4276.67	1251.21	3.4180	18463.87	7900.71	2.3370	-31.63	14
新疆	4422.93	1236.45	3.5771	19414.74	7697.95	2.5221	-29.49	15
宁夏	4200.50	1417.13	2.9641	18983.88	8414.87	2.2560	-23.89	18
内蒙古	3927.75	1614.91	2.4322	21876.47	10637.39	2.0566	-15.44	26
西部	4661.22	1343.59	3.4692	18586.42	7976.75	2.3301	-32.83	[1]
安徽	4232.98	1321.50	3.2032	17233.53	8975.21	1.9201	-40.06	3
山西	3941.87	1149.01	3.4307	15818.61	7421.16	2.1316	-37.87	6
湖北	4644.50	1555.61	2.9856	18192.28	9803.15	1.8558	-37.84	7
河南	3830.71	1315.83	2.9112	17154.30	7887.45	2.1749	-25.29	16
湖南	5218.79	1942.94	2.6860	19501.37	9690.64	2.0124	-25.08	17
江西	3623.56	1642.66	2.2059	16731.81	8485.59	1.9718	-10.61	28
中部	4326.21	1491.73	2.9001	17587.40	8713.49	2.0184	-30.40	[2]
天津	6121.04	1995.61	3.0673	26229.52	14739.44	1.7795	-41.98	2
河北	4348.47	1365.23	3.1852	17586.62	9022.84	1.9491	-38.81	4
广东	8016.91	2645.02	3.0298	25673.08	11103.03	2.3123	-23.68	19
山东	5022.00	1770.75	2.8361	19853.77	8747.63	2.2696	-19.97	21
海南	4082.56	1483.90	2.7512	18448.35	8210.25	2.2470	-18.33	22
浙江	7020.22	3230.88	2.1729	28661.27	16107.72	1.7794	-18.11	23

续表

地区	2000年居民消费城乡差距			2015年居民消费城乡差距			15年间城乡比扩减（负值缩小为佳，取倒序）	
	城镇人均值（元）	乡村人均值（元）	城乡比（乡村=1）	城镇人均值（元）	乡村人均值（元）	城乡比（乡村=1）	百分比（%）	排序（倒序）
福建	5638.74	2409.69	2.3400	23520.19	11960.79	1.9664	-15.97	25
江苏	5323.18	2337.46	2.2773	24966.04	12882.55	1.9380	-14.90	27
北京	8493.49	3425.71	2.4793	36642.00	15811.22	2.3175	-6.53	29
上海	8868.19	4137.61	2.1433	36946.12	16152.29	2.2874	6.72	31
东部	6411.21	2150.11	2.9818	25125.96	11124.05	2.2587	-24.25	[3]
吉林	4020.87	1553.35	2.5885	17972.62	8783.31	2.0462	-20.95	20
黑龙江	3824.44	1540.35	2.4828	17152.07	8391.48	2.0440	-17.67	24
辽宁	4356.06	1753.54	2.4842	21556.72	8872.84	2.4295	-2.20	30
东北	4088.44	1623.79	2.5178	19276.98	8667.46	2.2241	-11.66	[4]

全国乡村居民消费人均值为1670.13元。10个省域乡村人均值高于全国乡村人均值，21个省域乡村人均值低于全国乡村人均值。其中，上海乡村人均值最高，为4137.61元，高达全国乡村人均值的247.74%；甘肃乡村人均值最低，为1084.00元，低至全国乡村人均值的64.91%。

2015年，全国城镇居民消费人均值为21392.36元。9个省域城镇人均值高于全国城镇人均值，22个省域城镇人均值低于全国城镇人均值。其中，上海城镇人均值最高，为36946.12元，高达全国城镇人均值的172.71%；山西城镇人均值最低，为15818.61元，低至全国城镇人均值的73.95%。

全国乡村居民消费人均值为9222.59元，仅为城镇人均值的43.11%。11个省域乡村人均值高于全国乡村人均值，20个省域乡村人均值低于全国乡村人均值。其中，上海乡村人均值最高，为16152.29元，高达全国乡村人均值的175.14%；西藏乡村人均值最低，为5579.71元，低至全国乡村人均值的60.50%。

2000年以来的15年间，全国城镇居民消费人均值年均增长10.18%。14个省域城镇人均值年均增长高于全国城镇平均增长，17个省域城镇人均值年均增长低于全国城镇平均增长。其中，内蒙古城镇人均值年均增长

12.13%为最高值,高于全国城镇年增1.95个百分点;西藏城镇人均值年均增长7.75%为最低值,低于全国城镇年增2.43个百分点。

全国乡村居民消费人均值年均增长12.07%,高于全国城镇年增1.89个百分点。同期,30个省域乡村人均值年均增长高于自身城镇年增。17个省域乡村人均值年均增长高于全国乡村平均增长,14个省域乡村人均值年均增长低于全国乡村平均增长。其中,天津乡村人均值年均增长14.26%为最高值,高于全国乡村年增2.19个百分点;上海乡村人均值年均增长9.50%为最低值,低于全国乡村年增2.56个百分点。

城乡比及其扩减变化基于城镇与乡村人均绝对值及其不同增长进行演算,在民生发展的城乡差距长期存在的情况下,倘若乡村人均值增长滞后于城镇人均值增长,那么城乡比势必进一步扩大。

2000年,全国居民消费人均值城乡比为2.9926,即全国城镇人均值为乡村人均值的299.26%,其间倍差为2.99。16个省域人均值城乡比小于全国城乡比,15个省域人均值城乡比大于全国城乡比。其中,上海人均值城乡比2.1433为最小值,即城镇与乡村的人均值倍差为2.14,仅为全国总体城乡比的71.62%;西藏人均值城乡比4.9744为最大值,即城镇与乡村的人均值倍差为4.97,高达全国总体城乡比的166.23%。

2015年,全国居民消费人均值城乡比为2.3196,即全国城镇人均值为乡村人均值的231.96%,其间倍差为2.32。24个省域人均值城乡比小于全国城乡比,7个省域人均值城乡比大于全国城乡比。其中,浙江人均值城乡比1.7794为最小值,即城镇与乡村的人均值倍差为1.78,仅为全国总体城乡比的76.71%;西藏人均值城乡比3.0507为最大值,即城镇与乡村的人均值倍差为3.05,高达全国总体城乡比的131.52%。

基于全国城镇与乡村居民消费历年不同的增长状况,全国人均值城乡比极显著缩小22.49%。同期,30个省域人均值城乡比都有所缩小。19个省域城乡比变化态势好于全国城乡比变化态势,12个省域城乡比变化态势逊于全国城乡比变化态势。其中,重庆人均值城乡比变化态势最佳,缩减44.66%;上海人均值城乡比变化态势不佳,扩增6.72%。

本项检测体系的城乡差距相关性考察集中于民生数据链。第一,有必要检验城镇与乡村之间居民消费增长相关系数(可简化理解为城乡增长同步程度）：全国为0.4101，呈很弱正相关，城乡增长同步性极差，26个省域呈60%以下弱相关性，其间6个省域呈现负相关性。第二，全国及各地居民收入、总消费、积蓄的城乡差距动态有可能对分类单项消费的城乡差距变化产生影响，而物质生活消费和非物生活消费的城乡差距动态变化有可能反过来对总消费、积蓄的城乡差距变化产生影响，特别是各类消费需求之间的城乡比变化具有贯通性。

居民消费历年城乡比相关系数（可简化理解为城乡比变化同步程度）：①与居民收入之间全国为0.7113，呈较弱正相关，15个省域呈75%以上强相关性，10个省域呈60%以下弱相关性；②与居民积蓄之间全国为-0.5482，呈较强负相关，23个省域呈-50%以上（更大负值）强负相关性；③与物质生活消费之间全国为0.9659，呈极强正相关，30个省域呈75%以上强相关性，无省域呈60%以下弱相关性；④与非物生活消费之间全国为0.9817，呈极强正相关，29个省域呈75%以上强相关性，1个省域呈60%以下弱相关性。

2000~2015年，全国居民消费城乡比缩小22.49%，与之对应的数据链之间城乡比变化相关系数的高低、正负差异在于，其间城乡比扩减幅度的同步性是强还是弱，扩减变化的趋向性是相近还是相左。后台数据库检测表明，全国居民收入城乡比缩小2.00%，居民积蓄城乡比扩大102.82%，物质生活消费城乡比缩小14.59%，非物生活消费城乡比缩小39.21%。

中国社会由历史承继下来的结构性、体制性"非均衡格局"弊端根深蒂固，长期存在的城乡差距、地区差距系全国及各地民生发展"非均衡性"的主要成因。进入"全面建成小康社会"进程以来，国家把解决"三农问题"列为"重中之重"，并致力于推进区域"均衡发展"。就本文涉及的数据范围来看，国家大力推进缩小区域发展差距的几大战略已见成效，推进缩小城乡发展差距的多方努力也初见成效。

三 居民消费相关性比值协调性检测

全国及各地居民消费相关性比值状况见表4，分区域以居民消费率升降位次排列。

表4 全国及各地居民消费相关性比值状况

地区	居民消费与产值相关性				居民消费与居民收入相关性			
	居民消费率		15年间比值升降（负值下降，上升为佳）		居民消费比		15年间比值升降（负值下降为佳，取倒序）	
	2000年	2015年			2000年	2015年		
	比值（%）	比值（%）	比值（%）	排序	比值（%）	比值（%）	比值（%）	排序
全国	35.91	31.43	-12.48	—	77.43	71.53	-7.62	—
湖南	53.33	33.37	-37.43	25	86.01	73.86	-14.13	3
山西	36.78	33.59	-8.67	8	73.33	65.70	-10.41	10
江西	44.94	33.77	-24.86	19	74.14	67.27	-9.27	12
湖北	44.01	28.26	-35.79	24	78.05	71.49	-8.40	14
安徽	44.19	35.67	-19.28	14	74.19	69.93	-5.74	17
河南	34.58	30.25	-12.52	10	72.08	69.11	-4.12	21
中部	43.57	32.67	-25.02	[3]	76.81	69.65	-9.32	[1]
辽宁	28.19	26.32	-6.63	7	79.42	69.99	-11.87	7
吉林	37.62	26.94	-28.39	21	81.53	73.67	-9.64	11
黑龙江	32.62	33.96	4.11	4	76.03	72.09	-5.18	19
东北	31.54	28.72	-8.94	[1]	78.74	71.41	-9.31	[2]
广西	51.79	32.40	-37.44	26	81.62	67.57	-17.21	1
西藏	42.45	25.77	-39.29	28	78.80	67.29	-14.61	2
云南	45.36	38.21	-15.76	11	83.74	72.30	-13.66	5
陕西	44.42	27.48	-38.14	27	84.67	75.24	-11.14	8
重庆	48.91	28.94	-40.83	30	82.95	75.28	-9.25	13
贵州	66.65	34.89	-47.65	31	81.78	76.03	-7.03	16
宁夏	42.86	31.54	-26.41	20	84.08	79.73	-5.17	20
新疆	31.25	32.14	2.85	5	77.65	76.32	-1.71	24
四川	47.67	37.07	-22.24	16	80.28	79.16	-1.40	26
内蒙古	39.82	24.16	-39.33	29	77.52	77.00	-0.67	27
甘肃	43.63	41.85	-4.08	6	80.03	81.32	1.61	28
青海	43.46	33.00	-24.07	18	81.24	86.08	5.96	29
西部	47.95	33.35	-30.45	[4]	81.34	75.13	-7.63	[3]
北京	30.40	31.74	4.41	3	81.17	69.76	-14.06	4
山东	31.81	22.72	-28.58	23	72.92	64.21	-11.94	6

续表

地区	居民消费与产值相关性					居民消费与居民收入相关性				
	居民消费率			15年间比值升降（负值下降，上升为佳）		居民消费比			15年间比值升降（负值下降为佳，取倒序）	
	2000年	2015年				2000年	2015年			
	比值（%）	比值（%）		比值（%）	排序	比值（%）	比值（%）		比值（%）	排序
浙江	37.46	31.06		-17.08	13	75.76	67.86		-10.43	9
上海	27.95	33.51		19.89	1	75.57	69.75		-7.70	15
广东	43.40	31.07		-28.41	22	79.75	75.29		-5.59	18
江苏	30.14	23.36		-22.50	17	72.48	69.59		-3.99	22
海南	36.66	33.26		-9.27	9	72.99	71.53		-2.00	23
福建	33.22	27.73		-16.53	12	75.37	74.20		-1.55	25
天津	28.51	22.38		-21.50	15	72.17	77.22		7.00	30
河北	27.99	32.37		15.65	2	64.60	71.92		11.33	31
东部	32.69	28.23		-13.64	[2]	74.75	70.37		-5.86	[4]

注：居民消费相关性分析取居民消费率、居民消费比两项。对于相关性比值的构思设计及界定阐释，详见本书技术报告。居民消费率下降意味着人民生活消费需求拉动经济增长的作用降低；单独取居民消费与收入的关系来看，居民消费比下降意味着居民收入中生活消费开支比重降低。

1. 居民消费与产值之比

2000年，全国居民消费率为35.91%，此为全国城乡居民消费与产值的相对比值。20个省域比值高于全国总体比值，11个省域比值低于全国总体比值。其中，贵州比值66.65%为最高值，高达全国总体比值的185.62%；上海比值27.95%为最低值，低至全国总体比值的77.85%。

2015年，全国居民消费率为31.43%，意味着居民消费与产值的相对比值下降。17个省域比值高于全国总体比值，14个省域比值低于全国总体比值。其中，甘肃比值41.85%为最高值，高达全国总体比值的133.16%；天津比值22.38%为最低值，低至全国总体比值的71.21%。

基于居民消费与产值历年不同的增长状况，全国居民消费率降低12.48%。同期，26个省域居民消费率有所下降。9个省域比值升降变化态势好于全国比值变化，22个省域比值升降变化态势逊于全国比值变化。其中，上海比值升降变化态势最佳，升高19.89%；贵州比值升降变化态势不佳，降低47.65%。

2. 居民消费占居民收入之比

2000年，全国居民消费比为77.43%，此为全国城乡居民消费与居民收入的相对比值，总消费需求开支占比以低为佳。13个省域比值低于全国总体比值，18个省域比值高于全国总体比值。其中，河北比值64.60%为最低值，低至全国总体比值的83.44%；湖南比值86.01%为最高值，高达全国总体比值的111.09%。

2015年，全国居民消费比为71.53%，居民消费与居民收入的相对比值下降，总消费需求开支占比降低为佳。14个省域比值低于全国总体比值，17个省域比值高于全国总体比值。其中，山东比值64.21%为最低值，低至全国总体比值的89.77%；青海比值86.08%为最高值，高达全国总体比值的120.34%。

基于居民消费与居民收入历年不同的增长状况，全国居民消费比降低7.62%。同期，27个省域居民消费比有所下降。15个省域比值升降变化态势好于全国比值变化，16个省域比值升降变化态势逊于全国比值变化。其中，广西比值升降变化态势最佳，降低17.21%；河北比值升降变化态势不佳，升高11.33%。

本项检测体系建立的各类相关性比值分析测算十分复杂，不同方面、不同层次的比值当然不具可比性。将以下对应比值之间历年变化相关系数（可简化理解为比值变化同步程度）在同一层面或在上下层次递进（个别特殊例外详后）关系中展开检测：居民消费率与财政支出比、居民收入比同属对应于产值的相对比值；与居民积蓄率属上下层相邻的相对比值；居民消费比与物质消费比、非物消费比同属对应于居民收入的相对比值。

相关性比值之间历年变化相关系数：①居民消费率与财政支出比之间全国为-0.7392，呈极强负相关，24个省域呈-50%以上（更大负值）强负相关性；②与居民收入比之间全国为0.9583，呈极强正相关，30个省域呈75%以上强相关性，无省域呈60%以下弱相关性；③与居民积蓄率之间全国为-0.8947，呈极强负相关，25个省域呈-50%以上（更大负值）强负相关性；④居民消费比与物质消费比之间全国为0.9201，呈很强正相关，24个省域呈75%以上强相关性，3个省域呈60%以下弱相关性；⑤与非物消费比之间全国为0.1884，呈极弱正相关，23个省域呈60%以下弱相关性，其间8个省域呈现负相关性。

对应数据链之间比值升降变化相关系数的高低、正负差异在于，其间增长升降的同步性是强还是弱，升降变化的趋向性是相近还是相左。后台数据库检测表明，2000~2015年，全国居民消费率降低12.48%，而财政支出比增高61.99%，居民收入比降低5.24%，居民积蓄率增高26.14%；居民消费比降低12.48%，而物质消费比降低13.81%，非物消费比增高7.25%。需要补充说明，本来消费比与积蓄率在同一层次，完全切分居民收入形成绝对负相关关系，倘若两者的关系达到极致反而会失去分析价值，换用消费率对应尚有比较意义。

四 "全面小康"进程居民消费景气指数排行

2015年统计数据为目前已经正式出版公布的最新年度全国及各地系统数据。全国及各地居民消费子系统专项指数排行见表5，分区域以2015年度无差距横向检测结果位次排列。

表5 全国及各地居民消费子系统专项指数排行

地区	各五年期起始年纵向检测（基数值=100）						2015年度检测			
	"十五"以来15年（2000~2015年）		"十一五"以来10年（2005~2015年）		"十二五"以来5年（2010~2015年）		基数值纵向检测（2014年=100）		无差距横向检测（理想值=100）	
	检测指数	排序	检测指数	排序	检测指数	排序	检测指数	排序	检测指数	排序
全国	179.33	—	138.23	—	119.39	—	101.37	—	83.69	—
辽宁	172.99	21	134.52	22	121.50	16	105.65	3	89.68	5
吉林	164.96	26	130.74	26	121.42	17	102.00	15	84.96	18
黑龙江	162.31	27	129.16	28	114.34	28	98.37	29	84.29	20
东北	167.83	[4]	131.80	[4]	118.87	[3]	102.02	[1]	86.44	[1]
北京	165.33	25	131.57	25	111.29	30	100.90	19	94.57	1
上海	153.33	30	124.57	31	108.30	31	100.90	19	93.70	2
天津	194.88	12	150.09	6	134.68	1	101.19	17	92.58	3
浙江	165.39	24	128.89	29	114.45	27	99.88	25	91.72	4
江苏	182.01	17	137.45	19	115.91	26	99.63	22	89.51	6
福建	161.05	28	136.17	20	117.94	24	100.65	21	88.55	7

续表

地区	各五年期起始年纵向检测（基数值=100）						2015年度检测			
	"十五"以来15年（2000~2015年）		"十一五"以来10年（2005~2015年）		"十二五"以来5年（2010~2015年）		基数值纵向检测（2014年=100）		无差距横向检测（理想值=100）	
	检测指数	排序	检测指数	排序	检测指数	排序	检测指数	排序	检测指数	排序
广东	151.73	31	128.86	30	116.03	25	102.12	13	87.41	10
山东	172.03	22	133.09	24	113.52	29	102.60	10	86.71	11
河北	202.99	3	147.22	10	125.32	9	98.41	28	85.77	16
海南	178.58	19	145.80	13	124.86	10	104.43	5	83.29	22
东部	170.75	[3]	135.22	[3]	116.81	[4]	100.84	[4]	86.14	[2]
湖北	181.38	18	141.66	17	127.20	7	105.42	4	87.46	9
湖南	160.92	29	133.89	23	119.71	20	98.06	30	86.43	13
安徽	202.32	4	147.67	9	126.09	8	105.95	1	85.16	17
江西	174.19	20	135.69	21	121.94	13	104.31	6	83.96	21
山西	189.45	13	143.91	15	119.90	19	102.08	14	82.79	23
河南	197.19	9	150.93	5	118.94	23	100.49	23	82.36	25
中部	184.67	[2]	143.84	[2]	122.55	[2]	102.01	[2]	84.80	[3]
内蒙古	196.62	10	149.51	7	121.51	15	99.77	26	88.04	8
四川	200.53	5	148.85	8	128.56	5	102.17	12	86.66	12
重庆	186.24	15	141.15	18	124.69	12	102.28	11	86.38	14
宁夏	182.31	16	146.78	11	119.27	22	100.75	20	85.82	15
青海	208.96	1	152.89	3	133.60	2	95.54	31	84.71	19
陕西	188.89	14	145.99	12	119.30	21	100.57	22	82.42	24
新疆	195.84	11	152.55	4	129.38	3	99.96	24	82.27	26
广西	168.51	23	129.79	27	121.66	14	105.89	2	80.96	27
甘肃	199.63	7	142.08	16	128.84	4	101.60	16	80.73	28
云南	200.28	6	154.30	2	120.36	18	103.21	7	80.03	29
贵州	199.22	8	155.04	1	127.95	6	103.09	9	77.89	30
西藏	204.23	2	144.50	14	124.85	11	103.16	8	71.63	31
西部	193.54	[1]	146.87	[1]	125.35	[1]	101.83	[3]	82.72	[4]

注：居民消费子系统亦为相对独立的"中国人民生活消费需求景气评价体系"。与居民收入、物质生活和非物质生活消费、居民积蓄四个子系统取合计数值检测不同，居民消费子系统在合计数值检测之外，另取分类消费项八个三级子系统的单项检测结果进行加权演算，本表居民消费专项指数亦为综合指数，详见技术报告表4。但如此复合演算过于复杂，本文表6、表7仅取消费合计数值测算。

1. 最新数据年度理想值横向检测

2015年度无差距横向检测居民消费景气指数,全国为83.69,即设各类人均值城乡、地区无差距为理想值100加以比较衡量,全国总体差距尚存16.31个点。

21个省域此项指数高于全国指数,即居民消费指数检测结果高于全国平均水平;10个省域此项指数低于全国指数,即居民消费指数检测结果低于全国平均水平。

在此项检测中,北京、上海、天津、浙江、辽宁占据前5位。北京此项指数94.57为最高值,高于全国总体指数10.88个点;西藏此项指数71.63为最低值,低于全国总体指数12.06个点。

2. 2014年以来基数值纵向检测

上一年度基数值纵向检测居民消费景气指数,全国为101.37,即设2014年为基数值100加以对比衡量,至2015年提升1.37%。

16个省域此项指数高于全国指数,即居民消费指数提升速度高于全国平均速度;15个省域此项指数低于全国指数,即居民消费指数提升速度低于全国平均速度。

在此项检测中,安徽、广西、辽宁、湖北、海南占据前5位。安徽此项指数105.95为最高值,即指数提升5.95%;青海此项指数95.54为最低值,即指数降低4.46%。

3. 2000年以来基数值纵向检测

"十五"以来15年纵向检测居民消费景气指数,全国为179.33,即设2000年为基数值100加以对比衡量,至2015年提升79.33%。

18个省域此项指数高于全国指数,即居民消费指数提升速度高于全国平均速度;13个省域此项指数低于全国指数,即居民消费指数提升速度低于全国平均速度。

在此项检测中,青海、西藏、河北、安徽、四川占据前5位。青海此项指数208.96为最高值,即指数提升108.96%;广东此项指数151.73为最低值,即指数仅提升51.73%。

4. 2005年以来基数值纵向检测

"十一五"以来10年纵向检测居民消费景气指数,全国为138.23,即设2005年为基数值100加以对比衡量，至2015年提升38.23%。

18个省域此项指数高于全国指数，即居民消费指数提升速度高于全国平均速度；13个省域此项指数低于全国指数，即居民消费指数提升速度低于全国平均速度。

在此项检测中，贵州、云南、青海、新疆、河南占据前5位。贵州此项指数155.04为最高值，即指数提升55.04%；上海此项指数124.57为最低值，即指数仅提升24.57%。

5. 2010年以来基数值纵向检测

"十二五"以来5年纵向检测居民消费景气指数，全国为119.39，即设2010年为基数值100加以对比衡量，至2015年提升19.39%。

20个省域此项指数高于全国指数，即居民消费指数提升速度高于全国平均速度；11个省域此项指数低于全国指数，即居民消费指数提升速度低于全国平均速度。

在此项检测中，天津、青海、新疆、甘肃、四川占据前5位。天津此项指数134.68为最高值，即指数提升34.68%；上海此项指数108.30为最低值，即指数仅提升8.30%。

现有增长关系格局存在经济增长与民生发展不够协调的问题，存在城乡、区域间民生发展不够均衡的问题，维持现有格局既有增长关系并非应然选择。实现经济、社会、民生发展的协调性，增强城乡、区域发展的均衡性，均为"全面建成小康社会"的既定目标，有些甚至可以具体化为约束性指标。假定全国及各地城乡比、地区差不再扩大以至消除，居民消费增长将更加明显，各地排行也将发生变化，可对"全面建成小康社会"进程最后攻坚起到"倒计时"预测提示作用。

五 "全面小康"目标年居民消费增长预测

1. 实现居民消费比最佳值及最小城乡比应然测算

实现居民消费需求拉动经济增长目标，具体指标即保持居民消费率不再下降，分解亦即在保持居民收入比基础上保持居民消费比，按全国及各地居民消费比历年最高值测算2020年居民消费总量、人均值，再取居民消费历年最小城乡比进行演算。据此假定推演居民消费"应然增长"动向，亦即协调增长"应有目标"，预测全国及各地2020年居民消费主要数据及居民消费指数见表6，分区域以2015~2020年纵向检测假定目标差距位次排列。

表6 全国及各地2020年居民消费应然增长测算

地区	实现居民消费比最佳值及最小城乡比测算				居民消费专项指数测算			
	居民消费		人均值差距		2015~2020年纵向检测（2015年基数值=100）		2020年度横向检测（无差距理想值=100）	
	城乡总量（亿元）	城乡人均（元）	地区差（无差距=1）	城乡比（乡村=1）	差距指数	排序（倒序）	预测指数	排序
全国	473715.93	33694.54	1.3354	2.1307	124.37	—	84.14	—
黑龙江	9268.89	24340.75	1.2776	1.9157	113.87	2	78.15	29
辽宁	15880.93	35631.14	1.0575	2.4116	122.91	4	88.62	23
吉林	10870.25	39238.79	1.1645	1.8920	146.67	23	100.53	10
东北	36020.07	32640.80	1.1665	2.1311	123.38	[1]	85.68	[4]
河北	17493.33	22722.45	1.3256	1.6548	109.43	1	75.64	30
海南	2908.24	30588.79	1.0922	2.1004	125.95	7	85.74	25
福建	17280.58	43372.40	1.2872	1.8557	126.97	8	92.22	22
上海	16650.22	60053.46	1.7823	1.8438	128.64	10	92.55	21
江苏	42594.85	51864.20	1.5392	1.8365	130.54	11	94.87	19
北京	16356.25	64526.47	1.9150	1.9386	131.28	12	96.07	17
浙江	31899.64	54489.21	1.6172	1.6647	131.64	13	97.82	12
天津	11244.89	60863.70	1.8063	1.4842	134.42	14	100.86	9
广东	59902.21	51249.53	1.5210	2.1131	136.51	16	98.78	11
山东	39498.16	38993.77	1.1573	2.1072	139.23	19	96.12	16
东部	255828.36	45951.65	1.5043	2.0653	128.58	[2]	89.49	[3]
山西	9224.05	24194.86	1.2819	1.8189	123.95	5	81.34	27
河南	25843.35	27131.13	1.1948	1.9734	127.00	9	83.30	26
江西	15234.34	32516.66	1.0350	1.8994	138.34	18	93.69	20
安徽	20206.34	32833.15	1.0256	1.6190	141.32	21	96.77	13
湖北	26922.00	45504.64	1.3505	1.5837	153.91	24	106.52	8
湖南	31759.92	45375.41	1.3467	1.8277	162.20	26	111.42	5

续表

地区	实现居民消费比最佳值及最小城乡比测算				居民消费专项指数测算			
	居民消费		人均值差距		2015~2020年纵向检测（2015年基数值=100）		2020年度横向检测（无差距理想值=100）	
	城乡总量（亿元）	城乡人均（元）	地区差（无差距=1）	城乡比（乡村=1）	差距指数	排序（倒序）	预测指数	排序
中部	129190.00	34828.83	1.2057	1.7925	138.57	[3]	93.27	[2]
新疆	6083.36	23983.75	1.2882	2.2447	114.89	3	74.63	31
甘肃	6198.60	23821.93	1.2930	2.2372	124.28	6	80.00	28
云南	12075.54	24748.48	1.2655	2.2234	134.69	15	86.42	24
四川	29134.54	35528.19	1.0544	1.7931	138.26	17	96.71	14
宁夏	2656.03	37780.99	1.1213	2.0598	139.89	20	95.50	18
青海	2364.32	38752.98	1.1501	1.9439	142.98	22	96.25	15
内蒙古	16641.93	64768.87	1.9222	1.9447	159.06	25	110.35	7
重庆	16816.83	53893.00	1.5995	1.8135	164.49	27	112.58	1
广西	17997.74	37043.87	1.0994	1.8743	168.33	28	110.43	6
陕西	17820.21	46572.74	1.3822	2.0588	172.88	29	112.13	2
贵州	15147.14	43996.05	1.3057	2.2077	181.78	30	112.11	3
西藏	1010.04	29054.08	1.1377	2.5919	193.71	31	111.50	4
西部	143946.27	38185.63	1.3016	2.0409	146.03	[4]	96.01	[1]

注：①全国及各地总量分别算，各地之和不等于全国总量。另表外附加城镇、乡村人均值按最小城乡比反推演算，势必突破相应背景数值关系，于是全国及各地收入与总消费之差对应积蓄演算数值或有出入，实属此项测算设计使然。②纵向检测排序取倒序，指数越低差距越小；横向检测指数普遍接近，区域差异明显减小，部分省域指数超出无差距理想值100，由其他指标明显提升所致。

假定实现居民消费比最佳值及最小城乡比测算，2020年全国城乡居民消费总量应达473715.93亿元，人均值应为33694.54元。20个省域人均值应高于全国人均值，11个省域人均值应低于全国人均值。其中，内蒙古人均值最高，应为64768.87元，高达全国人均值的192.22%；河北人均值最低，应为22722.45元，低至全国人均值的67.44%。

全国城乡居民消费人均值地区差应为1.3354，即31个省域人均值与全国人均值的绝对偏差平均值为33.54%。20个省域人均值地区差应小于全国地区差，11个省域人均值地区差应大于全国地区差。其中，安徽人均值地区差1.0256应为最小值,即与全国人均值的绝对偏差为2.56%,仅为全国总体地区差的76.80%;内蒙古人均值地区差1.9222应为最大值,即与全国人均值的绝对偏差为92.22%,高达全国总体地区差的143.95%。

基于城乡人均值测算反推,全国城镇居民消费人均值应为42251.75元。21个省域城镇人均值应高于全国城镇人均值,10个省域城镇人均值应低于全国城镇人均值。其中,内蒙古城镇人均值最高,应为77651.95元,高达全国城镇人均值的183.78%;河北城镇人均值最低,应为27312.97元,低至全国城镇人均值的64.64%。

基于城镇人均值演算反推,全国乡村居民消费人均值应为19829.84元,仅为城镇人均值的46.93%。22个省域乡村人均值应高于全国乡村人均值,9个省域乡村人均值应低于全国乡村人均值。其中,天津乡村人均值最高,应为43059.52元,高达全国乡村人均值的217.15%;新疆乡村人均值最低,应为14571.08元,低至全国乡村人均值的73.48%。

全国居民消费人均值城乡比应为2.1307,即全国城镇人均值为乡村人均值的213.07%,其间倍差为2.13。25个省域人均值城乡比应小于全国城乡比,6个省域人均值城乡比应大于全国城乡比。其中,天津人均值城乡比1.4842应为最小值,即城镇与乡村的人均值倍差为1.48,仅为全国总体城乡比的69.66%;西藏人均值城乡比2.5919应为最大值,即城镇与乡村的人均值倍差为2.59,高达全国总体城乡比的121.64%。

2015~2020年纵向检测居民消费景气指数,全国应为124.37,即设2015年为基数值100加以对比衡量,2020年要达到假定目标需提升24.37%。在此假定"应然目标"下,纵向检测指数即为差距测量结果,指数越低意味着差距越小,越容易实现。

6个省域此项指数应低于全国指数,即假定测算居民消费指数提升差距小于全国总体差距;25个省域此项指数应高于全国指数,即假定测算居民消费指数提升差距大于全国总体差距。其中,河北此项指数109.43应为最低值,即达到假定增长测算目标的差距最小;西藏此项指数193.71应为最高值,即达到假定增长测算目标的差距最大。

2020年度横向检测居民消费景气指数,全国应为84.14,即设收入人均值城乡、地区无差距为理想值100加以比较衡量,全国总体差距尚存15.86

个点。在此假定"应然目标"下，四大区域横向检测指数较为接近，地区性差异排序部分失去意义。

25个省域此项指数应高于全国指数，即假定测算居民消费指数高于全国平均水平；6个省域此项指数应依次低于全国指数，即假定测算居民消费指数低于全国平均水平。其中，重庆此项指数112.58应为最高值，即达到假定目标情况下高于全国总体指数28.44个点；新疆此项指数74.63应为最低值，即达到假定目标情况下低于全国总体指数9.51个点。

在此项假定测算中，预设全国所有省域同步达到"应然目标"，各地纵向检测差距愈大，倘若实现则横向检测排行有可能愈靠前，反之亦然。

保持居民消费率不再下降，实现居民消费最小城乡比"应然目标"，本身即为"协调增长"的基本需要。据此假定测算可见，由于预设乡村居民消费加速增长，到2020年实现历年最小城乡比，全国及部分省域城乡综合演算的居民消费总量、人均值将大幅提升。在假定实现最小城乡比情况下，与2015年相比，全国居民消费城乡比应明显缩小，31个省域城乡比相应缩小；但全国居民消费地区差仍将明显扩大，18个省域地区差相应扩大。其中部分省域居民消费城乡比趋于缩小，2020年城乡比本身即为最小城乡比。

特别应当注意，各地居民消费景气指数不仅普遍提升，而且相互接近，在四大区域之间尤为接近。

2. 实现居民消费比最佳值并弥合城乡比理想测算

城乡差距系民生发展"非均衡性"的最主要成因，假定全国及各地实现居民消费比历年最佳值并同步弥合城乡比，以城镇人均值作为城乡持平人均值进行测算，可以检测最终消除城乡差距的实际距离。据此假定推演居民消费"理想增长"动向，亦即均衡发展"理想目标"，预测全国及各地2020年居民消费主要数据及居民消费指数见表7，分区域以2015～2020年纵向检测假定目标差距位次排列。

假定实现居民消费比最佳值并弥合城乡比测算，2020年全国城乡居民消费总量应达594022.92亿元，城乡持平人均值应为42251.75元，即前面测算的城镇人均值水平。21个省域人均值应高于全国人均值，10个省域人均值应低于全国人均值。其中，内蒙古人均值最高，应为77651.95元，高达全国人均值的183.78%；河北人均值最低，应为27312.97元，低至全国人均值的64.64%。

表 7　全国及各地 2020 年居民消费理想增长测算

地区	实现居民消费比最佳值并弥合城乡比测算			居民消费专项指数测算			
	城乡总量（亿元）	城与乡人均值（元）	地区差（无差距=1）	2015~2020年纵向检测（2015年基数值=100）		2020年度横向检测（无差距理想值=100）	
				差距指数	排序（倒序）	预测指数	排序
全国	594022.92	42251.75	1.2853	162.46	—	96.04	—
黑龙江	11373.56	29867.76	1.2931	143.84	2	88.43	30
辽宁	19138.06	42938.97	1.0163	164.31	12	102.80	16
吉林	13670.31	49346.28	1.1679	182.76	24	110.93	8
东北	44181.92	39282.70	1.1591	158.45	[1]	97.17	[4]
山西	11205.06	29391.07	1.3044	151.68	4	89.36	29
安徽	24138.82	39223.01	1.0717	162.82	11	100.50	22
河南	33300.95	34960.35	1.1726	164.82	14	95.57	26
江西	18986.97	40526.39	1.0408	171.17	16	103.63	15
湖北	31201.74	52738.44	1.2482	177.22	19	109.87	9
湖南	39389.21	56275.37	1.3319	190.96	25	116.85	7
中部	158222.74	41611.26	1.1949	165.81	[2]	99.87	[3]
河北	21027.43	27312.97	1.3536	132.26	1	82.37	31
天津	11807.62	63909.47	1.5126	150.02	3	100.53	21
浙江	36266.53	61948.50	1.4662	153.26	5	102.73	17
福建	20173.94	50634.44	1.1984	155.12	6	99.94	23
上海	17714.40	63891.70	1.5122	155.78	7	97.71	25
江苏	48573.71	59144.16	1.3998	158.09	8	101.91	18
北京	17392.62	68615.04	1.6240	159.61	9	101.53	19
海南	3691.45	38826.54	1.0811	164.80	13	98.09	24
广东	70256.73	60108.37	1.4226	172.57	18	107.48	11
山东	49276.15	48646.90	1.1514	179.36	21	107.93	10
东部	296180.57	52523.24	1.3722	165.87	[3]	101.48	[2]
新疆	8296.26	32708.16	1.2259	160.68	10	90.27	28
四川	36453.30	44453.06	1.0521	169.71	15	104.57	14
甘肃	8594.78	33030.78	1.2182	171.59	17	94.15	27
宁夏	3324.83	47294.51	1.1194	177.73	20	105.37	12

续表

地区	实现居民消费比最佳值并弥合城乡比测算			居民消费专项指数测算			
	城乡总量（亿元）	城与乡人均值（元）	地区差（无差距=1）	2015~2020年纵向检测（2015年基数值=100）		2020年度横向检测（无差距理想值=100）	
				差距指数	排序（倒序）	预测指数	排序
青海	3019.13	49485.80	1.1712	179.97	22	104.58	13
云南	16649.19	34122.06	1.1924	181.56	23	100.95	20
内蒙古	19952.16	77651.95	1.8378	195.26	26	117.83	5
重庆	19685.18	63085.22	1.4931	196.32	27	117.61	6
广西	22999.27	47338.28	1.1204	203.85	28	118.14	4
陕西	22238.19	58119.05	1.3755	209.58	29	119.15	3
贵州	20917.14	60755.49	1.4379	244.35	30	127.69	2
西藏	1807.51	51993.71	1.2306	309.70	31	155.46	1
西部	183936.94	47320.73	1.2895	182.06	[4]	104.00	[1]

注：①全国及各地总量分别演算，各地之和不等于全国总量。②纵向检测排序取倒序，指数越低差距越小；横向检测指数普遍接近无差距理想值100，尚存地区差距影响，部分省域指数超出无差距理想值100，由其他指标明显提升所致。

全国城乡居民消费人均值地区差应为1.2853，即31个省域人均值与全国人均值的绝对偏差平均值为28.53%。17个省域人均值地区差应小于全国地区差，14个省域人均值地区差应大于全国地区差。其中，辽宁人均值地区差1.0163应为最小值，即与全国人均值的绝对偏差为1.63%，仅为全国总体地区差的79.07%；内蒙古人均值地区差1.8378应为最大值，即与全国人均值的绝对偏差为83.78%，高达全国总体地区差的142.99%。

2015~2020年纵向检测居民消费景气指数，全国应为162.46，即设2015年为基数值100加以对比衡量，2020年要达到假定目标需提升62.46%。在此假定"理想目标"下，纵向检测指数即为差距测量结果，指数越低意味着差距越小，越容易实现。

10个省域此项指数应低于全国指数，即假定测算居民消费指数提升差距小于全国总体差距；21个省域此项指数应高于全国指数，即假定测算居民消费指数提升差距大于全国总体差距。其中，河北此项指数132.26应为最低值，即达到假定增长测算目标的差距最小；西藏此项指数309.70应为最高值,即达到假定增长测算目标的差距最大。

2020年度横向检测居民消费景气指数,全国应为96.04,即设各类人均值城乡、地区无差距为理想值100加以比较衡量,全国总体差距仅存3.96个点。在此假定"理想目标"下,四大区域横向检测指数极为接近,地区性差异排序几乎失去意义。

25个省域此项指数应高于全国指数,即假定测算居民消费指数略高于全国平均水平;6个省域此项指数应低于全国指数,即假定测算居民消费指数略低于全国平均水平。其中,西藏此项指数155.46应为最高值,即达到假定目标情况下高于全国总体指数59.42个点;河北此项指数82.37应为最低值,即达到假定目标情况下低于全国总体指数13.67个点。

在此项假定测算中,预设全国所有省域同步达到"理想目标",各地纵向检测差距愈大,倘若实现则横向检测排行有可能愈靠前,反之亦然。

实现弥合居民消费城乡比"理想目标",本身即为"均衡发展"的理念要求。据此假定测算可见,由于预设乡村居民消费高速增长,到2020年人均值与城镇持平,全国及各地城乡综合演算的居民消费总量、人均值将大幅提升。在假定弥合城乡比情况下,与2015年相比,全国居民消费地区差仍将略微扩大,15个省域地区差相应扩大,但对比最小城乡比测算,扩大程度和范围明显减小。由此可知,既有城乡差距加大了地区差距。

特别应当注意,各地居民消费景气指数普遍十分接近,在四大区域之间更为明显。

R.5 全国省域居民物质生活消费指数排行

——2015年检测与2020年测算

方彧 王亚南 蒋坤洋[*]

摘要： 物质生活消费指数系"中国人民生活发展指数检测体系"五个二级子系统之三。从2000年以来的基数值纵向检测中可以看出，西部物质消费指数提升最高，中部次之，东部再次之，东北稍低，表明国家区域均衡发展方略已见成效；安徽、河北、内蒙古、甘肃、天津占据前5位。从2015年无差距理想值横向检测中可以发现，存在差距的原因仍在于各方面协调性、均衡性还不够理想；上海、北京、浙江、天津、福建占据前5位。假定全国同步实现物质生活消费历年最小城乡比直至弥合城乡比，民生发展指数将更加明显地提升。

关键词： 全面小康 物质生活消费 专项指数 检测与排行

物质生活消费指数系"中国人民生活发展指数检测体系"五个二级子系统之三，具有特定意义，在整个检测指标系统综合演算中占有的权重倒序第二，但分类演算另构成总消费子系统重要组成部分（详见技术报告表3、表4）。物质生活消费为国人"维持生计"的基本消费，"全面小康"进程以来出现了颇有意味的变化，"维持生计"的基本消费占居民收入比、占居民总消费的比重持续下降，放大了恩格尔定律。各个子系统基础数据皆来源于国家统计局《中国统计年鉴》，均采用检测指标自足设计方式，实现与其余子系统对应数据的相关性分析测算，独立完成专项检测指数演算，最后汇总成民生发展综合指数。

---

[*] 方彧，民政部中国老龄科学研究中心副研究员；王亚南，云南省社会科学院研究员，文化发展研究中心主任；蒋坤洋，云南省社会科学院培训部助理研究员，主要从事教育文化学研究。

一 物质生活消费总量增长基本情况

根据正式出版公布的既往年度统计数据和最新年度统计数据，按照本项研究检测的构思设计进行演算，全国及各地物质生活消费总量增长状况见表1，分区域以份额增减变化位次排列。

表1 全国及各地物质生活消费总量增长状况

地区	2000年物质消费合计		2015年物质消费合计		15年间总量增长变化			
	城乡总量（亿元）	占全国份额（%）	城乡总量（亿元）	占全国份额（%）	年均增长指数		份额增减变化	
					上年=1	排序	变化（%）	排序
全国	25416.45	100.00	144224.29	100.00	1.1227	—	—	—
北京	626.15	2.46	4855.31	3.37	1.1463	1	36.65	1
天津	337.55	1.33	2519.42	1.75	1.1434	2	31.54	2
上海	871.75	3.43	5700.11	3.95	1.1334	5	15.23	5
河北	1003.84	3.95	6367.12	4.41	1.1311	7	11.78	7
海南	137.44	0.54	852.58	0.59	1.1294	8	9.32	8
江苏	1821.29	7.17	10615.82	7.36	1.1247	13	2.72	13
福建	898.77	3.54	5145.98	3.57	1.1234	16	0.90	16
浙江	1533.85	6.03	8767.02	6.08	1.1232	17	0.73	17
广东	2745.43	10.80	15443.34	10.71	1.1220	18	-0.87	18
山东	1849.86	7.28	9476.51	6.57	1.1151	25	-9.72	25
东部	11825.92	45.64	69743.21	48.51	1.1256	[1]	6.28	[1]
新疆	292.76	1.15	1995.41	1.38	1.1365	3	20.12	3
内蒙古	410.14	1.61	2698.46	1.87	1.1338	4	15.95	4
宁夏	88.07	0.35	573.77	0.40	1.1331	6	14.81	6
青海	81.56	0.32	498.86	0.35	1.1283	9	7.79	9
甘肃	322.55	1.27	1949.94	1.35	1.1274	10	6.54	10
陕西	549.56	2.16	3250.88	2.25	1.1258	11	4.25	11
重庆	606.62	2.39	3208.16	2.22	1.1174	20	-6.80	20
四川	1500.72	5.90	7851.63	5.44	1.1166	22	-7.80	22
西藏	41.56	0.16	216.72	0.15	1.1164	23	-8.10	23

续表

地区	2000年物质消费合计		2015年物质消费合计		15年间总量增长变化			
	城乡总量（亿元）	占全国份额（%）	城乡总量（亿元）	占全国份额（%）	年均增长指数 上年=1	排序	份额增减变化 变化（%）	排序
云南	669.40	2.63	3440.18	2.39	1.1153	24	-9.43	24
贵州	526.55	2.07	2536.02	1.76	1.1105	26	-15.12	26
广西	837.41	3.29	3755.41	2.60	1.1052	31	-20.97	31
西部	5926.91	22.88	31975.44	22.24	1.1189	[2]	-2.78	[2]
江西	680.30	2.68	4015.71	2.78	1.1257	12	4.02	12
河南	1320.43	5.20	7592.41	5.26	1.1237	14	1.33	14
山西	468.96	1.85	2691.74	1.87	1.1236	15	1.15	15
安徽	982.17	3.86	5406.17	3.75	1.1204	19	-3.00	19
湖南	1360.81	5.35	6396.92	4.44	1.1087	27	-17.16	27
湖北	1196.81	4.71	5597.42	3.88	1.1083	28	-17.58	28
中部	6009.47	23.19	31700.37	22.05	1.1172	[3]	-4.94	[3]
辽宁	921.59	3.63	4849.91	3.36	1.1171	21	-7.26	21
黑龙江	710.13	2.79	3194.07	2.21	1.1054	29	-20.73	29
吉林	515.11	2.03	2312.13	1.60	1.1053	30	-20.90	30
东北	2146.83	8.29	10356.11	7.20	1.1106	[4]	-13.07	[4]

注：①全国及各省域分别演算未予平衡，省域总量之和不等于全国总量，四大区域占全国份额已加以平衡。②数据演算屡经四舍五入，可能出现小数细微出入，属于演算常规无误。③年均增长指数取4位小数，以便精确排序。④省域排列以"1、2、3"为序，四大区域排列以"[1]、[2]、[3]"为序。全文同。

2000年，全国城乡物质生活消费总量为25416.45亿元；2015年，全国城乡物质生活消费总量为144224.29亿元。2000年以来的15年间，全国城乡物质生活消费总量年均增长12.27%。

17个省域总量年均增长高于全国平均增长，14个省域总量年均增长低于全国平均增长。其中，北京总量年均增长14.63%为最高值，高于全国总量年增2.36个百分点；广西总量年均增长10.52%为最低值，低于全国总量年增1.75个百分点。

全国物质生活消费总量始终为份额基准100，基于各地历年不同的增长状况，东部总量份额上升，增高6.28%；西部总量份额下降，减低2.78%；

中部总量份额下降，减低4.94%；东北总量份额下降，减低13.07%。总量份额变化取百分点将易于直观对比，但取百分比则更有利于精确排序。

17个省域总量占全国份额上升，14个省域总量占全国份额下降。其中，北京总量份额变化态势最佳，增高36.65%；广西总量份额变化态势不佳，降低20.97%。各省域总量份额变化取决于年均增长幅度，其份额增减程度取百分比演算，排序结果与年均增长指数排序一致。

将物质生活消费增长放到相关背景中考察更有意义。全国物质生活消费总量历年增长率为12.27%，其年均增长低于产值年增1.40个百分点，低于财政支出年增5.11个百分点，低于居民收入年增1.14个百分点，低于居民积蓄年增2.95个百分点，低于居民总消费年增0.52个百分点，低于非物生活消费年增1.65个百分点。按分类单项消费增长率高低衡量，全国物质生活消费增长主要在于居住消费增长，而衣着消费、用品（生活用品及服务）消费、食品（食品烟酒）消费增长低于整个物质生活消费增长。

相关系数检测可谓相关性分析最简便的通用方式，同时检验两组数据链历年增减变化趋势是否一致、变化程度是否相近、变化动向是否稳定。相关系数1为绝对相关，完全同步；0为无相关性，完全不同步；-1为绝对负相关，完全逆向同步。设数据项A历年增幅变化为N，若数据项B历年增幅（降幅绝对值）愈接近N（高低不论），即保持趋近性（正负不论），或历年增幅（降幅绝对值）存在固有差距（高低不论）但上下波动变化愈小，即保持平行（逆向）同步性，则二者相关系数（负值）愈高；反之相关系数（负值）愈低。

物质生活消费历年增长相关系数（可简化理解为增长同步程度）：①与总消费之间全国为0.8959，呈较强正相关，30个省域呈75%以上强相关性，1个省域呈60%以下弱相关性；②与食品消费之间全国为0.4744，呈很弱正相关，13个省域呈60%以下弱相关性，其间3个省域呈现负相关性；③与衣着消费之间全国为0.0400，呈极弱正相关，30个省域呈60%以下弱相关性，其间6个省域呈现负相关性；④与居住消费之间全国为0.5457，呈很弱正相关，22个省域呈60%以下弱相关性；⑤与用品消费之间全国为0.4747，呈很弱正相关，23个省域呈60%以下弱相关性，其间1个省域呈现负相关性。

对应数据链之间增长变化相关系数的高低、正负差异在于，其间增长动向的同步性是强还是弱，增幅升降的趋向性是相近还是相左。后台数据库检测表明，2000~2015年，全国物质生活消费年均增长较明显低于居民总消费增长，显著高于食品烟酒消费增长，略微高于衣着消费增长，极显著低于居住消费增长，较明显高于生活用品及服务消费增长。

二 物质生活消费人均值相关均衡性检测

1. 城乡综合人均值及其地区差

全国及各地物质生活消费人均值地区差变化状况见表2，分区域以地区差扩减变化倒序位次排列。

表2 全国及各地物质生活消费人均值地区差变化状况

地区	2000年物质消费合计地区差距				2015年物质消费合计地区差距				15年间地区差扩减（负值缩小为佳，取倒序）	
	城乡综合人均值		地区差（无差距=1）		城乡综合人均值		地区差（无差距=1）			
	人均值（元）	排序			人均值（元）	排序			百分比（%）	排序
全国	2012.95	—	1.3204		10348.71	—	1.2866		-2.56	—
广东	3666.19	3	1.8213		14262.35	5	1.3782		-24.33	1
上海	5597.09	1	2.7805		23686.35	1	2.2888		-17.68	2
浙江	3381.87	5	1.6801		15745.81	4	1.5215		-9.44	4
北京	4790.74	2	2.3800		22458.43	2	2.1702		-8.82	5
天津	3444.37	4	1.7111		16410.80	3	1.5858		-7.32	6
河北	1510.90	27	1.2494		8398.85	19	1.1884		-4.88	8
福建	2672.52	6	1.3277		13260.33	6	1.2814		-3.49	13
海南	1772.28	15	1.1196		9258.26	14	1.1054		-1.27	18
江苏	2505.22	7	1.2445		13140.93	7	1.2698		2.03	22
山东	2069.08	10	1.0279		9384.07	13	1.0932		6.35	24
东部	2759.10	[1]	1.6342		13324.05	[1]	1.4883		-8.93	[1]
安徽	1568.59	25	1.2208		8677.47	16	1.1615		-4.86	9
河南	1399.13	30	1.3049		7814.02	25	1.2449		-4.60	10
江西	1623.64	19	1.1934		8630.80	17	1.1660		-2.30	15

续表

地区	2000年物质消费合计地区差距				2015年物质消费合计地区差距				15年间地区差扩减（负值缩小为佳，取倒序）	
	城乡综合人均值		地区差（无差距=1）		城乡综合人均值		地区差（无差距=1）		百分比（%）	排序
	人均值（元）	排序			人均值（元）	排序				
山西	1453.67	28	1.2778		7206.08	28	1.3037		2.03	21
湖南	2078.52	9	1.0326		9257.94	15	1.1054		7.05	25
湖北	2011.78	11	1.0006		9448.62	11	1.0870		8.63	26
中部	1687.53	[3]	1.1717		8714.86	[3]	1.1781		0.55	[2]
内蒙古	1732.73	18	1.1392		10629.35	9	1.0271		-9.84	3
甘肃	1264.92	31	1.3716		7244.91	27	1.2999		-5.23	7
陕西	1513.53	26	1.2481		8309.17	23	1.1971		-4.09	11
四川	1749.91	17	1.1307		9391.99	12	1.0924		-3.39	14
宁夏	1605.61	22	1.2024		8425.27	18	1.1859		-1.37	16
青海	1588.37	23	1.2109		8336.47	22	1.1944		-1.36	17
重庆	1967.30	12	1.0227		10467.86	10	1.0115		-1.10	19
新疆	1616.12	21	1.1971		8383.96	20	1.1899		-0.60	20
贵州	1410.53	29	1.2993		6916.90	30	1.3316		2.49	23
云南	1587.58	24	1.2113		7004.03	29	1.3232		9.24	27
广西	1769.87	16	1.1208		7696.37	26	1.2563		12.09	29
西藏	1617.01	20	1.1967		6453.58	31	1.3764		15.02	31
西部	1645.50	[4]	1.1959		8645.44	[4]	1.2071		0.94	[3]
辽宁	2206.07	8	1.0959		10919.97	8	1.0552		-3.71	12
黑龙江	1869.00	14	1.0715		8284.46	24	1.1995		11.95	28
吉林	1929.27	13	1.0416		8349.04	21	1.1932		14.55	30
东北	2016.37	[2]	1.0697		9447.37	[2]	1.1493		7.44	[4]

2000年，全国城乡物质生活消费人均值为2012.95元。10个省域人均值高于全国人均值，21个省域人均值低于全国人均值。其中，上海人均值最高，为5597.09元，高达全国人均值的278.05%；甘肃人均值最低，为1264.92元，低至全国人均值的62.84%。

2015年，全国城乡物质生活消费人均值为10348.71元。10个省域人均值高于全国人均值，21个省域人均值低于全国人均值。其中，上海人均值最高，为23686.35元，高达全国人均值的228.88%；西藏人均值最低，为6453.58元，低至全国人均值的62.36%。

2000年以来的15年间，全国城乡物质生活消费人均值年均增长11.53%。14个省域人均值年均增长高于全国平均增长，17个省域人均值年均增长低于全国平均增长。其中，内蒙古人均值年均增长12.85%为最高值，高于全国人均值年增1.32个百分点；广东人均值年均增长9.48%为最低值，低于全国人均值年增2.05个百分点。

各省域地区差指数依据其人均值与全国人均值的绝对偏差进行演算，全国和四大区域地区差取相应省域与全国人均值的绝对偏差平均值进行演算。地区人均值增大具有正面效应，但由此可能导致地区差扩大，产生负面效应。

2000年，全国城乡物质生活消费人均值地区差为1.3204，即31个省域人均值与全国人均值的绝对偏差平均值为32.04%。24个省域人均值地区差小于全国地区差，7个省域人均值地区差大于全国地区差。其中，湖北人均值地区差1.0006为最小值，即与全国人均值的绝对偏差为0.06%，仅为全国总体地区差的75.78%；上海人均值地区差2.7805为最大值，即与全国人均值的绝对偏差为178.05%，高达全国总体地区差的210.59%。

2015年，全国城乡物质生活消费人均值地区差为1.2866，即31个省域人均值与全国人均值的绝对偏差平均值为28.66%。21个省域人均值地区差小于全国地区差，10个省域人均值地区差大于全国地区差。其中，重庆人均值地区差1.0115为最小值，即与全国人均值的绝对偏差为1.15%，仅为全国总体地区差的78.62%；上海人均值地区差2.2888为最大值，即与全国人均值的绝对偏差为128.88%，高达全国总体地区差的177.90%。

基于全国及各地城乡物质生活消费历年不同的增长状况，全国人均值地区差略微缩小2.56%。同期，20个省域人均值地区差都有所缩小。14个省域地区差变化态势好于全国地区差变化态势，17个省域地区差变化态势逊于全国地区差变化态势。其中，广东人均值地区差变化态势最佳，缩减24.33%；西藏人均值地区差变化态势不佳，扩增15.02%。

在经济、财政、民生全数据链中对本项检测体系的地区差距相关性考察进行通约演算。各地经济、社会、民生发展的地区差距具有贯通性。全国及各地产值地区差动态有可能影响居民生活各方面地区差变化，随之居民收入、总消费、物质生活或非物生活消费、积蓄地区差动态变化又有可能影响各分类单项消费地区差变化。

物质生活消费历年地区差相关系数（可简化理解为地区差变化同步程度）：①与总消费之间全国为0.7800，呈稍强正相关，25个省域呈75%以上强相关性，3个省域呈60%以下弱相关性；②与食品消费之间全国为0.7439，呈较弱正相关，19个省域呈75%以上强相关性，6个省域呈60%以下弱相关性；③与衣着消费之间全国为0.5504，呈很弱正相关，18个省域呈60%以下弱相关性，其间7个省域呈现负相关性；④与居住消费之间全国为0.7748，呈稍强正相关，5个省域呈75%以上强相关性，19个省域呈60%以下弱相关性；⑤与用品消费之间全国为0.7480，呈较弱正相关，13个省域呈75%以上强相关性，13个省域呈60%以下弱相关性。

2000~2015年，全国物质生活消费地区差缩小2.56%，与之对应的数据链之间地区差变化相关系数的高低、正负差异在于，其间地区差扩减幅度的同步性是强还是弱，扩减变化的趋向性是相近还是相左。后台数据库检测表明，全国居民总消费地区差缩小5.08%，食品消费地区差缩小4.81%，衣着消费地区差缩小6.29%，居住消费地区差扩大6.96%，用品消费地区差缩小17.82%。

2. 城镇与乡村人均值及其城乡比

全国及各地物质生活消费人均值城乡比变化状况见表3，分区域以城乡比扩减变化倒序位次排列。

2000年，全国城镇物质生活消费人均值为3398.56元。13个省域城镇人均值高于全国城镇人均值，18个省域城镇人均值低于全国城镇人均值。其中，上海城镇人均值最高，为5959.91元，高达全国城镇人均值的175.37%；内蒙古城镇人均值最低，为2541.32元，低至全国城镇人均值的74.78%。

全国乡村物质生活消费人均值为1250.25元。11个省域乡村人均值高于全国乡村人均值，20个省域乡村人均值低于全国乡村人均值。其中，上海乡村人均值最高，为2972.65元，高达全国乡村人均值的237.76%；甘肃乡村人均值最低，为799.03元，低至全国乡村人均值的63.91%。

表 3 全国及各地物质生活消费人均值城乡比变化状况

地区	2000 年物质消费合计城乡差距			2015 年物质消费合计城乡差距			15 年间城乡比扩减（负值缩小为佳，取倒序）	
	城镇人均值（元）	乡村人均值（元）	城乡比（乡村=1）	城镇人均值（元）	乡村人均值（元）	城乡比（乡村=1）	变化（%）	排序（倒序）
全国	3398.56	1250.25	2.7183	14093.26	6070.25	2.3217	-14.59	—
重庆	3830.33	1075.35	3.5619	13609.47	6234.79	2.1828	-38.72	2
四川	3428.71	1158.61	2.9593	13073.83	6534.14	2.0008	-32.39	5
广西	3438.89	1140.62	3.0149	11037.33	5103.12	2.1629	-28.26	8
陕西	2877.47	883.90	3.2554	11768.15	4972.50	2.3666	-27.30	9
云南	3477.81	1029.24	3.3790	11158.44	4403.29	2.5341	-25.00	10
贵州	3030.93	917.53	3.3034	11176.39	4447.33	2.5131	-23.92	11
新疆	2940.71	949.07	3.0985	12421.23	5196.34	2.3904	-22.85	12
甘肃	2774.23	799.03	3.4720	11769.24	4376.54	2.6892	-22.55	13
西藏	4061.17	1059.63	3.8326	13177.53	4410.97	2.9874	-22.05	14
青海	2778.98	969.58	2.8662	11925.12	5097.59	2.3395	-18.38	17
宁夏	2734.66	1077.45	2.5381	11464.07	5249.76	2.1837	-13.96	20
内蒙古	2541.32	1144.57	2.2203	13824.87	6180.08	2.2370	0.75	29
西部	3201.54	1038.33	3.0833	12246.54	5313.84	2.3046	-25.26	[1]
安徽	3044.71	1018.74	2.9887	11591.82	6113.71	1.8960	-36.56	3
湖北	3341.05	1151.27	2.9021	12193.67	6252.02	1.9504	-32.79	4
山西	2586.24	864.90	2.9902	9653.58	4627.92	2.0859	-30.24	6
湖南	3560.02	1473.11	2.4167	12435.77	6479.20	1.9193	-20.58	15
河南	2707.91	1016.53	2.6639	11389.70	5160.30	2.2072	-17.14	19
江西	2604.43	1258.30	2.0698	11513.61	6021.50	1.9121	-7.62	25
中部	3039.47	1136.49	2.6744	11587.25	5782.40	2.0039	-25.07	[2]
天津	4282.13	1339.60	3.1966	17852.34	9839.33	1.8144	-43.24	1
河北	2913.55	1031.63	2.8242	11415.69	5744.98	1.9871	-29.64	7
广东	5169.51	1926.20	2.6838	17228.66	8027.96	2.1461	-20.04	16
福建	4024.64	1750.30	2.2994	16397.29	8632.54	1.8995	-17.39	18
江苏	3688.53	1700.76	2.1688	15946.46	8260.08	1.9305	-10.99	22
浙江	4584.49	2300.19	1.9931	18724.33	10496.37	1.7839	-10.50	23

续表

地区	2000年物质消费合计城乡差距			2015年物质消费合计城乡差距			15年间城乡比扩减（负值缩小为佳，取倒序）	
	城镇人均值（元）	乡村人均值（元）	城乡比（乡村=1）	城镇人均值（元）	乡村人均值（元）	城乡比（乡村=1）	变化（%）	排序（倒序）
海南	2757.99	1147.24	2.4040	12524.52	5662.63	2.2118	-8.00	24
北京	5523.64	2325.51	2.3752	24267.15	10997.06	2.2067	-7.09	26
山东	3366.13	1314.10	2.5616	13005.38	5381.58	2.4166	-5.66	27
上海	5959.91	2972.65	2.0049	25112.33	11400.97	2.2026	9.86	30
东部	4275.54	1570.87	2.7218	16643.04	7372.47	2.2575	-17.06	[3]
吉林	2740.92	1145.63	2.3925	11012.42	5197.17	2.1189	-11.44	21
黑龙江	2566.46	1143.14	2.2451	10847.71	4858.81	2.2326	-0.56	28
辽宁	3003.32	1281.99	2.3427	13933.59	5160.31	2.7001	15.26	31
东北	2786.52	1195.91	2.3300	12243.57	5058.62	2.4203	3.88	[4]

2015年，全国城镇物质生活消费人均值为14093.26元。7个省域城镇人均值高于全国城镇人均值，24个省域城镇人均值低于全国城镇人均值。其中，上海城镇人均值最高，为25112.33元，高达全国城镇人均值的178.19%；山西城镇人均值最低，为9653.58元，低至全国城镇人均值的68.50%。

全国乡村物质生活消费人均值为6070.25元，仅为城镇人均值的43.07%。13个省域乡村人均值高于全国乡村人均值，18个省域乡村人均值低于全国乡村人均值。其中，上海乡村人均值最高，为11400.97元，高达全国乡村人均值的187.82%；甘肃乡村人均值最低，为4376.54元，低至全国乡村人均值的72.10%。

2000年以来的15年间，全国城镇物质生活消费人均值年均增长9.95%。14个省域城镇人均值年均增长高于全国城镇平均增长，17个省域城镇人均值年均增长低于全国城镇平均增长。其中，内蒙古城镇人均值年均增长11.95%为最高值，高于全国城镇年增2.01个百分点；云南城镇人均值年均增长8.08%为最低值，低于全国城镇年增1.86个百分点。

全国乡村物质生活消费人均值年均增长11.11%，高于全国城镇年增1.16个百分点。同期，28个省域乡村人均值年均增长高于自身城镇年增。

17个省域乡村人均值年均增长高于全国乡村平均增长，14个省域乡村人均值年均增长低于全国乡村平均增长。其中，天津乡村人均值年均增长14.22%为最高值，高于全国乡村年增3.11个百分点；上海乡村人均值年均增长9.38%为最低值，低于全国乡村年增1.73个百分点。

城乡比及其扩减变化基于城镇与乡村人均绝对值及其不同增长进行演算，在民生发展的城乡差距长期存在的情况下，倘若乡村人均值增长滞后于城镇人均值增长，那么城乡比势必进一步扩大。

2000年，全国物质生活消费人均值城乡比为2.7183，即全国城镇人均值为乡村人均值的271.83%，其间倍差为2.72。16个省域人均值城乡比小于全国城乡比，15个省域人均值城乡比大于全国城乡比。其中，浙江人均值城乡比1.9931为最小值，即城镇与乡村的人均值倍差为1.99，仅为全国总体城乡比的73.32%；西藏人均值城乡比3.8326为最大值，即城镇与乡村的人均值倍差为3.83，高达全国总体城乡比的140.99%。

2015年，全国物质生活消费人均值城乡比为2.3217，即全国城镇人均值为乡村人均值的232.17%，其间倍差为2.32。22个省域人均值城乡比小于全国城乡比，9个省域人均值城乡比大于全国城乡比。其中，浙江人均值城乡比1.7839为最小值，即城镇与乡村的人均值倍差为1.78，仅为全国总体城乡比的76.84%；西藏人均值城乡比2.9874为最大值，即城镇与乡村的人均值倍差为2.99，高达全国总体城乡比的128.68%。

基于全国城镇与乡村物质生活消费历年不同的增长状况，全国人均值城乡比显著缩小14.59%。同期，28个省域人均值城乡比都有所缩小。19个省域城乡比变化态势好于全国城乡比变化态势，12个省域城乡比变化态势逊于全国城乡比变化态势。其中，天津人均值城乡比变化态势最佳，缩减43.24%；辽宁人均值城乡比变化态势不佳，扩增15.26%。

本项检测体系的城乡差距相关性考察集中于民生数据链。第一，有必要检验城镇与乡村之间物质生活消费增长相关系数（可简化理解为城乡增长同步程度）：全国为0.8604，呈较强正相关，城乡增长同步性较好，6个省域呈75%以上强相关性，18个省域呈60%以下弱相关性。第二，全国及各地居民收入、总消费、积蓄的城乡差距动态有可能对分类单项消费的城乡差距变化产生影响，而物质生活和非物生活消费的城乡差距动态又有可能反过来对总消费、积蓄的城乡差距变化产生影响，特别是各类消费需求之间的城乡比变化具有贯通性。

物质生活消费历年城乡比相关系数（可简化理解为城乡比变化同步程度）：①与食品消费之间全国为 0.7013，呈较弱正相关，17 个省域呈 75% 以上强相关性，11 个省域呈 60% 以下弱相关性；②与衣着消费之间全国为 0.9148，呈很强正相关，25 个省域呈 75% 以上强相关性，6 个省域呈 60% 以下弱相关性；③与居住消费之间全国为 0.0825，呈极弱正相关，24 个省域呈 60% 以下弱相关性，其间 1 个省域呈现负相关性；④与用品消费之间全国为 0.7926，呈稍强正相关，15 个省域呈 75% 以上强相关性，5 个省域呈 60% 以下弱相关性。

2000~2015 年，全国物质生活消费城乡比缩小 14.59%，与之对应的数据链之间城乡比变化相关系数的高低、正负差异在于，其间城乡比扩减幅度的同步性是强还是弱，扩减变化的趋向性是相近还是相左。后台数据库检测表明，全国食品消费城乡比缩小 12.58%，衣着消费城乡比缩小 40.75%，居住消费城乡比扩大 26.65%，用品消费城乡比缩小 58.87%。

中国社会由历史承继下来的结构性、体制性"非均衡格局"弊端根深蒂固，长期存在的城乡差距、地区差距系全国及各地民生发展"非均衡性"的主要成因。进入"全面建成小康社会"进程以来，国家把解决"三农问题"列为"重中之重"，并致力于推进区域"均衡发展"。就本文涉及的数据范围来看，国家大力推进缩小区域发展差距的几大战略已见成效，推进缩小城乡发展差距的多方努力也初见成效。

三 物质生活消费相关性比值协调性检测

全国及各地物质生活消费相关性比值状况见表 4，分区域以物质消费比重值升降倒序位次排列。

1. 物质生活消费占居民收入之比

2000 年，全国物质消费比为 54.66%，此为全国城乡物质生活消费与居民收入的相对比值，物质生活"基本消费"占比以低为佳。15 个省域比值低于全国总体比值，16 个省域比值高于全国总体比值。其中，河北比值

45.93%为最低值,低至全国总体比值的84.04%;西藏比值65.66%为最高值,高达全国总体比值的120.13%。

表4 全国及各地物质生活消费相关性比值状况

地区	物质消费合计与居民收入相关性				物质消费合计与居民消费相关性			
	物质消费比		15年间比值升降（负值下降为佳,取倒序）		物质消费比值		15年间比值升降（负值下降为佳,取倒序）	
	2000年比值（%）	2015年比值（%）	比值（%）	排序	2000年比值（%）	2015年比值（%）	比值（%）	排序
全国	54.66	47.11	-13.81	—	70.59	65.86	-6.70	—
吉林	56.88	44.69	-21.43	4	69.76	60.66	-13.04	4
黑龙江	52.53	44.56	-15.17	14	69.09	61.81	-10.54	8
辽宁	55.61	44.43	-20.10	6	70.02	63.49	-9.33	12
东北	54.84	44.54	-18.78	[1]	69.65	62.37	-10.45	[1]
河南	53.51	45.63	-14.73	15	74.24	66.02	-11.07	6
山西	50.66	40.36	-20.33	5	69.08	61.44	-11.06	7
湖南	61.79	47.93	-22.43	3	71.84	64.89	-9.67	9
湖北	56.70	47.18	-16.79	12	72.64	66.00	-9.14	13
安徽	55.11	47.26	-14.24	16	74.28	67.58	-9.02	14
江西	55.21	46.81	-15.21	13	74.47	69.58	-6.57	21
中部	56.05	46.00	-17.93	[2]	72.97	66.04	-9.50	[2]
青海	57.78	52.72	-8.76	21	71.13	61.25	-13.89	1
贵州	62.73	50.50	-19.50	8	76.71	66.42	-13.41	2
云南	61.45	46.01	-25.13	1	73.38	63.64	-13.27	3
宁夏	58.59	48.62	-17.02	11	69.68	60.98	-12.49	5
广西	59.97	45.61	-23.95	2	73.47	67.51	-8.11	15
内蒙古	51.88	47.64	-8.17	24	66.93	61.88	-7.55	17
陕西	58.07	47.77	-17.74	10	68.59	63.49	-7.44	18
新疆	54.47	49.73	-8.70	22	70.15	65.16	-7.11	19
四川	59.46	54.54	-8.27	23	74.06	68.90	-6.97	20
西藏	65.66	52.66	-19.80	7	83.32	78.27	-6.06	22
甘肃	56.19	53.80	-4.25	27	70.21	66.16	-5.77	23
重庆	59.41	52.05	-12.39	20	71.62	69.14	-3.46	25

续表

地区	物质消费合计与居民收入相关性				物质消费合计与居民消费相关性			
	物质消费比		15年间比值升降（负值下降为佳，取倒序）		物质消费比重值		15年间比值升降（负值下降为佳，取倒序）	
	2000年	2015年			2000年	2015年		
	比值(%)	比值(%)	比值(%)	排序	比值(%)	比值(%)	比值(%)	排序
西部	58.84	49.67	-15.58	[3]	72.34	66.12	-8.60	[3]
江苏	51.21	44.49	-13.12	17	70.65	63.93	-9.51	10
河北	45.93	46.36	0.94	30	71.10	64.45	-9.35	11
山东	50.85	41.33	-18.72	9	69.74	64.37	-7.70	16
海南	51.90	48.78	-6.01	26	71.11	68.20	-4.09	24
浙江	50.98	44.31	-13.08	18	67.30	65.29	-2.99	26
天津	50.25	52.45	4.38	31	69.63	67.92	-2.46	27
福建	54.16	52.20	-3.62	28	71.86	70.35	-2.10	28
上海	51.00	47.50	-6.86	25	67.49	68.10	0.90	29
北京	53.04	46.35	-12.61	19	65.34	66.44	1.68	30
广东	52.90	51.20	-3.21	29	66.33	67.99	2.50	31
东部	51.27	46.61	-9.09	[4]	68.60	66.25	-3.43	[4]

注：物质生活消费相关性分析取物质消费比、物质消费比重值两项。对于相关性比值的构思设计及界定阐释，详见本书技术报告。单独取物质消费与居民收入的关系（恩格尔定律关系放大）来看，物质消费比下降意味着居民收入中基本消费开支比重降低；单独取物质消费与居民总消费的关系（恩格尔系数放大）来看，物质消费比重值下降意味着居民总消费中基本消费开支占比降低。

2015年，全国物质消费比为47.11%，意味着物质生活消费与居民收入的相对比值下降，物质生活"基本消费"占比降低为佳。13个省域比值低于全国总体比值，18个省域比值高于全国总体比值。其中，山西比值40.36%为最低值，低至全国总体比值的85.67%；四川比值54.54%为最高值，高达全国总体比值的115.76%。

基于物质生活消费与居民收入历年不同的增长状况，全国物质消费比降低13.81%。同期，29个省域物质消费比都有所下降。16个省域比值升降变化态势好于全国比值变化，15个省域比值升降变化态势逊于全国比值变化。其中，云南比值升降变化态势最佳，降低25.13%；天津比值升降变化态势不佳，升高4.38%。

2. 物质生活消费占居民消费之比

2000年，全国物质消费比重值为70.59%，此为全国城乡物质生活消费与居民消费的相对比值，物质生活"基本消费"占比以低为佳。15个省域比值低于全国总体比值，16个省域比值高于全国总体比值。其中，北京比值65.34%为最低值，低至全国总体比值的92.56%；西藏比值83.32%为最高值，高达全国总体比值的118.04%。

2015年，全国物质消费比重值为65.86%，物质生活消费与居民消费的相对比值下降，物质生活"基本消费"占比降低为佳。15个省域比值低于全国总体比值，16个省域比值高于全国总体比值。其中，吉林比值60.66%为最低值，低至全国总体比值的92.10%；西藏比值78.27%为最高值，高达全国总体比值的118.84%。

基于物质生活消费与居民消费历年不同的增长状况，全国物质消费比重值降低6.70%。同期，28个省域物质消费比重值都有所下降。20个省域比值升降变化态势好于全国比值变化，11个省域比值升降变化态势逊于全国比值变化。其中，青海比值升降变化态势最佳，降低13.89%；广东比值升降变化态势不佳，升高2.50%。

本项检测体系建立的各类相关性比值分析测算十分复杂，不同方面、不同层次的比值当然不具可比性。将以下对应比值之间历年变化相关系数（可简化理解为比值变化同步程度）在同一层面展开检测：物质消费比与居民消费比同属对应于居民收入的相对比值，物质消费比重值与食品消费比重值、衣着消费比重值、居住消费比重值、用品消费比重值同属对应于总消费的相对比值。

相关性比值之间历年变化相关系数：①物质消费比与居民消费比之间全国为0.9201，呈很强正相关，24个省域呈75%以上强相关性，3个省域呈60%以下弱相关性；②物质消费比重值与食品消费比重值之间全国为0.4453，呈很弱正相关，15个省域呈60%以下弱相关性，其间4个省域呈现负相关性；③与衣着消费比重值之间全国为-0.4739，呈稍强负相关，16个省域呈现负相关，其间7个省域呈-50%以上（更大负值）强负相关性；④与居住消费比重值之间全国为0.0984，呈极弱正相关，28个省域呈60%以下弱相关性，其间17个省域呈现负相关性；⑤与用品消费比重值之间全国为0.4848，呈很弱正相关，26个省域呈60%以下弱相关性，其间12个省域呈现负相关性。

对应数据链之间比值升降变化相关系数的高低、正负差异在于，其间增长升降的同步性是强还是弱，升降变化的趋向性是相近还是相左。后台数据库检测表明，2000~2015年，全国物质消费比降低13.81%，而居民消费比降低7.62%；物质消费比重降低6.70%，而食品消费比重降低28.64%，衣着消费比重降低11.79%，居住消费比重增高80.28%，用品消费比重降低15.74%。按分类单项消费比重值升降变化衡量，全国物质生活消费比重降低主要在于食品消费比重下降，其次在于用品消费比重下降，最后在于衣着消费比重下降，而居住消费比重反向上升。

四 "全面小康"进程居民物质生活消费指数排行

2015年统计数据为目前已经正式出版公布的最新年度全国及各地系统数据。全国及各地物质生活消费子系统专项指数排行见表5，分区域以2015年度无差距横向检测结果位次排列。

表5 全国及各地物质生活消费子系统专项指数排行

地区	各五年期起始年纵向检测（基数值=100）						2015年度检测			
	"十五"以来15年（2000~2015年）		"十一五"以来10年（2005~2015年）		"十二五"以来5年（2010~2015年）		基数值纵向检测（2014年=100）		无差距横向检测（理想值=100）	
	检测指数	排序	检测指数	排序	检测指数	排序	检测指数	排序	检测指数	排序
全国	163.14	—	136.67	—	115.25	—	101.05	—	83.82	—
上海	148.76	27	127.82	28	108.57	31	100.79	20	95.66	1
北京	159.14	19	137.17	18	112.64	25	99.71	29	94.80	2
浙江	154.95	22	129.38	25	110.67	28	100.59	23	92.13	3
天津	174.94	5	148.14	2	127.27	1	101.89	11	92.08	4
福建	160.01	17	139.36	13	118.46	11	101.07	17	90.06	5
江苏	162.99	15	136.59	21	114.50	24	100.69	22	89.93	6
广东	149.74	26	131.19	24	114.77	23	101.55	15	88.81	8
海南	162.46	16	145.02	7	121.00	6	102.51	6	85.10	16

全国省域居民物质生活消费指数排行

续表

地区	各五年期起始年纵向检测（基数值=100）						2015年度检测			
	"十五"以来15年（2000~2015年）		"十一五"以来10年（2005~2015年）		"十二五"以来5年（2010~2015年）		基数值纵向检测（2014年=100）		无差距横向检测（理想值=100）	
	检测指数	排序	检测指数	排序	检测指数	排序	检测指数	排序	检测指数	排序
山东	148.29	28	123.54	27	108.80	30	101.29	16	85.06	17
河北	176.71	2	141.97	11	121.17	5	100.15	25	84.95	18
东部	160.28	[3]	135.15	[3]	113.99	[3]	101.06	[2]	86.37	[1]
湖南	150.83	25	133.54	22	116.83	16	99.81	27	87.33	12
湖北	158.67	20	137.26	17	117.83	13	100.91	19	86.56	13
安徽	177.08	1	144.02	8	118.96	10	102.45	7	86.27	14
江西	163.84	14	136.88	19	117.84	12	102.53	5	85.88	15
河南	170.54	9	145.95	5	116.02	18	101.00	18	81.91	23
山西	165.62	12	137.70	16	116.46	17	99.72	28	81.19	26
中部	165.30	[2]	140.78	[2]	117.84	[2]	100.90	[3]	85.07	[2]
辽宁	155.85	21	132.56	23	115.54	22	103.76	2	88.88	7
吉林	145.54	29	129.14	26	112.33	26	99.95	26	82.64	20
黑龙江	144.39	30	123.18	30	108.87	29	97.42	30	81.79	24
东北	149.84	[4]	128.35	[4]	112.21	[4]	100.35	[4]	84.56	[3]
重庆	173.87	7	143.49	9	122.21	3	102.72	4	88.10	9
四川	172.59	8	146.04	4	123.41	2	102.10	9	87.85	10
内蒙古	176.70	3	145.22	6	119.23	9	100.70	21	87.48	11
宁夏	165.48	13	138.82	15	115.64	21	101.82	12	82.88	19
新疆	169.22	10	146.39	3	121.83	4	100.27	24	82.24	21
陕西	174.17	6	148.93	1	115.67	20	101.91	10	82.10	22
广西	151.50	24	127.75	29	115.70	19	102.17	8	81.75	25
青海	166.10	11	139.20	14	117.52	14	97.34	31	80.95	27
云南	153.78	23	136.72	20	111.78	27	103.88	1	79.54	28
甘肃	175.32	4	139.53	12	120.98	7	101.69	13	78.87	29
贵州	159.69	18	143.34	10	119.64	8	101.69	14	78.21	30
西藏	143.90	31	122.47	31	117.52	15	103.21	3	74.73	31
西部	167.44	[1]	142.23	[1]	119.77	[1]	101.77	[1]	83.02	[4]

127

1. 最新数据年度理想值横向检测

2015 年度无差距横向检测物质生活消费指数，全国为 83.82，即设各类人均值城乡、地区无差距为理想值 100 加以比较衡量，全国总体差距尚存 16.18 个点。

18 个省域此项指数高于全国指数，即物质消费指数检测结果高于全国平均水平；13 个省域此项指数低于全国指数，即物质消费指数检测结果低于全国平均水平。

在此项检测中，上海、北京、浙江、天津、福建占据前 5 位。上海此项指数 95.66 为最高值，高于全国总体指数 11.84 个点；西藏此项指数 74.73 为最低值，低于全国总体指数 9.09 个点。

2. 2014 年以来基数值纵向检测

上一年度基数值纵向检测物质生活消费指数，全国为 101.05，即设 2014 年为基数值 100 加以对比衡量，至 2015 年提升 1.05%。

17 个省域此项指数高于全国指数，即物质消费指数提升速度高于全国平均速度；14 个省域此项指数低于全国指数，即物质消费指数提升速度低于全国平均速度。

在此项检测中，云南、辽宁、西藏、重庆、江西占据前 5 位。云南此项指数 103.88 为最高值，即指数提升 3.88%；青海此项指数 97.34 为最低值，即指数降低 2.66%。

3. 2000 年以来基数值纵向检测

"十五"以来 15 年纵向检测物质生活消费指数，全国为 163.14，即设 2000 年为基数值 100 加以对比衡量，至 2015 年提升 63.14%。

14 个省域此项指数高于全国指数，即物质消费指数提升速度高于全国平均速度；17 个省域此项指数低于全国指数，即物质消费指数提升速度低于全国平均速度。

在此项检测中，安徽、河北、内蒙古、甘肃、天津占据前 5 位。安徽此项指数 177.08 为最高值，即指数提升 77.08%；西藏此项指数 143.90 为最低值，即指数仅提升 43.90%。

4. 2005 年以来基数值纵向检测

"十一五"以来 10 年纵向检测物质生活消费指数，全国为 136.67，即设2005年为基数值100加以对比衡量,至2015年提升36.67%。

20个省域此项指数高于全国指数,即物质消费指数提升速度高于全国平均速度;11个省域此项指数低于全国指数,即物质消费指数提升速度低于全国平均速度。

在此项检测中,陕西、天津、新疆、四川、河南占据前5位。陕西此项指数148.93为最高值,即指数提升48.93%;西藏此项指数122.47为最低值,即指数仅提升22.47%。

5. 2010年以来基数值纵向检测

"十二五"以来5年纵向检测物质生活消费指数,全国为115.25,即设2010年为基数值100加以对比衡量,至2015年提升15.25%。

22个省域此项指数高于全国指数,即物质消费指数提升速度高于全国平均速度;9个省域此项指数低于全国指数,即物质消费指数提升速度低于全国平均速度。

在此项检测中,天津、四川、重庆、新疆、河北占据前5位。天津此项指数127.27为最高值,即指数提升27.27%;上海此项指数108.57为最低值,即指数仅提升8.57%。

现有增长关系格局存在经济增长与民生发展不够协调的问题,存在城乡、区域间民生发展不够均衡的问题,维持现有格局既有增长关系并非应然选择。实现经济、社会、民生发展的协调性,增强城乡、区域发展的均衡性,均为"全面建成小康社会"的既定目标,有些甚至可以具体化为约束性指标。假定全国及各地城乡比、地区差不再扩大以至消除,物质生活消费增长将更加趋于平衡,各地排行也将发生变化,可对"全面建成小康社会"进程最后攻坚起到"倒计时"预测提示作用。

五 "全面小康"目标年物质生活消费增长预测

1. 实现物质生活消费比重最佳值及最小城乡比应然测算

居民物质生活消费率、消费比持续降低,亦即物质消费比重呈降低态势,按全国及各地物质消费比重历年最低值测算2020年物质生活消费总量、人均值,再取物质生活消费历年最小城乡比进行演算。据此假定推演物质生活消费"应然增长"动向，亦即协调增长"应有目标"，预测全国及各地 2020 年物质生活消费主要数据及物质消费指数见表 6，分区域以 2015~2020 年纵向检测假定目标差距位次排列。

表 6　全国及各地 2020 年物质生活消费应然增长测算

地区	实现物质消费比重最佳值及最小城乡比测算				物质消费专项指数测算			
	物质消费合计		人均值差距		2015~2020 年纵向检测（2015 年基数值=100）		2020 年度横向检测（无差距理想值=100）	
	城乡总量（亿元）	城乡人均（元）	地区差（无差距=1）	城乡比（乡村=1）	差距指数	排序（倒序）	预测指数	排序
全国	301522.14	21446.71	1.3051	2.2539	117.92	—	83.90	—
黑龙江	5729.34	15045.65	1.2985	2.1138	110.08	2	77.34	29
辽宁	9797.14	21981.28	1.0249	2.3427	117.02	4	86.93	24
吉林	6518.37	23529.61	1.0971	2.0859	140.89	22	98.94	10
东北	22044.84	19976.68	1.1402	2.2242	118.05	[1]	84.18	[4]
河北	11047.80	14350.22	1.3309	1.8413	106.97	1	77.08	30
浙江	18992.88	32442.59	1.5127	1.6917	121.30	7	95.01	18
北京	9066.84	35769.28	1.6678	1.6458	121.49	8	91.31	21
福建	11188.27	28081.37	1.3094	1.8178	122.02	10	93.75	20
海南	1942.50	20431.09	1.0474	2.2008	122.06	11	88.13	23
上海	9626.24	34719.61	1.6189	1.5392	122.48	12	91.17	22
江苏	25586.72	31154.81	1.4527	1.9055	124.51	14	95.10	17
广东	35515.61	30385.50	1.4168	2.0021	127.45	15	96.99	11
天津	6861.76	37139.71	1.7317	1.5564	129.94	16	101.19	9
山东	24788.34	24471.80	1.1411	2.2036	133.84	20	95.43	16
东部	154616.96	27772.15	1.4229	2.1931	120.58	[2]	88.38	[3]
山西	5662.42	14852.63	1.3075	1.8856	117.65	5	80.44	27
河南	16898.05	17740.08	1.1728	2.1187	123.43	13	85.27	25
江西	10485.06	22379.66	1.0435	1.8507	133.05	18	95.55	15
安徽	13384.68	21748.68	1.0141	1.6755	133.29	19	96.41	13
湖南	20569.74	29387.99	1.3703	1.7798	146.65	24	106.19	5
湖北	17768.02	30032.22	1.4003	1.7036	148.70	25	106.20	4

续表

地区	实现物质消费比重最佳值及最小城乡比测算				物质消费专项指数测算			
	物质消费合计		人均值差距		2015~2020年纵向检测（2015年基数值=100）		2020年度横向检测（无差距理想值=100）	
	城乡总量（亿元）	城乡人均（元）	地区差（无差距=1）	城乡比（乡村=1）	差距指数	排序（倒序）	预测指数	排序
中部	84767.97	22852.96	1.2181	1.8451	131.60	[3]	93.05	[2]
新疆	3963.71	15627.01	1.2714	2.1667	111.45	3	76.70	31
甘肃	4055.94	15587.47	1.2732	2.5477	118.88	6	78.63	28
云南	7685.07	15750.35	1.2656	2.4814	121.59	9	81.55	26
四川	19754.68	24089.90	1.1232	1.7852	131.82	17	96.82	12
宁夏	1619.74	23040.21	1.0743	2.1399	137.15	21	94.79	19
青海	1448.06	23734.83	1.1067	2.1690	141.74	23	96.19	14
重庆	11007.59	35276.08	1.6448	1.8744	151.86	26	109.49	3
广西	11889.62	24471.83	1.1411	1.9610	152.70	27	104.56	6
陕西	11074.66	28943.40	1.3495	2.1463	154.07	28	103.84	7
内蒙古	10297.32	40076.22	1.8686	2.2203	155.24	29	110.37	2
西藏	759.73	21854.06	1.0190	2.6763	163.61	30	102.12	8
贵州	10060.85	29222.53	1.3626	2.4271	174.72	31	112.12	1
西部	93616.99	24834.43	1.2917	2.1527	137.23	[4]	94.44	[1]

注：①全国及各地总量分别演算，各地之和不等于全国总量；另表外附加城镇、乡村人均值按最小城乡比反推演算，势必突破相应背景数值关系，于是全国及各地物质消费与非物消费之和对应总消费测算数值或有出入，实属此项测算设计使然。②纵向检测排序取倒序，指数越低差距越小；横向检测指数普遍接近，区域差异明显减小，部分省域指数超出无差距理想值100，由其他指标明显提升所致。③表中全国物质生活消费人均值城乡比应同时在31个省域及四大区域城乡比之间进行测算，因各地分别按最小城乡比推算，可能产生误差，姑且参考。

假定实现物质消费比重最佳值及最小城乡比测算，2020年全国城乡物质生活消费总量应达301522.14亿元，人均值应为21446.71元。23个省域人均值应高于全国人均值，8个省域人均值应低于全国人均值。其中，内蒙古人均值最高，应为40076.22元，高达全国人均值的186.86%；河北人均值最低，应为14350.22元，低至全国人均值的66.91%。

全国城乡物质生活消费人均值地区差应为1.3051，即31个省域人均值与全国人均值的绝对偏差平均值为30.51%。16个省域人均值地区差应小于全国地区差，15个省域人均值地区差应大于全国地区差。其中，安徽人均值地区差1.0141应为最小值，即与全国人均值的绝对偏差为1.41%，仅为全国总体地区差的77.70%；内蒙古人均值地区差1.8686应为最大值，即与全国人均值的绝对偏差为86.86%，高达全国总体地区差的143.18%。

基于城乡人均值测算反推，全国城镇物质生活消费人均值应为27245.20元。21个省域城镇人均值应高于全国城镇人均值，10个省域城镇人均值应低于全国城镇人均值。其中，内蒙古城镇人均值最高，应为49630.27元，高达全国城镇人均值的182.16%；河北城镇人均值最低，应为17802.97元，低至全国城镇人均值的65.34%。

基于城镇人均值演算反推，全国乡村物质生活消费人均值应为12051.79元，仅为城镇人均值的44.23%。22个省域乡村人均值应高于全国乡村人均值，9个省域乡村人均值应低于全国乡村人均值。其中，天津乡村人均值最高，应为24852.34元，高达全国乡村人均值的206.21%；黑龙江乡村人均值最低，应为8406.50元，低至全国乡村人均值的69.75%。

全国物质生活消费人均值城乡比应为2.2539，即全国城镇人均值为乡村人均值的225.39%，其间倍差为2.25。26个省域人均值城乡比应小于全国城乡比，5个省域人均值城乡比应大于全国城乡比。其中，上海人均值城乡比1.5392应为最小值，即城镇与乡村的人均值倍差为1.54，仅为全国总体城乡比的68.29%；西藏人均值城乡比2.6763应为最大值，即城镇与乡村的人均值倍差为2.68，高达全国总体城乡比的118.74%。

2015~2020年纵向检测物质生活消费指数，全国应为117.92，即设2015年为基数值100加以对比衡量，2020年要达到假定目标需提升17.92%。在此假定"应然目标"下，纵向检测指数即为差距测量结果，指数越低意味着差距越小，越容易实现。

5个省域此项指数应低于全国指数，即假定测算物质消费指数提升差距小于全国总体差距；26个省域此项指数应高于全国指数，即假定测算物质消费指数提升差距大于全国总体差距。其中，河北此项指数106.97应为最低值，即达到假定增长测算目标的差距最小；贵州此项指数174.72应为最高值，即达到假定增长测算目标的差距最大。

2020年度横向检测物质生活消费指数，全国应为83.90，即设收入人均值城乡、地区无差距为理想值 100 加以比较衡量，全国总体差距尚存 16.10 个点。在此假定"应然目标"下，四大区域横向检测指数较为接近，地区性差异排序部分失去意义。

25 个省域此项指数应高于全国指数，即假定测算物质消费指数高于全国平均水平；6 个省域此项指数应依次低于全国指数，即假定测算物质消费指数低于全国平均水平。其中，贵州此项指数 112.12 应为最高值，即达到假定目标情况下高于全国总体指数 28.22 个点；新疆此项指数 76.70 应为最低值，即达到假定目标情况下低于全国总体指数 7.20 个点。

在此项假定测算中，预设全国所有省域同步达到"应然目标"，各地纵向检测差距愈大，倘若实现则横向检测排行有可能愈靠前，反之亦然。

保持物质生活消费比重降低态势，实现物质生活消费最小城乡比"应然目标"，本身即为"协调增长"的基本需要。据此假定测算可见，由于预设乡村物质生活消费加速增长，到 2020 年实现历年最小城乡比，全国及所有省域城乡综合演算的物质生活消费总量、人均值将大幅提升。在假定实现最小城乡比情况下，与 2015 年相比，全国物质生活消费城乡比应较明显缩小，31 个省域城乡比相应缩小；但全国物质生活消费地区差仍将略微扩大，16 个省域地区差相应扩大。其中极少部分省域物质生活消费城乡比趋于缩小，2020 年城乡比本身即为最小城乡比。

特别应当注意，各地物质生活消费指数不仅普遍提升，而且相互接近，在四大区域之间尤为接近。

2. 实现物质生活消费比重最佳值并弥合城乡比理想测算

城乡差距系民生发展"非均衡性"的最主要成因，假定全国及各地实现物质消费比重历年最佳值并同步弥合城乡比，以城镇人均值作为城乡持平人均值进行测算，可以检测最终消除城乡差距的实际距离。据此假定推演物质生活消费"理想增长"动向，亦即均衡发展"理想目标"，预测全国及各地 2020 年物质生活消费主要数据及物质消费指数见表 7，分区域以 2015~2020 年纵向检测假定目标差距位次排列。

假定实现物质消费比重最佳值并弥合城乡比测算，2020 年全国城乡物质生活消费总量应达 383043.89 亿元，城乡持平人均值应为 27245.20 元，即前面测算的城镇人均值水平。21 个省域人均值应高于全国人均值，10 个省域人均值应低于全国人均值。其中，内蒙古人均值最高，应为49630.27元，高达全国人均值的182.16%；河北人均值最低，应为17802.97元，低至全国人均值的65.34%。

表7 全国及各地2020年物质生活消费理想增长测算

地区	实现物质消费比重最佳值并弥合城乡比测算			物质消费专项指数测算			
	城乡总量（亿元）	城与乡人均值（元）	地区差（无差距=1）	2015~2020年纵向检测（2015年基数值=100）		2020年度横向检测（无差距理想值=100）	
				差距指数	排序（倒序）	预测指数	排序
全国	383043.89	27245.20	1.2668	159.94	—	96.24	—
河北	13705.97	17802.97	1.3466	136.18	1	85.97	31
上海	10163.37	36656.91	1.3454	145.06	2	93.24	27
北京	9573.33	37767.43	1.3862	145.61	3	93.99	26
浙江	21918.87	37440.60	1.3742	145.73	4	100.09	22
天津	7250.12	39241.71	1.4403	147.94	6	101.13	18
福建	12992.29	32609.26	1.1969	149.89	8	100.72	19
江苏	29436.38	35842.23	1.3155	153.05	9	101.25	17
广东	41120.00	35180.35	1.2912	160.39	11	104.51	15
海南	2494.11	26232.90	1.0372	163.32	14	100.33	20
山东	31989.21	31580.71	1.1591	180.22	22	107.21	11
东部	180643.64	32314.76	1.2893	156.12	[1]	96.76	[3]
黑龙江	7326.38	19239.58	1.2938	147.58	5	88.14	30
辽宁	12133.10	27222.34	1.0008	161.06	12	97.83	25
吉林	8425.66	30414.44	1.1163	184.45	24	110.41	9
东北	27885.13	25144.25	1.1370	159.56	[2]	95.20	[4]
山西	6937.22	18196.46	1.3321	149.48	7	89.16	29
安徽	16154.05	26248.62	1.0366	161.62	13	102.78	16
河南	22189.31	23295.01	1.1450	166.26	15	98.27	23
江西	12977.63	27699.87	1.0167	167.15	17	104.98	14
湖北	20949.51	35409.71	1.2997	180.19	21	111.64	8
湖南	25329.08	36187.66	1.3282	183.16	23	114.64	7

续表

地区	实现物质消费比重最佳值并弥合城乡比测算			物质消费专项指数测算			
	城乡总量（亿元）	城与乡人均值（元）	地区差（无差距=1）	2015~2020年纵向检测（2015年基数值=100）		2020年度横向检测（无差距理想值=100）	
				差距指数	排序（倒序）	预测指数	排序
中部	104536.81	27485.98	1.1930	165.31	[3]	101.86	[2]
新疆	5402.72	21300.33	1.2182	156.97	10	91.57	28
四川	24684.87	30102.03	1.1049	166.60	16	106.22	12
云南	10897.59	22334.31	1.1802	179.37	18	100.27	21
甘肃	5847.10	22471.10	1.1752	179.43	19	98.15	24
宁夏	2048.83	29143.81	1.0697	179.46	20	106.20	13
重庆	12985.49	41614.56	1.5274	188.13	25	115.48	5
青海	1916.30	31409.58	1.1528	190.97	26	109.43	10
广西	15401.10	31699.34	1.1635	198.75	27	116.36	4
内蒙古	12752.17	49630.27	1.8216	202.07	28	120.21	3
陕西	13952.66	36464.93	1.3384	202.53	29	115.09	6
贵州	14249.15	41387.73	1.5191	248.33	30	132.06	2
西藏	1455.54	41869.27	1.5368	279.03	31	139.48	1
西部	121593.52	31329.71	1.3173	182.97	[4]	106.97	[1]

注：①全国及各地总量分别演算，各地之和不等于全国总量。②纵向检测排序取倒序，指数越低差距越小；横向检测指数普遍接近无差距理想值100，尚存地区差距影响，部分省域指数超出无差距理想值100，由其他指标明显提升所致。

全国城乡物质生活消费人均值地区差应为1.2668，即31个省域人均值与全国人均值的绝对偏差平均值为26.68%。15个省域人均值地区差应小于全国地区差，16个省域人均值地区差应大于全国地区差。其中，辽宁人均值地区差1.0008应为最小值，即与全国人均值的绝对偏差为0.08%，仅为全国总体地区差的79.01%；内蒙古人均值地区差1.8216应为最大值，即与全国人均值的绝对偏差为82.16%，高达全国总体地区差的143.80%。

2015~2020年纵向检测物质生活消费指数，全国应为159.94，即设2015年为基数值100加以对比衡量，2020年要达到假定目标需提升59.94%。在此假定"理想目标"下，纵向检测指数即为差距测量结果，指数越低意味着差距越小,越容易实现。

10个省域此项指数应低于全国指数,即假定测算物质消费指数提升差距小于全国总体差距;21个省域此项指数应高于全国指数,即假定测算物质消费指数提升差距大于全国总体差距。其中,河北此项指数136.18应为最低值,即达到假定增长测算目标的差距最小;西藏此项指数279.03应为最高值,即达到假定增长测算目标的差距最大。

2020年度横向检测物质生活消费指数,全国应为96.24,即设各类人均值城乡、地区无差距为理想值100加以比较衡量,全国总体差距仅存3.76个点。在此假定"理想目标"下,四大区域横向检测指数极为接近,地区性差异排序几乎失去意义。

25个省域此项指数应高于全国指数,即假定测算物质消费指数略高于全国平均水平;6个省域此项指数应低于全国指数,即假定测算物质消费指数略低于全国平均水平。其中,西藏此项指数139.48应为最高值,即达到假定目标情况下高于全国总体指数43.24个点;河北此项指数85.97应为最低值,即达到假定目标情况下低于全国总体指数10.27个点。

在此项假定测算中,预设全国所有省域同步达到"理想目标",各地纵向检测差距愈大,倘若实现则横向检测排行有可能愈靠前,反之亦然。

实现弥合物质生活消费城乡比"理想目标",本身即为"均衡发展"的理念要求。据此假定测算可见,由于预设乡村物质生活消费高速增长,到2020年人均值与城镇持平,全国及各地城乡综合演算的物质生活消费总量、人均值将大幅提升。在假定弥合城乡比情况下,与2015年相比,全国物质生活消费地区差亦随之略微缩小,17个省域地区差相应缩小。由此可知,既有城乡差距加大了地区差距。

特别应当注意,各地物质生活消费指数普遍十分接近,在四大区域之间更为明显。

R.6 全国省域居民非物生活消费指数排行

——2015年检测与2020年测算

赵　娟　王亚南　杨媛媛*

摘要： 非物生活消费指数系"中国人民生活发展指数检测体系"五个二级子系统之四。从2000年以来的基数值纵向检测中可以看出，西部非物消费指数提升最高，中部次之，东北再次之，东部稍低，表明国家区域均衡发展方略已见成效；西藏、青海、贵州、河北、河南占据前5位。从2015年无差距理想值横向检测中可以发现，存在差距的原因仍在于各方面协调性、均衡性还不够理想；北京、天津、上海、浙江、辽宁占据前5位。假定全国同步实现非物生活消费历年最小城乡比直至弥合城乡比，民生发展指数将更加明显地提升。

关键词： 全面小康　非物生活消费　专项指数　检测与排行

非物生活消费指数系"中国人民生活发展指数检测体系"五个二级子系统之四，具有特定意义，在整个检测指标系统综合演算中占有的权重倒序第一，但分类演算另构成总消费子系统不可或缺的部分（详见技术报告表3、表4）。非物生活消费为人们"维持生计"基本消费之余的"扩展性需求"，直接体现国民生活步入"全面小康"的历史性进步，其中"社会生活交往"需求和"精神文化生活"消费值得格外注意。各个子系统基础数据皆来源于国家统计局《中国统计年鉴》，均采用检测指标自足设计方式，

---

* 赵娟，云南省社会科学院文化发展研究中心副研究员；王亚南，云南省社会科学院研究员，文化发展研究中心主任；杨媛媛，云南省社会科学院财务部副主任、助理研究员，主要从事区域经济研究。

实现与其余子系统对应数据的相关性分析测算,独立完成专项检测指数演算,最后汇总成民生发展综合指数。

一 非物生活消费总量增长基本情况

根据正式出版公布的既往年度统计数据和最新年度统计数据,按照本项研究检测的构思设计进行演算,全国及各地非物生活消费总量增长状况见表1,分区域以份额增减变化位次排列。

表1 全国及各地非物生活消费总量增长状况

地区	2000年非物消费合计		2015年非物消费合计		15年间总量增长变化			
	城乡总量（亿元）	占全国份额（%）	城乡总量（亿元）	占全国份额（%）	年均增长指数 上年=1	排序	份额增减变化 变化（%）	排序
全国	10589.20	100.00	74747.59	100.00	1.1392	—	—	—
河南	458.26	4.33	3901.61	5.22	1.1535	5	20.61	5
山西	209.89	1.98	1691.97	2.26	1.1493	9	14.20	9
安徽	340.05	3.21	2596.19	3.47	1.1451	12	8.16	12
江西	233.23	2.20	1760.78	2.36	1.1443	13	6.95	13
湖南	533.41	5.04	3475.99	4.65	1.1331	22	-7.68	22
湖北	450.73	4.26	2874.95	3.85	1.1315	24	-9.64	24
中部	2225.58	20.53	16301.50	21.89	1.1420	[1]	6.63	[1]
宁夏	38.32	0.36	367.92	0.49	1.1628	1	36.03	1
青海	33.11	0.31	314.87	0.42	1.1620	2	34.74	2
新疆	124.55	1.18	1070.79	1.43	1.1542	3	21.79	3
内蒙古	202.64	1.91	1657.86	2.22	1.1504	6	15.90	6
云南	242.81	2.29	1969.76	2.64	1.1498	7	14.92	7
贵州	159.89	1.51	1284.19	1.72	1.1490	10	13.78	10
陕西	251.71	2.38	1867.16	2.50	1.1429	14	5.09	14
西藏	8.32	0.08	60.45	0.08	1.1414	16	2.95	16
甘肃	136.86	1.29	992.20	1.33	1.1412	17	2.70	17
四川	525.52	4.96	3559.11	4.76	1.1360	20	-4.06	20

续表

地区	2000年非物消费合计		2015年非物消费合计		15年间总量增长变化			
	城乡总量（亿元）	占全国份额（%）	城乡总量（亿元）	占全国份额（%）	年均增长指数 上年=1	排序	份额增减变化 变化（%）	排序
广西	302.45	2.86	1806.97	2.42	1.1266	29	-15.36	29
重庆	240.42	2.27	1432.96	1.92	1.1264	30	-15.56	30
西部	2266.59	20.91	16384.24	22.00	1.1410	[2]	5.23	[2]
辽宁	394.61	3.73	2781.36	3.72	1.1390	19	-0.15	19
吉林	223.26	2.11	1498.62	2.00	1.1353	21	-4.91	21
黑龙江	317.71	3.00	1969.02	2.63	1.1293	27	-12.20	27
东北	935.58	8.63	6249.00	8.39	1.1350	[3]	-2.76	[3]
河北	407.99	3.85	3505.25	4.69	1.1542	4	21.71	4
天津	147.21	1.39	1189.84	1.59	1.1495	8	14.50	8
江苏	756.50	7.14	5991.00	8.01	1.1479	11	12.19	11
北京	332.16	3.14	2452.67	3.28	1.1426	15	4.61	15
海南	55.84	0.53	397.85	0.53	1.1399	18	0.94	18
山东	802.74	7.58	5220.01	6.98	1.1329	23	-7.88	23
上海	419.99	3.97	2668.95	3.57	1.1312	25	-9.97	25
浙江	745.35	7.04	4660.47	6.23	1.1300	26	-11.42	26
福建	351.94	3.32	2174.46	2.91	1.1291	28	-12.47	28
广东	1393.79	13.16	7275.93	9.73	1.1165	31	-26.05	31
东部	5413.50	49.93	35536.42	47.72	1.1337	[4]	-4.44	[4]

注：①全国及各省域分别演算未予平衡，省域总量之和不等于全国总量，四大区域占全国份额已加以平衡。②数据演算屡经四舍五入，可能出现小数细微出入，属于演算常规无误。③年均增长指数取4位小数，以便精确排序。④省域排列以"1、2、3"为序，四大区域排列以"[1]、[2]、[3]"为序。全文同。

2000年，全国城乡非物生活消费总量为10589.20亿元；2015年，全国城乡非物生活消费总量为74747.59亿元。2000年以来的15年间，全国城乡非物生活消费总量年均增长13.92%。

18个省域总量年均增长高于全国平均增长，13个省域总量年均增长低于全国平均增长。其中，宁夏总量年均增长16.28%为最高值，高于全国总量年增2.36个百分点；广东总量年均增长11.65%为最低值，低于全国总量年增2.27个百分点。

全国非物生活消费总量始终为份额基准100，基于各地历年不同的增长状况，中部总量份额上升，增高6.63%；西部总量份额上升，增高5.23%；东北总量份额下降，减低2.76%；东部总量份额下降，减低4.44%。总量份额变化取百分点将易于直观对比，但取百分比则更有利于精确排序。

18个省域总量占全国份额上升，13个省域总量占全国份额下降。其中，宁夏总量份额变化态势最佳，增高36.03%；广东总量份额变化态势不佳，降低26.05%。各省域总量份额变化取决于年均增长幅度，其份额增减程度取百分比演算，排序结果与年均增长指数排序一致。

将非物生活消费增长放到相关背景中考察更有意义。全国非物生活消费总量历年增长率为13.92%，其年均增长高于产值年增0.25个百分点，低于财政支出年增3.46个百分点，高于居民收入年增0.51个百分点，低于居民积蓄年增1.30个百分点，高于居民总消费年增1.13个百分点，高于物质生活消费年增1.65个百分点。按分类单项消费增长率高低衡量，全国非物生活消费增长主要在于交通（交通通信）消费增长，其次在于医疗（医疗保健）消费增长，而教文（教育文化娱乐）消费、其他（其他用品及服务）消费增长低于整个非物生活消费增长。

相关系数检测可谓相关性分析最简便的通用方式，同时检验两组数据链历年增减变化趋势是否一致、变化程度是否相近、变化动向是否稳定。相关系数1为绝对相关，完全同步；0为无相关性，完全不同步；-1为绝对负相关，完全逆向同步。设数据项A历年增幅变化为N，若数据项B历年增幅（降幅绝对值）愈接近N（高低不论），即保持趋近性（正负不论），或历年增幅（降幅绝对值）存在固有差距（高低不论）但上下波动变化愈小，即保持平行（逆向）同步性，则二者相关系数（负值）愈高；反之相关系数（负值）愈低。

非物生活消费历年增长相关系数（可简化理解为增长同步程度）：①与总消费之间全国为-0.0489，呈极弱负相关，5个省域呈现负相关；②与交通消费之间全国为0.9022，呈很强正相关，15个省域呈75%以上强相关性，7个省域呈60%以下弱相关性；③与教文消费之间全国为0.7162，呈较弱正相关，12个省域呈75%以上强相关性，10个省域呈60%以下弱相关性；④与医疗消费之间全国为0.5251，呈很弱正相关，16个省域呈60%以下弱相关性；⑤与其他消费之间全国为0.3073，呈极弱正相关，27个省域呈60%以下弱相关性，其间5个省域呈现负相关性。

对应数据链之间增长变化相关系数的高低、正负差异在于，其间增长动向的同步性是强还是弱，增幅升降的趋向性是相近还是相左。后台数据库检测表明，2000～2015年，全国非物生活消费年均增长明显高于居民总消费增长，极显著低于交通通信消费增长，显著高于教文（教育文化娱乐）消费增长，较明显低于医疗保健消费增长，极显著高于其他（其他用品及服务）消费增长。

二 非物生活消费人均值相关均衡性检测

1. 城乡综合人均值及其地区差

全国及各地非物生活消费人均值地区差变化状况见表2，分区域以地区差扩减变化倒序位次排列。

表2 全国及各地非物生活消费人均值地区差变化状况

地区	2000年非物消费合计地区差距			2015年非物消费合计地区差距			15年间地区差扩减（负值缩小为佳，取倒序）	
	城乡综合人均值		地区差（元差距=1）	城乡综合人均值		地区差（无差距=1）	百分比（%）	排序
	人均值（元）	排序		人均值（元）	排序			
全国	838.65	—	1.4162	5363.70	—	1.2672	-10.52	—
广东	1861.24	3	2.2193	6713.35	6	1.2516	-43.60	1
上海	2696.55	1	3.2153	11097.21	2	2.0689	-35.65	2
北京	2541.39	2	3.0303	11344.33	1	2.1150	-30.20	3
浙江	1643.37	4	1.9595	8371.07	3	1.5607	-20.35	4
天津	1502.13	5	1.7911	7751.66	4	1.4452	-19.31	5
福建	1046.51	6	1.2479	5589.86	9	1.0422	-16.48	7
河北	614.08	23	1.2678	4631.84	19	1.1364	-10.36	10
山东	897.87	9	1.0706	5194.28	13	1.0316	-3.64	18
海南	720.01	16	1.1415	4316.76	22	1.1952	4.70	27
江苏	1040.57	7	1.2408	7414.63	5	1.3824	11.41	30

续表

地区	2000年非物消费合计地区差距				2015年非物消费合计地区差距				15年间地区差扩减（负值缩小为佳，取倒序）	
	城乡综合人均值		地区差（无差距=1）		城乡综合人均值		地区差（无差距=1）		百分比（%）	排序
	人均值（元）	排序			人均值（元）	排序				
东部	1263.02	[1]	1.8184		6789.03	[1]	1.4229		-21.75	[1]
河南	485.58	29	1.4210		4021.11	25	1.2503		-12.01	9
安徽	543.09	27	1.3524		4162.64	24	1.2239		-9.50	11
山西	650.62	20	1.2242		4522.97	20	1.1567		-5.51	13
江西	556.63	26	1.3363		3772.57	27	1.2966		-2.97	19
湖北	757.66	15	1.0966		4867.87	16	1.0924		-0.38	21
湖南	814.74	13	1.0285		5009.41	15	1.0661		3.66	24
中部	624.97	[4]	1.2432		4481.50	[3]	1.1810		-5.00	[2]
青海	644.70	21	1.2313		5274.87	12	1.0166		-17.44	6
宁夏	698.59	17	1.1670		5390.36	11	1.0050		-13.88	8
贵州	428.31	30	1.4893		3496.86	30	1.3481		-9.48	12
陕西	693.21	18	1.1734		4778.05	17	1.1092		-5.47	14
四川	612.78	24	1.2693		4240.11	23	1.2095		-4.71	15
云南	575.86	25	1.3134		4001.38	26	1.2540		-4.52	16
甘肃	536.70	28	1.3600		3705.86	28	1.3091		-3.74	17
新疆	687.56	19	1.1802		4483.43	21	1.1641		-1.36	20
西藏	323.68	31	1.6141		1792.18	31	1.6659		3.21	23
重庆	779.71	14	1.0703		4671.69	18	1.1290		5.48	28
广西	639.22	22	1.2378		3704.64	29	1.3093		5.78	29
内蒙古	856.10	10	1.0208		6549.19	7	1.2210		19.61	31
西部	629.28	[3]	1.2606		4429.93	[4]	1.2284		-2.55	[3]
吉林	836.18	12	1.0030		5414.88	10	1.0095		0.65	22
辽宁	944.60	8	1.1263		6279.83	8	1.1708		3.95	25
黑龙江	836.18	11	1.0029		5118.08	14	1.0458		4.28	26
东北	878.72	[2]	1.0441		5700.65	[2]	1.0754		3.00	[4]

2000年，全国城乡非物生活消费人均值为838.65元。10个省域人均值高于全国人均值，21个省域人均值低于全国人均值。其中，上海人均值最高，为2696.55元，高达全国人均值的321.53%；西藏人均值最低，为323.68元，低至全国人均值的38.59%。

2015年，全国城乡非物生活消费人均值为5363.70元。11个省域人均值高于全国人均值，20个省域人均值低于全国人均值。其中，北京人均值最高，为11344.33元，高达全国人均值的211.50%；西藏人均值最低，为1792.18元，低至全国人均值的33.41%。

2000年以来的15年间，全国城乡非物生活消费人均值年均增长13.17%。18个省域人均值年均增长高于全国平均增长，13个省域人均值年均增长低于全国平均增长。其中，河南人均值年均增长15.13%为最高值，高于全国人均值年增1.97个百分点；广东人均值年均增长8.93%为最低值，低于全国人均值年增4.24个百分点。

各省域地区差指数依据其人均值与全国人均值的绝对偏差进行演算，全国和四大区域地区差取相应省域与全国人均值的绝对偏差平均值进行演算。地区人均值增大具有正面效应，但由此可能导致地区差扩大，产生负面效应。

2000年，全国城乡非物生活消费人均值地区差为1.4162，即31个省域人均值与全国人均值的绝对偏差平均值为41.62%。23个省域人均值地区差小于全国地区差，8个省域人均值地区差大于全国地区差。其中，黑龙江人均值地区差1.0029为最小值，即与全国人均值的绝对偏差为0.29%，仅为全国总体地区差的70.82%；上海人均值地区差3.2153为最大值，即与全国人均值的绝对偏差为221.53%，高达全国总体地区差的227.04%。

2015年，全国城乡非物生活消费人均值地区差为1.2672，即31个省域人均值与全国人均值的绝对偏差平均值为26.72%。21个省域人均值地区差小于全国地区差，10个省域人均值地区差大于全国地区差。其中，宁夏人均值地区差1.0050为最小值，即与全国人均值的绝对偏差为0.50%，仅为全国总体地区差的79.31%；北京人均值地区差2.1150为最大值，即与全国人均值的绝对偏差为111.50%，高达全国总体地区差的166.91%。

基于全国及各地城乡非物生活消费历年不同的增长状况，全国人均值地区差显著缩小10.52%。同期,21个省域人均值地区差都有所缩小。9个省域地区差变化态势好于全国地区差变化态势,22个省域地区差变化态势逊于全国地区差变化态势。其中,广东人均值地区差变化态势最佳,缩减43.60%;内蒙古人均值地区差变化态势不佳,扩增19.61%。

在经济、财政、民生全数据链中对本项检测体系的地区差距相关性考察进行通约演算,各地经济、社会、民生发展的地区差距具有贯通性。全国及各地产值地区差动态有可能影响居民生活各方面地区差变化,随之居民收入、总消费、物质生活或非物生活消费、积蓄地区差动态变化又有可能影响各分类单项消费地区差变化。

非物生活消费历年地区差相关系数(可简化理解为地区差变化同步程度):①与总消费之间全国为0.8164,呈稍强正相关,19个省域呈75%以上强相关性,6个省域呈60%以下弱相关性;②与交通消费之间全国为0.9683,呈极强正相关,18个省域呈75%以上强相关性,10个省域呈60%以下弱相关性;③与教文消费之间全国为0.9377,呈很强正相关,19个省域呈75%以上强相关性,7个省域呈60%以下弱相关性;④与医疗消费之间全国为0.7451,呈较弱正相关,7个省域呈75%以上强相关性,19个省域呈60%以下弱相关性;⑤与其他消费之间全国为0.7029,呈较弱正相关,4个省域呈75%以上强相关性,18个省域呈60%以下弱相关性。

2000~2015年,全国非物生活消费地区差缩小10.52%,与之对应的数据链之间地区差变化相关系数的高低、正负差异在于,其间地区差扩减幅度的同步性是强还是弱,扩减变化的趋向性是相近还是相左。后台数据库检测表明,全国居民总消费地区差缩小5.08%,交通消费地区差缩小10.83%,教文消费地区差缩小10.20%,医疗消费地区差缩小10.82%,其他消费地区差缩小3.92%。

2. 城镇与乡村人均值及其城乡比

全国及各地非物生活消费人均值城乡比变化状况见表3,分区域以城乡比扩减变化倒序位次排列。

2000年,全国城镇非物生活消费人均值为1599.44元。11个省域城镇人均值高于全国城镇人均值,20个省域城镇人均值低于全国城镇人均值。其中,北京城镇人均值最高,为2969.85元,高达全国城镇人均值的185.68%;江西城镇人均值最低,为1019.13元,低至全国城镇人均值的63.72%。

表3 全国及各地非物生活消费人均值城乡比变化状况

地区	2000年非物消费合计城乡差距			2015年非物消费合计城乡差距			15年间城乡比扩减(负值缩小为佳,取倒序)	
	城镇人均值(元)	乡村人均值(元)	城乡比(乡村=1)	城镇人均值(元)	乡村人均值(元)	城乡比(乡村=1)	百分比(%)	排序(倒序)
全国	1599.44	419.88	3.8093	7299.10	3152.34	2.3155	-39.21	—
西藏	1493.25	56.96	26.2160	3844.48	1168.74	3.2894	-87.45	1
青海	1406.75	248.65	5.6576	7275.53	3469.10	2.0972	-62.93	2
贵州	1247.35	179.11	6.9641	5737.81	2197.60	2.6109	-62.51	3
云南	1707.50	241.59	7.0678	6516.55	2426.85	2.6852	-62.01	4
重庆	1739.51	320.18	5.4329	6132.82	2702.93	2.2690	-58.24	5
甘肃	1352.24	284.97	4.7452	5681.62	2453.25	2.3160	-51.19	8
四川	1427.07	325.98	4.3778	6203.02	2716.50	2.2835	-47.84	10
广西	1413.42	347.34	4.0693	5283.83	2478.86	2.1316	-47.62	11
新疆	1482.22	287.38	5.1577	6993.51	2501.60	2.7956	-45.80	13
宁夏	1465.84	339.68	4.3154	7519.82	3165.11	2.3758	-44.95	14
陕西	1399.20	367.31	3.8093	6695.72	2928.20	2.2866	-39.97	19
内蒙古	1386.43	470.34	2.9477	8051.60	4457.31	1.8064	-38.72	21
西部	1459.68	305.25	4.7819	6339.89	2662.91	2.3808	-50.21	[1]
山西	1355.63	284.11	4.7715	6165.03	2793.25	2.2071	-53.74	7
安徽	1188.27	302.76	3.9248	5641.71	2861.50	1.9716	-49.77	9
湖北	1303.45	404.34	3.2236	5998.61	3551.13	1.6892	-47.60	12
河南	1122.80	299.30	3.7514	5764.60	2727.15	2.1138	-43.65	16
湖南	1658.77	469.83	3.5306	7065.60	3211.44	2.2001	-37.68	23
江西	1019.13	384.36	2.6515	5218.20	2464.09	2.1177	-20.13	28
中部	1286.74	355.23	3.6222	6000.15	2931.09	2.0471	-43.48	[2]
河北	1434.92	333.60	4.3013	6170.98	3277.86	1.8826	-56.23	6
山东	1655.87	456.65	3.6261	6848.39	3366.06	2.0345	-43.89	15
海南	1324.57	336.66	3.9344	5923.84	2547.62	2.3252	-40.90	18
天津	1838.91	656.01	2.8032	8377.18	4900.11	1.7096	-39.01	20
浙江	2435.73	930.69	2.6171	9936.93	5611.34	1.7709	-32.33	24

续表

地区	2000年非物消费合计城乡差距			2015年非物消费合计城乡差距			15年间城乡比扩减（负值缩小为佳，取倒序）	
	城镇人均值（元）	乡村人均值（元）	城乡比（乡村=1）	城镇人均值（元）	乡村人均值（元）	城乡比（乡村=1）	百分比（%）	排序（倒序）
广东	2847.40	719.82	3.9557	8444.42	3075.08	2.7461	-30.58	25
江苏	1634.65	636.70	2.5674	9019.58	4622.47	1.9512	-24.00	27
福建	1614.10	659.39	2.4479	7122.90	3328.25	2.1401	-12.57	29
北京	2969.85	1100.20	2.6994	12374.86	4814.16	2.5705	-4.78	30
上海	2908.28	1164.96	2.4965	11833.79	4751.31	2.4906	-0.24	31
东部	2135.67	579.24	3.6870	8482.92	3751.58	2.2612	-38.67	[3]
黑龙江	1257.98	397.21	3.1670	6304.37	3532.67	1.7846	-43.65	17
吉林	1279.95	407.72	3.1393	6960.20	3586.13	1.9409	-38.17	22
辽宁	1352.74	471.55	2.8687	7623.12	3712.52	2.0534	-28.42	26
东北	1301.92	427.88	3.0427	7033.41	3608.83	1.9489	-35.95	[4]

全国乡村非物生活消费人均值为419.88元。11个省域乡村人均值高于全国乡村人均值，20个省域乡村人均值低于全国乡村人均值。其中，上海乡村人均值最高，为1164.96元，高达全国乡村人均值的277.45%；西藏乡村人均值最低，为56.96元，低至全国乡村人均值的13.57%。

2015年，全国城镇非物生活消费人均值为7299.10元。9个省域城镇人均值高于全国城镇人均值，22个省域城镇人均值低于全国城镇人均值。其中，北京城镇人均值最高，为12374.86元，高达全国城镇人均值的169.54%；西藏城镇人均值最低，为3844.48元，低至全国城镇人均值的52.67%。

全国乡村非物生活消费人均值为3152.34元，仅为城镇人均值的43.19%。16个省域乡村人均值高于全国乡村人均值，15个省域乡村人均值低于全国乡村人均值。其中，浙江乡村人均值最高，为5611.34元，高达全国乡村人均值的178.01%；西藏乡村人均值最低，为1168.74元，低至全国乡村人均值的37.08%。

2000年以来的15年间，全国城镇非物生活消费人均值年均增长10.65%。14个省域城镇人均值年均增长高于全国城镇平均增长，17个省域城镇人均值年均增长低于全国城镇平均增长。其中，内蒙古城镇人均值年均增长12.44%为最高值，高于全国城镇年增1.79个百分点；西藏城镇人均值年均增长6.51%为最低值，低于全国城镇年增4.14个百分点。

全国乡村非物生活消费人均值年均增长14.38%，高于全国城镇年增3.73个百分点。同期，31个省域乡村人均值年均增长高于自身城镇年增。20个省域乡村人均值年均增长高于全国乡村平均增长，11个省域乡村人均值年均增长低于全国乡村平均增长。其中，西藏乡村人均值年均增长22.31%为最高值，高于全国乡村年增7.93个百分点；上海乡村人均值年均增长9.82%为最低值，低于全国乡村年增4.56个百分点。

城乡比及其扩减变化基于城镇与乡村人均绝对值及其不同增长进行演算，在民生发展的城乡差距长期存在的情况下，倘若乡村人均值增长滞后于城镇人均值增长，那么城乡比势必进一步扩大。

2000年，全国非物生活消费人均值城乡比为3.8093，即全国城镇人均值为乡村人均值的380.93%，其间倍差为3.81。15个省域人均值城乡比小于全国城乡比，16个省域人均值城乡比大于全国城乡比。其中，福建人均值城乡比2.4479为最小值，即城镇与乡村的人均值倍差为2.45，仅为全国总体城乡比的64.26%；西藏人均值城乡比26.2160为最大值，即城镇与乡村的人均值倍差为26.22，高达全国总体城乡比的688.21%。

2015年，全国非物生活消费人均值城乡比为2.3155，即全国城镇人均值为乡村人均值的231.55%，其间倍差为2.32。21个省域人均值城乡比小于全国城乡比，10个省域人均值城乡比大于全国城乡比。其中，湖北人均值城乡比1.6892为最小值，即城镇与乡村的人均值倍差为1.69，仅为全国总体城乡比的72.95%；西藏人均值城乡比3.2894为最大值，即城镇与乡村的人均值倍差为3.29，高达全国总体城乡比的142.06%。

基于全国城镇与乡村非物生活消费历年不同的增长状况，全国人均值城乡比极显著缩小39.21%。同期，31个省域人均值城乡比都有所缩小。19个省域城乡比变化态势好于全国城乡比变化态势，12个省域城乡比变化态势逊于全国城乡比变化态势。其中，西藏人均值城乡比变化态势最佳，缩减87.45%；上海人均值城乡比变化态势不佳，缩减0.24%。

本项检测体系的城乡差距相关性考察集中于民生数据链。第一，有必要检验城镇与乡村之间非物生活消费增长相关系数（可简化理解为城乡增长同步程度）：全国为-0.4504，呈稍强负相关，城乡增长同步性极差，17个省域呈现负相关，其间2个省域呈-50%以上强负相关性。第二，全国及各地居民收入、总消费、积蓄的城乡差距动态有可能对分类单项消费的城乡差距变化产生影响，而物质生活和非物生活消费的城乡差距动态又有可能反过来对总消费、积蓄的城乡差距变化产生影响，特别是各类消费需求之间的城乡比变化具有贯通性。

非物生活消费历年城乡比相关系数（可简化理解为城乡比变化同步程度）：①与交通消费之间全国为0.9727，呈极强正相关，29个省域呈75%以上强相关性，无省域呈60%以下弱相关性；②与教文消费之间全国为0.6864，呈较弱正相关，12个省域呈75%以上强相关性，10个省域呈60%以下弱相关性；③与医疗消费之间全国为0.8257，呈稍强正相关，22个省域呈75%以上强相关性，5个省域呈60%以下弱相关性；④与其他消费之间全国为0.6841，呈较弱正相关，13个省域呈75%以上强相关性，10个省域呈60%以下弱相关性。

2000~2015年，全国非物生活消费城乡比缩小39.21%，与之对应的数据链之间城乡比变化相关系数的高低、正负差异在于，其间城乡比扩减幅度的同步性是强还是弱，扩减变化的趋向性是相近还是相左。后台数据库检测表明，全国交通消费城乡比缩小41.31%，教文消费城乡比缩小26.89%，医疗消费城乡比缩小53.03%，其他消费城乡比缩小32.64%。

中国社会由历史承继下来的结构性、体制性"非均衡格局"弊端根深蒂固，长期存在的城乡差距、地区差距系全国及各地民生发展"非均衡性"的主要成因。进入"全面建成小康社会"进程以来，国家把解决"三农问题"列为"重中之重"，并致力于推进区域"均衡发展"。就本文涉及的数据范围来看，国家大力推进缩小区域发展差距的几大战略已见成效，推进缩小城乡发展差距的多方努力也初见成效。

三 非物生活消费相关性比值协调性检测

全国及各地非物生活消费相关性比值状况见表4，分区域以非物消费比重值升降位次排列。

表 4 全国及各地非物生活消费相关性比值状况

地区	非物消费合计与居民收入相关性				非物消费合计与居民消费相关性			
	非物消费比		15年间比值升降（负值下降，上升为佳）		非物消费比重值		15年间比值升降（负值下降，上升为佳）	
	2000年比值（%）	2015年比值（%）	比值（%）	排序	2000年比值（%）	2015年比值（%）	比值（%）	排序
全国	22.77	24.42	7.25	—	29.41	34.14	16.08	—
河南	18.57	23.48	26.44	4	25.76	33.98	31.91	4
安徽	19.08	22.67	18.82	6	25.72	32.42	26.05	8
山西	22.67	25.33	11.73	17	30.92	38.56	24.71	9
湖南	24.22	25.93	7.06	22	28.16	35.11	24.68	10
湖北	21.35	24.31	13.86	15	27.36	34.00	24.27	11
江西	18.93	20.46	8.08	19	25.53	30.42	19.15	18
中部	20.76	23.65	13.92	[1]	27.03	33.96	25.64	[1]
吉林	24.65	28.98	17.57	10	30.24	39.34	30.09	6
黑龙江	23.50	27.53	17.15	11	30.91	38.19	23.55	12
辽宁	23.81	25.55	7.31	21	29.98	36.51	21.78	16
东北	23.90	26.87	12.43	[3]	30.35	37.63	23.99	[2]
贵州	19.05	25.53	34.02	3	23.29	33.58	44.18	1
云南	22.29	26.29	17.95	9	26.62	36.36	36.59	2
青海	23.45	33.36	42.26	1	28.87	38.75	34.22	3
西藏	13.14	14.62	11.26	18	16.68	21.73	30.28	5
宁夏	25.49	31.11	22.05	5	30.32	39.02	28.69	7
广西	21.66	21.96	1.39	26	26.53	32.49	22.47	15
四川	20.82	24.62	18.25	7	25.94	31.10	19.89	17
新疆	23.18	26.59	14.71	13	29.85	34.84	16.72	20
陕西	26.60	27.47	3.27	25	31.41	36.51	16.24	21
内蒙古	25.63	29.36	14.55	14	33.07	38.12	15.27	22
甘肃	23.84	27.52	15.44	12	29.79	33.84	13.60	23
重庆	23.54	23.23	-1.32	27	28.38	30.86	8.74	25
西部	22.50	25.45	13.11	[2]	27.66	33.88	22.49	[3]
河北	18.67	25.56	36.90	2	28.90	35.55	23.01	13
江苏	21.27	25.10	18.01	8	29.35	36.07	22.90	14
山东	22.07	22.88	3.67	24	30.26	35.63	17.75	19

续表

地区	非物消费合计与居民收入相关性				非物消费合计与居民消费相关性			
	非物消费比		15年间比值升降(负值下降,上升为佳)		非物消费比重值		15年间比值升降(负值下降,上升为佳)	
	2000年 比值(%)	2015年 比值(%)	比值(%)	排序	2000年 比值(%)	2015年 比值(%)	比值(%)	排序
海南	21.09	22.74	7.82	20	28.89	31.80	10.07	24
浙江	24.77	23.56	-4.88	28	32.70	34.71	6.15	26
天津	21.92	24.77	13.00	16	30.37	32.08	5.63	27
福建	21.21	22.00	3.72	23	28.14	29.65	5.37	28
上海	24.57	22.25	-9.44	29	32.51	31.90	-1.88	29
北京	28.13	23.41	-16.78	31	34.66	33.56	-3.17	30
广东	26.85	24.10	-10.24	30	33.67	32.01	-4.93	31
东部	23.47	23.75	1.19	[4]	31.40	33.75	7.48	[4]

注：非物生活消费相关性分析取非物消费比、非物消费比重值两项。对于相关性比值的构思设计及界定阐释，详见本书技术报告。单独取非物消费与居民收入的关系（恩格尔定律关系扩展）来看，非物消费比上升意味着居民收入中扩展消费开支比重升高；单独取非物消费与居民总消费的关系（恩格尔系数扩展）来看，非物消费比重值上升意味着居民总消费中扩展消费开支占比升高。

1. 非物生活消费占居民收入之比

2000年，全国非物消费比为22.77%，此为全国城乡非物生活消费与居民收入的相对比值，非物生活"扩展消费"占比以高为佳。15个省域比值高于全国总体比值，16个省域比值低于全国总体比值。其中，北京比值28.13%为最高值，高达全国总体比值的123.55%；西藏比值13.14%为最低值，低至全国总体比值的57.72%。

2015年，全国非物消费比为24.42%，意味着非物生活消费与居民收入的相对比值上升，非物生活"扩展消费"占比升高为佳。17个省域比值高于全国总体比值，14个省域比值低于全国总体比值。其中，青海比值33.36%为最高值，高达全国总体比值的136.61%；西藏比值14.62%为最低值，低至全国总体比值的59.89%。

基于非物生活消费与居民收入历年不同的增长状况，全国非物消费比升高7.25%。同期，26个省域非物消费比都有所上升。21个省域比值升降变化态势好于全国比值变化，10个省域比值升降变化态势逊于全国比值变化。其中，青海比值升降变化态势最佳，升高42.26%；北京比值升降变化态势不佳，降低16.78%。

2. 非物生活消费占居民消费之比

2000年，全国非物消费比重值为29.41%，此为全国城乡非物生活消费与居民消费的相对比值，非物生活"扩展消费"占比以高为佳。15个省域比值高于全国总体比值，16个省域比值低于全国总体比值。其中，北京比值34.66%为最高值，高达全国总体比值的117.86%；西藏比值16.68%为最低值，低至全国总体比值的56.71%。

2015年，全国非物消费比重值为34.14%，非物生活消费与居民消费的相对比值上升，非物生活"扩展消费"占比升高为佳。15个省域比值高于全国总体比值，16个省域比值低于全国总体比值。其中，吉林比值39.34%为最高值，高达全国总体比值的115.25%；西藏比值21.73%为最低值，低至全国总体比值的63.67%。

基于非物生活消费与居民消费历年不同的增长状况，全国非物消费比重值升高16.08%。同期，28个省域非物消费比重值都有所上升。21个省域比值升降变化态势好于全国比值变化，10个省域比值升降变化态势逊于全国比值变化。其中，贵州比值升降变化态势最佳，升高44.18%；广东比值升降变化态势不佳，降低4.93%。

本项检测体系建立的各类相关性比值分析测算十分复杂，不同方面、不同层次的比值当然不具可比性。将以下对应比值之间历年变化相关系数（可简化理解为比值变化同步程度）在同一层面展开检测：非物消费比与居民消费比同属对应于居民收入的相对比值，非物消费比重值与交通消费比重值、教文消费比重值、医疗消费比重值、其他消费比重值同属对应于总消费的相对比值。

相关性比值之间历年变化相关系数：①非物消费比与居民消费比之间全国为0.1884，呈极弱正相关，23个省域呈60%以下弱相关性，其间8个省域呈现负相关性；②非物消费比重值与交通消费比重值之间全国为0.8668，呈较强正相关，17个省域呈75%以上强相关性，4个省域呈60%以下弱相关性；③与教文消费比重值之间全国为-0.0945，呈极弱负相关，10个省域呈现负相关；④与医疗消费比重值之间全国为0.7562，呈稍强正相关，7 个省域呈 75% 以上强相关性，14 个省域呈 60% 以下弱相关性；⑤与其他消费比重值之间全国为 -0.5270，呈较强负相关，13 个省域呈 -50% 以上（更大负值）强负相关性。

对应数据链之间比值升降变化相关系数的高低、正负差异在于，其间增长升降的同步性是强还是弱，升降变化的趋向性是相近还是相左。后台数据库检测表明，2000~2015 年，全国非物消费比增高 7.25%，而居民消费比降低 7.62%；非物消费比重增高 16.08%，而交通消费比重增高 89.17%，教文消费比重降低 8.89%，医疗消费比重增高 24.75%，其他消费比重降低 43.76%。按分类单项消费比重值升降变化衡量，全国非物生活消费比重升高主要在于交通消费比重上升，其次在于医疗消费比重上升，而教文消费比重、其他消费比重反向下降。

四 "全面小康"进程居民非物生活消费指数排行

2015 年统计数据为目前已经正式出版公布的最新年度全国及各地系统数据。全国及各地非物生活消费子系统专项指数排行见表 5，分区域以 2015 年度无差距横向检测结果位次排列。

表 5　全国及各地非物生活消费子系统专项指数排行

地区	各五年期起始年纵向检测（基数值=100）						2015 年度检测			
	"十五"以来 15 年（2000~2015 年）		"十一五"以来 10 年（2005~2015 年）		"十二五"以来 5 年（2010~2015 年）		基数值纵向检测（2014 年=100）		无差距横向检测（理想值=100）	
	检测指数	排序	检测指数	排序	检测指数	排序	检测指数	排序	检测指数	排序
全国	190.67	—	146.85	—	129.14	—	104.60	—	84.06	—
辽宁	188.42	18	139.28	26	128.48	19	106.80	10	91.70	5
黑龙江	185.04	21	142.51	22	125.08	24	101.82	25	90.87	7
吉林	187.28	19	144.57	21	128.23	22	104.10	18	89.95	10
东北	187.69	[3]	142.03	[3]	127.05	[3]	104.42	[2]	90.94	[1]
北京	158.60	29	126.12	30	110.60	30	109.44	3	94.49	1
天津	177.75	26	158.88	11	146.63	5	109.01	4	91.96	2
上海	149.12	31	120.24	31	109.38	31	107.52	6	91.79	3

续表

地区	各五年期起始年纵向检测（基数值=100）						2015年度检测			
	"十五"以来15年（2000~2015年）		"十一五"以来10年（2005~2015年）		"十二五"以来5年（2010~2015年）		基数值纵向检测（2014年=100）		无差距横向检测（理想值=100）	
	检测指数	排序	检测指数	排序	检测指数	排序	检测指数	排序	检测指数	排序
浙江	167.95	27	130.01	29	119.02	28	104.42	17	91.74	4
山东	182.18	24	140.88	24	122.97	26	108.25	5	90.78	8
江苏	190.11	17	141.41	23	118.30	29	102.83	21	88.96	13
福建	160.81	28	136.62	27	122.68	27	105.24	15	86.81	14
河北	226.00	4	163.33	7	134.57	13	100.94	29	86.65	15
广东	152.10	30	131.14	28	123.57	25	105.62	12	84.48	20
海南	182.95	23	153.14	13	137.70	11	107.29	7	82.84	23
东部	176.84	[4]	139.93	[4]	123.05	[4]	105.33	[1]	86.13	[2]
湖北	196.26	15	160.70	8	148.37	4	105.06	16	89.53	11
湖南	180.56	25	147.74	19	138.17	10	99.02	31	86.29	16
山西	210.47	9	159.48	10	127.78	23	102.51	23	85.78	17
安徽	218.37	7	156.35	15	132.70	16	106.89	9	84.72	18
河南	222.26	5	171.81	4	131.04	18	102.79	22	82.28	26
江西	187.02	20	139.66	25	133.25	15	107.27	8	81.82	27
中部	204.03	[2]	158.33	[2]	135.62	[2]	103.33	[4]	85.00	[3]
青海	246.67	2	184.54	1	163.41	1	100.06	30	91.10	6
内蒙古	203.40	11	160.04	9	132.50	17	101.26	27	90.50	9
宁夏	217.42	8	168.50	6	133.75	14	102.14	24	89.05	12
重庆	195.70	16	148.63	18	141.19	7	105.46	13	84.67	19
陕西	196.92	14	151.74	17	128.47	20	101.27	26	83.76	21
四川	202.81	12	158.34	12	138.28	9	105.42	14	82.91	22
新疆	199.50	13	157.71	14	139.13	8	101.06	28	82.61	24
甘肃	205.39	10	154.78	16	149.54	2	106.72	11	82.55	25
广西	183.56	22	146.55	20	144.29	6	110.24	2	81.32	28
云南	221.02	6	170.55	5	137.64	12	103.15	20	81.32	29
贵州	238.79	3	178.76	3	148.77	3	103.98	19	77.74	30
西藏	313.88	1	183.49	2	128.23	21	113.24	1	66.87	31
西部	206.60	[1]	159.64	[1]	139.88	[1]	104.21	[3]	82.67	[4]

1. 最新数据年度理想值横向检测

2015年度无差距横向检测非物生活消费指数，全国为84.06，即设各类人均值城乡、地区无差距为理想值100加以比较衡量，全国总体差距尚存15.94个点。

20个省域此项指数高于全国指数，即非物消费指数检测结果高于全国平均水平；11个省域此项指数低于全国指数，即非物消费指数检测结果低于全国平均水平。

在此项检测中，北京、天津、上海、浙江、辽宁占据前5位。北京此项指数94.49为最高值，高于全国总体指数10.43个点；西藏此项指数66.87为最低值，低于全国总体指数17.19个点。

2. 2014年以来基数值纵向检测

上一年度基数值纵向检测非物生活消费指数，全国为104.60，即设2014年为基数值100加以对比衡量，至2015年提升4.60%。

16个省域此项指数高于全国指数，即非物消费指数提升速度高于全国平均速度；15个省域此项指数低于全国指数，即非物消费指数提升速度低于全国平均速度。

在此项检测中，西藏、广西、北京、天津、山东占据前5位。西藏此项指数113.24为最高值，即指数提升13.24%；湖南此项指数99.02为最低值，即指数降低0.98%。

3. 2000年以来基数值纵向检测

"十五"以来15年纵向检测非物生活消费指数，全国为190.67，即设2000年为基数值100加以对比衡量，至2015年提升90.67%。

16个省域此项指数高于全国指数，即非物消费指数提升速度高于全国平均速度；15个省域此项指数低于全国指数，即非物消费指数提升速度低于全国平均速度。

在此项检测中，西藏、青海、贵州、河北、河南占据前5位。西藏此项指数313.88为最高值，即指数提升213.88%；上海此项指数149.12为最低值，即指数仅提升49.12%。

4. 2005年以来基数值纵向检测

"十一五"以来10年纵向检测非物生活消费指数，全国为146.85，即设 2005 年为基数值 100 加以对比衡量，至 2015 年提升 46.85%。

19 个省域此项指数高于全国指数，即非物消费指数提升速度高于全国平均速度；12 个省域此项指数低于全国指数，即非物消费指数提升速度低于全国平均速度。

在此项检测中，青海、西藏、贵州、河南、云南占据前 5 位。青海此项指数 184.54 为最高值，即指数提升 84.54%；上海此项指数 120.24 为最低值，即指数仅提升 20.24%。

5. 2010 年以来基数值纵向检测

"十二五"以来 5 年纵向检测非物生活消费指数，全国为 129.14，即设 2010 年为基数值 100 加以对比衡量，至 2015 年提升 29.14%。

18 个省域此项指数高于全国指数，即非物消费指数提升速度高于全国平均速度；13 个省域此项指数低于全国指数，即非物消费指数提升速度低于全国平均速度。

在此项检测中，青海、甘肃、贵州、湖北、天津占据前 5 位。青海此项指数 163.41 为最高值，即指数提升 63.41%；上海此项指数 109.38 为最低值，即指数仅提升 9.38%。

现有增长关系格局存在经济增长与民生发展不够协调的问题，存在城乡、区域间民生发展不够均衡的问题，维持现有格局既有增长关系并非应然选择。实现经济、社会、民生发展的协调性，增强城乡、区域发展的均衡性，均为"全面建成小康社会"的既定目标，有些甚至可以具体化为约束性指标。假定全国及各地城乡比、地区差不再扩大以至消除，非物生活消费增长将更加明显，各地排行也将发生变化，可对"全面建成小康社会"进程最后攻坚起到"倒计时"预测提示作用。

五 "全面小康"目标年非物生活消费增长预测

1. 实现非物生活消费比重最佳值及最小城乡比应然测算

居民非物生活消费率、消费比持续提升，亦即非物消费比重呈提升态势，按全国及非物消费比重历年最高值测算 2020 年非物生活消费总量、人均值，再取非物生活消费历年最小城乡比进行演算。据此假定推演非物生活消费"应然增长"动向，亦即协调增长"应有目标"，预测全国及各地 2020 年非物生活消费主要数据及非物消费指数见表 6，分区域以 2015~2020 年纵向检测假定目标差距位次排列。

表 6 全国及各地 2020 年非物生活消费应然增长测算

地区	实现非物消费比重最佳值及最小城乡比测算				非物消费专项指数测算			
	非物消费合计		人均值差距		2015~2020 年纵向检测（2015 年基数值=100）		2020 年度横向检测（无差距理想值=100）	
	城乡总量（亿元）	城乡人均（元）	地区差（无差距=1）	城乡比（乡村=1）	差距指数	排序（倒序）	预测指数	排序
全国	172193.79	12247.83	1.4013	1.9293	125.92	—	84.56	—
黑龙江	3539.55	9295.10	1.2411	1.4793	109.71	1	80.12	28
辽宁	6083.79	13649.86	1.1145	1.8257	122.22	5	90.10	21
吉林	4351.88	15709.18	1.2826	1.6442	139.03	17	98.51	14
东北	13975.22	12664.12	1.2127	1.6710	119.67	[1]	86.59	[4]
山西	3561.83	9342.23	1.2372	1.7282	119.35	4	80.65	26
河南	8945.30	9391.05	1.2332	1.7526	125.30	7	81.15	25
江西	4749.27	10137.00	1.1723	2.0095	133.57	10	85.97	23
安徽	6821.66	11084.47	1.0950	1.5194	138.71	15	92.20	20
湖北	9153.98	15472.42	1.2633	1.4042	146.86	22	101.97	11
湖南	11190.19	15987.42	1.3053	1.9130	148.57	23	101.30	12
中部	44422.04	11975.93	1.2177	1.7049	133.29	[2]	88.60	[3]
河北	6445.53	8372.23	1.3164	1.3921	113.48	3	78.30	30
海南	965.75	10157.70	1.1707	1.9143	127.83	9	83.61	24
山东	14709.82	14521.97	1.1857	1.6522	138.57	14	98.50	15
江苏	17008.13	20709.39	1.6909	1.6998	138.72	16	100.04	13
福建	6092.30	15291.03	1.2485	1.9519	140.01	18	98.19	16
浙江	12906.76	22046.62	1.8000	1.4993	141.76	19	106.77	7
上海	7023.97	25333.84	2.0684	2.1355	142.39	20	108.01	6
北京	7289.41	28757.19	2.3479	2.2254	145.47	21	113.77	1
天津	4383.13	23723.99	1.9370	1.3548	150.79	24	111.28	4
广东	24386.60	20864.03	1.7035	2.3962	159.07	26	111.17	5

续表

地区	实现非物消费比重最佳值及最小城乡比测算				非物消费专项指数测算			
	非物消费合计		人均值差距		2015~2020年纵向检测（2015年基数值=100）		2020年度横向检测（无差距理想值=100）	
	城乡总量（亿元）	城乡人均（元）	地区差（无差距=1）	城乡比（乡村=1）	差距指数	排序（倒序）	预测指数	排序
东部	101211.40	18179.50	1.6469	1.8464	140.03	[3]	97.34	[1]
新疆	2119.65	8356.75	1.3177	2.2523	111.10	2	70.85	31
甘肃	2142.66	8234.51	1.3277	1.7755	123.16	6	78.88	29
云南	4390.46	8998.13	1.2653	1.9012	127.71	8	80.18	27
宁夏	1036.29	14740.78	1.2035	1.9250	134.56	11	92.69	19
青海	916.26	15018.14	1.2262	1.6097	135.38	12	93.38	17
四川	9379.86	11438.29	1.0661	1.8088	138.42	13	90.04	22
内蒙古	6344.61	24692.65	2.0161	1.5334	156.71	25	111.37	3
陕西	6745.54	17629.34	1.4394	1.9273	160.71	27	105.29	9
广西	6108.11	12572.03	1.0265	1.7261	162.87	28	104.42	10
重庆	5809.25	18616.92	1.5200	1.6926	173.41	29	113.75	2
贵州	5086.29	14773.53	1.2062	1.8883	179.33	30	105.38	8
西藏	250.30	7200.02	1.4121	1.6725	192.33	31	92.73	18
西部	50329.28	13351.20	1.3356	1.8627	142.80	[4]	91.19	[2]

注：①全国及各地总量分别演算，各地之和不等于全国总量；另表外附加城镇、乡村人均值按最小城乡比反推演算，势必突破相应背景数值关系，于是全国及各地物质消费与非物消费之和对应总消费测算数值或有出入，实属此项测算设计使然。②纵向检测排序取倒序，指数越低差距越小；横向检测指数普遍接近，区域差异明显减小，部分省域指数超出无差距理想值100，由其他指标明显提升所致。③表中全国非物生活消费人均值城乡比应同时在31个省域及四大区域城乡比之间进行测算，因各地分别按最小城乡比推算，可能产生误差，姑且参考。

假定实现非物消费比重最佳值及最小城乡比测算，2020年全国城乡非物生活消费总量应达172193.79亿元，人均值应为12247.83元。19个省域人均值应高于全国人均值，12个省域人均值应低于全国人均值。其中，北京人均值最高，应为28757.19元，高达全国人均值的234.79%；西藏人均值最低，应为7200.02元，低至全国人均值的58.79%。

全国城乡非物生活消费人均值地区差应为1.4013，即31个省域人均值与全国人均值的绝对偏差平均值为40.13%。21个省域人均值地区差应小于全国地区差，10个省域人均值地区差应大于全国地区差。其中，广西人均值地区差1.0265应为最小值，即与全国人均值的绝对偏差为2.65%，仅为全国总体地区差的73.25%；北京人均值地区差2.3479应为最大值，即与全国人均值的绝对偏差为134.79%，高达全国总体地区差的167.55%。

基于城乡人均值测算反推，全国城镇非物生活消费人均值应为15006.55元。19个省域城镇人均值应高于全国城镇人均值，12个省域城镇人均值应低于全国城镇人均值。其中，北京城镇人均值最高，应为30847.61元，高达全国城镇人均值的205.56%；河北城镇人均值最低，应为9510.00元，低至全国城镇人均值的63.37%。

基于城镇人均值演算反推，全国乡村非物生活消费人均值应为7778.05元，仅为城镇人均值的51.83%。21个省域乡村人均值应高于全国乡村人均值，10个省域乡村人均值应低于全国乡村人均值。其中，内蒙古乡村人均值最高，应为18274.10元，高达全国乡村人均值的234.94%；新疆乡村人均值最低，应为5064.96元，低至全国乡村人均值的65.12%。

全国非物生活消费人均值城乡比应为1.9293，即全国城镇人均值为乡村人均值的192.93%，其间倍差为1.93。25个省域人均值城乡比应小于全国城乡比，6个省域人均值城乡比应大于全国城乡比。其中，天津人均值城乡比1.3548应为最小值，即城镇与乡村的人均值倍差为1.35，仅为全国总体城乡比的70.22%；广东人均值城乡比2.3962应为最大值，即城镇与乡村的人均值倍差为2.40，高达全国总体城乡比的124.20%。

2015~2020年纵向检测非物生活消费指数，全国应为125.92，即设2015年为基数值100加以对比衡量，2020年要达到假定目标需提升25.92%。在此假定"应然目标"下，纵向检测指数即为差距测量结果，指数越低意味着差距越小，越容易实现。

7个省域此项指数应低于全国指数，即假定测算非物消费指数提升差距小于全国总体差距；24个省域此项指数应高于全国指数，即假定测算非物消费指数提升差距大于全国总体差距。其中，黑龙江此项指数109.71应为最低值，即达到假定增长测算目标的差距最小；西藏此项指数192.33应为最高值，即达到假定增长测算目标的差距最大。

2020年度横向检测非物生活消费指数，全国应为84.56，即设收入人均值城乡、地区无差距为理想值100加以比较衡量,全国总体差距尚存15.44个点。在此假定"应然目标"下,四大区域横向检测指数较为接近,地区性差异排序部分失去意义。

23个省域此项指数应高于全国指数,即假定测算非物消费指数高于全国平均水平;8个省域此项指数应依次低于全国指数,即假定测算非物消费指数低于全国平均水平。其中,北京此项指数113.77应为最高值,即达到假定目标情况下高于全国总体指数29.21个点;新疆此项指数70.85应为最低值,即达到假定目标情况下低于全国总体指数13.71个点。

在此项假定测算中,预设全国所有省域同步达到"应然目标",各地纵向检测差距愈大,倘若实现则横向检测排行有可能愈前,反之亦然。

保持非物生活消费比重提升态势,实现非物生活消费最小城乡比"应然目标",本身即为"协调增长"的基本需要。据此假定测算可见,由于预设乡村非物生活消费加速增长,到2020年实现历年最小城乡比,全国及部分省域城乡综合演算的非物生活消费总量、人均值将大幅提升。在假定实现最小城乡比情况下,与2015年相比,全国非物生活消费城乡比应显著缩小,31个省域城乡比相应缩小;但全国非物生活消费地区差仍将极显著扩大,21个省域地区差相应扩大。其中部分省域非物生活消费城乡比趋于缩小,2020年城乡比本身即为最小城乡比。

特别应当注意,各地非物生活消费指数不仅普遍提升,而且相互接近,在四大区域之间尤为接近。

2. 实现非物生活消费比重最佳值并弥合城乡比理想测算

城乡差距系民生发展"非均衡性"的最主要成因,假定全国及各地实现非物消费比重历年最佳值并同步弥合城乡比,以城镇人均值作为城乡持平人均值进行测算,可以检测最终消除城乡差距的实际距离。据此假定推演非物生活消费"理想增长"动向,亦即均衡发展"理想目标",预测全国及各地2020年非物生活消费主要数据及非物消费指数见表7,分区域以2015~2020年纵向检测假定目标差距位次排列。

假定实现非物消费比重最佳值并弥合城乡比测算,2020年全国城乡非物生活消费总量应达210979.03亿元,城乡持平人均值应为15006.55元,即前面测算的城镇人均值水平。19个省域人均值应高于全国人均值,12个省域人均值应低于全国人均值。其中,北京人均值最高,应为30847.61元,高达全国人均值的205.56%;河北人均值最低,应为9510.00元,低至全国人均值的63.37%。

表7 全国及各地2020年非物生活消费理想增长测算

地区	实现非物消费比重最佳值并弥合城乡比测算			非物消费专项指数测算			
	城乡总量（亿元）	城与乡人均值（元）	地区差（无差距=1）	2015~2020年纵向检测（2015年基数值=100）		2020年度横向检测（无差距理想值=100）	
				差距指数	排序（倒序）	预测指数	排序
全国	210979.03	15006.55	1.3447	161.76	—	95.42	—
黑龙江	4047.18	10628.18	1.2918	125.83	1	83.71	30
辽宁	7004.96	15716.62	1.0473	149.43	4	98.32	22
吉林	5244.65	18931.84	1.2616	168.21	16	106.04	14
东北	16296.79	14138.45	1.2002	141.03	[1]	91.74	[4]
山西	4267.83	11194.61	1.2540	147.31	3	88.64	28
河南	11111.64	11665.34	1.2227	156.88	5	90.80	26
安徽	7984.77	12974.40	1.1354	160.80	7	96.49	23
湖北	10252.23	17328.73	1.1547	164.99	14	104.20	17
江西	6009.34	12826.52	1.1453	173.08	19	99.10	21
湖南	14060.13	20087.70	1.3386	189.72	25	112.99	9
中部	53685.93	14125.28	1.2084	161.64	[2]	96.19	[3]
河北	7321.46	9510.00	1.3663	127.74	2	80.62	31
浙江	14347.66	24507.89	1.6331	161.16	8	109.29	10
天津	4557.50	24667.76	1.6438	162.71	10	108.98	11
江苏	19137.33	23301.93	1.5528	164.11	12	105.62	15
海南	1197.35	12593.63	1.1608	164.21	13	94.59	24
山东	17286.94	17066.19	1.1372	165.88	15	104.97	16
福建	7181.65	18025.19	1.2012	174.23	20	107.92	12
上海	7551.03	27234.79	1.8149	176.47	22	113.97	6
北京	7819.29	30847.61	2.0556	181.17	24	119.14	3
广东	29136.73	24928.50	1.6611	209.34	29	123.40	1
东部	115536.94	20208.48	1.5227	170.46	[3]	104.55	[1]
甘肃	2747.68	10559.64	1.2963	157.64	6	88.83	27
新疆	2893.54	11407.83	1.2398	161.59	9	87.70	29

续表

地区	实现非物消费比重最佳值并弥合城乡比测算			非物消费专项指数测算			
	城乡总量（亿元）	城与乡人均值（元）	地区差（无差距=1）	2015~2020年纵向检测（2015年基数值=100）		2020年度横向检测（无差距理想值=100）	
				差距指数	排序（倒序）	预测指数	排序
青海	1102.83	18076.21	1.2046	163.56	11	99.88	20
云南	5751.60	11787.75	1.2145	170.76	17	92.86	25
宁夏	1276.00	18150.70	1.2095	172.65	18	103.18	18
四川	11768.42	14351.03	1.0437	175.90	21	101.21	19
内蒙古	7199.99	28021.68	1.8673	179.83	23	113.71	7
广西	7598.17	15638.94	1.0421	199.60	26	113.49	8
陕西	8285.53	21654.06	1.4430	202.52	27	115.67	5
重庆	6699.70	21470.56	1.4307	206.36	28	119.25	2
贵州	6667.99	19367.71	1.2906	233.10	30	118.02	4
西藏	351.97	10124.44	1.3253	256.97	31	106.57	13
西部	62343.42	15991.02	1.3006	179.12	[4]	100.15	[2]

注：①全国及各地总量分别演算，各地之和不等于全国总量。②纵向检测排序取倒序，指数越低差距越小；横向检测指数普遍接近无差距理想值100，尚存地区差距影响，部分省域指数超出无差距理想值100，由其他指标明显提升所致。

全国城乡非物生活消费人均值地区差应为1.3447，即31个省域人均值与全国人均值的绝对偏差平均值为34.47%。21个省域人均值地区差应小于全国地区差，10个省域人均值地区差应大于全国地区差。其中，广西人均值地区差1.0421应为最小值，即与全国人均值的绝对偏差为4.21%，仅为全国总体地区差的77.50%；北京人均值地区差2.0556应为最大值，即与全国人均值的绝对偏差为105.56%，高达全国总体地区差的152.87%。

2015~2020年纵向检测非物生活消费指数，全国应为161.76，即设2015年为基数值100加以对比衡量，2020年要达到假定目标需提升61.76%。在此假定"理想目标"下，纵向检测指数即为差距测量结果，指数越低意味着差距越小，越容易实现。

9个省域此项指数应低于全国指数，即假定测算非物消费指数提升差距小于全国总体差距；22个省域此项指数应高于全国指数，即假定测算非物消费指数提升差距大于全国总体差距。其中，黑龙江此项指数125.83应为最低值，即达到假定增长测算目标的差距最小；西藏此项指数256.97应为最高值，即达到假定增长测算目标的差距最大。

2020年度横向检测非物生活消费指数，全国应为95.42，即设各类人均值城乡、地区无差距为理想值100加以比较衡量，全国总体差距仅存4.58个点。在此假定"理想目标"下，四大区域横向检测指数极为接近，地区性差异排序几乎失去意义。

23个省域此项指数应高于全国指数，即假定测算非物消费指数略高于全国平均水平；8个省域此项指数应低于全国指数，即假定测算非物消费指数略低于全国平均水平。其中，广东此项指数123.34应为最高值，即达到假定目标情况下高于全国总体指数27.92个点；河北此项指数80.62应为最低值，即达到假定目标情况下低于全国总体指数14.80个点。

在此项假定测算中，预设全国所有省域同步达到"理想目标"，各地纵向检测差距愈大，倘若实现则横向检测排行有可能愈靠前，反之亦然。

实现弥合非物生活消费城乡比"理想目标"，本身即为"均衡发展"的理念要求。据此假定测算可见，由于预设乡村非物生活消费高速增长，到2020年人均值与城镇持平，全国及各地城乡综合演算的非物生活消费总量、人均值将大幅提升。在假定弥合城乡比情况下，与2015年相比，全国非物生活消费地区差仍将显著扩大，18个省域地区差相应扩大，但对比最小城乡比测算，扩大程度和范围明显减小。由此可知，既有城乡差距加大了地区差距。

特别应当注意，各地非物生活消费指数普遍十分接近，在四大区域之间更为明显。

R.7 全国省域居民积蓄富足指数排行

——2015年检测与2020年测算

魏海燕 王亚南 秦瑞婧[*]

摘要：居民积蓄富足指数系"中国人民生活发展指数检测体系"五个二级子系统之五。从2000年以来的基数值纵向检测中可以看出，东北居民积蓄指数提升最高，西部次之，中部再次之，东部稍低，表明国家区域均衡发展方略已见成效；西藏、陕西、湖南、云南、广西占据前5位。从2015年无差距理想值横向检测中可以发现，存在差距的原因仍在于各方面协调性、均衡性还不够理想；上海、北京、辽宁、浙江、山东占据前5位。假定全国同步实现居民积蓄历年最小城乡比直至弥合城乡比，民生发展指数将更加明显地提升。

关键词：全面小康 居民积蓄 富足指数 检测与排行

居民积蓄富足指数系"中国人民生活发展指数检测体系"五个二级子系统之五，具有特殊意义，在整个检测指标系统综合演算中占有的权重恰居中位，扮演"平分秋色"的角色（详见技术报告表3）。居民积蓄作为居民收入用于满足消费需求之外的"剩余"部分需求，相对于居民收入来说体现为富足"余钱"，相对于居民消费来说则起到抑制作用，构成极其复杂的交叉演算关系。各个子系统基础数据皆来源于国家统计局《中国统计年鉴》，均采用检测指标自足设计方式，实现与其余子系统对应数据的相关性

---

[*] 魏海燕，云南省政协信息中心主任编辑，主要从事传媒信息分析研究；王亚南，云南省社会科学院研究员，文化发展研究中心主任；秦瑞婧，云南省社会科学院研究实习员，主要从事中国传统文化相关研究。

分析测算，独立完成专项检测指数演算，最后汇总成民生发展综合指数。

一 居民积蓄总量增长基本情况

根据正式出版公布的既往年度统计数据和最新年度统计数据，按照本项研究检测的构思设计进行演算，全国及各地居民积蓄总量增长状况见表1，分区域以份额增减变化位次排列。

表1 全国及各地居民积蓄总量增长状况

地区	2000年居民积蓄总量		2015年居民积蓄总量		15年间总量增长变化			
	城乡总量（亿元）	占全国份额（%）	城乡总量（亿元）	占全国份额（%）	年均增长指数		份额增减变化	
					上年=1	排序	变化（%）	排序
全国	10496.90	100.00	87952.39	100.00	1.1522	—	—	—
云南	177.17	1.69	2132.72	2.42	1.1804	2	43.66	2
陕西	145.06	1.38	1742.57	1.98	1.1803	3	43.37	3
广西	256.61	2.44	2724.31	3.10	1.1706	5	26.70	5
宁夏	23.92	0.23	245.69	0.28	1.1680	6	22.57	6
西藏	13.42	0.13	134.97	0.15	1.1664	7	20.06	7
重庆	174.11	1.66	1544.32	1.76	1.1566	11	5.86	11
贵州	152.92	1.46	1260.24	1.43	1.1510	15	-1.65	15
新疆	120.11	1.14	960.05	1.09	1.1486	17	-4.61	17
内蒙古	177.74	1.69	1323.65	1.50	1.1432	21	-11.12	21
四川	497.72	4.74	3092.86	3.52	1.1295	26	-25.84	26
甘肃	114.66	1.09	711.50	0.81	1.1294	27	-25.94	27
青海	26.48	0.25	138.09	0.16	1.1164	30	-37.77	30
西部	1879.94	17.05	16010.96	18.21	1.1535	[1]	6.79	[1]
湖南	308.07	2.93	3600.69	4.09	1.1781	4	39.49	4
山西	246.91	2.35	2329.92	2.65	1.1614	9	12.62	9
江西	318.70	3.04	2858.24	3.25	1.1575	10	7.04	10
安徽	459.92	4.38	3521.47	4.00	1.1453	18	-8.62	18
河南	689.00	6.56	5179.76	5.89	1.1439	19	-10.28	19
湖北	463.21	4.41	3428.45	3.90	1.1428	22	-11.66	22

续表

地区	2000年居民积蓄总量		2015年居民积蓄总量		15年间总量增长变化			
	城乡总量（亿元）	占全国份额（%）	城乡总量（亿元）	占全国份额（%）	年均增长指数		份额增减变化	
					上年=1	排序	变化（%）	排序
中部	2485.80	22.55	20918.53	23.79	1.1526	[2]	5.51	[2]
辽宁	341.14	3.25	3278.94	3.73	1.1628	8	14.71	8
吉林	167.23	1.59	1364.71	1.55	1.1502	16	-2.60	16
黑龙江	324.08	3.09	2003.77	2.28	1.1291	28	-26.21	28
东北	832.45	7.55	6647.43	7.56	1.1486	[3]	0.12	[3]
北京	222.32	2.12	3168.73	3.60	1.1938	1	70.11	1
浙江	729.37	6.95	6393.11	7.27	1.1557	12	4.61	12
上海	417.55	3.98	3629.30	4.13	1.1551	13	3.74	13
山东	984.95	9.38	8236.19	9.36	1.1521	14	-0.20	14
江苏	978.85	9.33	7324.56	8.33	1.1436	20	-10.69	20
广东	1050.95	10.01	7468.48	8.49	1.1397	23	-15.19	23
海南	71.53	0.68	499.97	0.57	1.1384	24	-16.58	24
福建	408.68	3.89	2584.13	2.94	1.1308	25	-24.54	25
天津	186.95	1.78	1094.89	1.24	1.1251	29	-30.10	29
河北	773.58	7.37	3937.90	4.48	1.1146	31	-39.25	31
东部	5824.73	52.84	44337.25	50.43	1.1449	[4]	-4.56	[4]

注：①全国及各省域分别演算未予平衡，省域总量之和不等于全国总量，四大区域占全国份额已加以平衡。②数据演算屡经四舍五入，可能出现小数细微出入，属于演算常规无误。③年均增长指数取4位小数，以便精确排序。④省域排列以"1、2、3"为序，四大区域排列以"[1]、[2]、[3]"为序。全文同。

2000年，全国城乡居民积蓄总量为10496.90亿元；2015年，全国城乡居民积蓄总量为87952.39亿元。2000年以来的15年间，全国城乡居民积蓄总量年均增长15.22%。

13个省域总量年均增长高于全国平均增长，18个省域总量年均增长低于全国平均增长。其中，北京总量年均增长19.38%为最高值，高于全国总量年增4.15个百分点；河北总量年均增长11.46%为最低值，低于全国总量年增3.77个百分点。

全国居民积蓄总量始终为份额基准100，基于各地历年不同的增长状况，西部总量份额上升，增高6.79%；中部总量份额上升，增高5.51%；东北总量份额上升，增高0.12%；东部总量份额下降，降低4.56%。总量份额变化取百分点将易于直观对比，但取百分比则更有利于精确排序。

13个省域总量占全国份额上升，18个省域总量占全国份额下降。其中，北京总量份额变化态势最佳，增高70.11%；河北总量份额变化态势不佳，降低39.25%。各省域总量份额变化取决于年均增长幅度，其份额增减程度取百分比演算，排序结果与年均增长指数排序一致。

将居民积蓄增长放到相关背景中考察更有意义。全国居民积蓄总量历年增长率为15.22%，其年均增长高于产值年增1.55个百分点，低于财政收入年增2.37个百分点，高于居民收入年增1.81个百分点，高于居民总消费年增2.43个百分点，高于物质生活消费年增2.95个百分点，高于非物生活消费年增1.30个百分点。在本项检测中，居民积蓄倘若增长过高，势必对消费需求直接产生抑制作用，产生负面效应。

相关系数检测可谓相关性分析最简便的通用方式，同时检验两组数据链历年增减变化趋势是否一致、变化程度是否相近、变化动向是否稳定。相关系数1为绝对相关，完全同步；0为无相关性，完全不同步；-1为绝对负相关，完全逆向同步。设数据项A历年增幅变化为N，若数据项B历年增幅（降幅绝对值）愈接近N（高低不论），即保持趋近性（正负不论），或历年增幅（降幅绝对值）存在固有差距（高低不论）但上下波动变化愈小，即保持平行（逆向）同步性，则二者相关系数（负值）愈高；反之相关系数（负值）愈低。

居民积蓄历年增长相关系数（可简化理解为增长同步程度）：①与产值之间全国为0.6920，呈较弱正相关，无省域呈75%以上强相关性，28个省域呈60%以下弱相关性；②与居民收入之间全国为0.8122，呈稍强正相关，7个省域呈75%以上强相关性，13个省域呈60%以下弱相关性；③与居民消费之间全国为0.2660，呈极弱正相关，31个省域呈60%以下弱相关性，其间21个省域呈现负相关性；④与物质消费之间全国为0.2128，呈极弱正相关，31个省域呈60%以下弱相关性，其间19个省域呈现负相关性；⑤与非物消费之间全国为-0.0994，呈极弱负相关，25个省域呈现负相关，其间8个省域呈-50%以上（更大负值）强负相关性。

对应数据链之间增长变化相关系数的高低、正负差异在于，其间增长动向的同步性是强还是弱，增幅升降的趋向性相近还是相左。后台数据库检测表明，2000~2015年，全国居民积蓄年均增长明显高于产值增长，显著高于居民收入增长，极显著高于居民总消费增长，极显著高于物质生活消费增长，明显高于非物生活消费增长。

二 居民积蓄人均值相关均衡性检测

1. 城乡综合人均值及其地区差

全国及各地居民积蓄人均值地区差变化状况见表2，分区域以地区差扩减变化倒序位次排列。

表2 全国及各地居民积蓄人均值地区差变化状况

地区	2000年居民积蓄地区差距			2015年居民积蓄地区差距			15年间地区差扩减（负值缩小为佳，取倒序）	
	城乡综合人均值		地区差（无差距=1）	城乡综合人均值		地区差（无差距=1）		
	人均值（元）	排序		人均值（元）	排序		百分比（%）	排序
全国	831.34	—	1.4443	6253.78	—	1.3403	-7.20	—
天津	1907.66	2	2.2947	7128.90	7	1.1399	-50.32	1
广东	1403.42	5	1.6881	6883.16	8	1.1006	-34.80	2
福建	1215.23	7	1.4618	6554.17	9	1.0480	-28.31	3
上海	2680.87	1	3.2247	15083.61	1	2.4119	-25.21	4
河北	1164.32	8	1.4005	5087.40	19	1.1865	-15.28	7
江苏	1346.43	6	1.6196	8983.29	4	1.4365	-11.31	9
浙江	1608.14	4	1.9344	11420.21	3	1.8261	-5.60	12
山东	1101.67	9	1.3252	8124.83	5	1.2992	-1.96	18
海南	922.42	10	1.1096	5403.95	15	1.1359	2.37	22
北京	1700.97	3	2.0461	14655.22	2	2.3434	14.53	29
东部	1358.97	[1]	1.8105	8470.38	[1]	1.4928	-17.55	[1]
湖南	470.55	26	1.4340	5050.14	20	1.1925	-16.84	5
山西	765.37	14	1.0794	6124.62	10	1.0207	-5.44	13
江西	760.61	15	1.0851	6033.74	11	1.0352	-4.60	14

续表

地区	2000年居民积蓄地区差距				2015年居民积蓄地区差距				15年间地区差扩减（负值缩小为佳，取倒序）	
	城乡综合人均值		地区差（无差距=1）		城乡综合人均值		地区差（无差距=1）		百分比（%）	排序
	人均值（元）	排序			人均值（元）	排序				
安徽	734.52	17	1.1165		5522.47	13	1.1169		0.04	20
湖北	778.63	13	1.0634		5709.06	12	1.0871		2.23	21
河南	730.06	18	1.1218		5289.62	16	1.1542		2.89	23
中部	698.04	[3]	1.1500		5750.79	[3]	1.1011		-4.25	[2]
广西	542.35	23	1.3476		5472.42	14	1.1249		-16.53	6
陕西	399.49	31	1.5195		4307.76	23	1.3112		-13.71	8
云南	420.19	29	1.4946		4217.16	24	1.3257		-11.30	10
重庆	564.65	22	1.3208		4970.56	21	1.2052		-8.75	11
宁夏	436.16	28	1.4754		3513.46	28	1.4382		-2.52	16
贵州	409.65	30	1.5072		3282.86	29	1.4751		-2.13	17
西藏	522.05	24	1.3720		4008.53	25	1.3590		-0.95	19
内蒙古	750.91	16	1.0968		5131.55	18	1.1794		7.53	24
甘肃	449.67	27	1.4591		2515.82	30	1.5977		9.50	25
四川	580.37	21	1.3019		3588.86	27	1.4261		9.54	26
新疆	663.07	19	1.2024		3991.72	26	1.3617		13.25	27
青海	515.74	25	1.3796		2201.36	31	1.6480		19.45	31
西部	521.93	[4]	1.3731		4329.00	[4]	1.3710		-0.15	[3]
吉林	626.33	20	1.2466		4919.79	22	1.2133		-2.67	15
黑龙江	852.95	11	1.0260		5190.12	17	1.1701		14.04	28
辽宁	816.61	12	1.0177		7375.78	6	1.1794		15.89	30
东北	781.86	[2]	1.0968		6064.12	[2]	1.1876		8.28	[4]

2000年，全国城乡居民积蓄人均值为831.34元。11个省域人均值高于全国人均值，20个省域人均值低于全国人均值。其中，上海人均值最高，为2680.87元，高达全国人均值的322.47%；陕西人均值最低，为399.49元，低至全国人均值的48.05%。

2015年，全国城乡居民积蓄人均值为6253.78元。9个省域人均值高于全国人均值，22个省域人均值低于全国人均值。其中，上海人均值最高，为15083.61元，高达全国人均值的241.19%；青海人均值最低，为2201.36元，低至全国人均值的35.20%。

2000年以来的15年间，全国城乡居民积蓄人均值年均增长14.40%。13个省域人均值年均增长高于全国平均增长，18个省域人均值年均增长低于全国平均增长。其中，陕西人均值年均增长17.18%为最高值，高于全国人均值年增2.78个百分点；天津人均值年均增长9.19%为最低值，低于全国人均值年增5.21个百分点。

各省域地区差指数依据其人均值与全国人均值的绝对偏差进行演算，全国和四大区域地区差取相应省域与全国人均值的绝对偏差平均值进行演算。地区人均值增大具有正面效应，但由此可能导致地区差扩大，产生负面效应。

2000年，全国城乡居民积蓄人均值地区差为1.4443，即31个省域人均值与全国人均值的绝对偏差平均值为44.43%。19个省域人均值地区差小于全国地区差，12个省域人均值地区差大于全国地区差。其中，辽宁人均值地区差1.0177为最小值，即与全国人均值的绝对偏差为1.77%，仅为全国总体地区差的70.47%；上海人均值地区差3.2247为最大值，即与全国人均值的绝对偏差为222.47%，高达全国总体地区差的223.28%。

2015年，全国城乡居民积蓄人均值地区差为1.3403，即31个省域人均值与全国人均值的绝对偏差平均值为34.03%。20个省域人均值地区差小于全国地区差，11个省域人均值地区差大于全国地区差。其中，山西人均值地区差1.0207为最小值，即与全国人均值的绝对偏差为2.07%，仅为全国总体地区差的76.15%；上海人均值地区差2.4119为最大值，即与全国人均值的绝对偏差为141.19%，高达全国总体地区差的179.95%。

基于全国及各地城乡居民积蓄历年不同的增长状况，全国人均值地区差明显缩小7.20%。同期，19个省域人均值地区差都有所缩小。11个省域地区差变化态势好于全国地区差变化态势，20个省域地区差变化态势逊于全国地区差变化态势。其中，天津人均值地区差变化态势最佳，缩减50.32%；青海人均值地区差变化态势不佳，扩增19.45%。

在经济、财政、民生全数据链中对本项检测体系的地区差距相关性考察进行通约演算，各地经济、社会、民生发展的地区差距具有贯通性。全国及各地产值地区差动态有可能影响居民生活各方面地区差变化，随之居民收入、总消费、物质生活或非物生活消费、积蓄地区差动态又有可能影响各分类单项消费地区差变化。

居民积蓄历年地区差相关系数（可简化理解为地区差变化同步程度）：①与产值之间全国为0.8867，呈较强正相关，2个省域呈75%以上强相关性，21个省域呈60%以下弱相关性；②与居民收入之间全国为0.9492，呈很强正相关，9个省域呈75%以上强相关性，18个省域呈60%以下弱相关性；③与居民消费之间全国为0.8823，呈较强正相关，1个省域呈75%以上强相关性，27个省域呈60%以下弱相关性；④与物质消费之间全国为0.5258，呈很弱正相关，29个省域呈60%以下弱相关性，其间18个省域呈现负相关性；⑤与非物消费之间全国为0.8755，呈较强正相关，2个省域呈75%以上强相关性，25个省域呈60%以下弱相关性。

2000~2015年，全国居民积蓄地区差缩小7.20%，与之对应的数据链之间地区差变化相关系数的高低、正负差异在于，其间地区差扩减幅度的同步性是强还是弱，扩减变化的趋向性相近还是相左。后台数据库检测表明，全国产值地区差缩小9.14%，居民收入地区差缩小5.20%，居民总消费地区差缩小5.08%，物质生活消费地区差缩小2.56%，非物生活消费地区差缩小10.52%。

2. 城镇与乡村人均值及其城乡比

全国及各地居民积蓄人均值城乡比变化状况见表3，分区域以城乡比扩减变化倒序位次排列。

2000年，全国城镇居民积蓄人均值为1281.98元。11个省域城镇人均值高于全国城镇人均值，20个省域城镇人均值低于全国城镇人均值。其中，上海城镇人均值最高，为2849.82元，高达全国城镇人均值的222.30%；重庆城镇人均值最低，为706.14元，低至全国城镇人均值的55.08%。

全国乡村居民积蓄人均值为583.29元。16个省域乡村人均值高于全国乡村人均值，15个省域乡村人均值低于全国乡村人均值。其中，天津乡村人均值最高，为1626.78元，高达全国乡村人均值的278.90%；陕西乡村人均值最低，为192.65元，低至全国乡村人均值的33.03%。

表3 全国及各地居民积蓄人均值城乡比变化状况

地区	2000年居民积蓄城乡差距			2015年居民积蓄城乡差距			15年间城乡比扩减（负值缩小为佳，取倒序）	
	城镇人均值（元）	乡村人均值（元）	城乡比（乡村=1）	城镇人均值（元）	乡村人均值（元）	城乡比（乡村=1）	变化（%）	排序（倒序）
全国	1281.98	583.29	2.1978	9802.46	2199.11	4.4575	102.82	—
黑龙江	1088.44	607.87	1.7906	7050.55	2703.74	2.6077	45.63	7
吉林	789.13	469.15	1.6820	6928.24	2542.86	2.7246	61.99	8
辽宁	1001.73	602.04	1.6639	9569.02	3184.04	3.0053	80.62	12
东北	981.55	569.13	1.7247	8131.63	2819.08	2.8845	67.25	[1]
上海	2849.82	1458.76	1.9536	16015.75	7052.91	2.2708	16.24	3
浙江	2258.94	1022.79	2.2086	15053.21	5017.28	3.0003	35.85	6
海南	1275.76	698.36	1.8268	7908.07	2647.30	2.9872	63.52	9
山东	1467.97	888.45	1.6523	11691.49	4182.74	2.7952	69.17	10
天津	2019.46	1626.78	1.2414	7871.82	3742.19	2.1035	69.45	11
北京	1856.20	1178.84	1.5746	16217.17	4757.50	3.4088	116.49	16
广东	1744.66	1008.46	1.7300	9084.08	2257.41	4.0241	132.61	18
福建	1793.52	820.80	2.1851	9755.15	1831.91	5.3251	143.70	19
江苏	1477.05	1257.63	1.1745	12207.44	3374.15	3.6179	208.04	22
河北	1312.69	1113.63	1.1787	8565.54	2027.68	4.2243	258.39	26
东部	1766.90	1039.32	1.7001	11405.66	3206.88	3.5566	109.20	[2]
江西	1480.02	492.64	3.0043	9768.31	2653.49	3.6813	22.53	4
湖南	999.94	254.22	3.9334	9336.70	1301.91	7.1715	82.32	13
河南	935.55	669.99	1.3964	8421.31	2965.41	2.8398	103.37	14
安徽	1060.57	613.07	1.7299	9702.24	1845.52	5.2572	203.90	21
湖北	880.04	712.98	1.2343	8859.19	2040.74	4.3412	251.71	25
山西	782.24	756.60	1.0339	10009.11	2032.75	4.9239	376.25	28
中部	999.07	575.35	1.7365	9222.41	2206.56	4.1795	140.69	[3]
西藏	1871.90	214.22	8.7382	8434.63	2663.97	3.1662	-63.77	1
云南	1139.33	207.77	5.4836	8698.24	1411.93	6.1605	12.34	2
新疆	1221.93	381.63	3.2019	6859.91	1727.13	3.9719	24.05	5
广西	982.12	376.55	2.6082	10094.71	1884.60	5.3564	105.37	15
陕西	847.57	192.65	4.3995	7956.34	788.20	10.0943	129.44	17

续表

地区	2000年居民积蓄城乡差距			2015年居民积蓄城乡差距			15年间城乡比扩减（负值缩小为佳，取倒序）	
	城镇人均值（元）	乡村人均值（元）	城乡比（乡村=1）	城镇人均值（元）	乡村人均值（元）	城乡比（乡村=1）	变化（%）	排序（倒序）
四川	1038.49	419.01	2.4784	6928.40	996.71	6.9513	180.48	20
重庆	706.14	496.91	1.4211	7496.55	1567.00	4.7840	236.64	23
贵州	843.93	277.52	3.0410	7665.44	741.93	10.3317	239.75	24
宁夏	711.90	307.17	2.3176	6202.13	703.83	8.8120	280.22	27
内蒙古	1201.30	423.30	2.8379	8717.63	138.50	62.9441	2117.98	29
甘肃	789.78	344.68	2.2913	6316.22	106.42	59.3522	2490.33	30
青海	984.23	272.26	3.6150	5341.70	-633.08	5975.78	165205	31
西部	979.23	343.49	2.8508	7834.19	1086.14	7.2129	153.01	[4]

注：青海乡村居民人均收入、消费数据出现特异情况，解释权属国家统计局。取收入与消费之差，青海乡村人均积蓄为较大负值，需以特殊方式处理，以便测算积蓄城乡比：设乡村负值为虚拟基数1（0不能被除），同年城镇人均值加乡村负数绝对值再加基数1得出城乡间绝对差，以此演算参考城乡比。基于除法的演算实为一种"不良"运算，遇0或负数便无以自恰而需人为设定。

2015年，全国城镇居民积蓄人均值为9802.46元。7个省域城镇人均值高于全国城镇人均值，24个省域城镇人均值低于全国城镇人均值。其中，北京城镇人均值最高，为16217.17元，高达全国城镇人均值的165.44%；青海城镇人均值最低，为5341.70元，低至全国城镇人均值的54.49%。

全国乡村居民积蓄人均值为2199.11元，仅为城镇人均值的22.43%。14个省域乡村人均值高于全国乡村人均值，17个省域乡村人均值低于全国乡村人均值。其中，上海乡村人均值最高，为7052.91元，高达全国乡村人均值的320.72%；青海乡村人均值最低，为-633.08元，与全国乡村人均值的绝对差（正负数之间差距）为2832.19元。

2000年以来的15年间，全国城镇居民积蓄人均值年均增长14.52%。16个省域城镇人均值年均增长高于全国城镇平均增长，15个省域城镇人均值年均增长低于全国城镇平均增长。其中，山西城镇人均值年均增长18.52%为最高值，高于全国城镇年增4.00个百分点；天津城镇人均值年均增长9.49%为最低值，低于全国城镇年增5.03个百分点。

全国乡村居民积蓄人均值年均增长9.25%，低于全国城镇年增5.27个百分点。同期，30个省域乡村人均值年均增长低于自身城镇年增。16个省域乡村人均值年均增长高于全国乡村平均增长，15个省域乡村人均值年均增长低于全国乡村平均增长。其中，西藏乡村人均值年均增长18.30%为最高值，高于全国乡村年增9.05个百分点；青海乡村人均值年均负增长36.49%为最低值，低于全国乡村年增45.74个百分点。

城乡比及其扩减变化基于城镇与乡村人均绝对值及其不同增长进行演算，在民生发展的城乡差距长期存在的情况下，倘若乡村人均值增长滞后于城镇人均值增长，那么城乡比势必进一步扩大。

2000年，全国居民积蓄人均值城乡比为2.1978，即全国城镇人均值为乡村人均值的219.78%，其间倍差为2.20。17个省域人均值城乡比小于全国城乡比，14个省域人均值城乡比大于全国城乡比。其中，山西人均值城乡比1.0339为最小值，即城镇与乡村的人均值倍差为1.03，仅为全国总体城乡比的47.04%；西藏人均值城乡比8.74为最大值，即城镇与乡村的人均值倍差为8.74，高达全国总体城乡比的397.58%。

2015年，全国居民积蓄人均值城乡比为4.4575，即全国城镇人均值为乡村人均值的445.75%，其间倍差为4.46。17个省域人均值城乡比小于全国城乡比，14个省域人均值城乡比大于全国城乡比。其中，天津人均值城乡比2.1035为最小值，即城镇与乡村的人均值倍差为2.10，仅为全国总体城乡比的47.19%；青海人均值城乡比5975.78为最大值，即城镇与乡村的人均值倍差为5975.78，高达全国总体城乡比的134062.43%。

基于全国城镇与乡村居民积蓄历年不同的增长状况，全国人均值城乡比极显著扩大102.82%。同期，30个省域人均值城乡比都有所扩大。13个省域城乡比变化态势好于全国城乡比变化态势，18个省域城乡比变化态势逊于全国城乡比变化态势。其中，西藏人均值城乡比变化态势最佳，缩减63.77%；青海人均值城乡比变化态势不佳，扩增165205.22%。

本项检测体系的城乡差距相关性考察集中于民生数据链当中。第一，有必要检验城镇与乡村之间居民积蓄增长相关系数（可简化理解为城乡增长同步程度）：全国为0.6474，呈较弱正相关，城乡增长同步性较差，1个省域呈75%以上强相关性，26个省域呈60%以下弱相关性。第二，全国及各地居民收入、总消费、积蓄的城乡差距动态有可能对分类单项消费的城乡差距变化产生影响,而物质生活和非物生活消费的城乡差距动态又有可能反过来对总消费、积蓄的城乡差距变化产生影响,特别是各类消费需求之间的城乡比变化具有贯通性。

居民积蓄历年城乡比相关系数(可简化理解为城乡比变化同步程度):①与居民收入之间全国为 0.1896,呈极弱正相关,28 个省域呈 60% 以下弱相关性,其间 15 个省域呈现负相关性;②与居民消费之间全国为 -0.5482,呈较强负相关,23 个省域呈 -50% 以上(更大负值)强负相关性;③与物质消费之间全国为 -0.6329,呈很强负相关,20 个省域呈 -50% 以上(更大负值)强负相关性;④与非物消费之间全国为 -0.5039,呈较强负相关,21 个省域呈 -50% 以上(更大负值)强负相关性。

2000~2015 年,全国居民积蓄城乡比扩大 102.82%,与之对应的数据链之间城乡比变化相关系数的高低、正负差异在于,其间城乡比扩减幅度的同步性是强还是弱,扩减变化的趋向性相近还是相左。后台数据库检测表明,全国居民收入城乡比缩小 2.00%,居民总消费城乡比缩小 22.49%,物质生活消费城乡比缩小 14.59%,非物生活消费城乡比缩小 39.21%。

中国社会由历史承继下来的结构性、体制性"非均衡格局"弊端根深蒂固,长期存在的城乡差距、地区差距系全国及各地民生发展"非均衡性"的主要成因。进入"全面建成小康社会"进程以来,国家把解决"三农问题"列为"重中之重",并致力于推进区域"均衡发展"。就本文涉及的数据范围来看,国家大力推进缩小区域发展差距的几大战略已见成效,推进缩小城乡发展差距的多方努力也初见成效。

三 居民积蓄相关性比值协调性检测

全国及各地居民积蓄相关性比值状况见表 4,分区域以居民积蓄率升降位次排列。

1. 居民积蓄与产值之比

2000 年,全国民生富裕度为 10.47%,此为全国城乡居民积蓄与产值(国民总收入近似值)的相对比值。19 个省域比值高于全国总体比值,12

个省域比值低于全国总体比值。其中,江西比值15.68%为最高值,高达全国总体比值的149.79%;北京比值7.05%为最低值,低至全国总体比值的67.36%。

表4 全国及各地居民积蓄相关性比值状况

地区	居民积蓄与产值相关性				居民积蓄与居民收入相关性			
	民生富裕度		15年间比值升降(负值下降,上升为佳)		居民积蓄率		15年间比值升降(负值下降,上升为佳)	
	2000年比值(%)	2015年比值(%)	比值(%)	排序	2000年比值(%)	2015年比值(%)	比值(%)	排序
全国	10.47	12.51	19.48	—	22.57	28.47	26.14	—
辽宁	7.31	11.29	54.45	4	20.58	30.01	45.82	7
吉林	8.52	9.63	13.03	10	18.47	26.33	42.56	9
黑龙江	10.28	13.15	27.92	8	23.97	27.91	16.44	20
东北	8.52	11.50	34.98	[1]	21.26	28.59	34.48	[1]
广西	11.66	15.55	33.36	6	18.38	32.43	76.44	2
云南	8.81	14.64	66.17	2	16.26	27.70	70.36	3
陕西	8.04	9.04	12.44	11	15.33	24.76	61.51	4
西藏	11.42	12.53	9.72	13	21.20	32.71	54.29	6
重庆	10.05	9.50	-5.47	20	17.05	24.72	44.99	8
贵州	14.85	11.00	-25.93	28	18.22	23.97	31.56	12
宁夏	8.11	8.02	-1.11	18	15.92	20.27	27.32	15
新疆	8.99	9.97	10.90	12	22.35	23.68	5.95	23
四川	11.71	9.76	-16.65	26	19.72	20.84	5.68	24
内蒙古	11.55	7.22	-37.49	29	22.48	23.00	2.31	27
甘肃	10.89	9.62	-11.66	25	19.97	18.68	-6.46	28
青海	10.04	5.34	-46.81	31	18.76	13.92	-25.80	31
西部	11.00	11.04	0.36	[4]	18.66	24.87	33.28	[2]
湖南	8.67	11.81	36.22	5	13.99	26.14	86.85	1
湖北	12.37	11.27	-8.89	22	21.95	28.51	29.89	13
山西	13.38	17.54	31.09	7	26.67	34.30	28.61	14
江西	15.68	16.43	4.78	15	25.86	32.73	26.57	16
安徽	15.37	15.34	-0.20	17	25.81	30.07	16.51	19
河南	13.40	13.52	0.90	16	27.92	30.89	10.64	21

续表

地区	居民积蓄与产值相关性				居民积蓄与居民收入相关性			
	民生富裕度		15年间比值升降（负值下降，上升为佳）		居民积蓄率		15年间比值升降（负值下降，上升为佳）	
	2000年 比值（%）	2015年 比值（%）	比值（%）	排序	2000年 比值（%）	2015年 比值（%）	比值（%）	排序
中部	13.15	14.24	8.29	[2]	23.19	30.35	30.88	[3]
北京	7.05	13.76	95.18	1	18.83	30.24	60.59	5
浙江	11.99	14.71	22.69	9	24.24	32.14	32.59	10
山东	11.81	12.66	7.20	14	27.08	35.79	32.16	11
上海	9.04	14.53	60.73	3	24.43	30.25	23.82	17
广东	11.02	10.20	-7.44	21	20.25	24.71	22.02	18
江苏	11.44	10.21	-10.75	23	27.52	30.41	10.50	22
海南	13.57	13.24	-2.43	19	27.01	28.47	5.41	25
福建	10.86	9.64	-11.23	24	24.63	25.80	4.75	26
天津	10.99	6.60	-39.95	30	27.83	22.78	-18.15	29
河北	15.34	12.64	-17.60	27	35.40	28.08	-20.68	30
东部	11.04	11.89	7.70	[3]	25.25	29.63	17.35	[4]

注：居民积蓄相关性分析取民生富裕度、居民积蓄率两项。对于相关性比值的构思设计及界定阐释，详见本书技术报告。民生富裕度上升意味着人民生活宽余富足程度提高；单独取居民积蓄与收入的关系来看，居民积蓄率上升意味着居民收入中生活消费开支比重降低，亦即居民富余程度提高。

2015年，全国民生富裕度为12.51%，意味着居民积蓄与产值（国民总收入近似值）的相对比值上升。14个省域比值高于全国总体比值，17个省域比值低于全国总体比值。其中，山西比值17.54%为最高值，高达全国总体比值的140.21%；青海比值5.34%为最低值，低至全国总体比值的42.66%。

基于居民积蓄与产值（国民总收入近似值）历年不同的增长状况，全国民生富裕度升高19.48%。同期，16个省域民生富裕度都有所上升。9个省域比值升降变化态势好于全国比值变化，22个省域比值升降变化态势逊于全国比值变化。其中，北京比值升降变化态势最佳，升高95.18%；青海比值升降变化态势不佳，降低46.81%。

2. 居民积蓄占居民收入之比

2000年，全国居民积蓄率为22.57%，此为全国城乡居民积蓄与居民收入的相对比值。13个省域比值高于全国总体比值，18个省域比值低于全国总体比值。其中，河北比值35.40%为最高值，高达全国总体比值的156.81%；湖南比值13.99%为最低值，低至全国总体比值的61.97%。

2015年，全国居民积蓄率为28.47%，居民积蓄与居民收入的相对比值上升。14个省域比值高于全国总体比值，17个省域比值低于全国总体比值。其中，山东比值35.79%为最高值，高达全国总体比值的125.70%；青海比值13.92%为最低值，低至全国总体比值的48.90%。

基于居民积蓄与居民收入历年不同的增长状况，全国居民积蓄率升高26.14%。同期，27个省域居民积蓄率都有所上升。16个省域比值升降变化态势好于全国比值变化，15个省域比值升降变化态势逊于全国比值变化。其中，湖南比值升降变化态势最佳，升高86.85%；青海比值升降变化态势不佳，降低25.80%。

本项检测体系建立的各类相关性比值分析测算十分复杂，不同方面、不同层次的比值当然不具可比性。将以下对应比值之间历年变化相关系数（可简化理解为比值变化同步程度）在同一层面，或在上下层次递进（个别特殊例外详后）关系中展开检测：民生富裕度与财政收入比同属对应于产值的相对比值；居民积蓄率与居民收入比属上下层递进的相对比值；与居民消费率属上下层相邻的相对比值；与物质消费比、非物消费比同属对应于居民收入的相对比值。

相关性比值之间历年变化相关系数：①民生富裕度与财政收入比之间全国为0.6923，呈较弱正相关，6个省域呈75%以上强相关性，23个省域呈60%以下弱相关性；②居民积蓄率与居民收入比之间全国为-0.7303，呈极强负相关，16个省域呈-50%以上（更大负值）强负相关性；③与居民消费率之间全国为-0.8947，呈极强负相关，25个省域呈-50%以上（更大负值）强负相关性；④与物质消费比之间全国为-0.9201，呈极强负相关，30个省域呈-50%以上（更大负值）强负相关性；⑤与非物消费比之间全国为-0.1884，呈很弱负相关，23个省域呈现负相关，其间14个省域呈-50%以上（更大负值）强负相关性。

对应数据链之间比值升降变化相关系数的高低、正负差异在于，其间增长升降的同步性是强还是弱，升降变化的趋向性相近还是相左。后台数据库检测表明，2000~2015 年，全国民生富裕度增高 19.48%，而财政收入比增高 66.24%；居民积蓄率增高 26.14%，而居民收入比降低 5.24%，居民消费率降低 12.48%，物质消费比降低 13.81%，非物消费比增高 7.25%。需要补充说明，本来积蓄率与消费比在同一层次，完全切分居民收入形成绝对负相关，达到极致反而会失去分析价值，换用消费率对应尚有比较意义。

四 "全面小康"进程居民积蓄富足指数排行

2015 年统计数据为目前已经正式出版公布的最新年度全国及各地系统数据。全国及各地居民积蓄子系统专项指数排行见表 5，分区域以 2015 年度无差距横向检测结果位次排列。

表 5　全国及各地居民积蓄子系统专项指数排行

地区	各五年期起始年纵向检测（基数值=100）						2015 年度检测			
	"十五"以来 15 年（2000~2015 年）		"十一五"以来 10 年（2005~2015 年）		"十二五"以来 5 年（2010~2015 年）		基数值纵向检测（2014 年=100）		无差距横向检测（理想值=100）	
	检测指数	排序	检测指数	排序	检测指数	排序	检测指数	排序	检测指数	排序
全国	185.91	—	145.30	—	108.47	—	102.11	—	78.84	—
辽宁	214.59	6	167.24	6	111.82	12	102.32	16	92.79	3
黑龙江	167.46	21	144.47	12	112.91	9	102.09	18	87.54	7
吉林	198.96	8	125.61	25	100.22	25	99.52	25	82.03	14
东北	195.31	[1]	148.58	[3]	109.91	[2]	101.61	[3]	88.27	[1]
上海	171.13	19	166.37	7	112.73	10	104.61	11	98.63	1
北京	204.93	7	134.15	19	105.07	18	101.25	21	93.65	2
浙江	184.85	14	151.03	10	118.49	4	101.68	19	92.01	4
山东	182.66	15	142.29	14	114.59	7	102.18	17	88.66	5
天津	144.46	29	123.38	28	104.31	20	112.84	3	87.72	6

续表

地区	各五年期起始年纵向检测（基数值=100）						2015年度检测			
	"十五"以来15年（2000~2015年）		"十一五"以来10年（2005~2015年）		"十二五"以来5年（2010~2015年）		基数值纵向检测（2014年=100）		无差距横向检测（理想值=100）	
	检测指数	排序	检测指数	排序	检测指数	排序	检测指数	排序	检测指数	排序
江苏	169.26	20	123.98	23	107.63	16	104.42	12	86.38	9
福建	156.59	25	123.62	27	102.76	22	111.05	4	84.56	12
广东	150.90	27	131.79	22	99.42	26	102.54	15	82.98	13
海南	159.91	24	126.15	24	106.63	17	98.61	27	81.87	16
河北	132.70	30	114.77	30	94.40	29	104.77	9	80.93	19
东部	167.61	[4]	134.84	[4]	107.45	[4]	103.07	[1]	84.63	[2]
山西	188.28	12	133.87	20	118.92	3	104.03	14	86.83	8
河南	180.58	16	133.43	21	109.44	13	104.77	10	85.50	10
江西	195.71	9	155.32	9	108.81	15	100.06	23	85.01	11
安徽	177.86	17	159.80	5	115.47	5	97.63	28	81.88	15
湖北	172.66	18	145.23	11	104.52	19	97.33	29	81.08	18
湖南	239.24	3	163.37	8	102.44	23	109.39	6	79.61	20
中部	193.49	[3]	150.28	[2]	110.20	[1]	101.78	[2]	83.91	[3]
广西	231.44	5	226.50	1	114.68	6	95.54	31	81.75	17
新疆	165.24	22	143.43	13	113.39	8	110.04	5	78.99	21
西藏	245.42	1	226.61	2	112.08	11	107.76	7	78.36	22
重庆	195.64	10	141.84	15	99.11	27	104.35	13	76.66	23
内蒙古	163.95	23	123.35	29	103.05	21	712.81	1	75.88	24
云南	235.72	4	173.96	4	128.12	2	100.72	22	74.84	25
陕西	239.29	2	187.09	3	131.60	1	106.89	8	74.42	26
四川	155.21	26	134.29	18	96.81	28	99.69	24	70.53	27
宁夏	194.62	11	124.86	26	102.06	24	98.78	26	67.98	28
贵州	186.01	13	138.88	16	109.30	14	101.67	20	67.77	29
青海	120.26	31	101.26	31	81.26	31	125.68	2	66.35	30
甘肃	144.86	28	138.19	17	93.68	30	96.84	30	65.20	31
西部	193.52	[2]	157.26	[1]	109.03	[3]	101.47	[4]	73.67	[4]

1. 最新数据年度理想值横向检测

2015年度无差距横向检测居民积蓄富足指数，全国为78.84，即设各类人均值城乡、地区无差距为理想值100加以比较衡量，全国总体差距尚存21.16个点。

21个省域此项指数高于全国指数，即居民积蓄指数检测结果高于全国平均水平；10个省域此项指数低于全国指数，即居民积蓄指数检测结果低于全国平均水平。

在此项检测中，上海、北京、辽宁、浙江、山东占据前5位。上海此项指数98.63为最高值，高于全国总体指数19.79个点；甘肃此项指数65.20为最低值，低于全国总体指数13.64个点。

2. 2014年以来基数值纵向检测

上一年度基数值纵向检测居民积蓄富足指数，全国为102.11，即设2014年为基数值100加以对比衡量，至2015年提升2.11%。

17个省域此项指数高于全国指数，即居民积蓄指数提升速度高于全国平均速度；14个省域此项指数低于全国指数，即居民积蓄指数提升速度低于全国平均速度。

在此项检测中，内蒙古、青海、天津、福建、新疆占据前5位。内蒙古此项指数712.81为最高值，即指数提升612.81%；广西此项指数95.54为最低值，即指数降低4.46%。

3. 2000年以来基数值纵向检测

"十五"以来15年纵向检测居民积蓄富足指数，全国为185.91，即设2000年为基数值100加以对比衡量，至2015年提升85.91%。

13个省域此项指数高于全国指数，即居民积蓄指数提升速度高于全国平均速度；18个省域此项指数低于全国指数，即居民积蓄指数提升速度低于全国平均速度。

在此项检测中，西藏、陕西、湖南、云南、广西占据前5位。西藏此项指数245.42为最高值，即指数提升145.42%；青海此项指数120.26为最低值，即指数仅提升20.26%。

4. 2005年以来基数值纵向检测

"十一五"以来10年纵向检测居民积蓄富足指数，全国为145.30，即设 2005 年为基数值 100 加以对比衡量，至 2015 年提升 45.30%。

10 个省域此项指数高于全国指数，即居民积蓄指数提升速度高于全国平均速度；21 个省域此项指数低于全国指数，即居民积蓄指数提升速度低于全国平均速度。

在此项检测中，广西、西藏、陕西、云南、安徽占据前 5 位。广西此项指数 236.50 为最高值，即指数提升 136.50%；青海此项指数 101.26 为最低值，即指数仅提升 1.26%。

5. 2010 年以来基数值纵向检测

"十二五"以来 5 年纵向检测居民积蓄富足指数，全国为 108.47，即设 2010 年为基数值 100 加以对比衡量，至 2015 年提升 8.47%。

15 个省域此项指数高于全国指数，即居民积蓄指数提升速度高于全国平均速度；16 个省域此项指数低于全国指数，即居民积蓄指数提升速度低于全国平均速度。

在此项检测中，陕西、云南、山西、浙江、安徽占据前 5 位。陕西此项指数 131.60 为最高值，即指数提升 31.60%；青海此项指数 81.26 为最低值，即指数降低 18.74%。

现有增长关系格局存在经济增长与民生发展不够协调的问题，存在城乡、区域间民生发展不够均衡的问题，维持现有格局既有增长关系并非应然选择。实现经济、社会、民生发展的协调性，增强城乡、区域发展的均衡性，均为"全面建成小康社会"的既定目标，有些甚至可以具体化为约束性指标。假定全国及各地城乡比、地区差不再扩大以至消除，居民积蓄增长将更加明显，各地排行也将发生变化，可对"全面建成小康社会"进程最后攻坚起到"倒计时"预测提示作用。

五 "全面小康"目标年居民积蓄增长预测

1. 实现居民积蓄率最佳值及最小城乡比应然测算

居民积蓄率与居民消费比形成反向对应，实现居民消费需求拉动经济增长目标，反向指标亦即保持居民积蓄率不再上升，按全国及各地居民积蓄率历年最低值测算 2020 年居民积蓄总量、人均值，再取居民积蓄历年最小城乡比进行演算。据此假定推演居民积蓄"应然增长"动向，亦即协调增长"应有目标"，预测全国及各地2020年居民积蓄主要数据及居民积蓄指数见表6，分区域以2015~2020年纵向检测假定目标差距位次排列。

表6　全国及各地2020年居民积蓄应然增长测算

地区	实现居民积蓄率最佳值及最小城乡比测算				居民积蓄专项指数测算			
	居民积蓄		人均值差距		2015~2020年纵向检测（2015年基数值=100）		2020年度横向检测（无差距理想值=100）	
	城乡总量（亿元）	城乡人均（元）	地区差（无差距=1）	城乡比（乡村=1）	差距指数	排序（倒序）	预测指数	排序
全国	138104.65	9823.13	1.3426	2.1978	128.05	—	83.76	—
黑龙江	2639.10	6930.47	1.2945	1.6136	110.40	3	85.34	24
吉林	2461.94	8886.98	1.0953	1.6820	129.44	8	95.39	14
辽宁	4015.84	9010.12	1.0828	1.1069	134.95	12	92.61	16
东北	9116.89	8261.58	1.1575	1.4628	120.75	[1]	87.71	[3]
上海	4338.15	15646.71	1.5928	1.9536	108.12	2	86.01	23
浙江	9643.51	16472.52	1.6769	2.2086	114.37	4	92.51	17
山东	14666.18	14478.90	1.4740	1.6523	126.20	7	100.02	11
海南	948.44	9975.67	1.0155	1.6616	133.54	11	98.83	12
北京	3794.25	14968.58	1.5238	1.3075	139.68	15	89.40	20
广东	14959.52	12798.65	1.3029	1.7300	143.89	16	102.22	10
福建	5569.10	13977.86	1.4230	2.1851	147.85	18	102.94	8
天津	3265.97	17677.29	1.7996	1.0144	154.60	20	128.49	1
江苏	16174.39	19694.21	2.0049	1.1745	162.39	22	113.19	3
河北	6829.69	8871.22	1.0969	1.1787	166.75	23	102.49	9
东部	80189.22	14403.51	1.4910	1.7001	133.61	[2]	96.30	[1]
江西	5256.64	11219.94	1.1422	2.5648	121.97	6	93.69	15
湖南	5165.35	7379.73	1.2487	3.6142	130.17	9	78.94	27
河南	10010.69	10509.52	1.0699	1.3964	139.64	14	104.18	6
安徽	5656.28	9190.85	1.0644	1.7299	153.55	19	92.47	18
湖北	7237.67	12233.40	1.2454	1.2343	175.50	24	107.48	4
山西	3354.96	8800.12	1.1041	1.0339	180.82	26	95.65	13

续表

地区	实现居民积蓄率最佳值及最小城乡比测算				居民积蓄专项指数测算			
	居民积蓄		人均值差距		2015~2020年纵向检测（2015年基数值=100）		2020年度横向检测（无差距理想值=100）	
	城乡总量（亿元）	城乡人均（元）	地区差（无差距=1）	城乡比（乡村=1）	差距指数	排序（倒序）	预测指数	排序
中部	36681.59	9889.15	1.1458	1.7365	139.71	[3]	93.00	[2]
云南	2345.36	4806.74	1.5107	5.4836	97.73	1	63.95	31
新疆	1549.35	6108.35	1.3782	2.5479	115.13	5	77.07	28
广西	3887.83	8002.14	1.1854	2.6082	130.76	10	85.34	25
陕西	2488.31	6503.15	1.3380	4.3995	138.91	13	73.99	30
西藏	136.15	3916.41	1.6013	1.0900	146.03	17	81.97	26
四川	5795.31	7067.11	1.2806	2.3227	161.09	21	87.06	22
重庆	3440.85	11026.91	1.1225	1.4211	178.21	25	103.67	7
宁夏	502.76	7151.51	1.2720	1.9280	197.60	27	87.69	21
贵州	3374.42	9801.28	1.0022	3.0410	203.31	28	104.32	5
内蒙古	4186.22	16292.40	1.6586	2.7134	619.05	29	114.07	2
甘肃	1104.64	4245.25	1.5678	2.2913	640.82	30	74.31	29
青海	331.85	5439.28	1.4463	3.6150	35532.43	31	90.33	19
西部	29143.05	7730.98	1.3636	2.8508	145.17	[4]	81.85	[4]

注：①全国及各地总量分别演算，各地之和不等于全国总量；另表外附加城镇、乡村人均值按最小城乡比反推演算，势必突破相应背景数值关系，于是全国及各地积蓄与总消费之和对应收入测算数值或有出入，实属此项测算设计使然。②纵向检测排序取倒序，指数越低差距越小，其中青海差距极大，原因在于当前居民积蓄城乡比急剧扩大；横向检测指数普遍接近，区域差异明显减小，部分省域指数超出无差距理想值100，由其他指标明显提升所致。

假定实现居民积蓄率最佳值及最小城乡比测算，2020年全国城乡居民积蓄总量应达138104.65亿元，人均值应为9823.13元。14个省域人均值应高于全国人均值，17个省域人均值应低于全国人均值。其中，江苏人均值最高，应为19694.21元，高达全国人均值的200.49%；西藏人均值最低，应为3916.41元，低至全国人均值的39.87%。

全国城乡居民积蓄人均值地区差应为1.3426，即31个省域人均值与全国人均值的绝对偏差平均值为34.26%。18个省域人均值地区差应小于全国地区差，13个省域人均值地区差应大于全国地区差。其中，贵州人均值地区差1.0022应为最小值，即与全国人均值的绝对偏差为0.22%，仅为全国总体地区差的74.65%；江苏人均值地区差2.0049应为最大值，即与全国人均值的绝对偏差为100.49%，高达全国总体地区差的149.33%。

基于城乡人均值测算反推，全国城镇居民积蓄人均值应为12402.94元。12个省域城镇人均值应高于全国城镇人均值，19个省域城镇人均值应低于全国城镇人均值。其中，内蒙古城镇人均值最高，应为23464.68元，高达全国城镇人均值的189.19%；西藏城镇人均值最低，应为4163.44元，低至全国城镇人均值的33.57%。

基于城镇人均值演算反推，全国乡村居民积蓄人均值应为5643.23元，仅为城镇人均值的45.50%。19个省域乡村人均值应高于全国乡村人均值，12个省域乡村人均值应低于全国乡村人均值。其中，江苏乡村人均值最高，应为19880.62元，高达全国乡村人均值的352.29%；云南乡村人均值最低，应为1481.22元，低至全国乡村人均值的26.25%。

全国居民积蓄人均值城乡比应为2.1978，即全国城镇人均值为乡村人均值的219.78%，其间倍差为2.20。19个省域人均值城乡比应小于全国城乡比，12个省域人均值城乡比应大于全国城乡比。其中，天津人均值城乡比1.0144应为最小值，即城镇与乡村的人均值倍差为1.01，仅为全国总体城乡比的46.15%；云南人均值城乡比5.4836应为最大值，即城镇与乡村的人均值倍差为5.48，高达全国总体城乡比的249.50%。

2015~2020年纵向检测居民积蓄富足指数，全国应为128.05，即设2015年为基数值100加以对比衡量，2020年要达到假定目标需提升28.05%。在此假定"应然目标"下，纵向检测指数即为差距测量结果，指数越低意味着差距越小，越容易实现。

7个省域此项指数应低于全国指数，即假定测算居民积蓄指数提升差距小于全国总体差距；24个省域此项指数应高于全国指数，即假定测算居民积蓄指数提升差距大于全国总体差距。其中，云南此项指数97.73应为最低值，即达到假定增长测算目标的差距最小；青海此项指数35532.43应为最高值，即达到假定增长测算目标的差距最大。

2020年度横向检测居民积蓄富足指数，全国应为83.76，即设收入人均值城乡、地区无差距为理想值100加以比较衡量，全国总体差距尚存16.24

个点。在此假定"应然目标"下，四大区域横向检测指数较为接近，地区性差异排序部分失去意义。

25个省域此项指数应高于全国指数，即假定测算居民积蓄指数高于全国平均水平；6个省域此项指数应依次低于全国指数，即假定测算居民积蓄指数低于全国平均水平。其中，天津此项指数128.49应为最高值，即达到假定目标情况下高于全国总体指数44.73个点；云南此项指数63.95应为最低值，即达到假定目标情况下低于全国总体指数19.81个点。

在此项假定测算中，预设全国所有省域同步达到"应然目标"，各地纵向检测差距愈大，倘若实现则横向检测排行有可能愈靠前，反之亦然。

保持居民积蓄率不再上升（亦即积蓄对消费的抑制作用不再强化），实现居民积蓄最小城乡比"应然目标"，本身即为"协调增长"的基本需要。据此假定测算可见，由于预设乡村居民积蓄加速增长，到2020年实现历年最小城乡比，全国及所有省域城乡综合演算的居民积蓄总量、人均值将大幅提升。在假定实现最小城乡比情况下，与2015年相比，全国居民积蓄城乡比应极显著缩小，31个省域城乡比相应缩小；全国居民积蓄地区差仍将略微扩大，16个省域地区差相应扩大。其中极少部分省域居民积蓄城乡比趋于缩小，2020年城乡比本身即为最小城乡比。

特别应当注意，各地居民积蓄富足指数不仅普遍提升，而且相互接近，在四大区域之间尤为接近。

2. 实现居民积蓄率最佳值并弥合城乡比理想测算

城乡差距系民生发展"非均衡性"的最主要成因，假定全国及各地实现居民积蓄率历年最佳值并同步弥合城乡比，以城镇人均值作为城乡持平人均值进行测算，可以检测最终消除城乡差距的实际距离。据此假定推演居民积蓄"理想增长"动向，亦即均衡发展"理想目标"，预测全国及各地2020年居民积蓄主要数据及居民积蓄指数见表7，分区域以2015~2020年纵向检测假定目标差距位次排列。

假定实现居民积蓄率最佳值并弥合城乡比测算，2020年全国城乡居民积蓄总量应达212028.68亿元，城乡持平人均值应为15081.21元，即前面测算的城镇人均值水平。16个省域人均值应高于全国人均值，15个省域人均值应低于全国人均值。其中，内蒙古人均值最高，应为24415.54元，高达全国人均值的 161.89%；西藏人均值最低，应为 6361.93 元，低至全国人均值的 42.18%。

表 7　全国及各地 2020 年居民积蓄理想增长测算

地区	实现居民积蓄率最佳值并弥合城乡比测算			居民积蓄专项指数测算			
	城乡总量（亿元）	城与乡人均值（元）	地区差（无差距=1）	2015~2020 年纵向检测（2015 年基数值=100）		2020 年度横向检测（无差距理想值=100）	
				差距指数	排序（倒序）	预测指数	排序
全国	212028.68	15081.21	1.2349	199.49	—	96.60	—
黑龙江	3452.44	9066.36	1.3988	138.05	1	86.83	30
辽宁	4618.20	10361.60	1.3129	140.23	2	84.02	31
吉林	3680.26	13284.78	1.1191	171.07	9	102.66	21
东北	11750.90	10627.18	1.2770	145.38	[1]	87.57	[4]
上海	4819.22	17381.81	1.1525	142.23	3	89.06	28
浙江	12795.07	21855.84	1.4492	160.66	4	98.77	23
天津	3654.69	19781.23	1.3116	161.07	5	110.74	8
山东	20418.84	20158.10	1.3366	165.41	6	104.71	18
北京	4203.25	16582.10	1.0995	167.23	7	88.60	29
海南	1366.59	14373.75	1.0469	176.12	10	103.73	19
江苏	18773.59	22859.03	1.5157	182.19	12	102.73	20
广东	20078.64	17178.35	1.1391	195.73	15	106.09	16
河北	10924.60	14190.20	1.0591	205.86	17	108.46	13
福建	7550.88	18951.89	1.2567	226.66	19	108.81	11
东部	104585.38	13100.15	1.2367	165.88	[2]	90.67	[3]
河南	15161.56	15917.06	1.0554	179.07	11	109.66	10
江西	8034.27	17148.61	1.1371	191.17	14	106.54	15
山西	5222.87	13699.68	1.0916	200.07	16	96.89	24
湖北	11803.55	19950.84	1.3229	222.04	18	113.93	4
安徽	10318.90	16767.11	1.1118	230.13	20	108.71	12
湖南	10542.42	15061.96	1.0013	274.42	24	107.89	14
中部	61083.57	18033.60	1.1200	208.24	[3]	109.91	[2]
西藏	221.17	6361.93	1.5782	169.40	8	92.42	26
新疆	2531.53	9980.59	1.3382	188.29	13	92.98	25

续表

地区	实现居民积蓄率最佳值并弥合城乡比测算			居民积蓄专项指数测算			
	城乡总量（亿元）	城与乡人均值（元）	地区差（无差距=1）	2015~2020年纵向检测（2015年基数值=100）		2020年度横向检测（无差距理想值=100）	
				差距指数	排序（倒序）	预测指数	排序
云南	4790.73	9818.48	1.3490	232.11	21	90.92	27
重庆	5288.69	16948.69	1.1238	232.78	22	109.81	9
广西	7939.73	16341.96	1.0836	234.86	23	111.38	6
四川	11053.02	13478.63	1.1063	291.41	25	112.44	5
宁夏	875.37	12451.75	1.1744	324.72	26	104.93	17
陕西	4931.74	12888.59	1.1454	335.05	27	100.03	22
贵州	7440.90	21612.67	1.4331	428.26	28	139.49	2
甘肃	2759.88	10606.55	1.2967	1422.81	29	111.38	7
内蒙古	6273.41	24415.54	1.6189	1503.44	30	126.05	3
青海	814.29	13346.81	1.1150	128257.90	31	142.73	1
西部	54920.45	18941.14	1.2802	303.67	[4]	117.50	[1]

注：①全国及各地总量分别演算，各地之和不等于全国总量。②纵向检测排序取倒序，指数越低差距越小，其中青海差距极大，原因在于当前居民积蓄城乡比急剧扩大；横向检测指数普遍接近无差距理想值100，尚存地区差距影响，部分省域指数超出无差距理想值100，由其他指标明显提升所致。

全国城乡居民积蓄人均值地区差应为1.2349，即31个省域人均值与全国人均值的绝对偏差平均值为23.49%。17个省域人均值地区差应小于全国地区差，14个省域人均值地区差应大于全国地区差。其中，湖南人均值地区差1.0013应为最小值，即与全国人均值的绝对偏差为0.13%，仅为全国总体地区差的81.08%；内蒙古人均值地区差1.6189应为最大值，即与全国人均值的绝对偏差为61.89%，高达全国总体地区差的131.10%。

2015~2020年纵向检测居民积蓄富足指数，全国应为199.49，即设2015年为基数值100加以对比衡量，2020年要达到假定目标需提升99.49%。在此假定"理想目标"下，纵向检测指数即为差距测量结果，指数越低意味着差距越小，越容易实现。

15个省域此项指数应低于全国指数，即假定测算居民积蓄指数提升差距小于全国总体差距；16个省域此项指数应高于全国指数，即假定测算居民积蓄指数提升差距大于全国总体差距。其中，黑龙江此项指数 138.05 应为最低值，即达到假定增长测算目标的差距最小；青海此项指数 128257.90 应为最高值，即达到假定增长测算目标的差距最大。

2020 年度横向检测居民积蓄富足指数，全国应为 96.60，即设各类人均值城乡、地区无差距为理想值 100 加以比较衡量，全国总体差距仅存 3.40 个点。在此假定"理想目标"下，四大区域横向检测指数极为接近，地区性差异排序几乎失去意义。

24 个省域此项指数应高于全国指数，即假定测算居民积蓄指数略高于全国平均水平；7 个省域此项指数应低于全国指数，即假定测算居民积蓄指数略低于全国平均水平。其中，青海此项指数 142.73 应为最高值，即达到假定目标情况下高于全国总体指数 46.13 个点；辽宁此项指数 84.02 应为最低值，即达到假定目标情况下低于全国总体指数 12.58 个点。

在此项假定测算中，预设全国所有省域同步达到"理想目标"，各地纵向检测差距愈大，倘若实现则横向检测排行有可能愈靠前，反之亦然。

实现弥合居民积蓄城乡比"理想目标"，本身即为"均衡发展"的理念要求。据此假定测算可见，由于预设乡村居民积蓄高速增长，到 2020 年人均值与城镇持平，全国及各地城乡综合演算的居民积蓄总量、人均值将大幅提升。在假定弥合城乡比情况下，与 2015 年相比，全国居民积蓄地区差亦随之极显著缩小，18 个省域地区差相应缩小，各地直观差异明显缩减。由此可知，既有城乡差距加大了地区差距。

特别应当注意，各地居民积蓄富足指数普遍十分接近，在四大区域之间更为明显。

省域报告

Reports on Provinces

R.8 上海：2015年度民生指数排名第1位[*]

刘娟娟[**]

摘要：2000~2015年，上海城乡综合演算的各类民生数据人均值持续稳步增长，2015年居民收入人均值为2000年的4.54倍，总消费为4.19倍，物质生活消费为4.23倍，非物生活消费为4.12倍，积蓄为5.63倍。居民收入比从36.99%极显著上升至48.04%，居民消费率从27.95%显著上升至33.51%；尤其应注意居民收入年均增长明显低于财政收入年增3.72个百分点，居民消费支出年均增长明显低于财政支出年增3.46个百分点。居民收入、总消费、物质生活消费、非物生活消费、积蓄地区差全方位不断缩小，居民消费需求（包括总消费及物质生活、非物生活消费三个方面）城乡比

---

[*] 限于篇幅，无法全面展开省域单独分析，以兼顾排行位次与区域分布的方式选取子报告：按R.2技术报告兼综合指数排行报告表5（2015年测评排行汇总表）横向及纵向5类测评领先位次，取东、中、西部和东北（为平衡数量归入河北、山东）四大区域各自省排名、直辖市单列排名、自治区单列排名首位，最后以位次排文（相同位次则按先横向后较长时段纵向测评位次）。未有独立子报告的省域见该报告详尽展开列表的各地分析对比及各类排行。

[**] 刘娟娟，云南农业职业技术学院工程学院讲师，主要从事民族文化研究。

大都继续扩大，居民收入、积蓄城乡比继续扩大。物质生活消费比重略微增高0.61个百分点，非物生活消费比重略微降低0.61个百分点，消费结构出现一定"逆升级"变化；而居民积蓄率从24.43%持续明显升高至30.25%，反过来对消费需求的抑制作用加重。

关键词： 上海　人民生活　民生指数　检测和评价

一　上海经济财政增长与民生发展基本态势

上海经济财政增长与城乡人民生活发展关系态势见图1，限于制图容量，图1仅列出产值数据，财政收入、支出数据置于后台进行相关演算。

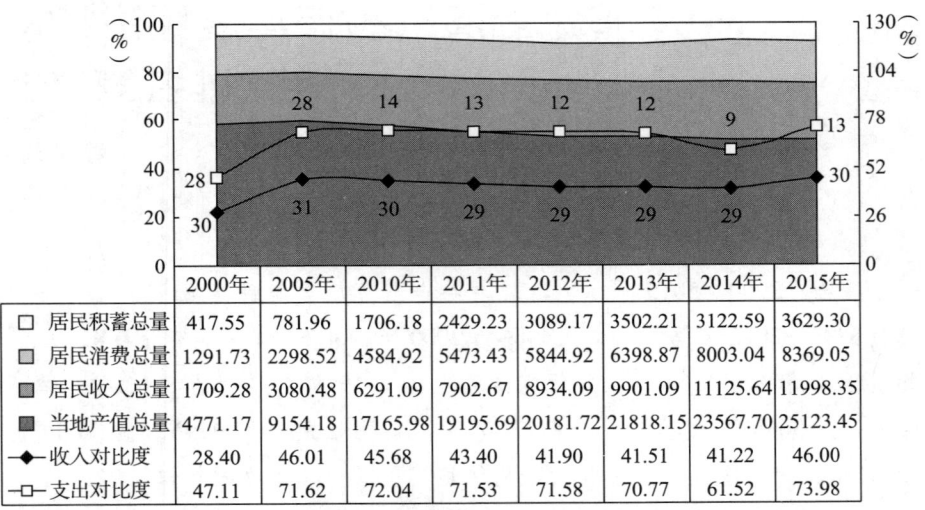

图1　上海经济财政增长与城乡人民生活发展关系态势

左轴面积：当地产值与居民收入、消费、积蓄总量（亿元转换为%），各项数值历年变化呈直观比例。右轴曲线：（基于财政演算）收入对比度、支出对比度（%）。囿于制图空间，省略若干年度，文中描述历年变化包括省略年度，全文同。标注当地收入对比度、支出对比度省域排序位次。

1. 上海产值、财政收支总量增长状况

2000年，上海产值总量为4771.17亿元，另据本项检测后台数据库，财政收入总量为485.38亿元，财政支出总量为608.56亿元；2015年，上海产值总量为25123.45亿元，财政收入总量为5519.50亿元，财政支出总量为6191.56亿元。

2000年以来的15年间，上海产值总量年均增长11.71%，同期财政收入总量年均增长17.59%，财政支出总量年均增长16.73%。财政收入和支出增长大大超过产值增长，这意味着，在以历年产值来体现的当地总财富中，各级财政收取并支用的部分占越来越大的比例。

2. 居民收入、消费和积蓄总量增长状况

2000年，上海城乡居民收入总量为1709.28亿元，消费总量为1291.73亿元，积蓄总量为417.55亿元；2015年，上海城乡居民收入总量为11998.35亿元，消费总量为8369.05亿元，积蓄总量为3629.30亿元。

2000年以来的15年间，上海城乡居民收入总量年均增长13.87%，消费总量年均增长13.27%，积蓄总量年均增长15.51%。2000~2015年，上海城乡居民收入年均增长率高于产值增长2.16个百分点，低于财政收入增长3.72个百分点；居民消费年均增长率高于产值增长1.56个百分点，低于财政支出增长3.46个百分点。

在此有必要检测上海各类数据历年增长相关系数：产值与居民收入增长之间为0.1736（极弱正相关性），与居民消费增长之间为0.2221（极弱正相关性），可简化理解为居民收入、消费与产值历年增长分别在17.36%和22.21%的程度上同步；财政收入与居民收入增长之间为0.1877，即二者历年增长在18.77%的程度上同步，呈极弱正相关性，居民收入增长极显著滞后；财政支出与居民消费增长之间为0.0341，即二者历年增长在3.41%的程度上同步，呈极弱正相关性，居民消费增长更极显著滞后。

3. 收入对比度、支出对比度历年变化状况

收入对比度即在居民收入与财政收入之间求取相关性比值（可双向对应演算，互为倒数百分值）。基于上海财政收入演算（与居民收入之商值），2000年（财政）收入对比度为28.40%，2015年（财政）收入对比度为46.00%。由于其他省域相应变化，上海收入对比度位次保持第30位不变。

从上海财政收入变化来看，15年间从居民收入的28.40%提高到46.00%，相对关系值增大了62.00%。这表明，在当地社会总财富历年分配中，财政收入所占份额扩增，而居民收入所占份额缩减，其间相互关系用收入对比度变动来表示。上海居民收入比与财政收入比历年变化相关系数为0.6585，

呈较弱正相关性,即两项比值之间在65.85%的程度上同步变动。

支出对比度即在居民消费与财政支出之间求取相关性比值(同样可双向对应演算,互为倒数百分值)。基于上海财政支出演算(与居民消费之商值),2000年(财政)支出对比度为47.11%,2015年(财政)支出对比度为73.98%。由于其他省域相应变化,上海支出对比度位次从2000年的第28位升至2015年的第13位。

从上海财政支出变化来看,15年间从居民消费的47.11%提高到73.98%,相对关系值增大了57.03%。这表明,在当地社会总财富历年支配中,财政支出所占份额扩增,而居民消费所占份额缩减,其间相互关系用支出对比度变动来表示。上海居民消费率与财政支出比历年变化相关系数为0.5064,呈很弱正相关性,即两项比值之间在50.64%的程度上同步变动。

以上各类总量数据的分析已经反映出,进入"全面建成小康社会"进程以来,"国富"的程度和速度明显高于"民富"的程度和速度。当然,这仅仅是对宏观层面的一种基本概括,深入透视上海民生发展的具体情况,特别是微观层面的深刻变化,还有必要对人民生活各类数据人均值进行检测,尤其需要尽可能展开各个方面的相关性分析。

二 上海居民收入增长态势

居民收入及其相关性分析为民生指数检测系统的二级子系统之一。上海居民收入及其相关性变动态势见图2。

1. 城乡综合人均值及其地区差变动状况

基于上海城乡综合值演算,2000年,居民收入人均值为10974.50元,人均收入地区差为2.9798;2015年,居民收入人均值为49867.17元,人均收入地区差为2.2702。在这15年间,上海城乡居民人均收入年均增长10.62%(由于当地人口增长,居民收入人均值演算增长率略低于总量演算增长率)。

基于当地城乡居民收入人均值与全国人均值之间历年绝对偏差值演算,2000~2015年,上海居民收入人均值地区差最小(最佳)值为2013年的2.2327,最大值为2001年的2.9976。在这15年间,上海居民收入人均值地

上海：2015年度民生指数排名第1位

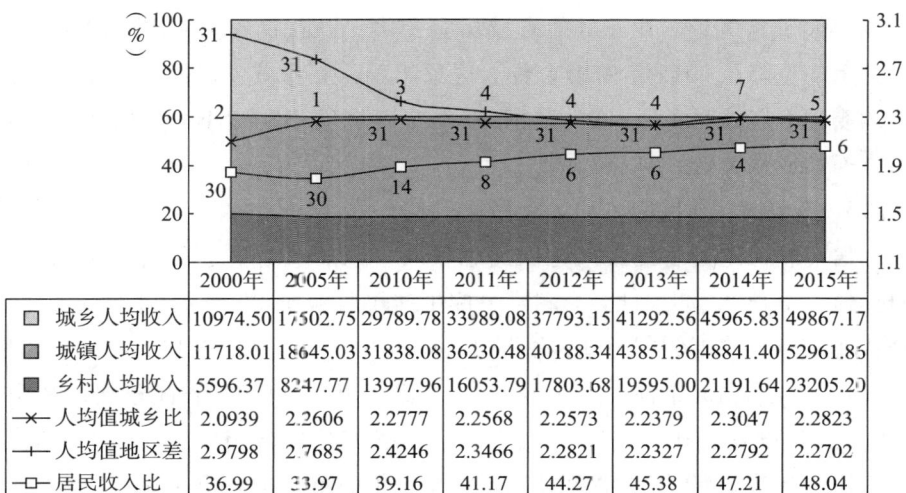

	2000年	2005年	2010年	2011年	2012年	2013年	2014年	2015年
城乡人均收入	10974.50	17502.75	29789.78	33989.08	37793.15	41292.56	45965.83	49867.17
城镇人均收入	11718.01	18645.03	31838.08	36230.48	40188.34	43851.36	48841.40	52961.85
乡村人均收入	5596.37	8247.77	13977.96	16053.79	17803.68	19595.00	21191.64	23205.20
人均值城乡比	2.0939	2.2606	2.2777	2.2568	2.2573	2.2379	2.3047	2.2823
人均值地区差	2.9798	2.7685	2.4246	2.3466	2.2821	2.2327	2.2792	2.2702
居民收入比	36.99	33.97	39.16	41.17	44.27	45.38	47.21	48.04

图2　上海居民收入及其相关性变动态势

左轴面积：当地城乡综合、城镇、乡村居民收入人均值（元转换为%），各项数值历年变化呈直观比例。右轴曲线：居民收入人均值城乡比（乡村=1）、地区差（无差距=1）。左轴曲线：居民收入比（与产值即国民总收入近似值比）（%）。另需说明，本项检测经多重演算，衍生数值屡四舍五入，可能出现小数细微出入，实属演算常规，无误，全文同。标注当地居民收入比及其城乡比、地区差省域排序位次。

区差缩小了23.81%。由于其他省域相应变化，上海收入地区差位次保持第31位不变。这意味着，上海与其余各地居民收入增长的同步均衡性有所增强，体现出"全面小康"建设进程在缩小居民收入地区差距方面的有效进展。

2. 城镇与乡村人均值及其城乡比变动状况

2000年，上海城镇居民收入人均值为11718.01元，乡村居民收入人均值为5596.37元，收入城乡比为2.0939；2015年，上海城镇居民收入人均值为52961.86元，乡村居民收入人均值为23205.20元，收入城乡比为2.2823。在这15年间，上海城镇居民人均收入年均增长10.58%，乡村居民人均收入年均增长9.95%，乡村人均值年均增长率低于城镇年增0.63个百分点。城乡之间增长相关系数为0.5195，即历年增长同步程度为51.95%，呈很弱正相关性，城乡增长走势缺乏历年保持并行的良好均衡度。

基于当地居民收入城镇人均值与乡村人均值之间历年绝对值差异演算，2000～2015年，上海居民收入人均值城乡比最小（最佳）值为2000年的2.0939，最大值为2004年的2.3609。在这15年间，上海居民收入人均值城乡比扩大了9.00%。由于其他省域相应变化,上海收入城乡比位次从2000年的第2位降至2015年的第5位。这意味着,上海城乡居民收入增长的同步均衡性有所减弱,体现出"全面小康"建设进程在缩小居民收入城乡差距方面的成效欠佳。

3. 城乡综合居民收入比历年变化状况

居民收入比为居民收入与国民总收入(以产值为其近似值)之间的相对比值(商值),亦即社会总财富分配中居民收益所得部分。以上海城乡综合数值演算,2000年居民收入比为36.99%,2015年居民收入比为48.04%。在这15年间,上海居民收入比上升了11.05个百分点;其中,"十二五"以来上升了8.88个百分点。由于其他省域相应变化,上海居民收入比位次从2000年的第30位升至2015年的第6位。很明显,国家"十二五"规划制定的"努力实现居民收入增长与经济发展同步"的"约束性指标"已经产生显著作用。

基于居民收入与产值(国民总收入当地份额近似值)之间历年数值演算,2000～2015年,上海居民收入比最高(最佳)值为2015年的48.04%,最低值为2007年的33.30%,2015年达到历年最佳值。这意味着,当地居民收入增长与经济发展的同步协调性有所增强,甚而居民收入增长业已反超产值增长以补积年"拖欠"。

三 上海居民消费增长及其结构性分析

居民消费及其相关性分析为民生指数检测系统的二级子系统之二。上海居民总消费及其相关性变动态势见图3。

1. 城乡综合人均值及其地区差变动状况

基于上海城乡综合值演算,2000年,居民总消费人均值为8293.64元,人均总消费地区差为2.9084;2015年,居民总消费人均值为34783.55元,人均总消费地区差为2.2138。在这15年间,上海城乡居民人均总消费年均增长10.03%(由于当地人口增长,人均值演算增长率略低于总量演算增长率)。

基于当地城乡居民总消费人均值与全国人均值之间历年绝对偏差值演算,2000～2015年,上海居民总消费人均值地区差最小(最佳)值为2013

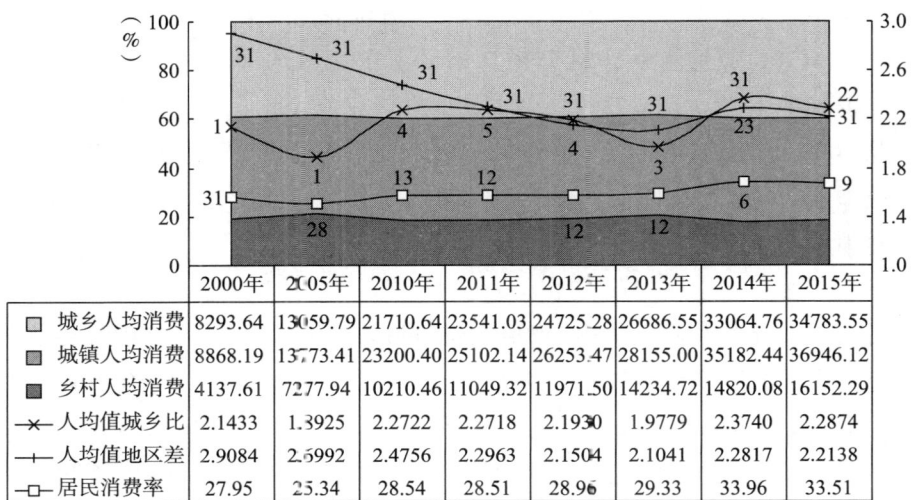

图 3　上海居民总消费及其相关性变动态势

左轴面积：当地城乡综合、城镇、乡村居民总消费人均值（元转换为%），各项数值历年变化呈直观比例。右轴曲线：居民总消费人均值城乡比（乡村=1）、地区差（无差距=1）。左轴曲线：居民消费率（与产值比）（%）。标注当地居民消费率及其城乡比、地区差省域排序位次。

年的 2.1041，最大值为 2000 年的 2.9084。在这 15 年间，上海居民总消费人均值地区差缩小了 23.88%。由于其他省域相应变化，上海消费地区差位次保持第 31 位不变。这意味着，上海与其余各地居民总消费增长的同步均衡性有所增强，体现出"全面小康"建设进程在缩小居民总消费地区差距方面的有效进展。

2. 城镇与乡村人均值及其城乡比变动状况

2000 年，上海城镇居民总消费人均值为 8868.19 元，乡村居民总消费人均值为 4137.61 元，总消费城乡比为 2.1433；2015 年，上海城镇居民总消费人均值为 36946.12 元，乡村居民总消费人均值为 16152.29 元，总消费城乡比为 2.2874。在这 15 年间，上海城镇居民人均总消费年均增长 9.98%，乡村居民人均值年均增长 9.50%，乡村人均总消费年均增长率低于城镇年增 0.48 个百分点。城乡之间增长相关系数为 -0.3035，即历年增长逆向程度为 30.35%，呈较弱负相关性，城乡增长走势缺乏历年保持并行的良好均衡度。

基于当地居民总消费城镇人均值与乡村人均值之间历年绝对值差异演

算，2000~2015年，上海居民总消费人均值城乡比最小（最佳）值为2006年的1.8438，最大值为2014年的2.3740。在这15年间，上海居民总消费人均值城乡比扩大了6.72%。由于其他省域相应变化，上海消费城乡比位次从2000年的第1位降至2015年的第22位。这意味着，上海城乡居民总消费增长的同步均衡性有所减弱，体现出"全面小康"建设进程在缩小居民总消费城乡差距方面的成效欠佳。

3. 城乡综合居民消费率历年变化状况

居民消费率为居民消费与产值之间的相对比值（商值），亦即社会总财富支配中居民消费支出部分。以上海城乡综合数值演算，2000年居民消费率为27.95%，2015年居民消费率为33.51%。在这15年间，上海居民消费率上升了5.56个百分点。由于其他省域相应变化，上海居民消费率位次从2000年的第31位升至2015年的第9位。自应对国际金融危机实施"拉动内需，扩大消费，改善民生"国策以来，上海居民消费率已经有所回升。

基于居民总消费与产值之间历年数值演算，2000~2015年，上海居民消费率最高（最佳）值为2014年的33.96%，最低值为2006年的24.29%，2014年达到历年最佳值。这意味着，当地居民消费拉动经济增长的同步协调性有所增强。还应注意到，上海居民消费率的上升程度小于当地居民收入比的上升程度，反过来即意味着居民积蓄率上升，同时亦即积蓄对消费的抑制作用加重。

居民消费子系统可相对自成一体，其下又包含八个三级子系统，即国家现行统计制度下"人民生活"总消费支出中的各分类单项消费。本项检测将其划分为"物质生活消费"和"非物生活消费"两个大类，其间消费结构变化尤其值得关注。

2000年以来的15年间，上海各类消费人均值年均增长率、比重值升降变化（百分比演算更为精确）排序：居住消费年增19.94%，比重上升264.80%，为最高；交通通信消费年增13.36%，比重上升56.36%，为次高；医疗保健消费年增11.14%，比重上升16.21%，为第三高；教育文化娱乐消费年增8.16%，比重下降22.67%，为第四高；衣着消费年增7.84%，比重下降26.01%，为第五高；食品烟酒消费年增6.39%，比重下降39.62%，为第六高；生活用品及服务消费年增5.41%，比重下降47.46%，为次低；其他用品及服务消费年增 4.87%，比重下降 51.35%，为最低。

四 上海物质生活消费综合增长态势

居民物质生活消费合计及其相关性分析为民生指数检测系统的二级子系统之三。上海居民物质生活消费合计及其相关性变动态势见图 4。

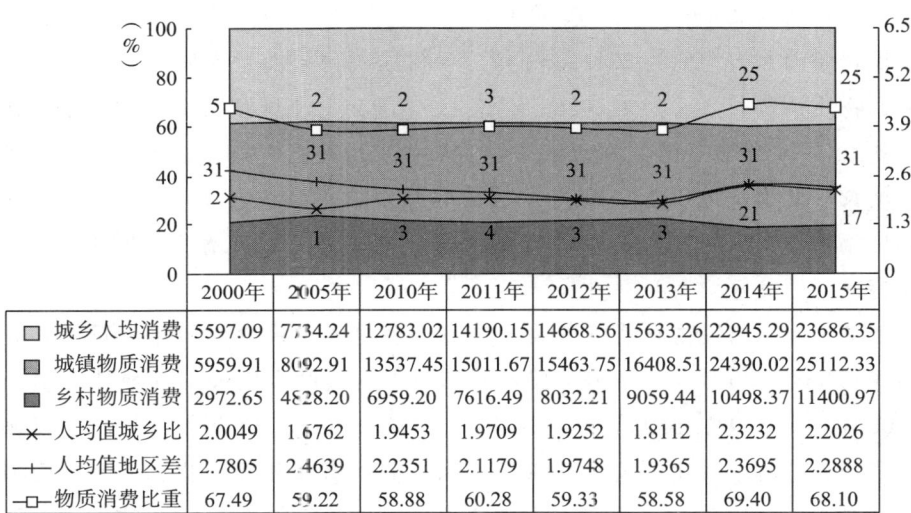

图 4 上海居民物质生活消费合计及其相关性变动态势

左轴面积：当地城乡综合、城镇、乡村居民物质生活消费合计人均值（元转换为%），各项数值历年变化呈直观比例。右轴曲线：居民物质消费人均值城乡比（乡村=1）、地区差（无差距=1）。左轴曲线：居民物质消费比重（占总消费比）(%)。标注当地居民物质消费比重及其城乡比、地区差省域排序位次。

1. 城乡综合人均值及其地区差变动状况

基于上海城乡综合值演算，2000 年居民物质消费人均值为 5597.09 元，人均物质消费地区差为 2.7805；2015 年居民物质消费人均值为 23686.35 元，人均物质消费地区差为 2.2888。在这 15 年间，上海城乡居民人均物质消费年均增长 10.10%。

基于当地城乡居民物质消费人均值与全国人均值之间历年绝对偏差值演算，2000~2015 年，上海居民物质消费人均值地区差最小（最佳）值为 2013 年的 1.9365，最大值为 2000 年的 2.7805。在这 15 年间，上海居民物质消费人均值地区差缩小了17.68%。由于其他省域相应变化,上海物质消费地区差位次保持第31位不变。这意味着,上海与其余各地居民物质消费增长的同步均衡性有所增强,体现出"全面小康"建设进程在缩小居民物质消费地区差距方面的有效进展。

2. 城镇与乡村人均值及其城乡比变动状况

2000年,上海城镇居民物质消费人均值为5959.91元,乡村居民物质消费人均值为2972.65元,物质消费城乡比为2.0049;2015年,上海城镇居民物质消费人均值为25112.33元,乡村居民物质消费人均值为11400.97元,物质消费城乡比为2.2026。在这15年间,上海城镇居民人均物质消费年均增长10.06%,乡村居民人均物质消费年均增长9.38%,乡村人均值年均增长率低于城镇年增0.68个百分点。城乡之间增长相关系数为0.3703,即历年增长同步程度为37.03%,呈极弱正相关性,城乡增长走势缺乏历年保持并行的良好均衡度。

基于当地居民物质消费城镇人均值与乡村人均值之间历年绝对值差异演算,2000~2015年,上海居民物质消费人均值城乡比最小(最佳)值为2006年的1.5392,最大值为2014年的2.3232。在这15年间,上海居民物质消费人均值城乡比扩大了9.86%。由于其他省域相应变化,上海物质消费城乡比位次从2000年的第2位降至2015年的第17位。这意味着,上海城乡居民物质消费增长的同步均衡性有所减弱,体现出"全面小康"建设进程在缩小居民物质消费城乡差距方面的成效欠佳。

3. 城乡综合物质消费比重历年变化状况

基于上海城乡综合数值演算,2000年居民物质消费比重为67.49%,2015年居民物质消费比重为68.10%。在这15年间,上海居民物质消费比重上升了0.61个百分点。由于其他省域相应变化,上海物质消费比重位次从2000年的第5位降至2015年的第25位。上海居民物质消费比重持续降低,意味着人民在保证物质生活"必需消费"之外,还有越来越多的余钱用以满足非物质消费需求。

基于居民物质消费与总消费之间历年数值演算,2000~2015年,上海居民物质消费比重最低(最佳)值为2007年的57.81%,最高值为2014年的69.40%。从"全面小康"建设进程初期2007年,到新近数据年度2014

年，上海居民物质消费比重由历年最低值持续上升至历年最高值，这表明当地人民生活水平尚待完全超越满足衣食温饱需求的消费层次提升阶段。

五 上海非物生活消费综合增长态势

居民非物生活消费合计及其相关性分析为民生指数检测系统的二级子系统之四。上海居民非物生活消费合计及其相关性变动态势见图5。

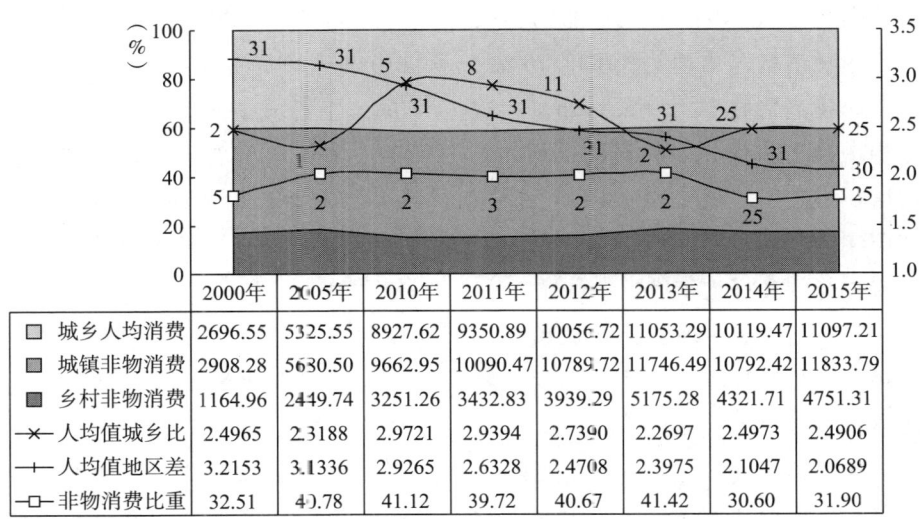

	2000年	2005年	2010年	2011年	2012年	2013年	2014年	2015年
□ 城乡人均消费	2696.55	5325.55	8927.62	9350.89	10056.72	11053.29	10119.47	11097.21
▨ 城镇非物消费	2908.28	5630.50	9662.95	10090.47	10789.72	11746.49	10792.42	11833.79
■ 乡村非物消费	1164.96	2449.74	3251.26	3432.83	3939.29	5175.28	4321.71	4751.31
—×— 人均值城乡比	2.4965	2.3188	2.9721	2.9394	2.7390	2.2697	2.4973	2.4906
—+— 人均值地区差	3.2153	3.1336	2.9265	2.6328	2.4708	2.3975	2.1047	2.0689
—□— 非物消费比重	32.51	40.78	41.12	39.72	40.67	41.42	30.60	31.90

图5 上海居民非物生活消费合计及其相关性变动态势

左轴面积：当地城乡综合、城镇、乡村居民非物生活消费合计人均值（元转换为％），各项数值历年变化呈直观比例。右轴曲线：居民非物消费人均值城乡比（乡村＝1）、地区差（无差距＝1）。左轴曲线：居民非物消费比重（占总消费比）（％）。标注当地居民非物消费比重及其城乡比、地区差省域排序位次。

1. 城乡综合人均值及其地区差变动状况

基于上海城乡综合值演算，2000年居民非物消费人均值为2696.55元，人均非物消费地区差为3.2153；2015年居民非物消费人均值为11097.21元，人均非物消费地区差为2.0689。在这15年间，上海城乡居民人均非物消费年均增长9.89％。

基于当地城乡居民非物消费人均值与全国人均值之间历年绝对偏差值演算，2000～2015年，上海居民非物消费人均值地区差最小（最佳）值为

2015年的2.0689，最大值为2001年的3.3282。在这15年间，上海居民非物消费人均值地区差缩小了35.65%。由于其他省域相应变化，上海非物消费地区差位次从2000年的第31位升至2015年的第30位。这意味着，上海与其余各地居民非物消费增长的同步均衡性有所增强，体现出"全面小康"建设进程在缩小居民非物消费地区差距方面的有效进展。

2. 城镇与乡村人均值及其城乡比变动状况

2000年，上海城镇居民非物消费人均值为2908.28元，乡村居民非物消费人均值为1164.96元，非物消费城乡比为2.4965；2015年，上海城镇居民非物消费人均值为11833.79元，乡村居民非物消费人均值为4751.31元，非物消费城乡比为2.4906。在这15年间，上海城镇居民人均非物消费年均增长9.81%，乡村居民人均非物消费年均增长9.82%，乡村人均值年均增长率高于城镇年增0.01个百分点。城乡之间增长相关系数为0.6411，即历年增长同步程度为64.11%，呈较弱正相关性，城乡增长走势缺乏历年保持并行的良好均衡度。

基于当地居民非物消费城镇人均值与乡村人均值之间历年绝对值差异演算，2000~2015年，上海居民非物消费人均值城乡比最小（最佳）值为2013年的2.2697，最大值为2008年的3.0410。在这15年间，上海居民非物消费人均值城乡比缩小了0.23%。由于其他省域相应变化，上海非物消费城乡比位次从2000年的第2位降至2015年的第25位。这意味着，上海城乡居民非物消费增长的同步均衡性有所增强，体现出"全面小康"建设进程在缩小居民非物消费城乡差距方面的有效进展。

3. 城乡综合非物消费比重历年变化状况

基于上海城乡综合数值演算，2000年居民非物消费比重为32.51%，2015年居民非物消费比重为31.90%。在这15年间，上海居民非物消费比重下降了0.61个百分点。由于其他省域相应变化，上海非物消费比重位次从2000年的第5位降至2015年的第25位。上海居民非物消费比重持续提高，意味着人民在保证物质生活"必需消费"之外，确实越来越注重追求非物质生活"应有消费"。

基于居民非物消费与总消费之间历年数值演算，2000~2015年，上海居民非物消费比重最高（最佳）值为2007年的42.19%，最低值为2014年的 30.60%。从"全面小康"建设进程初期 2007 年，到新近数据年度 2014 年，上海居民非物消费比重由历年最高值持续下降至历年最低值，这表明当地人民生活水平尚待转入注重非物质生活需求的消费结构优化阶段。

六 上海居民积蓄增长及其相关性分析

居民积蓄及其相关性分析为民生指数检测系统的二级子系统之五。上海居民积蓄及其相关性变动态势见图 6。

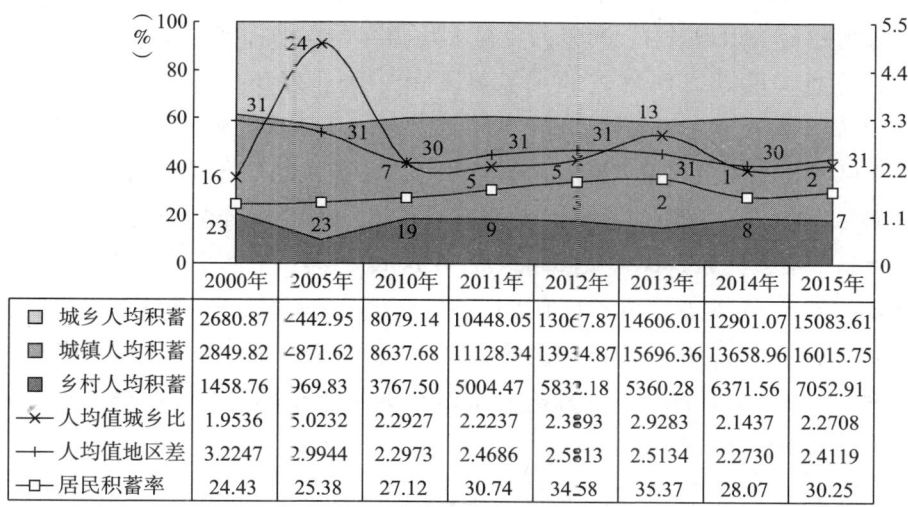

图 6 上海居民积蓄及其相关性变动态势

左轴面积：当地城乡综合、城镇、乡村居民积蓄人均值（元转换为%），各项数值历年变化呈直观比例。右轴曲线：居民积蓄人均值城乡比（乡村=1）、地区差（无差距=1）。左轴曲线：居民积蓄率（占居民收入比）（%）。标注当地居民积蓄率及其城乡比、地区差省域排序位次。

1. 城乡综合人均值及其地区差变动状况

基于上海城乡综合值演算，2000 年居民积蓄人均值为 2680.87 元，人均积蓄地区差为 3.2247；2015 年居民积蓄人均值为 15083.61 元，人均积蓄地区差为 2.4119。在这 15 年间，上海城乡居民人均积蓄年均增长 12.21%。

基于当地城乡居民积蓄人均值与全国人均值之间历年绝对偏差值的平均值演算，2000~2015 年，上海居民积蓄人均值地区差最小（最佳）值为 2014 年的 2.2730，最大值为 2001 年的 3.3763。在这 15 年间，上海居民积蓄人均值地区差缩小了25.21%。由于其他省域相应变化，上海居民积蓄地区差位次保持第31位不变。这意味着，上海与其余各地居民积蓄增长的同步均衡性有所增强，体现出"全面小康"建设进程在缩小居民积蓄地区差距方面的有效进展。

2. 城镇与乡村人均值及其城乡比变动状况

2000年，上海城镇居民积蓄人均值为2849.82元，乡村居民积蓄人均值为1458.76元，积蓄城乡比为1.9536；2015年，上海城镇居民积蓄人均值为16015.75元，乡村居民积蓄人均值为7052.91元，积蓄城乡比为2.2708。在这15年间，上海城镇居民人均积蓄年均增长12.20%，乡村居民人均积蓄年均增长11.08%，乡村人均值年均增长率低于城镇年增1.12个百分点。城乡之间增长相关系数为0.2103，即历年增长同步程度为21.03%，呈极弱正相关性，城乡增长走势缺乏历年保持并行的良好均衡度。

基于当地居民积蓄城镇人均值与乡村人均值之间历年绝对值差异演算，2000~2015年，上海居民积蓄人均值城乡比最小（最佳）值为2000年的1.9536，最大值为2004年的5.4941。在这15年间，上海居民积蓄人均值城乡比扩大了16.24%。由于其他省域相应变化，上海居民积蓄城乡比位次从2000年的第16位升至2015年的第2位。这意味着，上海城乡居民积蓄增长的同步均衡性有所减弱，体现出"全面小康"建设进程在缩小居民积蓄城乡差距方面的成效欠佳。

3. 城乡综合居民积蓄率历年变化状况

基于上海城乡综合数值演算，2000年居民积蓄率为24.43%，2015年居民积蓄率为30.25%。在这15年间，上海居民积蓄率上升了5.82个百分点。由于其他省域相应变化，上海居民积蓄率位次从2000年的第23位升至2015年的第7位。上海居民积蓄率持续提高，意味着人民劳动所得可以保证物质生活"必需消费"、社会生活和精神生活"应有消费"，越来越多的宽余"闲钱"可供人民自由支配。

基于居民积蓄与收入之间历年数值演算，2000~2015年，上海居民积蓄率最高（最佳）值为2013年的35.37%，最低值为2002年的20.67%。从"全面小康"建设进程初期2002年，到新近数据年度2013年，上海居民积蓄率由历年最低值持续上升至历年最高值，表明当地人民生活水平已经进入更加充裕富足的阶段。

到这里，有必要归纳对比上海经济、财政与人民生活各类数据的增长变化差异。2000 年以来的 15 年间，上海产值、财政收入和支出、城乡居民收入、总消费、物质生活和非物生活消费、积蓄人均值年均增长率排序：财政收入年增 14.19%，为最高；财政支出年增 13.34%，为次高；积蓄年增 12.21%，为第三高；居民收入年增 10.62%，为第四高；物质生活消费年增 10.10%，为第五高；居民总消费年增 10.03%，为第六高；非物生活消费年增 9.89%，为次低；产值年增 8.71%，为最低。其间，上海当地经济增长，财政收支额度增高，居民收入、消费（包括物质生活、非物生活消费）和积蓄增多之间的相对关系一目了然。

七　上海民生发展指数综合检测

全面汇总以上各类数据分析检测，以及置于后台数据库的全部相关测量演算，检测系统共包含一级指标（子系统）5 项，二级指标（类别项）41 项，三级指标（演算项）156 项测算数值，最终综合加权得出上海民生发展指数检测结果。2000 年以来上海城乡居民生活发展指数变动态势见图 7。

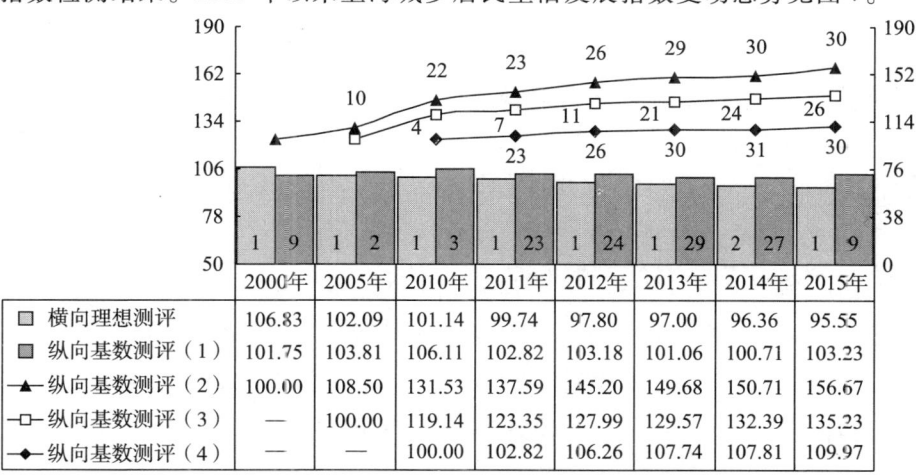

图 7　2000 年以来上海城乡居民生活发展指数变动态势

左轴柱形：横向理想测评（无差距理想值 = 100）；纵向基数测评（1），上年 = 100。
右轴曲线：纵向基数测评（起点年基数值 = 100），（2）以 2000 年为起点，（3）以 2005 年为起点，（4）以 2010 年为起点。标注各类测评结果省域排序位次。

1. 各年度理想值横向检测指数

假定上海各类民生数据城乡、地区无差距理想值为100，2015年上海城乡民生发展检测指数为95.55，低于无差距理想值4.45%，低于上年（2014年）检测指数0.81个点。上海此项检测指数在省域间排行的变化，2000年为第1位，2005年与2000年持平，2010年与2000年持平，2015年从上年第2位上升为第1位。

各年度（包括图中省略年度）此项检测指数对比，2000～2001年、2003～2006年、2010年7个年度高于无差距理想值100；2003年、2005～2006年、2010年4个年度高于上年检测指数值。其中，历年民生指数最高值为2000年的106.83，最低值为2015年的95.55。

2. 历年基数值纵向检测指数

以上一年度（2014年）起点数据指标演算基数值为100，2015年上海城乡民生发展检测指数为103.23，高于起点年基数值3.23%，高于上年检测指数2.52个点。上海此项检测指数在省域间排行的变化，2000年为第9位，2005年为第2位，2010年为第3位，2015年从上年第27位上升为第9位。

各年度（包括图中省略年度）此项检测指数对比，2000～2001年、2003年、2005～2015年14个年度高于起点年基数值100；2003年、2005年、2008年、2010年、2012年、2015年6个年度高于上年检测指数值。其中，历年民生指数最高值为2010年的106.11，最低值为2002年的99.84。

3. 2000年以来基数值纵向检测指数

以"全面小康"建设进程起点年"十五"末年2000年数据指标演算基数值为100，2015年上海城乡民生发展检测指数为156.67，高于起点年基数值56.67%，高于上年检测指数5.96个点。上海此项检测指数在省域间排行的变化，2005年为第10位，2010年为第22位，2015年与2014年持平，皆为第30位。

各年度（包括图中省略年度）此项检测指数对比，各个年度均高于起点年基数值100；2003～2015年有13个年度高于上年检测指数值。其中，历年民生指数最高值为2015年的156.67，最低值为2002年的100.24。

4. 2005年以来基数值纵向检测指数

以"全面小康"建设进程第一个五年期"十一五"末年2005年数据指标演算基数值为100，2015年上海城乡民生发展检测指数为135.23，高于起点年基数值35.23%，高于上年检测指数2.84个点。上海此项检测指数在省域间排行的变化，2010年为第4位，2015年从上年第24位下降为第26位。

各年度（包括图中省略年度）此项检测指数对比，各个年度均高于起点年基数值100；各个年度均高于上年检测指数值。其中，历年民生指数最高值为2015年的135.23，最低值为2006年的102.72。

5. 2010年以来基数值纵向检测指数

以"全面小康"建设进程第二个五年期"十二五"末年2010年数据指标演算基数值为100，2015年上海城乡民生发展检测指数为109.97，高于起点年基数值9.97%，高于上年检测指数2.16个点。上海此项检测指数在省域间排行的变化，2011年为第23位，2015年从上年第31位上升为第30位。

各年度（包括图中省略年度）此项检测指数对比，各个年度均高于起点年基数值100；各个年度均高于上年检测指数值。其中，历年民生指数最高值为2015年的109.97，最低值为2011年的102.82。

归纳全文各个方面的分析检测，2000~2015年，上海城乡综合演算的各类民生数据人均值持续稳步增长，2015年居民收入人均值为2000年的4.54倍，总消费为4.19倍，物质生活消费为4.23倍，非物生活消费为4.12倍，积蓄为5.63倍。居民收入比从36.99%极显著上升至48.04%，居民消费率从27.95%显著上升至33.51%；尤其应注意居民收入年均增长明显低于财政收入年增3.72个百分点，居民消费支出年均增长明显低于财政支出年增3.46个百分点。居民收入、总消费、物质生活消费、非物生活消费、积蓄地区差全方位不断缩小，居民消费需求（包括总消费及物质生活、非物生活消费三个方面）城乡比大都继续扩大，居民收入、积蓄城乡比继续扩大。物质生活消费比重略微增高0.61个百分点，非物生活消费比重略微降低0.61个百分点，消费结构出现一定"逆升级"变化；而居民积蓄率从24.43%持续明显升高至30.25%，反过来对消费需求的抑制作用加重。

R.9 西藏：2000~2015年民生指数提升第1位

辉 煌*

摘要： 2000~2015年，西藏城乡综合演算的各类民生数据人均值持续稳步增长，2015年居民收入人均值为2000年的4.98倍，总消费为4.25倍，物质生活消费为3.99倍，非物生活消费为5.54倍，积蓄为7.68倍。但居民收入比从53.87%极显著下降至38.30%，居民消费率从42.45%极显著下降至25.77%，"十二五"期间略有回升；尤其应注意居民收入年均增长极显著低于财政收入年增10.79个百分点，居民消费支出年均增长极显著低于财政支出年增11.15个百分点。居民收入、总消费、物质生活消费、非物生活消费、积蓄地区差大都继续扩大，居民消费需求（包括总消费及物质生活、非物生活消费三个方面）城乡比全面逐步缩小，居民收入、积蓄城乡比逐渐缩小。物质生活消费比重明显降低5.05个百分点，非物生活消费比重明显增高5.05个百分点，消费结构出现较大"升级"变化；而居民积蓄率从21.20%持续极显著升高至32.71%，反过来对消费需求的抑制作用加重。

关键词： 西藏 人民生活 民生指数 检测和评价

一 西藏经济财政增长与民生发展基本态势

西藏经济财政增长与城乡人民生活发展关系态势见图1，限于制图容量，图1仅列出产值数据，财政收入、支出数据置于后台进行相关演算。

---

* 辉煌，旅美留学生，就读于美国加州大学洛杉矶分校。

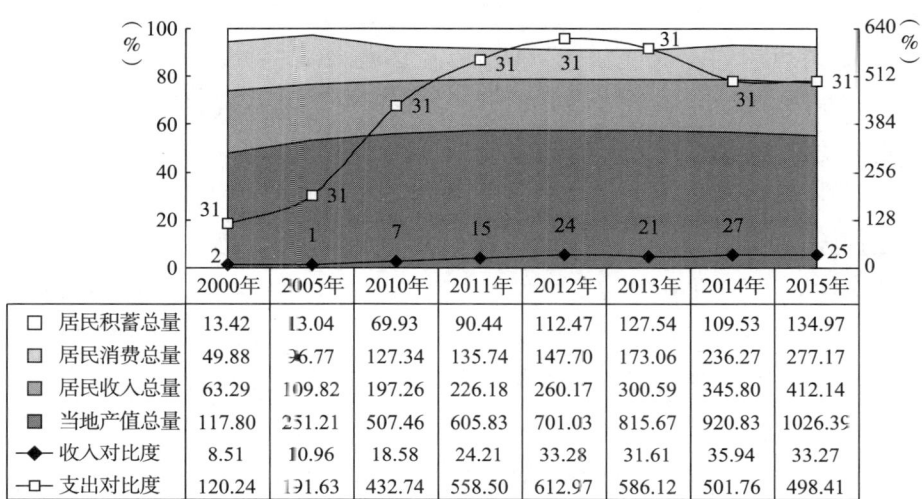

图1 西藏经济财政增长与城乡人民生活发展关系态势

左轴面积：当地产值与居民收入、消费、积蓄总量（亿元转换为%），各项数值历年变化呈直观比例。右轴曲线：（基于财政演算）收入对比度、支出对比度（%）。囿于制图空间，省略若干年度，文中描述历年变化包括省略年度，全文同。标注当地收入对比度、支出对比度省域排序位次。

1. 西藏产值、财政收支总量增长状况

2000年，西藏产值总量为117.80亿元，另据本项检测后台数据库，财政收入总量为5.38亿元，财政支出总量为59.97亿元；2015年，西藏产值总量为1026.39亿元，财政收入总量为137.13亿元，财政支出总量为1381.46亿元。

2000年以来的15年间，西藏产值总量年均增长15.53%，同期财政收入总量年均增长24.09%，财政支出总量年均增长23.26%。财政收入和支出增长大大超过产值增长，这意味着，在以历年产值来体现的当地总财富中，各级财政收取并支用的部分占越来越大的比例。

2. 居民收入、消费和积蓄总量增长状况

2000年，西藏城乡居民收入总量为63.29亿元，消费总量为49.88亿元，积蓄总量为13.42亿元；2015年，西藏城乡居民收入总量为412.14亿元，消费总量为277.17亿元，积蓄总量为134.97亿元。

2000年以来的15年间，西藏城乡居民收入总量年均增长13.30%，消费总量年均增长12.11%，积蓄总量年均增长16.64%。2000~2015年，西藏城乡居民收入年均增长率低于产值增长2.23个百分点，低于财政收入增长10.79个百分点；居民消费年均增长率低于产值增长3.42个百分点，低于财政支出增长11.15个百分点。

在此有必要检测西藏各类数据历年增长相关系数：产值与居民收入增长之间为0.1501（极弱正相关性），与居民消费增长之间为－0.2646（较弱负相关性），可简化理解为居民收入、消费与产值历年增长分别在15.01%和26.46%的程度上同步；财政收入与居民收入增长之间为0.2603，即二者历年增长在26.03%的程度上同步，呈极弱正相关性，居民收入增长极显著滞后；财政支出与居民消费增长之间为－0.2505，即二者历年增长在25.05%的程度上同步，呈较弱负相关性，居民消费增长更极显著滞后。

3. 收入对比度、支出对比度历年变化状况

收入对比度即在居民收入与财政收入之间求取相关性比值（可双向对应演算，互为倒数百分值）。基于西藏财政收入演算（与居民收入之商值），2000年（财政）收入对比度为8.51%，2015年（财政）收入对比度为33.27%。由于其他省域相应变化，西藏收入对比度位次从2000年的第2位降至2015年的第25位。

从西藏财政收入变化来看，15年间从居民收入的8.51%提高到33.27%，相对关系值增大了291.08%。这表明，在当地社会总财富历年分配中，财政收入所占份额扩增，而居民收入所占份额缩减，其间相互关系用收入对比度变动来表示。西藏居民收入比与财政收入比历年变化相关系数为－0.7429，呈极强负相关性，即两项比值之间在74.29%的程度上逆向变动。

支出对比度即在居民消费与财政支出之间求取相关性比值（同样可双向对应演算，互为倒数百分值）。基于西藏财政支出演算（与居民消费之商值），2000年（财政）支出对比度为120.24%，2015年（财政）支出对比度为498.41%。由于其他省域相应变化，西藏支出对比度位次保持第31位不变。

从西藏财政支出变化来看，15年间从居民消费的120.24%提高到498.41%，相对关系值增大了314.52%。这表明，在当地社会总财富历年

支配中,财政支出所占份额扩增,而居民消费所占份额缩减,其间相互关系用支出对比度变动来表示。西藏居民消费率与财政支出比历年变化相关系数为-0.8931,呈极强负相关性,即两项比值之间在89.31%的程度上逆向变动。

以上各类总量数据的分析已经反映出,进入"全面建成小康社会"进程以来,"国富"的程度和速度明显高于"民富"的程度和速度。当然,这仅仅是对宏观层面的一种基本概括,深入透视西藏民生发展的具体情况,特别是微观层面的深刻变化,还有必要对人民生活各类数据人均值进行检测,尤其需要尽可能展开各个方面的相关性分析。

二 西藏居民收入增长态势

居民收入及其相关性分析为民生指数检测系统的二级子系统之一。西藏居民收入及其相关性变动态势见图2。

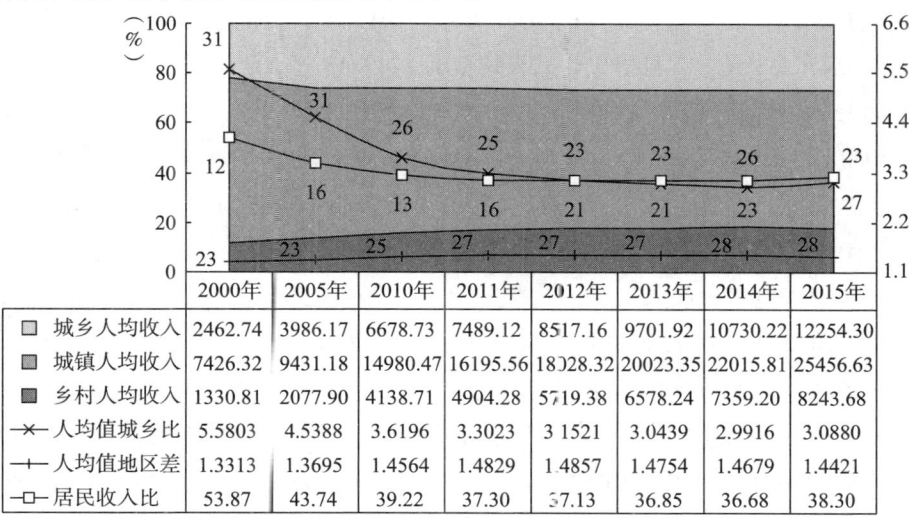

图2 西藏居民收入及其相关性变动态势

左轴面积:当地城乡综合、城镇、乡村居民收入人均值(元转换为%),各项数值历年变化呈直观比例。右轴曲线:居民收入人均值城乡比(乡村=1)、地区差(无差距=1)。左轴曲线:居民收入比(与产值即国民总收入近似值比)(%)。另需说明,本项检测经多重演算,衍生数值屡屡四舍五入,可能出现小数细微出入,实属演算常规,无误,全文同。标注当地居民收入比及其城乡比、地区差省域排序位次。

1. 城乡综合人均值及其地区差变动状况

基于西藏城乡综合值演算，2000年，居民收入人均值为2462.74元，人均收入地区差为1.3313；2015年，居民收入人均值为12254.30元，人均收入地区差为1.4421。在这15年间，西藏城乡居民人均收入年均增长11.29%（由于当地人口增长，居民收入人均值演算增长率略低于总量演算增长率）。

基于当地城乡居民收入人均值与全国人均值之间历年绝对偏差值演算，2000~2015年，西藏居民收入人均值地区差最小（最佳）值为2000年的1.3313，最大值为2012年的1.4857。在这15年间，西藏居民收入人均值地区差扩大了8.32%。由于其他省域相应变化，西藏收入地区差位次从2000年的第23位降至2015年的第28位。这意味着，西藏与其余各地居民收入增长的同步均衡性有所减弱，体现出"全面小康"建设进程在缩小居民收入地区差距方面的成效欠佳。

2. 城镇与乡村人均值及其城乡比变动状况

2000年，西藏城镇居民收入人均值为7426.32元，乡村居民收入人均值为1330.81元，收入城乡比为5.5803；2015年，西藏城镇居民收入人均值为25456.63元，乡村居民收入人均值为8243.68元，收入城乡比为3.0880。在这15年间，西藏城镇居民人均收入年均增长8.56%，乡村居民人均收入年均增长12.93%，乡村人均值年均增长率高于城镇年增4.37个百分点。城乡之间增长相关系数为0.1851，即历年增长同步程度为18.51%，呈极弱正相关性，城乡增长走势缺乏历年保持并行的良好均衡度。

基于当地居民收入城镇人均值与乡村人均值之间历年绝对值差异演算，2000~2015年，西藏居民收入人均值城乡比最小（最佳）值为2014年的2.9916，最大值为2001年的5.6048。在这15年间，西藏居民收入人均值城乡比缩小了44.66%。由于其他省域相应变化，西藏收入城乡比位次从2000年的第31位升至2015年的第27位。这意味着，西藏城乡居民收入增长的同步均衡性有所增强，体现出"全面小康"建设进程在缩小居民收入城乡差距方面的有效进展。

3. 城乡综合居民收入比历年变化状况

居民收入比为居民收入与国民总收入（以产值为其近似值）之间的相对比值（商值），亦即社会总财富分配中居民收益所得部分。以西藏城乡综合数值演算，2000年居民收入比为53.87%，2015年居民收入比为38.30%。在这15年间，西藏居民收入比下降了15.57个百分点；其中，"十二五"以来仅下降0.92个百分点。由于其他省域相应变化，西藏居民收入比位次从2000年的第12位降至2015年的第23位。很明显，国家"十二五"规划制定"努力实现居民收入增长与经济发展同步"的"约束性指标"已经产生显著作用。

基于居民收入与产值（国民总收入当地份额近似值）之间历年数值演算，2000~2015年，西藏居民收入比最高（最佳）值为2000年的53.87%，最低值为2014年的36.68%，近年来仍未回复2000年初始值，更未达到2000年最佳值。这意味着，当地居民收入增长与经济发展的同步协调性有待增强，甚而居民收入增长或应反超产值增长以补积年"拖欠"。

三 西藏居民消费增长及其结构性分析

居民消费及其相关性分析为民生指数检测系统的二级子系统之二。西藏居民总消费及其相关性变动态势见图3。

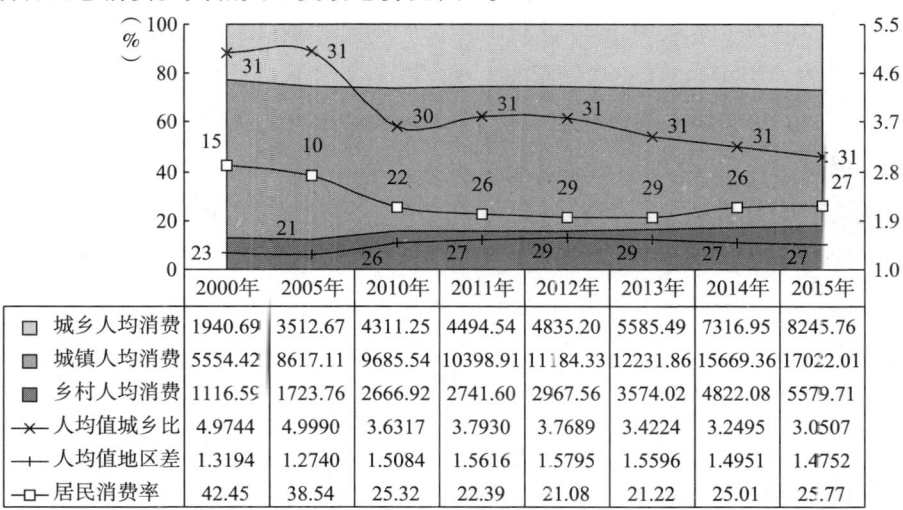

图3 西藏居民总消费及其相关性变动态势

左轴面积：当地城乡综合、城镇、乡村居民总消费人均值（元转换为%），各项数值历年变化呈直观比例。右轴曲线：居民总消费人均值城乡比（乡村=1）、地区差（无差距=1）。左轴曲线：居民消费率（与产值比）（%）。标注当地居民消费率及其城乡比、地区差省域排序位次。

1. 城乡综合人均值及其地区差变动状况

基于西藏城乡综合值演算，2000年居民总消费人均值为1940.69元，人均总消费地区差为1.3194；2015年居民总消费人均值为8245.76元，人均总消费地区差为1.4752。在这15年间，西藏城乡居民人均总消费年均增长10.12%（由于当地人口增长，人均值演算增长率略低于总量演算增长率）。

基于当地城乡居民总消费人均值与全国人均值之间历年绝对偏差值演算，2000~2015年，西藏居民总消费人均值地区差最小（最佳）值为2004年的1.2604，最大值为2012年的1.5795。在这15年间，西藏居民总消费人均值地区差扩大了11.81%。由于其他省域相应变化，西藏消费地区差位次从2000年的第23位降至2015年的第27位。这意味着，西藏与其余各地居民总消费增长的同步均衡性有所减弱，体现出"全面小康"建设进程在缩小居民总消费地区差距方面的成效欠佳。

2. 城镇与乡村人均值及其城乡比变动状况

2000年，西藏城镇居民总消费人均值为5554.42元，乡村居民总消费人均值为1116.59元，总消费城乡比为4.9744；2015年，西藏城镇居民总消费人均值为17022.01元，乡村居民总消费人均值为5579.71元，总消费城乡比为3.0507。在这15年间，西藏城镇居民人均总消费年均增长7.75%，乡村居民人均值年均增长11.32%，乡村人均总消费年均增长率高于城镇年增3.57个百分点。城乡之间增长相关系数为-0.0908，即历年增长逆向程度为9.08%，呈极弱负相关性，城乡增长走势缺乏历年保持并行的良好均衡度。

基于当地居民总消费城镇人均值与乡村人均值之间历年绝对值差异演算，2000~2015年，西藏居民总消费人均值城乡比最小（最佳）值为2015年的3.0507，最大值为2003年的7.8100。在这15年间，西藏居民总消费人均值城乡比缩小了38.67%。由于其他省域相应变化，西藏消费城乡比位次保持第31位不变。这意味着，西藏城乡居民总消费增长的同步均衡性有所增强，体现出"全面小康"建设进程在缩小居民总消费城乡差距方面的有效进展。

3. 城乡综合居民消费率历年变化状况

居民消费率为居民消费与产值之间的相对比值（商值），亦即社会总财

富支配中居民消费支出部分。以西藏城乡综合数值演算，2000年居民消费率为42.45%，2015年居民消费率为25.77%。在这15年间，西藏居民消费率下降了16.68个百分点。由于其他省域相应变化，西藏居民消费率位次从2000年的第15位降至2015年的第27位。自应对国际金融危机实施"拉动内需，扩大消费，改善民生"国策以来，直到进入"十二五"期间，西藏居民消费率开始略有回升。

基于居民总消费与产值之间历年数值演算，2000~2015年，西藏居民消费率最高（最佳）值为2000年的42.45%，最低值为2012年的21.08%，近年来仍未回复2000年初始值，更未达到2000年最佳值。这意味着，当地居民消费拉动经济增长的同步协调性有待增强。还应注意到，西藏居民消费率的下降程度大于当地居民收入比的下降程度，反过来即意味着居民积蓄率上升，同时亦即积蓄对消费的抑制作用加重。

居民消费子系统可相对自成一体，其下又包含八个三级子系统，即国家现行统计制度下"人民生活"总消费支出中的各分类单项消费。本项检测将其划分为"物质生活消费"和"非物生活消费"两个大类，其间消费结构变化尤其值得关注。

2000年以来的15年间，西藏各类消费人均值年均增长率、比重值升降变化（百分比演算更为精确）排序：居住消费年增18.96%，比重上升218.32%，为最高；交通通信消费年增17.21%，比重上升154.78%，为次高；生活用品及服务消费年增10.92%，比重上升11.40%，为第三高；医疗保健消费年增9.08%，比重下降13.37%，为第四高；教育文化娱乐消费年增8.95%，比重下降14.87%，为第五高；衣着消费年增8.22%，比重下降22.98%，为第六高；食品烟酒消费年增8.22%，比重下降23.02%，为次低；其他用品及服务消费年增7.09%，比重下降34.22%，为最低。

四 西藏物质生活消费综合增长态势

居民物质生活消费合计及其相关性分析为民生指数检测系统的二级子系统之三。西藏居民物质生活消费合计及其相关性变动态势见图4。

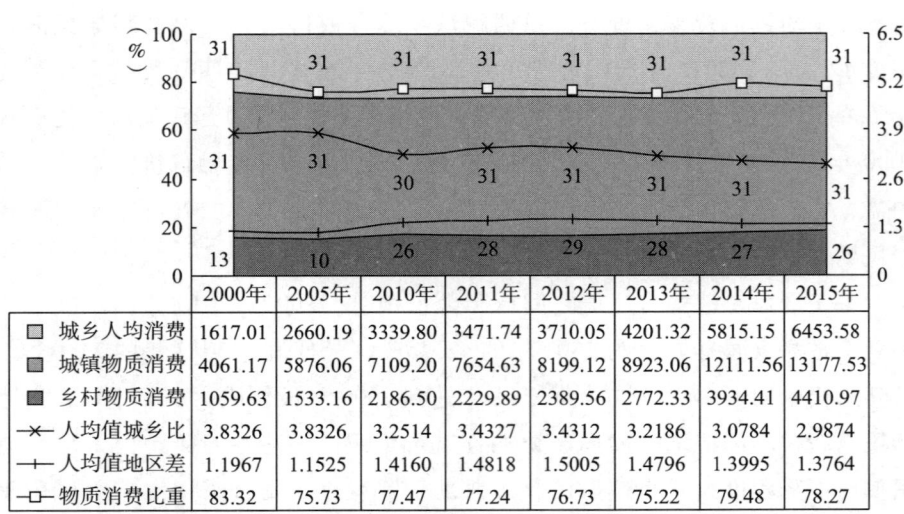

图 4　西藏居民物质生活消费合计及其相关性变动态势

左轴面积：当地城乡综合、城镇、乡村居民物质生活消费合计人均值（元转换为%），各项数值历年变化呈直观比例。右轴曲线：居民物质消费人均值城乡比（乡村＝1）、地区差（无差距＝1）。左轴曲线：居民物质消费比重（占总消费比）（%）。标注当地居民物质消费比重及其城乡比、地区差省域排序位次。

1. 城乡综合人均值及其地区差变动状况

基于西藏城乡综合值演算，2000 年，居民物质消费人均值为 1617.01 元，人均物质消费地区差为 1.1967；2015 年，居民物质消费人均值为 6453.58 元，人均物质消费地区差为 1.3764。在这 15 年间，西藏城乡居民人均物质消费年均增长 9.67%。

基于当地城乡居民物质消费人均值与全国人均值之间历年绝对偏差值演算，2000~2015 年，西藏居民物质消费人均值地区差最小（最佳）值为 2004 年的 1.1414，最大值为 2012 年的 1.5005。在这 15 年间，西藏居民物质消费人均值地区差扩大了 15.02%。由于其他省域相应变化，西藏物质消费地区差位次从 2000 年的第 13 位降至 2015 年的第 26 位。这意味着，西藏与其余各地居民物质消费增长的同步均衡性有所减弱，体现出"全面小康"建设进程在缩小居民物质消费地区差距方面的成效欠佳。

2. 城镇与乡村人均值及其城乡比变动状况

2000 年，西藏城镇居民物质消费人均值为 4061.17 元，乡村居民物质消费人均值为1059.63元，物质消费城乡比为3.8326；2015年，西藏城镇居民物质消费人均值为13177.53元，乡村居民物质消费人均值为4410.97元，物质消费城乡比为2.9874。在这15年间，西藏城镇居民人均物质消费年均增长8.16%，乡村居民人均物质消费年均增长9.97%，乡村人均值年均增长率高于城镇年增1.81个百分点。城乡之间增长相关系数为0.0611，即历年增长同步程度为6.11%，呈极弱正相关性，城乡增长走势缺乏历年保持并行的良好均衡度。

基于当地居民物质消费城镇人均值与乡村人均值之间历年绝对值差异演算，2000~2015年，西藏居民物质消费人均值城乡比最小（最佳）值为2006年的2.6763，最大值为2003年的6.0449。在这15年间，西藏居民物质消费人均值城乡比缩小了22.05%。由于其他省域相应变化，西藏物质消费城乡比位次保持第31位不变。这意味着，西藏城乡居民物质消费增长的同步均衡性有所增强，体现出"全面小康"建设进程在缩小居民物质消费城乡差距方面的有效进展。

3. 城乡综合物质消费比重历年变化状况

基于西藏城乡综合数值演算，2000年居民物质消费比重为83.32%，2015年居民物质消费比重为78.27%。在这15年间，西藏居民物质消费比重下降了5.05个百分点。由于其他省域相应变化，西藏物质消费比重位次保持第31位不变。西藏居民物质消费比重持续降低，意味着人民在保证物质生活"必需消费"之外，还有越来越多的余钱用以满足非物质消费需求。

基于居民物质消费与总消费之间历年数值演算，2000~2015年，西藏居民物质消费比重最低（最佳）值为2013年的75.22%，最高值为2000年的83.32%。从"全面小康"建设进程起点2000年，到新近数据年度2013年，西藏居民物质消费比重由历年最高值持续下降至历年最低值，这无疑表明当地人民生活水平早已完全超越满足衣食温饱需求的消费层次提升阶段。

五　西藏非物生活消费综合增长态势

居民非物生活消费合计及其相关性分析为民生指数检测系统的二级子系统之四。西藏居民非物生活消费合计及其相关性变动态势见图5。

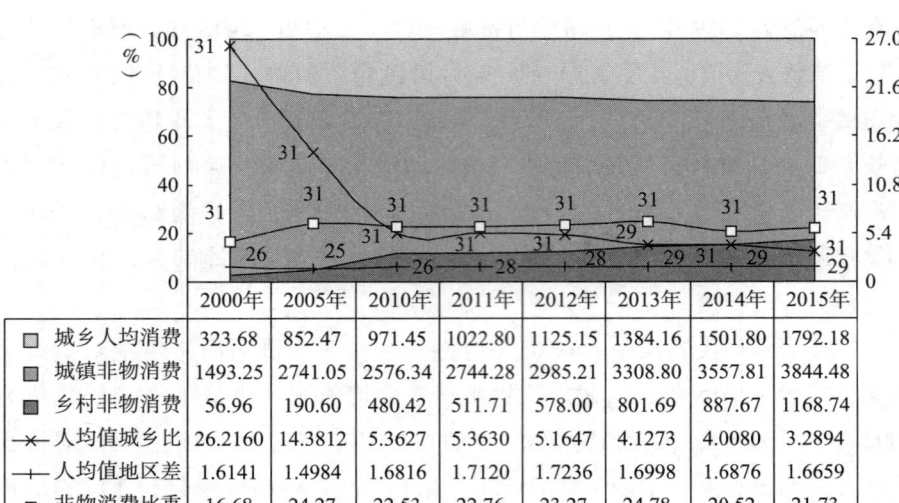

图 5　西藏居民非物生活消费合计及其相关性变动态势

左轴面积：当地城乡综合、城镇、乡村居民非物生活消费合计人均值（元转换为％），各项数值历年变化呈直观比例。右轴曲线：居民非物消费人均值城乡比（乡村＝1）、地区差（无差距＝1）。左轴曲线：居民非物消费比重（占总消费比）（％）。标注当地居民非物消费比重及其城乡比、地区差省域排序位次。

1. 城乡综合人均值及其地区差变动状况

基于西藏城乡综合值演算，2000 年，居民非物消费人均值为 323.68 元，人均非物消费地区差为 1.6141；2015 年，居民非物消费人均值为 1792.18 元，人均非物消费地区差为 1.6659。在这 15 年间，西藏城乡居民人均非物消费年均增长 12.09％。

基于当地城乡居民非物消费人均值与全国人均值之间历年绝对偏差值演算，2000～2015 年，西藏居民非物消费人均值地区差最小（最佳）值为 2004 年的 1.4888，最大值为 2012 年的 1.7236。在这 15 年间，西藏居民非物消费人均值地区差扩大了 3.21％。由于其他省域相应变化，西藏非物消费地区差位次从 2000 年的第 26 位降至 2015 年的第 29 位。这意味着，西藏与其余各地居民非物消费增长的同步均衡性有所减弱，体现出"全面小康"建设进程在缩小居民非物消费地区差距方面的成效欠佳。

2. 城镇与乡村人均值及其城乡比变动状况

2000 年，西藏城镇居民非物消费人均值为 1493.25 元，乡村居民非物消费人均值为56.96元，非物消费城乡比为26.2160；2015年，西藏城镇居民非物消费人均值为3844.48元，乡村居民非物消费人均值为1168.74元，非物消费城乡比为3.2894。在这15年间，西藏城镇居民人均非物消费年均增长6.51%，乡村居民人均非物消费年均增长22.31%，乡村人均值年均增长率高于城镇年增15.80个百分点。城乡之间增长相关系数为-0.2053，即历年增长逆向程度为20.53%，呈很弱负相关性，城乡增长走势缺乏历年保持并行的良好均衡度。

基于当地居民非物消费城镇人均值与乡村人均值之间历年绝对值差异演算，2000~2015年，西藏居民非物消费人均值城乡比最小（最佳）值为2015年的3.2894，最大值为2000年的26.2160。在这15年间，西藏居民非物消费人均值城乡比缩小了87.45%。由于其他省域相应变化，西藏非物消费城乡比位次保持第31位不变。这意味着，西藏城乡居民非物消费增长的同步均衡性有所增强，体现出"全面小康"建设进程在缩小居民非物消费城乡差距方面的有效进展。

3. 城乡综合非物消费比重历年变化状况

基于西藏城乡综合数值演算，2000年居民非物消费比重为16.68%，2015年居民非物消费比重为21.73%。在这15年间，西藏居民非物消费比重上升了5.05个百分点。由于其他省域相应变化，西藏非物消费比重位次保持第31位不变。西藏居民非物消费比重持续提高，意味着人民在保证物质生活"必需消费"之外，确实越来越注重追求非物质生活"应有消费"。

基于居民非物消费与总消费之间历年数值演算，2000~2015年，西藏居民非物消费比重最高（最佳）值为2013年的24.78%，最低值为2000年的16.68%。从"全面小康"建设进程起点2000年，到新近数据年度2013年，西藏居民非物消费比重由历年最低值持续上升至历年最高值，这无疑表明当地人民生活水平已经转入注重非物质生活需求的消费结构优化阶段。

六 西藏居民积蓄增长及其相关性分析

居民积蓄及其相关性分析为民生指数检测系统的二级子系统之五。西藏居民积蓄及其相关性变动态势见图6。

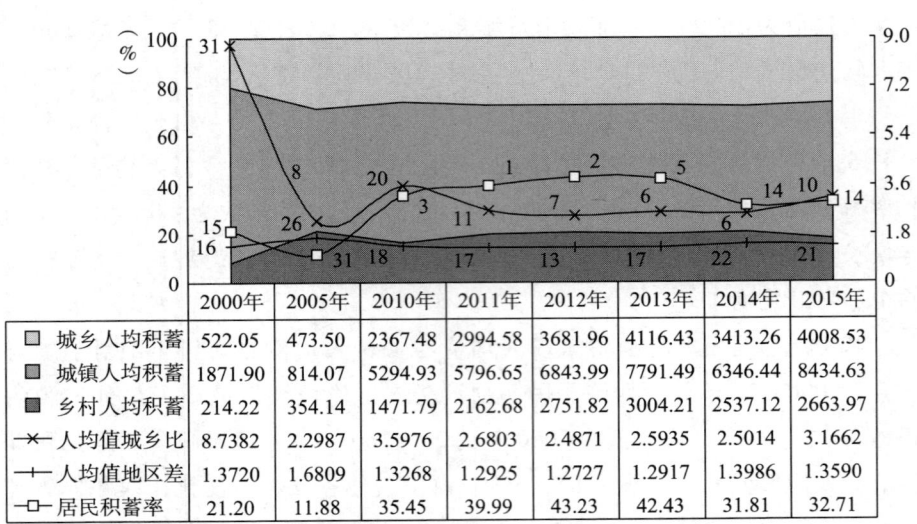

图 6　西藏居民积蓄及其相关性变动态势

左轴面积：当地城乡综合、城镇、乡村居民积蓄人均值（元转换为%），各项数值历年变化呈直观比例。右轴曲线：居民积蓄人均值城乡比（乡村 = 1）、地区差（无差距 = 1）。左轴曲线：居民积蓄率（占居民收入比）（%）。标注当地居民积蓄率及其城乡比、地区差省域排序位次。

1. 城乡综合人均值及其地区差变动状况

基于西藏城乡综合值演算，2000 年，居民积蓄人均值为 522.05 元，人均积蓄地区差为 1.3720；2015 年，居民积蓄人均值为 4008.53 元，人均积蓄地区差为 1.3590。在这 15 年间，西藏城乡居民人均积蓄年均增长 14.56%。

基于当地城乡居民积蓄人均值与全国人均值之间历年绝对偏差值的平均值演算，2000～2015 年，西藏居民积蓄人均值地区差最小（最佳）值为 2012 年的 1.2727，最大值为 2005 年的 1.6809。在这 15 年间，西藏居民积蓄人均值地区差缩小了 0.95%。由于其他省域相应变化，西藏居民积蓄地区差位次从 2000 年的第 16 位降至 2015 年的第 21 位。这意味着，西藏与其余各地居民积蓄增长的同步均衡性有所增强，体现出"全面小康"建设进程在缩小居民积蓄地区差距方面的有效进展。

2. 城镇与乡村人均值及其城乡比变动状况

2000 年，西藏城镇居民积蓄人均值为 1871.90 元，乡村居民积蓄人均值为 214.22 元，积蓄城乡比为 8.7382；2015 年，西藏城镇居民积蓄人均值为8434.63元，乡村居民积蓄人均值为2663.97元，积蓄城乡比为3.1662。在这15年间，西藏城镇居民人均积蓄年均增长10.56%，乡村居民人均积蓄年均增长18.30%，乡村人均值年均增长率高于城镇年增7.74个百分点。城乡之间增长相关系数为-0.0423，即历年增长逆向程度4.23%，呈极弱负相关性，城乡增长走势缺乏历年保持并行的良好均衡度。

基于当地居民积蓄城镇人均值与乡村人均值之间历年绝对值差异演算，2000~2015年，西藏居民积蓄人均值城乡比最小（最佳）值为2003年的1.0900，最大值为2000年的8.7382。在这15年间，西藏居民积蓄人均值城乡比缩小了63.77%。由于其他省域相应变化，西藏居民积蓄城乡比位次从2000年的第31位升至2015年的第10位。这意味着，西藏城乡居民积蓄增长的同步均衡性有所增强，体现出"全面小康"建设进程在缩小居民积蓄城乡差距方面的有效进展。

3. 城乡综合居民积蓄率历年变化状况

基于西藏城乡综合数值演算，2000年居民积蓄率为21.20%，2015年居民积蓄率为32.71%。在这15年间，西藏居民积蓄率上升了11.51个百分点。由于其他省域相应变化，西藏居民积蓄率位次从2000年的第15位升至2015年的第14位。西藏居民积蓄率持续提高，意味着人民劳动所得可以保证物质生活"必需消费"、社会生活和精神生活"应有消费"，越来越多的宽余"闲钱"可供人民自由支配。

基于居民积蓄与收入之间历年数值演算，2000~2015年，西藏居民积蓄率最高（最佳）值为2012年的43.23%，最低值为2005年的11.88%。从"全面小康"建设进程初期2005年，到新近数据年度2012年，西藏居民积蓄率由历年最低值持续上升至历年最高值，表明当地人民生活水平已经进入更加充裕富足的阶段。

到这里，有必要归纳对比西藏经济、财政与人民生活各类数据的增长变化差异。2000年以来的15年间，西藏产值、财政收入和支出、城乡居民收入、总消费、物质生活和非物生活消费、积蓄人均值年均增长率排序：财政收入年增22.27%，为最高；财政支出年增21.45%，为次高；积蓄年增14.56%，为第三高；产值年增13.85%，为第四高；非物生活消费年增12.09%，为第五高；居民收入年增11.29%，为第六高；居民总消费年增

10.12%，为次低；物质生活消费年增 9.67%，为最低。其间，西藏当地经济增长，财政收支额度增高，居民收入、消费（包括物质生活、非物生活消费）和积蓄增多之间的相对关系一目了然。

七 西藏民生发展指数综合检测

全面汇总以上各类数据分析检测，以及置于后台数据库的全部相关测量演算，检测系统共包含一级指标（子系统）5 项，二级指标（类别项）41 项，三级指标（演算项）156 项测算数值，最终综合加权得出西藏民生发展指数检测结果。2000 年以来西藏城乡居民生活发展指数变动态势见图 7。

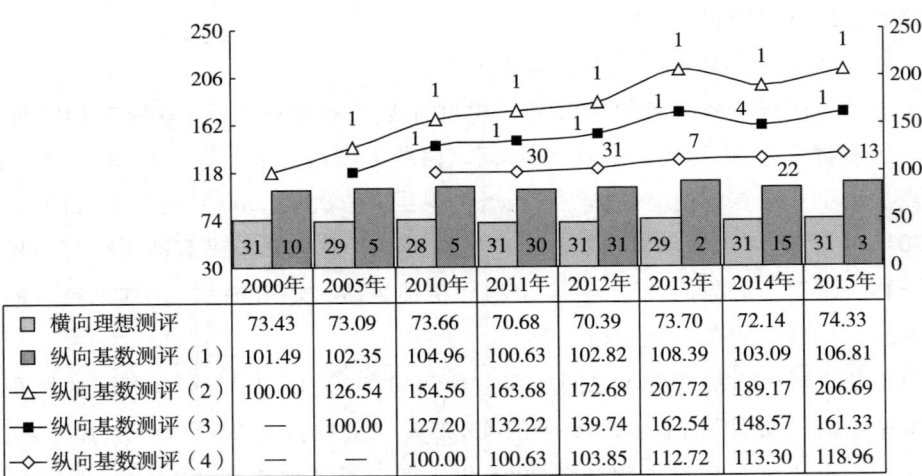

图 7 2000 年以来西藏城乡居民生活发展指数变动态势

左轴柱形：横向理想测评（无差距理想值=100）；纵向基数测评（1），上年=100。
右轴曲线：纵向基数测评（起点年基数值=100），（2）以 2000 年为起点，（3）以 2005 年为起点，（4）以 2010 年为起点。标注各类测评结果省域排序位次。

1. 各年度理想值横向检测指数

假定西藏各类民生数据城乡、地区无差距理想值为 100，2015 年西藏城乡民生发展检测指数为 74.33，低于无差距理想值 25.67%，但高于上年（2014 年）检测指数 2.19 个点。西藏此项检测指数在省域间排行的变化，2000 年为第 31 位，2005 年为第 29 位，2010 年为第 28 位，2015 年与上年持平,皆为第31位。

各年度(包括图中省略年度)此项检测指数对比,各个年度均低于无差距理想值100;2001年、2003年、2006年、2010年、2013年、2015年6个年度高于上年检测指数值。其中,历年民生指数最高值为2006年的78.85,最低值为2012年的70.39。

2. 历年基数值纵向检测指数

以上一年度起点数据指标演算基数值为100,2015年西藏城乡民生发展检测指数为106.81,高于起点年基数值6.81%,高于上年检测指数3.72个点。西藏此项检测指数在省域间排行的变化,2000年为第10位,2005年为第5位,2010年与2005年持平,2015年从上年第15位上升为第3位。

各年度(包括图中省略年度)此项检测指数对比,2000~2007年、2009~2015年15个年度高于起点年基数值100;2001~2003年、2006年、2009~2010年、2012~2013年、2015年9个年度高于上年检测指数值。其中,历年民生指数最高值为2006年的116.20,最低值为2008年的99.24。

3. 2000年以来基数值纵向检测指数

以"全面小康"建设进程起点年"十五"末年2000年数据指标演算基数值为100,2015年西藏城乡民生发展检测指数为206.69,高于起点年基数值106.69%,高于上年检测指数17.52个点。西藏此项检测指数在省域间排行的变化,2005年为第1位,2010年与2005年持平,2015年与上年持平,皆为第1位。

各年度(包括图中省略年度)此项检测指数对比,各个年度均高于起点年基数值100;2002~2003年、2005~2006年、2008~2013年、2015年11个年度高于上年检测指数值。其中,历年民生指数最高值为2013年的207.72,最低值为2001年的104.16。

4. 2005年以来基数值纵向检测指数

以"全面小康"建设进程第一个五年期"十一五"末年2005年数据指标演算基数值为100,2015年西藏城乡民生发展检测指数为161.33,高于起点年基数值61.33%,高于上年检测指数12.76个点。西藏此项检测指数在省域间排行的变化,2010年为第1位,2015年从上年第4位上升为第1位。

各年度（包括图中省略年度）此项检测指数对比，各个年度均高于起点年基数值100；2007年、2009～2013年、2015年7个年度高于上年检测指数值。其中，历年民生指数最高值为2013年的162.54，最低值为2008年的115.93。

5. 2010年以来基数值纵向检测指数

以"全面小康"建设进程第二个五年期"十二五"末年2010年数据指标演算基数值为100，2015年西藏城乡民生发展检测指数为118.96，高于起点年基数值18.96%，高于上年检测指数5.66个点。西藏此项检测指数在省域间排行的变化，2011年为第30位，2015年从上年第22位上升为第13位。

各年度（包括图中省略年度）此项检测指数对比，各个年度均高于起点年基数值100；各个年度均高于上年检测指数值。其中，历年民生指数最高值为2015年的118.96，最低值为2011年的100.63。

归纳全文各个方面的分析检测，2000～2015年，西藏城乡综合演算的各类民生数据人均值持续稳步增长，2015年居民收入人均值为2000年的4.98倍，总消费为4.25倍，物质生活消费为3.99倍，非物生活消费为5.54倍，积蓄为7.68倍。但居民收入比从53.87%极显著下降至38.30%，居民消费率从42.45%极显著下降至25.77%，"十二五"期间略有回升；尤其应注意居民收入年均增长极显著低于财政收入年增10.79个百分点，居民消费支出年均增长极显著低于财政支出年增11.15个百分点。居民收入、总消费、物质生活消费、非物生活消费、积蓄地区差大都继续扩大，居民消费需求（包括总消费及物质生活、非物生活消费三个方面）城乡比全面逐步缩小，居民收入、积蓄城乡比逐渐缩小。物质生活消费比重明显降低5.05个百分点，非物生活消费比重明显增高5.05个百分点，消费结构出现较大"升级"变化；而居民积蓄率从21.20%持续极显著升高至32.71%，反过来对消费需求的抑制作用加重。

R.10 陕西：2000~2015年民生指数提升第2位

王 鹰*

摘要： 2000~2015年，陕西城乡综合演算的各类民生数据人均值持续明显增长，2015年居民收入人均值为2000年的6.67倍，总消费为5.93倍，物质生活消费为5.49倍，非物生活消费为6.89倍，积蓄为10.78倍。但居民收入比从52.46%极显著下降至36.52%，居民消费率从44.42%极显著下降至27.48%，"十二五"期间略有回升；尤其应注意居民收入年均增长极显著低于财政收入年增7.09个百分点，居民消费支出年均增长极显著低于财政支出年增7.19个百分点。居民收入、总消费、物质生活消费、非物生活消费、积蓄地区差全方位不断缩小，居民消费需求（包括总消费及物质生活、非物生活消费三个方面）城乡比全面逐步缩小，居民收入、积蓄城乡比缩减不大甚或继续扩大。物质生活消费比重明显降低5.10个百分点，非物生活消费比重明显增高5.10个百分点，消费结构出现较大"升级"变化；而居民积蓄率从15.33%持续极显著升高至24.76%，反过来对消费需求的抑制作用加重。

关键词： 陕西 人民生活 民生指数 检测和评价

一 陕西经济财政增长与民生发展基本态势

陕西经济财政增长与城乡人民生活发展关系态势见图1，限于制图容量，图1仅列出产值数据，财政收入、支出数据置于后台进行相关演算。

---

* 王鹰，信阳职业技术学院讲师，主要从事文化、教育相关研究。

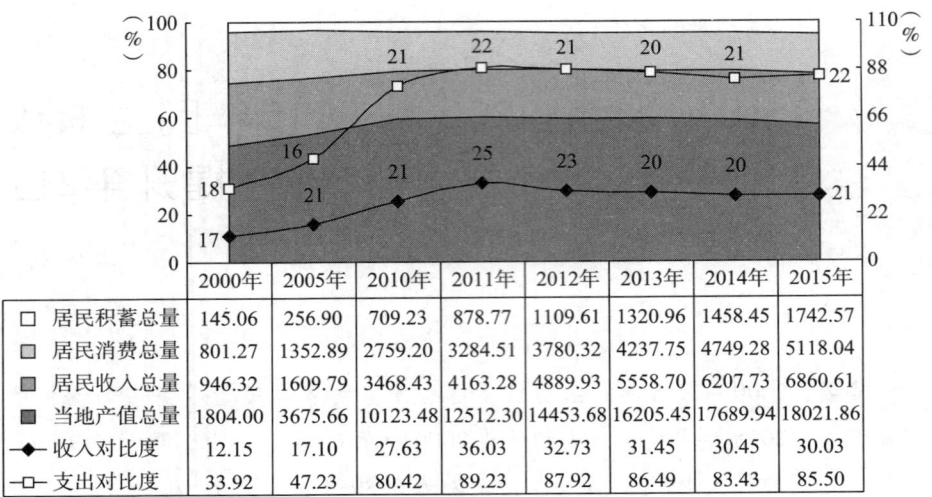

图1　陕西经济财政增长与城乡人民生活发展关系态势

左轴面积：当地产值与居民收入、消费、积蓄总量（亿元转换为%），各项数值历年变化呈直观比例。右轴曲线：（基于财政演算）收入对比度、支出对比度（%）。囿于制图空间，省略若干年度，文中描述历年变化包括省略年度，全文同。标注当地收入对比度、支出对比度省域排序位次。

1. 陕西产值、财政收支总量增长状况

2000年，陕西产值总量为1804.00亿元，另据本项检测后台数据库，财政收入总量为114.97亿元，财政支出总量为271.76亿元；2015年，陕西产值总量为18021.86亿元，财政收入总量为2059.95亿元，财政支出总量为4376.06亿元。

2000年以来的15年间，陕西产值总量年均增长16.58%，同期财政收入总量年均增长21.21%，财政支出总量年均增长20.35%。财政收入和支出增长大大超过产值增长，这意味着，在以历年产值来体现的当地总财富中，各级财政收取并支用的部分占越来越大的比例。

2. 居民收入、消费和积蓄总量增长状况

2000年，陕西城乡居民收入总量为946.32亿元，消费总量为801.27亿元，积蓄总量为145.06亿元；2015年，陕西城乡居民收入总量为6860.61亿元，消费总量为5118.04亿元，积蓄总量为1742.57亿元。

2000年以来的15年间，陕西城乡居民收入总量年均增长14.12%，消费总量年均增长13.16%，积蓄总量年均增长18.03%。2000~2015年，陕西城乡居民收入年均增长率低于产值增长2.46个百分点，低于财政收入增长7.09个百分点；居民消费年均增长率低于产值增长3.42个百分点，低于财政支出增长7.19个百分点。

在此有必要检测陕西各类数据历年增长相关系数：产值与居民收入增长之间为0.6706（较弱正相关性），与居民消费增长之间为0.6388（较弱正相关性），可简化理解为居民收入、消费与产值历年增长分别在67.06%和63.88%的程度上同步；财政收入与居民收入增长之间为0.5683，即二者历年增长在56.83%的程度上同步，呈很弱正相关性，居民收入增长极显著滞后；财政支出与居民消费增长之间为0.6373，即二者历年增长在63.73%的程度上同步，呈较弱正相关性，居民消费增长亦极显著滞后。

3. 收入对比度、支出对比度历年变化状况

收入对比度即在居民收入与财政收入之间求取相关性比值（可双向对应演算，互为倒数百分值）。基于陕西财政收入演算（与居民收入之商值），2000年（财政）收入对比度为12.15%，2015年（财政）收入对比度为30.03%。由于其他省域相应变化，陕西收入对比度位次从2000年的第17位降至2015年的第21位。

从陕西财政收入变化来看，15年间从居民收入的12.15%提高到30.03%，相对关系值增大了147.14%。这表明，在当地社会总财富历年分配中，财政收入所占份额扩增，而居民收入所占份额缩减，其间相互关系用收入对比度变动来表示。陕西居民收入比与财政收入比历年变化相关系数为-0.9032，呈极强负相关性，即两项比值之间在90.32%的程度上逆向变动。

支出对比度即在居民消费与财政支出之间求取相关性比值（同样可双向对应演算，互为倒数百分值）。基于陕西财政支出演算（与居民消费之商值），2000年（财政）支出对比度为33.92%，2015年（财政）支出对比度为85.50%。由于其他省域相应变化，陕西支出对比度位次从2000年的第18位降至2015年的第22位。

从陕西财政支出变化来看，15年间从居民消费的33.92%提高到85.50%，相对关系值增大了152.10%。这表明，在当地社会总财富历年支

配中,财政支出所占份额扩增,而居民消费所占份额缩减,其间相互关系用支出对比度变动来表示。陕西居民消费率与财政支出比历年变化相关系数为-0.8974,呈极强负相关性,即两项比值之间在89.74%的程度上逆向变动。

以上各类总量数据的分析已经反映出,进入"全面建成小康社会"进程以来,"国富"的程度和速度明显高于"民富"的程度和速度。当然,这仅仅是对宏观层面的一种基本概括,深入透视陕西民生发展的具体情况,特别是微观层面的深刻变化,还有必要对人民生活各类数据人均值进行检测,尤其需要尽可能展开各个方面的相关性分析。

二 陕西居民收入增长态势

居民收入及其相关性分析为民生指数检测系统的二级子系统之一。陕西居民收入及其相关性变动态势见图2。

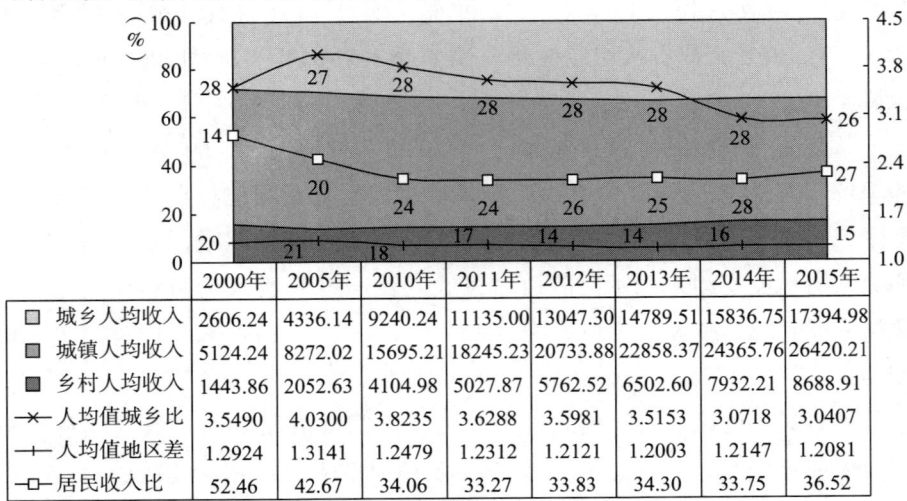

图2 陕西居民收入及其相关性变动态势

左轴面积:当地城乡综合、城镇、乡村居民收入人均值(元转换为%),各项数值历年变化呈直观比例。右轴曲线:居民收入人均值城乡比(乡村=1)、地区差(无差距=1)。左轴曲线:居民收入比(与产值即国民总收入近似值比)(%)。另需说明,本项检测经多重演算,衍生数值屡四舍五入,可能出现小数微细出入,实属演算常规,无误,全文同。标注当地居民收入比及其城乡比、地区差省域排序位次。

1. 城乡综合人均值及其地区差变动状况

基于陕西城乡综合演算，2000年，居民收入人均值为2606.24元，人均收入地区差为1.2924；2015年，居民收入人均值为17394.98元，人均收入地区差为1.2081。在这15年间，陕西城乡居民人均收入年均增长13.49%（由于当地人口增长，居民收入人均值演算增长率略低于总量演算增长率）。

基于当地城乡居民收入人均值与全国人均值之间历年绝对偏差值演算，2000~2015年，陕西居民收入人均值地区差最小（最佳）值为2013年的1.2003，最大值为2005年的1.3141。在这15年间，陕西居民收入人均值地区差缩小了6.52%。由于其他省域相应变化，陕西收入地区差位次从2000年的第20位升至2015年的第15位。这意味着，陕西与其余各地居民收入增长的同步均衡性有所增强，体现出"全面小康"建设进程在缩小居民收入地区差距方面的有效进展。

2. 城镇与乡村人均值及其城乡比变动状况

2000年，陕西城镇居民收入人均值为5124.24元，乡村居民收入人均值为1443.86元，收入城乡比为3.5490；2015年，陕西城镇居民收入人均值为26420.21元，乡村居民收入人均值为8638.91元，收入城乡比为3.0407。在这15年间，陕西城镇居民人均收入年均增长11.55%，乡村居民人均收入年均增长12.71%，乡村人均值年均增长率高于城镇年增1.16个百分点。城乡之间增长相关系数为0.4207，即历年增长同步程度为42.07%，呈很弱正相关性，城乡增长走势缺乏历年保持并行的良好均衡度。

基于当地居民收入城镇人均值与乡村人均值之间历年绝对值差异演算，2000~2015年，陕西居民收入人均值城乡比最小（最佳）值为2015年的3.0407，最大值为2009年的4.1101。在这15年间，陕西居民收入人均值城乡比缩小了14.32%。由于其他省域相应变化，陕西收入城乡比位次从2000年的第28位升至2015年的第26位。这意味着，陕西城乡居民收入增长的同步均衡性有所增强，体现出"全面小康"建设进程在缩小居民收入城乡差距方面的有效进展。

3. 城乡综合居民收入比历年变化状况

居民收入比为居民收入与国民总收入（以产值为其近似值）之间的相对比值（商值），亦即社会总财富分配中居民收益所得部分。以陕西城乡综合数值演算，2000 年居民收入比为 52.46%，2015 年居民收入比为 36.52%。在这 15 年间，陕西居民收入比下降了 15.94 个百分点；其中"十二五"以来上升 2.46 个百分点。由于其他省域相应变化，陕西居民收入比位次从 2000 年的第 14 位降至 2015 年的第 27 位。很明显，国家"十二五"规划制定"努力实现居民收入增长与经济发展同步"的"约束性指标"已经产生显著作用。

基于居民收入与产值（国民总收入当地份额近似值）之间历年数值演算，2000～2015 年，陕西居民收入比最高（最佳）值为 2000 年的 52.46%，最低值为 2011 年的 33.27%，近年来仍未回复 2000 年初始值，更未达到 2000 年最佳值。这意味着，当地居民收入增长与经济发展的同步协调性有待增强，甚而居民收入增长或应反超产值增长以补积年"拖欠"。

三　陕西居民消费增长及其结构性分析

居民消费及其相关性分析为民生指数检测系统的二级子系统之二。陕西居民总消费及其相关性变动态势见图 3。

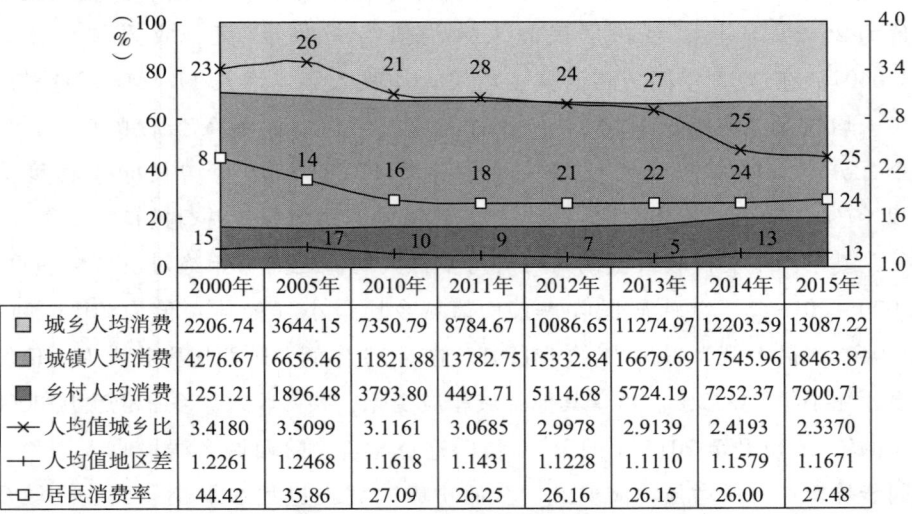

图 3　陕西居民总消费及其相关性变动态势

左轴面积：当地城乡综合、城镇、乡村居民总消费人均值（元转换为%），各项数值历年变化呈直观比例。右轴曲线：居民总消费人均值城乡比（乡村 = 1）、地区差（无差距 = 1）。左轴曲线：居民消费率（与产值比）（%）。标注当地居民消费率及其城乡比、地区差省域排序位次。

1. 城乡综合人均值及其地区差变动状况

基于陕西城乡综合演算，2000 年居民总消费人均值为 2206.74 元，人均总消费地区差为 1.2261；2015 年居民总消费人均值为 13087.22 元，人均总消费地区差为 1.1671。在这 15 年间，陕西城乡居民人均总消费年均增长 12.60%（由于当地人口增长，人均值演算增长率略低于总量演算增长率）。

基于当地城乡居民总消费人均值与全国人均值之间历年绝对偏差值演算，2000～2015 年，陕西居民总消费人均值地区差最小（最佳）值为 2013 年的 1.1110，最大值为 2005 年的 1.2468。在这 15 年间，陕西居民总消费人均值地区差缩小了 4.82%。由于其他省域相应变化，陕西消费地区差位次从 2000 年的第 15 位升至 2015 年的第 13 位。这意味着，陕西与其余各地居民总消费增长的同步均衡性有所增强，体现出"全面小康"建设进程在缩小居民总消费地区差距方面的有效进展。

2. 城镇与乡村人均值及其城乡比变动状况

2000 年，陕西城镇居民总消费人均值为 4276.67 元，乡村居民总消费人均值为 1251.21 元，总消费城乡比为 3.4180；2015 年，陕西城镇居民总消费人均值为 18463.87 元，乡村居民总消费人均值为 7900.71 元，总消费城乡比为 2.3370。在这 15 年间，陕西城镇居民人均总消费年均增长 10.24%，乡村居民人均值年均增长 13.07%，乡村人均总消费年均增长率高于城镇年增 2.83 个百分点。城乡之间增长相关系数为 0.2723，即历年增长同步程度为 27.23%，呈极弱正相关性，城乡增长走势缺乏历年保持并行的良好均衡度。

基于当地居民总消费城镇人均值与乡村人均值之间历年绝对值差异演算，2000～2015 年，陕西居民总消费人均值城乡比最小（最佳）值为 2015 年的 2.3370，最大值为 2003 年的 3.8935。在这 15 年间，陕西居民总消费人均值城乡比缩小了 31.63%。由于其他省域相应变化，陕西消费城乡比位次从 2000 年的第 23 位降至 2015 年的第 25 位。这意味着，陕西城乡居民总消费增长的同步均衡性有所增强，体现出"全面小康"建设进程在缩小居民总消费城乡差距方面的有效进展。

3. 城乡综合居民消费率历年变化状况

居民消费率为居民消费与产值之间的相对比值（商值），亦即社会总财

富支配中居民消费支出部分。以陕西城乡综合数值演算，2000年居民消费率为44.42%，2015年居民消费率为27.48%。在这15年间，陕西居民消费率下降了16.94个百分点。由于其他省域相应变化，陕西居民消费率位次从2000年的第8位降至2015年的第24位。自应对国际金融危机实施"拉动内需，扩大消费，改善民生"国策以来，直到进入"十二五"期间，陕西居民消费率开始略有回升。

基于居民总消费与产值之间历年数值演算，2000~2015年，陕西居民消费率最高（最佳）值为2002年的45.59%，最低值为2014年的26.00%，近年来仍未回复2000年初始值，更未达到2002年最佳值。这意味着，当地居民消费拉动经济增长的同步协调性有待增强。还应注意到，陕西居民消费率的下降程度大于当地居民收入比的下降程度，反过来即意味着居民积蓄率上升，同时亦即积蓄对消费的抑制作用加重。

居民消费子系统可相对自成一体，其下又包含八个三级子系统，即国家现行统计制度下"人民生活"总消费支出中的各分类单项消费。本项检测将其划分为"物质生活消费"和"非物生活消费"两个大类，其间消费结构变化尤其值得关注。

2000年以来的15年间，陕西各类消费人均值年均增长率、比重值升降变化（百分比演算更为精确）排序：交通通信消费年增17.66%，比重上升93.38%，为最高；居住消费年增16.41%，比重上升64.80%，为次高；医疗保健消费年增14.95%，比重上升36.26%，为第三高；教育文化娱乐消费年增11.90%，比重下降8.95%，为第四高；衣着消费年增11.88%，比重下降9.18%，为第五高；生活用品及服务消费年增10.87%，比重下降20.77%，为第六高；食品烟酒消费年增10.14%，比重下降28.17%，为次低；其他用品及服务消费年增7.37%，比重下降51.00%，为最低。

四 陕西物质生活消费综合增长态势

居民物质生活消费合计及其相关性分析为民生指数检测系统的二级子系统之三。陕西居民物质生活消费合计及其相关性变动态势见图4。

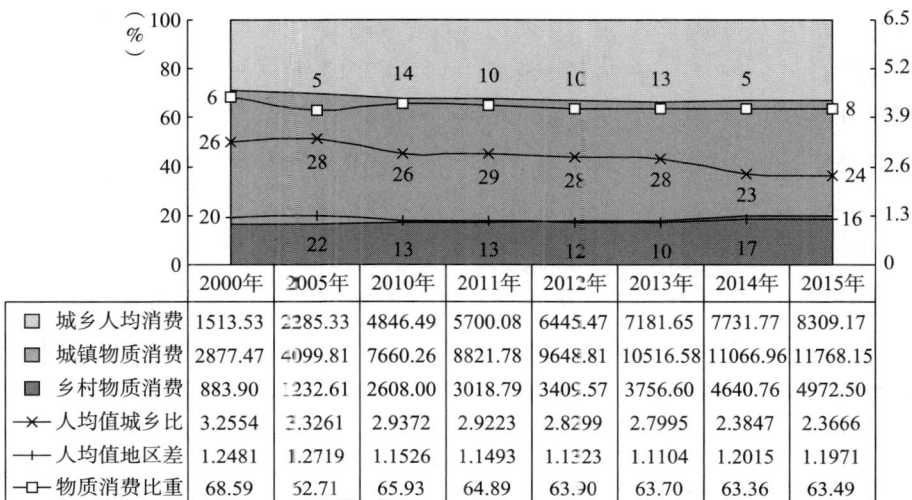

图 4 陕西居民物质生活消费合计及其相关性变动态势

左轴面积：当地城乡综合、城镇、乡村居民物质生活消费合计人均值（元转换为%），各项数值历年变化呈直观比例。右轴曲线：居民物质消费人均值城乡比（乡村=1）、地区差（无差距=1）。左轴曲线：居民物质消费比重（占总消费比）（%）。标注当地居民物质消费比重及其城乡比、地区差省域排序位次。

1. 城乡综合人均值及其地区差变动状况

基于陕西城乡综合演算，2000 年，居民物质消费人均值为 1513.53 元，人均物质消费地区差为 1.2481；2015 年，居民物质消费人均值为 8309.17 元，人均物质消费地区差为 1.1971。在这 15 年间，陕西城乡居民人均物质消费年均增长 12.02%。

基于当地城乡居民物质消费人均值与全国人均值之间历年绝对偏差值演算，2000~2015 年，陕西居民物质消费人均值地区差最小（最佳）值为 2013 年的 1.1104，最大值为 2005 年的 1.2719。在这 15 年间，陕西居民物质消费人均值地区差缩小了 4.09%。由于其他省域相应变化，陕西物质消费地区差位次从 2000 年的第 20 位升至 2015 年的第 16 位。这意味着，陕西与其余各地居民物质消费增长的同步均衡性有所增强，体现出"全面小康"建设进程在缩小居民物质消费地区差距方面的有效进展。

2. 城镇与乡村人均值及其城乡比变动状况

2000 年，陕西城镇居民物质消费人均值为 2877.47 元，乡村居民物质消费人均值为 883.90 元，物质消费城乡比为 3.2554；2015 年，陕西城镇居民物质消费人均值为11768.15元，乡村居民物质消费人均值为4972.50元，物质消费城乡比为2.3666。在这15年间，陕西城镇居民人均物质消费年均增长9.84%，乡村居民人均物质消费年均增长12.20%，乡村人均值年均增长率高于城镇年增2.36个百分点。城乡之间增长相关系数为0.6207，即历年增长同步程度为62.07%，呈较弱正相关性，城乡增长走势缺乏历年保持并行的良好均衡度。

基于当地居民物质消费城镇人均值与乡村人均值之间历年绝对值差异演算，2000~2015年，陕西居民物质消费人均值城乡比最小（最佳）值为2015年的2.3666，最大值为2003年的3.6671。在这15年间，陕西居民物质消费人均值城乡比缩小了27.30%。由于其他省域相应变化，陕西物质消费城乡比位次从2000年的第26位升至2015年的第24位。这意味着，陕西城乡居民物质消费增长的同步均衡性有所增强，体现出"全面小康"建设进程在缩小居民物质消费城乡差距方面的有效进展。

3. 城乡综合物质消费比重历年变化状况

基于陕西城乡综合数值演算，2000年居民物质消费比重为68.59%，2015年居民物质消费比重为63.49%。在这15年间，陕西居民物质消费比重下降了5.10个百分点。由于其他省域相应变化，陕西物质消费比重位次从2000年的第6位降至2015年的第8位。陕西居民物质消费比重持续降低，意味着人民在保证物质生活"必需消费"之外，还有越来越多的余钱用以满足非物质消费需求。

基于居民物质消费与总消费之间历年数值演算，2000~2015年，陕西居民物质消费比重最低（最佳）值为2006年的62.15%，最高值为2000年的68.59%。从"全面小康"建设进程起点2000年，到新近数据年度2006年，陕西居民物质消费比重由历年最高值持续下降至历年最低值，这无疑表明当地人民生活水平早已完全超越满足衣食温饱需求的消费层次提升阶段。

五 陕西非物生活消费综合增长态势

居民非物生活消费合计及其相关性分析为民生指数检测系统的二级子系统之四。陕西居民非物生活消费合计及其相关性变动态势见图5。

陕西：2000~2015年民生指数提升第2位

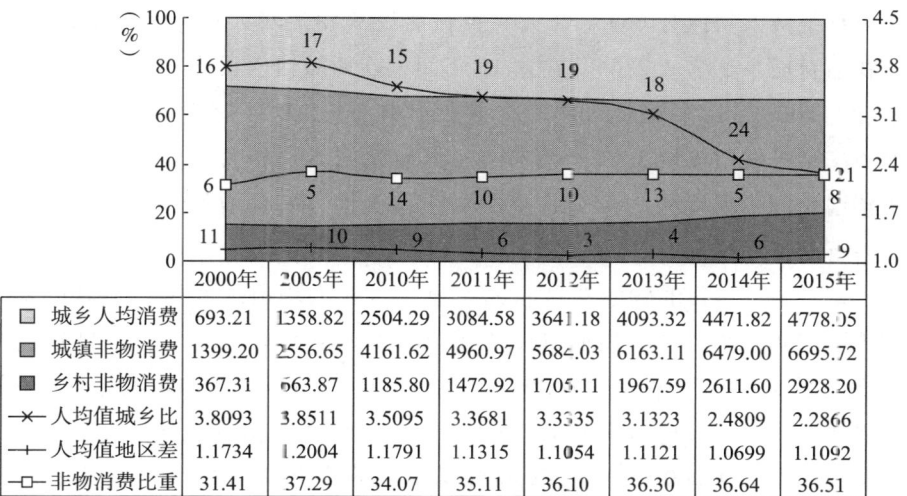

图5 陕西居民非物生活消费合计及其相关性变动态势

左轴面积：当地城乡综合、城镇、乡村居民非物生活消费合计人均值（元转换为%），各项数值历年变化呈直观比例。右轴曲线：居民非物消费人均值城乡比（乡村=1）、地区差（无差距=1）。左轴曲线：居民非物消费比重（占总消费比）（%）。标注当地居民非物消费比重及其城乡比、地区差省域排序位次。

1. 城乡综合人均值及其地区差变动状况

基于陕西城乡综合演算，2000年，居民非物消费人均值为693.21元，人均非物消费地区差为1.1734；2015年，居民非物消费人均值为4778.05元，人均非物消费地区差为1.1092。在这15年间，陕西城乡居民人均非物消费年均增长13.73%。

基于当地城乡居民非物消费人均值与全国人均值之间历年绝对偏差值演算，2000~2015年，陕西居民非物消费人均值地区差最小（最佳）值为2014年的1.0699，最大值为2005年的1.2004。在这15年间，陕西居民非物消费人均值地区差缩小了5.47%。由于其他省域相应变化，陕西非物消费地区差位次从2000年的第11位升至2015年的第9位。这意味着，陕西与其余各地居民非物消费增长的同步均衡性有所增强，体现出"全面小康"建设进程在缩小居民非物消费地区差距方面的有效进展。

2. 城镇与乡村人均值及其城乡比变动状况

2000年，陕西城镇居民非物消费人均值为1399.20元，乡村居民非物消费人均值为367.31元，非物消费城乡比为3.8093；2015年，陕西城镇居民非物消费人均值为6695.72元，乡村居民非物消费人均值为2928.20元，非物消费城乡比为2.2866。在这15年间，陕西城镇居民人均非物消费年均增长11.00%，乡村居民人均非物消费年均增长14.84%，乡村人均值年均增长率高于城镇年增3.84个百分点。城乡之间增长相关系数为0.0744，即历年增长同步程度为7.44%，呈极弱正相关性，城乡增长走势缺乏历年保持并行的良好均衡度。

基于当地居民非物消费城镇人均值与乡村人均值之间历年绝对值差异演算，2000~2015年，陕西居民非物消费人均值城乡比最小（最佳）值为2015年的2.2866，最大值为2002年的4.3911。在这15年间，陕西居民非物消费人均值城乡比缩小了39.97%。由于其他省域相应变化，陕西非物消费城乡比位次从2000年的第16位降至2015年的第21位。这意味着，陕西城乡居民非物消费增长的同步均衡性有所增强，体现出"全面小康"建设进程在缩小居民非物消费城乡差距方面的有效进展。

3. 城乡综合非物消费比重历年变化状况

基于陕西城乡综合数值演算，2000年居民非物消费比重为31.41%，2015年居民非物消费比重为36.51%。在这15年间，陕西居民非物消费比重上升了5.10个百分点。由于其他省域相应变化，陕西非物消费比重位次从2000年的第6位降至2015年的第8位。陕西居民非物消费比重持续提高，意味着人民在保证物质生活"必需消费"之外，确实越来越注重追求非物质生活"应有消费"。

基于居民非物消费与总消费之间历年数值演算，2000~2015年，陕西居民非物消费比重最高（最佳）值为2006年的37.85%，最低值为2000年的31.41%。从"全面小康"建设进程起点2000年，到新近数据年度2006年，陕西居民非物消费比重由历年最低值持续上升至历年最高值，这无疑表明当地人民生活水平已经转入注重非物质生活需求的消费结构优化阶段。

六 陕西居民积蓄增长及其相关性分析

居民积蓄及其相关性分析为民生指数检测系统的二级子系统之五。陕西居民积蓄及其相关性变动态势见图6。

陕西：2000~2015年民生指数提升第2位

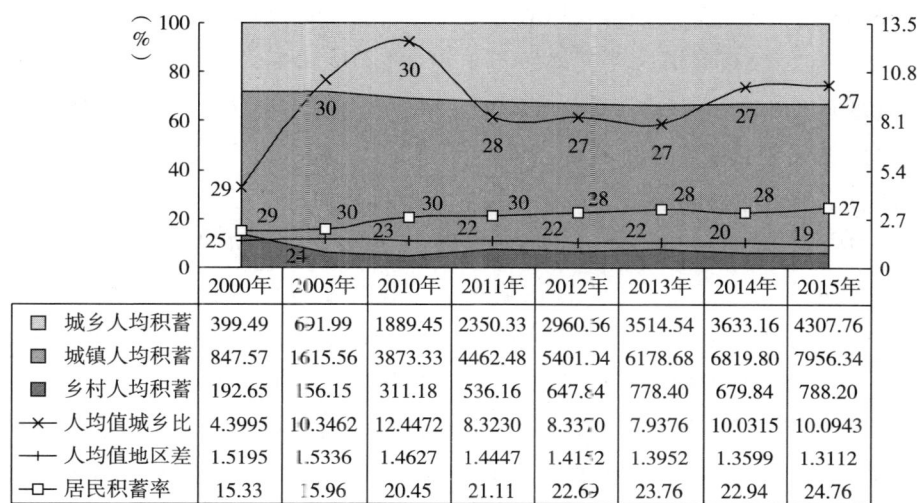

图6 陕西居民积蓄及其相关性变动态势

左轴面积：当地城乡综合、城镇、乡村居民积蓄人均值（元转换为%），各项数值历年变化呈直观比例。右轴曲线：居民积蓄人均值城乡比（乡村=1）、地区差（无差距=1）。左轴曲线：居民积蓄率（占居民收入比）（%）。标注当地居民积蓄率及其城乡比、地区差省域排序位次。

1. 城乡综合人均值及其地区差变动状况

基于陕西城乡综合演算，2000年，居民积蓄人均值为399.49元，人均积蓄地区差为1.5195；2015年，居民积蓄人均值为4307.76元，人均积蓄地区差为1.3112。在这15年间，陕西城乡居民人均积蓄年均增长17.18%。

基于当地城乡居民积蓄人均值与全国人均值之间历年绝对偏差值的平均值演算，2000~2015年，陕西居民积蓄人均值地区差最小（最佳）值为2015年的1.3112，最大值为2002年的1.6229。在这15年间，陕西居民积蓄人均值地区差缩小了13.71%。由于其他省域相应变化，陕西居民积蓄地区差位次从2000年的第25位升至2015年的第19位。这意味着，陕西与其余各地居民积蓄增长的同步均衡性有所增强，体现出"全面小康"建设进程在缩小居民积蓄地区差距方面的有效进展。

2. 城镇与乡村人均值及其城乡比变动状况

2000年，陕西城镇居民积蓄人均值为847.57元，乡村居民积蓄人均值为192.65元，积蓄城乡比为4.3995；2015年，陕西城镇居民积蓄人均值为

7956.34元，乡村居民积蓄人均值为788.20元，积蓄城乡比为10.0943。在这15年间，陕西城镇居民人均积蓄年均增长16.10%，乡村居民人均积蓄年均增长9.85%，乡村人均值年均增长率低于城镇年增6.25个百分点。城乡之间增长相关系数为0.1288，即历年增长同步程度为12.88%，呈极弱正相关性，城乡增长走势缺乏历年保持并行的良好均衡度。

基于当地居民积蓄城镇人均值与乡村人均值之间历年绝对值差异演算，2000~2015年，陕西居民积蓄人均值城乡比最小（最佳）值为2000年的4.3995，最大值为2009年的38.7578。在这15年间，陕西居民积蓄人均值城乡比扩大了129.44%。由于其他省域相应变化，陕西居民积蓄城乡比位次从2000年的第29位升至2015年的第27位。这意味着，陕西城乡居民积蓄增长的同步均衡性有所减弱，体现出"全面小康"建设进程在缩小居民积蓄城乡差距方面的成效欠佳。

3. 城乡综合居民积蓄率历年变化状况

基于陕西城乡综合数值演算，2000年居民积蓄率为15.33%，2015年居民积蓄率为24.76%。在这15年间，陕西居民积蓄率上升了9.43个百分点。由于其他省域相应变化，陕西居民积蓄率位次从2000年的第29位升至2015年的第27位。陕西居民积蓄率持续提高，意味着人民劳动所得可以保证物质生活"必需消费"、社会生活和精神生活"应有消费"，越来越多的宽余"闲钱"可供人民自由支配。

基于居民积蓄与收入之间历年数值演算，2000~2015年，陕西居民积蓄率最高（最佳）值为2015年的24.76%，最低值为2002年的12.25%。从"全面小康"建设进程初期2002年，到新近数据年度2015年，陕西居民积蓄率由历年最低值持续上升至历年最高值，表明当地人民生活水平已经进入更加充裕富足的阶段。

在此，有必要归纳对比陕西经济、财政与人民生活各类数据的增长变化差异。2000年以来的15年间，陕西产值、财政收入和支出、城乡居民收入、总消费、物质生活和非物生活消费、积蓄人均值年均增长率排序：财政收入年增20.88%，为最高；财政支出年增20.02%，为次高；积蓄年增17.18%，为第三高；产值年增16.26%，为第四高；非物生活消费年增13.73%，为第五高；居民收入年增13.49%，为第六高；居民总消费年增

12.60%，为次低；物质生活消费年增12.02%，为最低。其间，陕西当地经济增长，财政收支额度增高，居民收入、消费（包括物质生活、非物生活消费）和积蓄增多之间的相对关系一目了然。

七 陕西民生发展指数综合检测

全面汇总以上各类数据分析检测，以及置于后台数据库的全部相关测量演算，检测系统共包含一级指标（子系统）5项，二级指标（类别项）41项，三级指标（演算项）156项测算数值，最终综合加权得出陕西民生发展指数检测结果。2000年以来陕西城乡居民生活发展指数变动态势见图7。

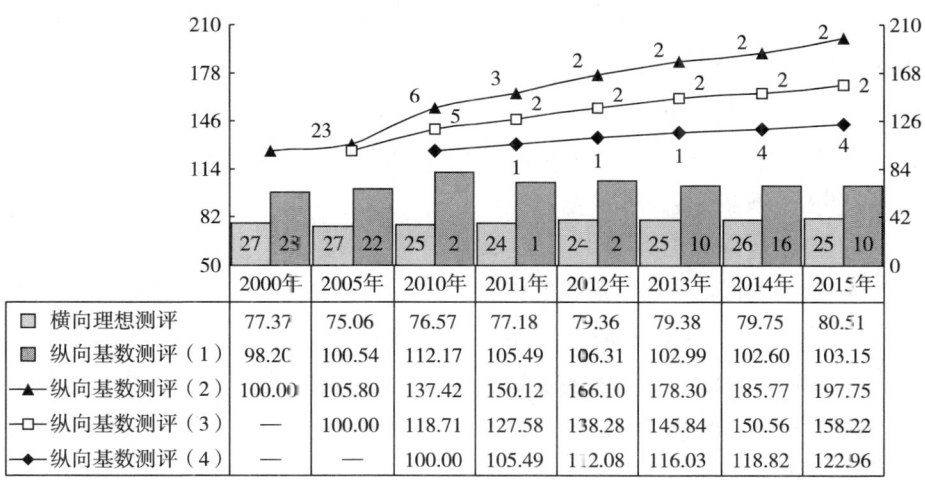

图7　2000年以来陕西城乡居民生活发展指数变动态势

左轴柱形：横向理想测评（无差距理想值=100）；纵向基数测评（1），上年=100。
右轴曲线：纵向基数测评（起点年基数值=100），（2）以2000年为起点，（3）以2005年为起点，（4）以2010年起点。标注各类测评结果省域排序位次。

1. 各年度理想值横向检测指数

假定陕西各类民生数据城乡、地区无差距理想值为100，2015年陕西城乡民生发展检测指数为80.51，低于无差距理想值19.49%，但高于上年（2014年）检测指数0.76个点。陕西此项检测指数在省域间排行的变化，2000年为第27位，2005年与2000年持平，2010年为第25位，2015年从上年第26位上升为第25位。

各年度（包括图中省略年度）此项检测指数对比，各个年度均低于无差距理想值100；2002～2003年、2007～2008年、2010～2015年10个年度高于上年检测指数值。其中，历年民生指数最高值为2015年的80.51，最低值为2006年的74.62。

2. 历年基数值纵向检测指数

以上一年度（2014年）起点数据指标演算基数值为100，2015年陕西城乡民生发展检测指数为103.15，高于起点年基数值3.15%，高于上年检测指数0.55个点。陕西此项检测指数在省域间的排行变化，2000年为第28位，2005年为第22位，2010年为第2位，2015年从上年第16位上升为第10位。

各年度（包括图中省略年度）此项检测指数对比，2002～2005年、2007～2008年、2010～2015年12个年度高于起点年基数值100；2001～2003年、2005年、2007～2008年、2010年、2012年、2015年9个年度高于上年检测指数值。其中，历年民生指数最高值为2010年的112.17，最低值为2000年的98.20。

3. 2000年以来基数值纵向检测指数

以"全面小康"建设进程起点年"十五"末年2000年数据指标演算基数值为100，2015年陕西城乡民生发展检测指数为197.75，高于起点年基数值97.75%，高于上年检测指数11.98个点。陕西此项检测指数在省域间排行的变化，2005年为第23位，2010年为第6位，2015年与上年持平，皆为第2位。

各年度（包括图中省略年度）此项检测指数对比，2003～2015年13个年度高于起点年基数值100；各个年度均高于上年检测指数值。其中，历年民生指数最高值为2015年的197.75，最低值为2001年的98.72。

4. 2005年以来基数值纵向检测指数

以"全面小康"建设进程第一个五年期"十一五"末年2005年数据指标演算基数值为100，2015年陕西城乡民生发展检测指数为158.22，高于起点年基数值58.22%，高于上年检测指数7.66个点。陕西此项检测指数在省域间排行的变化，2010年为第5位，2015年与上年持平，皆为第2位。

各年度（包括图中省略年度）此项检测指数对比，2007~2015年9个年度高于起点年基数值100；各个年度均高于上年检测指数值。其中，历年民生指数最高值为2015年的158.22，最低值为2006年的99.10。

5. 2010年以来基数值纵向检测指数

以"全面小康"建设进程第二个五年期"十二五"末年2010年数据指标演算基数值为100，2015年陕西城乡民生发展检测指数为122.96，高于起点年基数值22.96%，高于上年（2014年）检测指数4.14个点。陕西此项检测指数在省域间排行的变化，2011年为第1位，2015年与上年持平，皆为第4位。

各年度（包括图中省略年度）此项检测指数对比，各个年度均高于起点年基数值100；各个年度均高于上年检测指数值。其中，历年民生指数最高值为2015年的122.96，最低值为2011年的105.49。

归纳全文各个方面的分析检测，2000~2015年，陕西城乡综合演算的各类民生数据人均值持续明显增长，2015年居民收入人均值为2000年的6.67倍，总消费为5.93倍，物质生活消费为5.49倍，非物生活消费为6.89倍，积蓄为10.78倍。但居民收入比从52.46%极显著下降至36.52%，居民消费率从44.42%极显著下降至27.48%，"十二五"期间略有回升；尤其应注意居民收入年均增长极显著低于财政收入年增7.09个百分点，居民消费支出年均增长极显著低于财政支出年增7.19个百分点。居民收入、总消费、物质生活消费、非物生活消费、积蓄地区差全方位不断缩小，居民消费需求（包括总消费及物质生活、非物生活消费三个方面）城乡比全面逐步缩小，居民收入、积蓄城乡比缩减不大甚或继续扩大。物质生活消费比重明显降低5.10个百分点，非物生活消费比重明显增高5.10个百分点，消费结构出现较大"升级"变化；而居民积蓄率从15.33%持续极显著升高至24.76%，反过来对消费需求的抑制作用加重。

R.11 浙江：2015年度民生指数排名第3位

陈 静*

摘要：2000~2015年，浙江城乡综合演算的各类民生数据人均值持续稳步增长，2015年居民收入人均值为2000年的5.36倍，总消费为4.80倍，物质生活消费为4.66倍，非物生活消费为5.09倍，积蓄为7.10倍。但居民收入比从49.44%明显下降至45.77%，居民消费率从37.46%显著下降至31.06%，"十二五"期间略有回升；尤其应注意居民收入年均增长显著低于财政收入年增5.86个百分点，居民消费支出年均增长极显著低于财政支出年增7.45个百分点。居民收入、总消费、物质生活消费、非物生活消费、积蓄地区差全方位不断缩小，居民消费需求（包括总消费及物质生活、非物生活消费三个方面）城乡比全面逐步缩小，居民收入、积蓄城乡比缩减不大甚或继续扩大。物质生活消费比重略微降低2.01个百分点，非物生活消费比重略微增高2.01个百分点，消费结构出现一定"升级"变化；而居民积蓄率从24.24%持续显著升高至32.14%，反过来对消费需求的抑制作用加重。

关键词：浙江 人民生活 民生指数 检测和评价

一 浙江经济财政增长与民生发展基本态势

浙江经济财政增长与城乡人民生活发展关系态势见图1，限于制图容量，图1仅列出产值数据，财政收入、支出数据置于后台进行相关演算。

---

* 陈静，云南民族大学民俗学硕士研究生，参与导师主持相关研究工作，研究方向为区域民俗文化。

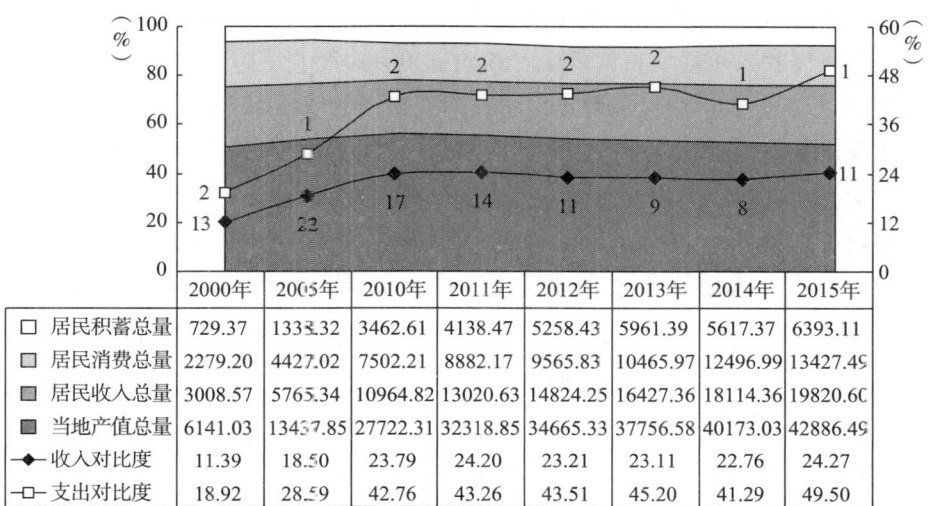

图1 浙江经济财政增长与城乡人民生活发展关系态势

左轴面积：当地产值与居民收入、消费、积蓄总量（亿元转换为%），各项数值历年变化呈直观比例。右轴曲线：（基于财政演算）收入对比度、支出对比度（%）。囿于制图空间，省略若干年度，文中描述历年变化包括省略年度，全文同。标注当地收入对比度、支出对比度省域排序位次。

1. 浙江产值、财政收支总量增长状况

2000 年，浙江产值总量为 6141.03 亿元，另据本项检测后台数据库，财政收入总量为 342.77 亿元，财政支出总量为 431.30 亿元；2015 年，浙江产值总量为 42886.49 亿元，财政收入总量为 4809.94 亿元，财政支出总量为 6645.98 亿元。

2000 年以来的 15 年间，浙江产值总量年均增长 13.83%，同期财政收入总量年均增长 19.25%，财政支出总量年均增长 20.00%。财政收入和支出增长大大超过产值增长。这意味着，在以历年产值来体现的当地总财富中，各级财政收取并支用的部分占越来越大的比例。

2. 居民收入、消费和积蓄总量增长状况

2000 年，浙江城乡居民收入总量为 3008.57 亿元，消费总量为 2279.20 亿元，积蓄总量为 729.37 亿元；2015 年，浙江城乡居民收入总量为 19820.60 亿元，消费总量为 13427.49 亿元，积蓄总量为 6393.11 亿元。

2000 年以来的 15 年间，浙江城乡居民收入总量年均增长 13.39%，消

费总量年均增长12.55%，积蓄总量年均增长15.57%。2000~2015年，浙江城乡居民收入年均增长率低于产值增长0.44个百分点，低于财政收入增长5.86个百分点；居民消费年均增长率低于产值增长1.28个百分点，低于财政支出增长7.45个百分点。

在此有必要检测浙江各类数据历年增长相关系数：产值与居民收入增长之间为0.5689（很弱正相关性），与居民消费增长之间为0.0988（极弱正相关性），可简化理解为居民收入、消费与产值历年增长分别在56.89%和9.88%的程度上同步；财政收入与居民收入增长之间为0.3717，即二者历年增长在37.17%的程度上同步，呈极弱正相关性，居民收入增长极显著滞后；财政支出与居民消费增长之间为-0.1352，即二者历年增长在13.52%的程度上同步，呈很弱负相关性，居民消费增长更极显著滞后。

3. 收入对比度、支出对比度历年变化状况

收入对比度即在居民收入与财政收入之间求取相关性比值（可双向对应演算，互为倒数百分值）。基于浙江财政收入演算（与居民收入之商值），2000年（财政）收入对比度为11.39%，2015年（财政）收入对比度为24.27%。由于其他省域相应变化，浙江收入对比度位次从2000年的第13位升至2015年的第11位。

由浙江财政收入变化看来，15年间从居民收入的11.39%提高到24.27%，相对关系值增大了113.00%。这表明，在当地社会总财富历年分配中，财政收入所占份额扩增，而居民收入所占份额缩减，其间相互关系用收入对比度变动来表示。浙江居民收入比与财政收入比历年变化相关系数为-0.5336，呈较强负相关性，即两项比值之间在53.36%的程度上逆向变动。

支出对比度即在居民消费与财政支出之间求取相关性比值（同样可双向对应演算，互为倒数百分值）。基于浙江财政支出演算（与居民消费之商值），2000年（财政）支出对比度为18.92%，2015年（财政）支出对比度为49.50%。由于其他省域相应变化，浙江支出对比度位次从2000年的第2位升至2015年的第1位。

从浙江财政支出变化来看，15年间从居民消费的18.92%提高到49.50%，相对关系值增大了161.56%。这表明，在当地社会总财富历年支

配中,财政支出所占份额扩增,而居民消费所占份额缩减,其间相互关系用支出对比度变动来表示。浙江居民消费率与财政支出比历年变化相关系数为-0.6215,呈很强负相关性,即两项比值之间在62.15%的程度上逆向变动。

以上各类总量数据的分析已经反映出,进入"全面建成小康社会"进程以来,"国富"的程度和速度明显高于"民富"的程度和速度。当然,这仅仅是对宏观层面的一种基本概括,深入透视浙江民生发展的具体情况,特别是微观层面的深刻变化,还有必要对人民生活各类数据人均值进行检测,尤其需要尽可能展开各个方面的相关性分析。

二 浙江居民收入增长态势

居民收入及其相关性分析为民生指数检测系统的二级子系统之一。浙江居民收入及其相关性变动态势见图2。

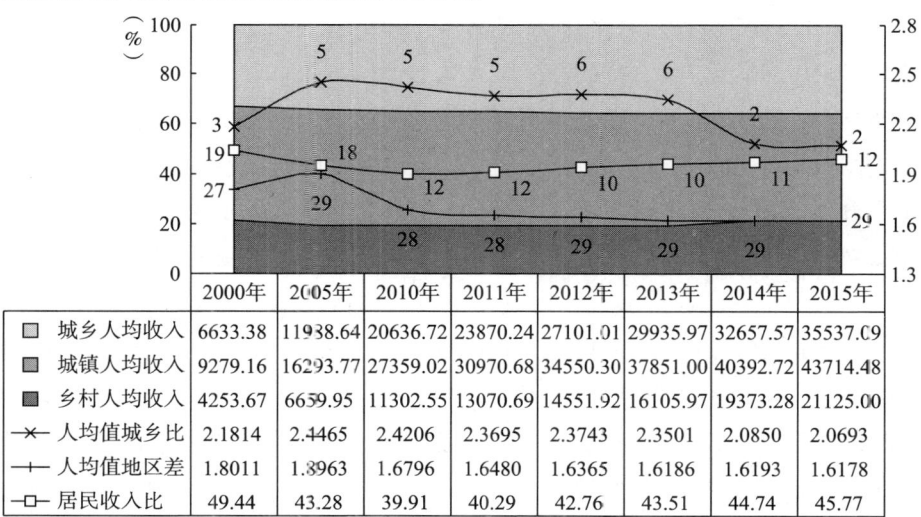

图2 浙江居民收入及其相关性变动态势

左轴面积:当地城乡综合、城镇、乡村居民收入人均值(元转换为%),各项数值历年变化呈直观比例。右轴曲线:居民收入人均值城乡比(乡村=1)、地区差(无差距=1)。左轴曲线:居民收入比(与产值即国民总收入近似值比)(%)。另需说明,本项检测经多重演算,衍生数值屡四舍五入,可能出现小数细微出入,实属演算常规,无误,全文同。标注当地居民收入比及其城乡比、地区差省域排序位次。

1. 城乡综合人均值及其地区差变动状况

基于浙江城乡综合演算，2000年，居民收入人均值为6633.38元，人均收入地区差为1.8011；2015年，居民收入人均值为35537.09元，人均收入地区差为1.6178。在这15年间，浙江城乡居民人均收入年均增长11.84%（由于当地人口增长，居民收入人均值演算增长率略低于总量演算增长率）。

基于当地城乡居民收入人均值与全国人均值之间历年绝对偏差值演算，2000~2015年，浙江居民收入人均值地区差最小（最佳）值为2015年的1.6178，最大值为2003年的1.9125。在这15年间，浙江居民收入人均值地区差缩小了10.18%。由于其他省域相应变化，浙江收入地区差位次从2000年的第27位降至2015年的第29位。这意味着，浙江与其余各地居民收入增长的同步均衡性有所增强，体现出"全面小康"建设进程在缩小居民收入地区差距方面的有效进展。

2. 城镇与乡村人均值及其城乡比变动状况

2000年，浙江城镇居民收入人均值为9279.16元，乡村居民收入人均值为4253.67元，收入城乡比为2.1814；2015年，浙江城镇居民收入人均值为43714.48元，乡村居民收入人均值为21125.00元，收入城乡比为2.0693。在这15年间，浙江城镇居民人均收入年均增长10.89%，乡村居民人均收入年均增长11.28%，乡村人均值年均增长率高于城镇年增0.39个百分点。城乡之间增长相关系数为-0.2250，即历年增长逆向程度为22.50%，呈很弱负相关性，城乡增长走势缺乏历年保持并行的良好均衡度。

基于当地居民收入城镇人均值与乡村人均值之间历年绝对值差异演算，2000~2015年，浙江居民收入人均值城乡比最小（最佳）值为2015年的2.0693，最大值为2006年的2.4902。在这15年间，浙江居民收入人均值城乡比缩小了5.14%。由于其他省域相应变化，浙江收入城乡比位次从2000年的第3位升至2015年的第2位。这意味着，浙江城乡居民收入增长的同步均衡性有所增强，体现出"全面小康"建设进程在缩小居民收入城乡差距方面的有效进展。

3. 城乡综合居民收入比历年变化状况

居民收入比为居民收入与国民总收入（以产值为其近似值）之间的相对比值（商值），亦即社会总财富分配中居民收益所得部分。以浙江城乡综合数值演算，2000 年居民收入比为 49.44%，2015 年居民收入比为 45.77%。在这 15 年间，浙江居民收入比下降了 3.67 个百分点；其中"十二五"以来上升 5.86 个百分点。由于其他省域相应变化，浙江居民收入比位次从 2000 年的第 19 位升至 2015 年的第 12 位。很明显，国家"十二五"规划制定"努力实现居民收入增长与经济发展同步"的"约束性指标"已经产生显著作用。

基于居民收入与产值（国民总收入当地份额近似值）之间历年数值演算，2000~2015 年，浙江居民收入比最高（最佳）值为 2001 年的 50.90%，最低值为 2010 年的 39.91%，近年来仍未回复 2000 年初始值，更未达到 2001 年最佳值。这意味着，当地居民收入增长与经济发展的同步协调性有待增强，甚而居民收入增长或应反超产值增长以补积年"拖欠"。

三　浙江居民消费增长及其结构性分析

居民消费及其相关性分析为民生指数检测系统的二级子系统之二。浙江居民总消费及其相关性变动态势见图 3。

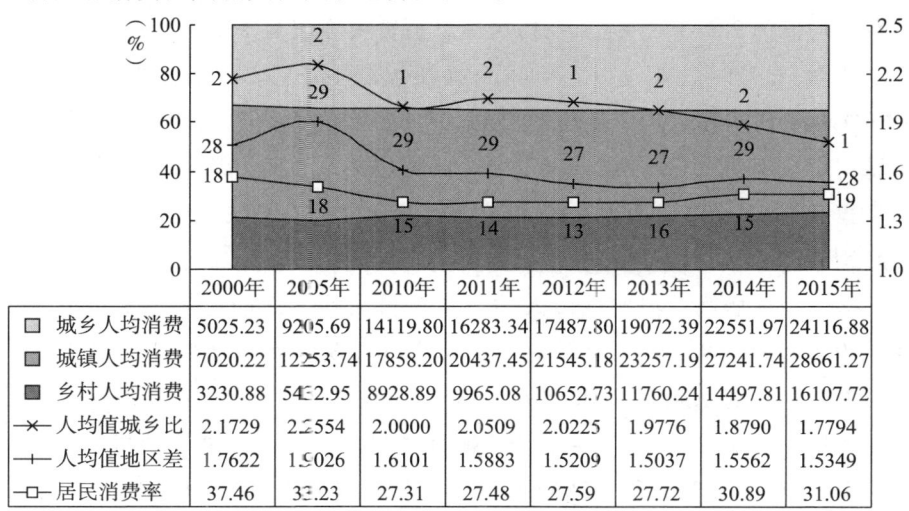

图 3　浙江居民总消费及其相关性变动态势

左轴面积：当地城乡综合、城镇、乡村居民总消费人均值（元转换为%），各项数值历年变化呈直观比例。右轴曲线：居民总消费人均值城乡比（乡村=1）、地区差（无差距=1）。左轴曲线：居民消费率（与产值比）（%）。标注当地居民消费率及其城乡比、地区差省域排序位次。

1. 城乡综合人均值及其地区差变动状况

基于浙江城乡综合演算，2000年居民总消费人均值为5025.23元，人均总消费地区差为1.7622；2015年居民总消费人均值为24116.88元，人均总消费地区差为1.5349。在这15年间，浙江城乡居民人均总消费年均增长11.02%（由于当地人口增长，人均值演算增长率略低于总量演算增长率）。

基于当地城乡居民总消费人均值与全国人均值之间历年绝对偏差值演算，2000~2015年，浙江居民总消费人均值地区差最小（最佳）值为2013年的1.5037，最大值为2005年的1.9026。在这15年间，浙江居民总消费人均值地区差缩小了12.90%。由于其他省域相应变化，浙江消费地区差位次保持第28位不变。这意味着，浙江与其余各地居民总消费增长的同步均衡性有所增强，体现出"全面小康"建设进程在缩小居民总消费地区差距方面的有效进展。

2. 城镇与乡村人均值及其城乡比变动状况

2000年，浙江城镇居民总消费人均值为7020.22元，乡村居民总消费人均值为3230.88元，总消费城乡比为2.1729；2015年，浙江城镇居民总消费人均值为28661.27元，乡村居民总消费人均值为16107.72元，总消费城乡比为1.7794。在这15年间，浙江城镇居民人均总消费年均增长9.83%，乡村居民人均值年均增长11.30%，乡村人均总消费年均增长率高于城镇年增1.47个百分点。城乡之间增长相关系数为0.4146，即历年增长同步程度为41.46%，呈很弱正相关性，城乡增长走势缺乏历年保持并行的良好均衡度。

基于当地居民总消费城镇人均值与乡村人均值之间历年绝对值差异演算，2000~2015年，浙江居民总消费人均值城乡比最小（最佳）值为2015年的1.7794，最大值为2002年的2.3594。在这15年间，浙江居民总消费人均值城乡比缩小了18.11%。由于其他省域相应变化，浙江消费城乡比位次从2000年的第2位升至2015年的第1位。这意味着，浙江城乡居民总消费增长的同步均衡性有所增强，体现出"全面小康"建设进程在缩小居民总消费城乡差距方面的有效进展。

3. 城乡综合居民消费率历年变化状况

居民消费率为居民消费与产值之间的相对比值（商值），亦即社会总财

富支配中居民消费支出部分。以浙江城乡综合数值演算，2000年居民消费率为37.46%，2015年居民消费率为31.06%。在这15年间，浙江居民消费率下降了6.40个百分点。由于其他省域相应变化，浙江居民消费率位次从2000年的第18位降至2015年的第19位。自应对国际金融危机实施"拉动内需，扩大消费，改善民生"国策以来，直到进入"十二五"期间，浙江居民消费率开始略有回升。

基于居民总消费与产值之间历年数值演算，2000~2015年，浙江居民消费率最高（最佳）值为2001年的38.67%，最低值为2010年的27.31%，近年来仍未回复2000年初始值，更未达到2001年最佳值。这意味着，当地居民消费拉动经济增长的同步协调性有待增强。还应注意到，浙江居民消费率的下降程度大于当地居民收入比的下降程度，反过来即意味着居民积蓄率上升，同时亦即积蓄对消费的抑制作用加重。

居民消费子系统可相对自成一体，其下又包含八个三级子系统，即国家现行统计制度下"人民生活"总消费支出中的各分类单项消费。本项检测将其划分为"物质生活消费"和"非物生活消费"两个大类，其间消费结构变化尤其值得关注。

2000年以来的15年间，浙江各类消费人均值年均增长率、比重值升降变化（百分比演算更为精确）排序：居住消费年增16.68%，比重上升110.73%，为最高；交通通信消费年增15.78%，比重上升87.57%，为次高；衣着消费年增10.71%，比重下降4.17%，为第三高；教育文化娱乐消费年增9.68%，比重下降16.64%，为第四高；医疗保健消费年增9.62%，比重下降17.41%，为第五高；食品烟酒消费年增8.53%，比重下降28.88%，为第六高；生活用品及服务消费年增7.53%，比重下降38.13%，为次低；其他用品及服务消费年增5.82%，比重下降51.32%，为最低。

四 浙江物质生活消费综合增长态势

居民物质生活消费合计及其相关性分析为民生指数检测系统的二级子系统之三。浙江居民物质生活消费合计及其相关性变动态势见图4。

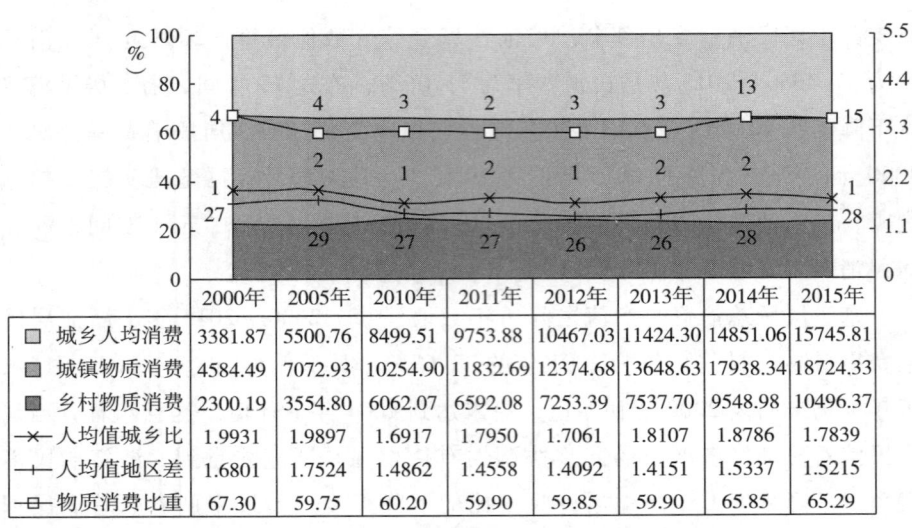

图 4 浙江居民物质生活消费合计及其相关性变动态势

左轴面积:当地城乡综合、城镇、乡村居民物质生活消费合计人均值(元转换为%),各项数值历年变化呈直观比例。右轴曲线:居民物质消费人均值城乡比(乡村 =1)、地区差(无差距 =1)。左轴曲线:居民物质消费比重(占总消费比)(%)。标注当地居民物质消费比重及其城乡比、地区差省域排序位次。

1. 城乡综合人均值及其地区差变动状况

基于浙江城乡综合演算,2000 年,居民物质消费人均值为 3381.87 元,人均物质消费地区差为 1.6801;2015 年,居民物质消费人均值为 15745.81 元,人均物质消费地区差为 1.5215。在这 15 年间,浙江城乡居民人均物质消费年均增长 10.80%。

基于当地城乡居民物质消费人均值与全国人均值之间历年绝对偏差值演算,2000~2015 年,浙江居民物质消费人均值地区差最小(最佳)值为 2012 年的 1.4092,最大值为 2001 年的 1.7943。在这 15 年间,浙江居民物质消费人均值地区差缩小了 9.44%。由于其他省域相应变化,浙江物质消费地区差位次从 2000 年的第 27 位降至 2015 年的第 28 位。这意味着,浙江与其余各地居民物质消费增长的同步均衡性有所增强,体现出"全面小康"建设进程在缩小居民物质消费地区差距方面的有效进展。

2. 城镇与乡村人均值及其城乡比变动状况

2000 年,浙江城镇居民物质消费人均值为 4584.49 元,乡村居民物质消费人均值为 2300.19 元,物质消费城乡比为 1.9931;2015 年,浙江城镇居民物质消费人均值为18724.33元，乡村居民物质消费人均值为10496.37元，物质消费城乡比为1.7839。在这15年间，浙江城镇居民人均物质消费年均增长9.84%，乡村居民人均物质消费年均增长10.65%，乡村人均值年均增长率高于城镇年增0.81个百分点。城乡之间增长相关系数为0.5533，即历年增长同步程度为55.33%，呈很弱正相关性，城乡增长走势缺乏历年保持并行的良好均衡度。

基于当地居民物质消费城镇人均值与乡村人均值之间历年绝对值差异演算，2000~2015年，浙江居民物质消费人均值城乡比最小（最佳）值为2010年的1.6917，最大值为2002年的2.2250。在这15年间，浙江居民物质消费人均值城乡比缩小了10.50%。由于其他省域相应变化，浙江物质消费城乡比位次保持第1位不变。这意味着，浙江城乡居民物质消费增长的同步均衡性有所增强，体现出"全面小康"建设进程在缩小居民物质消费城乡差距方面的有效进展。

3. 城乡综合物质消费比重历年变化状况

基于浙江城乡综合数值演算，2000年居民物质消费比重为67.30%，2015年居民物质消费比重为65.29%。在这15年间，浙江居民物质消费比重下降了2.01个百分点。由于其他省域相应变化，浙江物质消费比重位次从2000年的第4位降至2015年的第15位。浙江居民物质消费比重持续降低，意味着人民在保证物质生活"必需消费"之外，还有越来越多的余钱用以满足非物质消费需求。

基于居民物质消费与总消费之间历年数值演算，2000~2015年，浙江居民物质消费比重最低（最佳）值为2009年的59.54%，最高值为2000年的67.30%。从"全面小康"建设进程起点2000年，到新近数据年度2009年，浙江居民物质消费比重由历年最高值持续下降至历年最低值，这无疑表明当地人民生活水平早已完全超越满足衣食温饱需求的消费层次提升阶段。

五　浙江非物生活消费综合增长态势

居民非物生活消费合计及其相关性分析为民生指数检测系统的二级子系统之四。浙江居民非物生活消费合计及其相关性变动态势见图5。

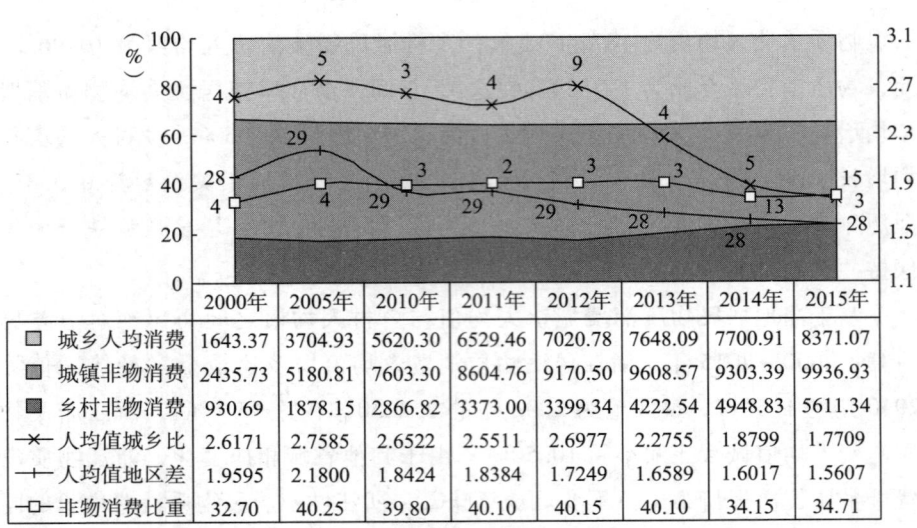

图 5 浙江居民非物生活消费合计及其相关性变动态势

左轴面积：当地城乡综合、城镇、乡村居民非物生活消费合计人均值（元转换为%），各项数值历年变化呈直观比例。右轴曲线：居民非物消费人均值城乡比（乡村=1）、地区差（无差距=1）。左轴曲线：居民非物消费比重（占总消费比）（%）。标注当地居民非物消费比重及其城乡比、地区差省域排序位次。

1. 城乡综合人均值及其地区差变动状况

基于浙江城乡综合演算，2000年，居民非物消费人均值为1643.37元，人均非物消费地区差为1.9595；2015年，居民非物消费人均值为8371.07元，人均非物消费地区差为1.5607。在这15年间，浙江城乡居民人均非物消费年均增长11.46%。

基于当地城乡居民非物消费人均值与全国人均值之间历年绝对偏差值演算，2000~2015年，浙江居民非物消费人均值地区差最小（最佳）值为2015年的1.5607，最大值为2005年的2.1800。在这15年间，浙江居民非物消费人均值地区差缩小了20.35%。由于其他省域相应变化，浙江非物消费地区差位次保持第28位不变。这意味着，浙江与其余各地居民非物消费增长的同步均衡性有所增强，体现出"全面小康"建设进程在缩小居民非物消费地区差距方面的有效进展。

2. 城镇与乡村人均值及其城乡比变动状况

2000年，浙江城镇居民非物消费人均值为2435.73元，乡村居民非物消费人均值为930.69元，非物消费城乡比为2.6171；2015年，浙江城镇居民非物消费人均值为9935.93元，乡村居民非物消费人均值为5611.34元，非物消费城乡比为1.7709。在这15年间，浙江城镇居民人均非物消费年均增长9.83%，乡村居民人均非物消费年均增长12.72%，乡村人均值年均增长率高于城镇年增2.89个百分点。城乡之间增长相关系数为0.3562，即历年增长同步程度为35.62%，呈极弱正相关性，城乡增长走势缺乏历年保持并行的良好均衡度。

基于当地居民非物消费城镇人均值与乡村人均值之间历年绝对值差异演算，2000~2015年，浙江居民非物消费人均值城乡比最小（最佳）值为2015年的1.7709，最大值为2006年的2.8933。在这15年间，浙江居民非物消费人均值城乡比缩小了32.34%。由于其他省域相应变化，浙江非物消费城乡比位次从2000年的第4位升至2015年的第3位。这意味着，浙江城乡居民非物消费增长的同步均衡性有所增强，体现出"全面小康"建设进程在缩小居民非物消费城乡差距方面的有效进展。

3. 城乡综合非物消费比重历年变化状况

基于浙江城乡综合数值演算，2000年居民非物消费比重为32.70%，2015年居民非物消费比重为34.71%。在这15年间，浙江居民非物消费比重上升了2.01个百分点。由于其他省域相应变化，浙江非物消费比重位次从2000年的第4位降至2015年的第15位。浙江居民非物消费比重持续提高，意味着人民在保证物质生活"必需消费"之外，确实越来越注重追求非物质生活"应有消费"需求。

基于居民非物消费与总消费之间历年数值演算，2000~2015年，浙江居民非物消费比重最高（最佳）值为2009年的40.46%，最低值为2000年的32.70%。从"全面小康"建设进程起点2000年，到新近数据年度2009年，浙江居民非物消费比重由历年最低值持续上升至历年最高值，这无疑表明当地人民生活水平已经转入注重非物质生活需求的消费结构优化阶段。

六 浙江居民积蓄增长及其相关性分析

居民积蓄及其相关性分析为民生指数检测系统的二级子系统之王。浙江居民积蓄及其相关性变动态势见图6。

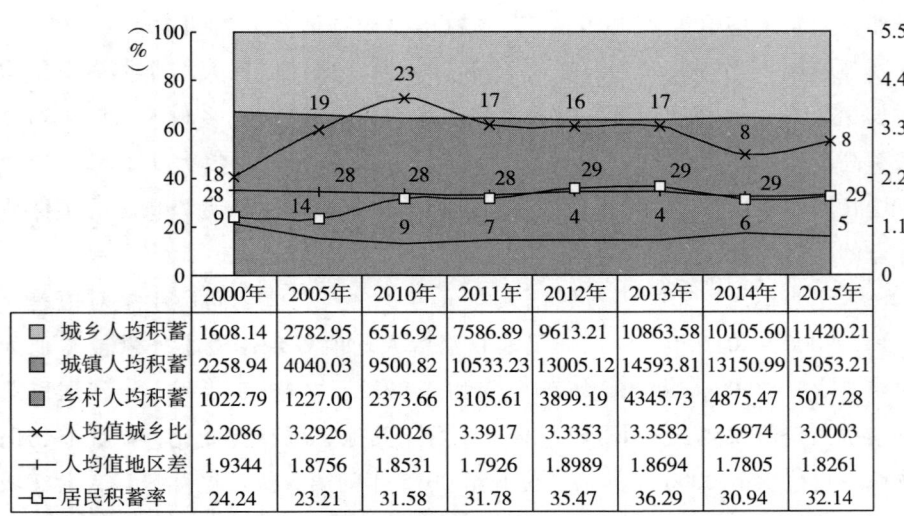

图 6　浙江居民积蓄及其相关性变动态势

左轴面积：当地城乡综合、城镇、乡村居民积蓄人均值（元转换为%），各项数值历年变化呈直观比例。右轴曲线：居民积蓄人均值城乡比（乡村=1）、地区差（无差距=1）。左轴曲线：居民积蓄率（占居民收入比）（%）。标注当地居民积蓄率及其城乡比、地区差省域排序位次。

1. 城乡综合人均值及其地区差变动状况

基于浙江城乡综合演算，2000 年，居民积蓄人均值为 1608.14 元，人均积蓄地区差为 1.9344；2015 年，居民积蓄人均值为 11420.21 元，人均积蓄地区差为 1.8261。在这 15 年间，浙江城乡居民人均积蓄年均增长 13.96%。

基于当地城乡居民积蓄人均值与全国人均值之间历年绝对偏差值的平均值演算，2000~2015 年，浙江居民积蓄人均值地区差最小（最佳）值为 2014 年的 1.7805，最大值为 2002 年的 2.0640。在这 15 年间，浙江居民积蓄人均值地区差缩小了 5.60%。由于其他省域相应变化，浙江居民积蓄地区差位次从 2000 年的第 28 位降至 2015 年的第 29 位。这意味着，浙江与其余各地居民积蓄增长的同步均衡性有所增强，体现出"全面小康"建设进程在缩小居民积蓄地区差距方面的有效进展。

2. 城镇与乡村人均值及其城乡比变动状况

2000 年，浙江城镇居民积蓄人均值为 2258.94 元，乡村居民积蓄人均值为 1022.79 元，积蓄城乡比为 2.2086；2015 年，浙江城镇居民积蓄人均值为 15053.21 元，乡村居民积蓄人均值为 5017.28 元，积蓄城乡比为 3.0003。在这 15 年间，浙江城镇居民人均积蓄年均增长 13.48%，乡村居民人均积蓄年均增长 11.18%，乡村人均值年均增长率低于城镇年增 2.30 个百分点。城乡之间增长相关系数为 -0.0596，即历年增长逆向程度 5.96%，呈极弱负相关性，城乡增长走势缺乏历年保持并行的良好均衡度。

基于当地居民积蓄城镇人均值与乡村人均值之间历年绝对值差异演算，2000~2015 年，浙江居民积蓄人均值城乡比最小（最佳）值为 2000 年的 2.2086，最大值为 2007 年的 4.4294。在这 15 年间，浙江居民积蓄人均值城乡比扩大了 35.84%。由于其他省域相应变化，浙江居民积蓄城乡比位次从 2000 年的第 18 位升至 2015 年的第 8 位。这意味着，浙江城乡居民积蓄增长的同步均衡性有所减弱，体现出"全面小康"建设进程在缩小居民积蓄城乡差距方面的成效欠佳。

3. 城乡综合居民积蓄率历年变化状况

基于浙江城乡综合数值演算，2000 年居民积蓄率为 24.24%，2015 年居民积蓄率为 32.14%。在这 15 年间，浙江居民积蓄率上升了 7.90 个百分点。由于其他省域相应变化，浙江居民积蓄率位次从 2000 年的第 9 位升至 2015 年的第 5 位。浙江居民积蓄率持续提高，意味着人民劳动所得可以保证物质生活"必需消费"、社会生活和精神生活"应有消费"，越来越多的宽余"闲钱"可供人民自主支配。

基于居民积蓄与收入之间历年数值演算，2000~2015 年，浙江居民积蓄率最高（最佳）值为 2013 年的 36.29%，最低值为 2005 年的 23.21%。从"全面小康"建设进程初期 2005 年，到新近数据年度 2013 年，浙江居民积蓄率由历年最低值持续上升至历年最高值，表明当地人民生活水平已经进入更加充裕富足的阶段。

到这里，有必要归纳对比浙江经济、财政与人民生活各类数据的增长变化差异。2000 年以来的 15 年间，浙江产值、财政收入和支出、城乡居民收入、总消费、物质生活和非物生活消费、积蓄人均值年均增长率排序：财政支出年增 18.43%，为最高；财政收入年增 17.70%，为次高；积蓄年增 13.96%，为第三高；产值年增 12.42%，为第四高；居民收入年增 11.84%，为第五高；非物生活消费年增 11.46%，为第六高；居民总消费年增11.02%，为次低；物质生活消费年增10.80%，为最低。其间，浙江当地经济增长，财政收支额度增高，居民收入、消费（包括物质生活、非物生活消费）和积蓄增多之间的相对关系一目了然。

七 浙江民生发展指数综合检测

全面汇总以上各类数据分析检测，以及置于后台数据库的全部相关测量演算，检测系统共包含一级指标（子系统）5项，二级指标（类别项）41项，三级指标（演算项）156项测算数值，最终综合加权得出浙江民生发展指数检测结果。2000年以来浙江城乡居民生活发展指数变动态势见图7。

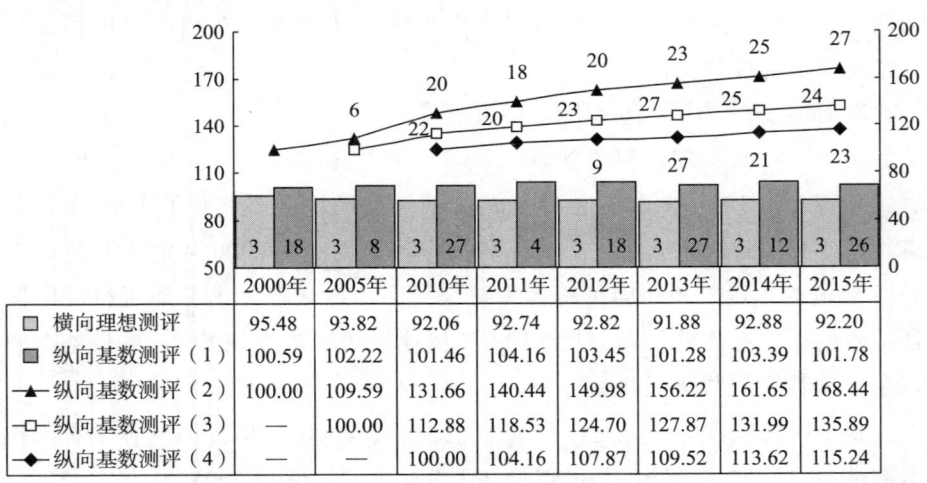

图7 2000年以来浙江城乡居民生活发展指数变动态势

左轴柱形：横向理想测评（无差距理想值=100）；纵向基数测评（1），上年=100。
右轴曲线：纵向基数测评（起点年基数值=100），（2）以2000年为起点，（3）以2005年为起点，（4）以2010年为起点。标注各类测评结果省域排序位次。

1. 各年度理想值横向检测指数

以假定浙江各类民生数据城乡、地区无差距理想值为100，2015年浙江城乡民生发展检测指数为92.20，低于无差距理想值7.80%，低于上年检测指数0.68个点。浙江此项检测指数在省域间排行的变化，2000年为第3位，2005年与2000年持平，2010年与2000年持平，2015年与上年持平，皆为第3位。

各年度（包括图中省略年度）此项检测指数对比，各个年度均低于无差距理想值100；2002年、2004~2006年、2009年、2011~2012年、2014年8个年度高于上年检测指数值。其中，历年民生指数最高值为2000年的95.48，最低值为2013年的91.88。

2. 历年基数值纵向检测指数

以上一年度起点数据指标演算基数值为100，2015年浙江城乡民生发展检测指数为101.78，高于起点年基数值1.78%，但低于上年检测指数1.61个点。浙江此项检测指数在省域间排行的变化，2000年为第18位，2005年为第8位，2010年为第27位，2015年从上年第12位下降为第26位。

各年度（包括图中省略年度）此项检测指数对比，2000年、2002~2015年15个年度高于起点年基数值100；2002年、2004~2005年、2007~2009年、2011年、2014年8个年度高于上年检测指数值。其中，历年民生指数最高值为2011年的104.16，最低值为2001年的99.97。

3. 2000年以来基数值纵向检测指数

以"全面小康"建设进程起点年"十五"末年2000年数据指标演算基数值为100，2015年浙江城乡民生发展检测指数为168.44，高于起点年基数值68.44%，高于上年检测指数6.79个点。浙江此项检测指数在省域间排行的变化，2005年为第6位，2010年为第20位，2015年从上年第25位下降为第27位。

各年度（包括图中省略年度）此项检测指数对比，2002~2015年14个年度高于起点年基数值100；各个年度均高于上年检测指数值。其中，历年民生指数最高值为2015年的168.44，最低值为2001年的99.97。

4. 2005年以来基数值纵向检测指数

以"全面小康"建设进程第一个五年期"十一五"末年2005年数据指标演算基数值为100，2015年浙江城乡民生发展检测指数为135.89，高于起点年基数值35.89%，高于上年检测指数3.90个点。浙江此项检测指数在省域间排行的变化，2010年为第22位，2015年从2014年第25位上升为第24位。

各年度（包括图中省略年度）此项检测指数对比，各个年度均高于起点年基数值100；各个年度均高于上年检测指数值。其中，历年民生指数最高值为 2015 年的 135.89，最低值为 2006 年的 101.82。

5. 2010 年以来基数值纵向检测指数

以"全面小康"建设进程第二个五年期"十二五"末年 2010 年数据指标演算基数值为 100，2015 年浙江城乡民生发展检测指数为 115.24，高于起点年基数值 15.24%，高于上年检测指数 1.62 个点。浙江此项检测指数在省域间排行的变化，2011 年为第 5 位，2015 年从上年第 21 位下降为第 23 位。

各年度（包括图中省略年度）此项检测指数对比，各个年度均高于起点年基数值 100；各个年度均高于上年检测指数值。其中，历年民生指数最高值为 2015 年的 115.24，最低值为 2011 年的 104.16。

归纳全文各个方面的分析检测，2000~2015 年，浙江城乡综合演算的各类民生数据人均值持续稳步增长，2015 年人均值居民收入为 2000 年的 5.36 倍，总消费为 4.80 倍，物质生活消费为 4.66 倍，非物生活消费为 5.09 倍，积蓄为 7.10 倍。但居民收入比从 49.44% 明显下降至 45.77%，居民消费率从 37.46% 显著下降至 31.06%，"十二五"期间略有回升；尤其应注意居民收入年均增长显著低于财政收入年增 5.86 个百分点，居民消费支出年均增长极显著低于财政支出年增 7.45 个百分点。居民收入、总消费、物质生活消费、非物生活消费、积蓄地区差全方位不断缩小，居民消费需求（包括总消费及物质生活、非物生活消费三个方面）城乡比全面逐步缩小，居民收入、积蓄城乡比缩减不大甚或继续扩大。物质生活消费比重略微降低 2.01 个百分点，非物生活消费比重略微增高 2.01 个百分点，消费结构出现一定"升级"变化；而居民积蓄率从 24.24% 持续显著升高至 32.14%，反过来对消费需求的抑制作用加重。

R.12 辽宁：2015年度民生指数排名第4位

崔 宁*

摘要： 2000～2015年，辽宁城乡综合演算的各类民生数据人均值持续明显增长，2015年居民收入人均值为2000年的6.19倍，总消费为5.46倍，物质生活消费为4.95倍，非物生活消费为6.65倍，积蓄为9.03倍。居民收入比从35.50%较明显上升至37.60%，但居民消费率从28.19%较明显下降至26.32%，"十二五"期间略有回升；尤其应注意居民收入年均增长略微低于财政收入年增0.67个百分点，居民消费支出年均增长明显低于财政支出年增3.04个百分点。居民收入、总消费、物质生活消费、非物生活消费、积蓄地区差大都继续扩大，居民消费需求（包括总消费及物质生活、非物生活消费三个方面）城乡比大都逐步扩大，居民收入、积蓄城乡比继续扩大。物质生活消费比重明显降低6.53个百分点，非物生活消费比重明显增高6.53个百分点，消费结构出现很大"升级"变化；而居民积蓄率从20.58%持续极显著升高至30.01%，反过来对消费需求的抑制作用加重。

关键词： 辽宁 人民生活 民生指数 检测和评价

一 辽宁经济财政增长与民生发展基本态势

辽宁经济财政增长与城乡人民生活发展关系态势见图1，限于制图容量，图1仅列出产值数据，财政收入、支出数据置于后台进行相关演算。

---

* 崔宁，云南民族大学民俗学硕士研究生，参与导师主持相关研究工作，研究方向为网络游戏对神话的重述。

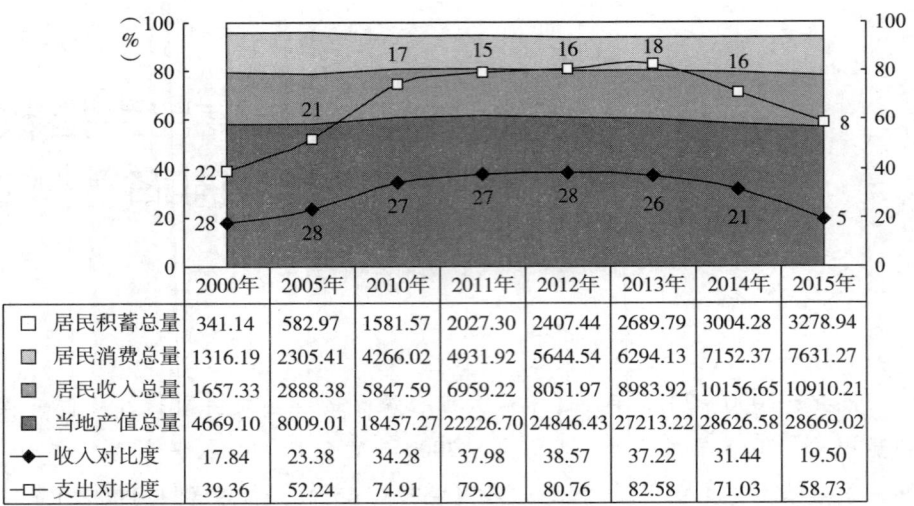

图 1 辽宁经济财政增长与城乡人民生活发展关系态势

左轴面积：当地产值与居民收入、消费、积蓄总量（亿元转换为%），各项数值历年变化呈直观比例。右轴曲线：（基于财政演算）收入对比度、支出对比度（%）。囿于制图空间，省略若干年度，文中描述历年变化包括省略年度，全文同。标注当地收入对比度、支出对比度省域排序位次。

1. 辽宁产值、财政收支总量增长状况

2000 年，辽宁产值总量为 4669.10 亿元，另据本项检测后台数据库，财政收入总量为 295.63 亿元，财政支出总量为 518.08 亿元；2015 年，辽宁产值总量为 28669.02 亿元，财政收入总量为 2127.39 亿元，财政支出总量为 4481.61 亿元。

2000 年以来的 15 年间，辽宁产值总量年均增长 12.86%，同期财政收入总量年均增长 14.06%，财政支出总量年均增长 15.47%。财政收入和支出增长大大超过产值增长，这意味着，在以历年产值来体现的当地总财富中，各级财政收取并支用的部分占越来越大的比例。

2. 居民收入、消费和积蓄总量增长状况

2000 年，辽宁城乡居民收入总量为 1657.33 亿元，消费总量为 1316.19 亿元，积蓄总量为 341.14 亿元；2015 年，辽宁城乡居民收入总量为 10910.21 亿元，消费总量为 7631.27 亿元，积蓄总量为 3278.94 亿元。

2000 年以来的 15 年间，辽宁城乡居民收入总量年均增长 13.39%，消费总量年均增长12.43%，积蓄总量年均增长16.28%。2000~2015年，辽宁城乡居民收入年均增长率高于产值增长0.53个百分点，低于财政收入增长0.67个百分点；居民消费年均增长率低于产值增长0.43个百分点，低于财政支出增长3.04个百分点。

在此有必要检测辽宁各类数据历年增长相关系数：产值与居民收入增长之间为0.7285（较弱正相关性），与居民消费增长之间为0.5376（很弱正相关性），可简化理解为居民收入、消费与产值历年增长分别在72.85%和53.76%的程度上同步；财政收入与居民收入增长之间为0.6358，即二者历年增长在63.58%的程度上同步，呈较弱正相关性，居民收入增长极显著滞后；财政支出与居民消费增长之间为0.4041，即二者历年增长在40.41%的程度上同步，呈很弱正相关性，居民消费增长更极显著滞后。

3. 收入对比度、支出对比度历年变化状况

收入对比度即在居民收入与财政收入之间求取相关性比值（可双向对应演算，互为倒数百分值）。基于辽宁财政收入演算（与居民收入之商值），2000年（财政）收入对比度为17.84%，2015年（财政）收入对比度为19.50%。由于其他省域相应变化，辽宁收入对比度位次从2000年的第28位升至2015年的第5位。

从辽宁财政收入变化来看，15年间从居民收入的17.84%提高到19.50%，相对关系值增大了9.31%。这表明，在当地社会总财富历年分配中，财政收入所占份额扩增，而居民收入所占份额缩减，其间相互关系用收入对比度变动来表示。辽宁居民收入比与财政收入比历年变化相关系数为-0.8345，呈极强负相关性，即两项比值之间在83.45%的程度上逆向变动。

支出对比度即在居民消费与财政支出之间求取相关性比值（同样可双向对应演算，互为倒数百分值）。基于辽宁财政支出演算（与居民消费之商值），2000年（财政）支出对比度为39.36%，2015年（财政）支出对比度为58.73%。由于其他省域相应变化，辽宁支出对比度位次从2000年的第22位升至2015年的第8位。

从辽宁财政支出变化来看，15年间从居民消费的39.36%提高到58.73%，相对关系值增大了49.20%。这表明，在当地社会总财富历年支配中，财政支

出所占份额扩增,而居民消费所占份额缩减,其间相互关系用支出对比度变动来表示。辽宁居民消费率与财政支出比历年变化相关系数为 -0.8300,呈极强负相关性,即两项比值之间在 83.00% 的程度上逆向变动。

以上各类总量数据的分析已经反映出,进入"全面建成小康社会"进程以来,"国富"的程度和速度明显高于"民富"的程度和速度。当然,这仅仅是对宏观层面的一种基本概括,深入透视辽宁民生发展的具体情况,特别是微观层面的深刻变化,还有必要对人民生活各类数据人均值进行检测,尤其需要尽可能展开各个方面的相关性分析。

二 辽宁居民收入增长态势

居民收入及其相关性分析为民生指数检测系统的二级子系统之一。辽宁居民收入及其相关性变动态势见图 2。

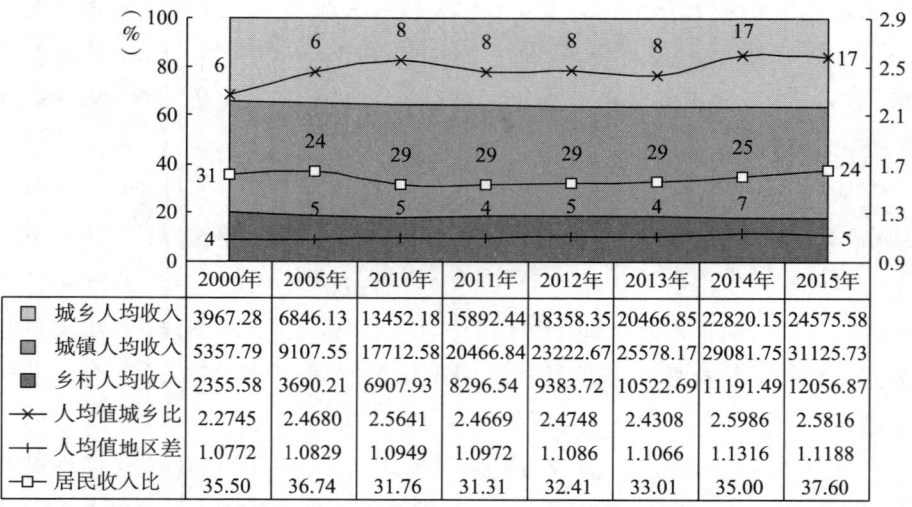

图 2 辽宁居民收入及其相关性变动态势

左轴面积:当地城乡综合、城镇、乡村居民收入人均值(元转换为%),各项数值历年变化呈直观比例。右轴曲线:居民收入人均值城乡比(乡村=1)、地区差(无差距=1)。左轴曲线:居民收入比(与产值即国民总收入近似值比)(%)。另需说明,本项检测经多重演算,衍生数值屡四舍五入,可能出现小数细微出入,实属演算常规,无误,全文同。标注当地居民收入比及其城乡比、地区差省域排序位次。

1. 城乡综合人均值及其地区差变动状况

基于辽宁城乡综合演算，2000 年，居民收入人均值为 3967.28 元，人均收入地区差为 1.0772；2015 年，居民收入人均值为 24575.58 元，人均收入地区差为 1.1188。在这 15 年间，辽宁城乡居民人均收入年均增长 12.93%（由于当地人口增长，居民收入人均值演算增长率略低于总量演算增长率）。

基于当地城乡居民收入人均值与全国人均值之间历年绝对偏差值演算，2000~2015 年，辽宁居民收入人均值地区差最小（最佳）值为 2004 年的 1.0712，最大值为 2014 年的 1.1316。在这 15 年间，辽宁居民收入人均值地区差扩大了 3.86%。由于其他省域相应变化，辽宁收入地区差位次从 2000 年的第 4 位降至 2015 年的第 5 位。这意味着，辽宁与其余各地居民收入增长的同步均衡性有所减弱，体现出"全面小康"建设进程在缩小居民收入地区差距方面的成效欠佳。

2. 城镇与乡村人均值及其城乡比变动状况

2000 年，辽宁城镇居民收入人均值为 5357.79 元，乡村居民收入人均值为 2355.58 元，收入城乡比为 2.2745；2015 年，辽宁城镇居民收入人均值为 31125.73 元，乡村居民收入人均值为 12056.87 元，收入城乡比为 2.5816。在这 15 年间，辽宁城镇居民人均收入年均增长 12.45%，乡村居民人均收入年均增长 11.50%，乡村人均值年均增长率低于城镇年增 0.95 个百分点。城乡之间增长相关系数为 0.6173，即历年增长同步程度为 61.73%，呈较弱正相关性，城乡增长走势缺乏历年保持并行的良好均衡度。

基于当地居民收入城镇人均值与乡村人均值之间历年绝对值差异演算，2000~2015 年，辽宁居民收入人均值城乡比最小（最佳）值为 2001 年的 2.2663，最大值为 2009 年的 2.6454。在这 15 年间，辽宁居民收入人均值城乡比扩大了 13.50%。由于其他省域相应变化，辽宁收入城乡比位次从 2000 年的第 6 位降至 2015 年的第 17 位。这意味着，辽宁城乡居民收入增长的同步均衡性有所减弱，体现出"全面小康"建设进程在缩小居民收入城乡差距方面的成效欠佳。

3. 城乡综合居民收入比历年变化状况

居民收入比为居民收入与国民总收入（以产值为其近似值）之间的相对比值（商值），亦即社会总财富分配中居民收益所得部分。以辽宁城乡综合数值演算，2000年居民收入比为35.50%，2015年居民收入比为37.60%。在这15年间，辽宁居民收入比上升了2.10个百分点；其中"十二五"以来上升5.84个百分点。由于其他省域相应变化，辽宁居民收入比位次从2000年的第31位升至2015年的第24位。很明显，国家"十二五"规划制定的"努力实现居民收入增长与经济发展同步"的"约束性指标"已经产生显著作用。

基于居民收入与产值（国民总收入当地份额近似值）之间历年数值演算，2000~2015年，辽宁居民收入比最高（最佳）值为2004年的37.92%，最低值为2011年的31.31%，近年来尚未达到2004年最佳值。这意味着，当地居民收入增长与经济发展的同步协调性有所增强，甚而居民收入增长业已反超产值增长以补积年"拖欠"。

三　辽宁居民消费增长及其结构性分析

居民消费及其相关性分析为民生指数检测系统的二级子系统之二。辽宁居民总消费及其相关性变动态势见图3。

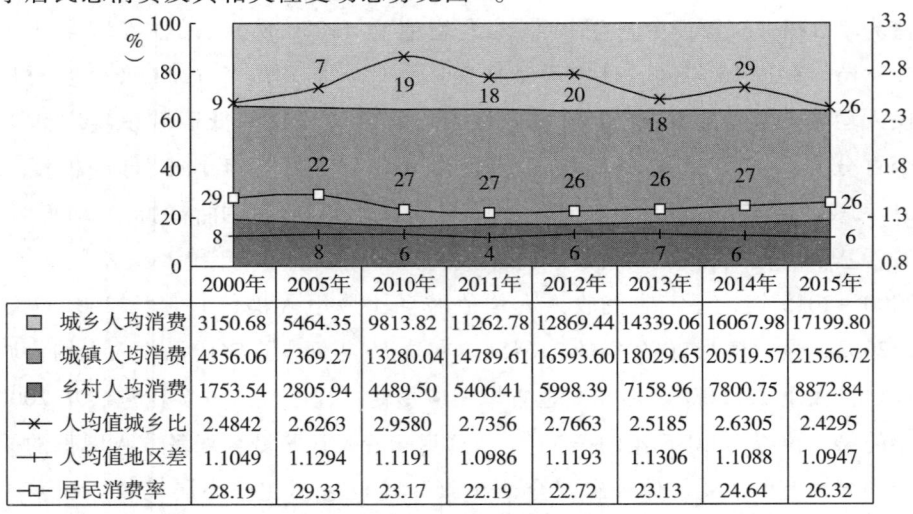

图3　辽宁居民总消费及其相关性变动态势

左轴面积：当地城乡综合、城镇、乡村居民总消费人均值（元转换为%），各项数值历年变化呈直观比例。右轴曲线：居民总消费人均值城乡比（乡村=1）、地区差（无差距=1）。左轴曲线：居民消费率（与产值比）（%）。标注当地居民消费率及其城乡比、地区差省域排序位次。

1. 城乡综合人均值及其地区差变动状况

基于辽宁城乡综合演算，2000年，居民总消费人均值为3150.68元，人均总消费地区差为1.1049；2015年，居民总消费人均值为17199.80元，人均总消费地区差为1.0947。在这15年间，辽宁城乡居民人均总消费年均增长11.98%（由于当地人口增长，人均值演算增长率略低于总量演算增长率）。

基于当地城乡居民总消费人均值与全国人均值之间历年绝对偏差值演算，2000~2015年，辽宁居民总消费人均值地区差最小（最佳）值为2002年的1.0919，最大值为2009年的1.1669。在这15年间，辽宁居民总消费人均值地区差缩小了0.92%。由于其他省域相应变化，辽宁消费地区差位次从2000年的第8位升至2015年的第6位。这意味着，辽宁与其余各地居民总消费增长的同步均衡性有所增强，体现出"全面小康"建设进程在缩小居民总消费地区差距方面的有效进展。

2. 城镇与乡村人均值及其城乡比变动状况

2000年，辽宁城镇居民总消费人均值为4356.06元，乡村居民总消费人均值为1753.54元，总消费城乡比为2.4842；2015年，辽宁城镇居民总消费人均值为21556.72元，乡村居民总消费人均值为8872.84元，总消费城乡比为2.4295。在这15年间，辽宁城镇居民人均总消费年均增长11.25%，乡村居民人均值年均增长11.41%，乡村人均总消费年均增长率高于城镇年增0.16个百分点。城乡之间增长相关系数为0.0398，即历年增长同步程度为3.98%，呈极弱正相关性，城乡增长走势缺乏历年保持并行的良好均衡度。

基于当地居民总消费城镇人均值与乡村人均值之间历年绝对值差异演算，2000~2015年，辽宁居民总消费人均值城乡比最小（最佳）值为2015年的2.4295，最大值为2003年的3.2259。在这15年间，辽宁居民总消费人均值城乡比缩小了2.20%。由于其他省域相应变化，辽宁消费城乡比位次从2000年的第9位降至2015年的第26位。这意味着，辽宁城乡居民总消费增长的同步均衡性有所增强，体现出"全面小康"建设进程在缩小居民总消费城乡差距方面的有效进展。

3. 城乡综合居民消费率历年变化状况

居民消费率为居民消费与产值之间的相对比值（商值），亦即社会总财

富支配中居民消费支出部分。以辽宁城乡综合数值演算，2000年居民消费率为28.19%，2015年居民消费率为26.32%。在这15年间，辽宁居民消费率下降了1.87个百分点。由于其他省域相应变化，辽宁居民消费率位次从2000年的第29位升至2015年的第26位。自应对国际金融危机实施"拉动内需，扩大消费，改善民生"国策以来，直到进入"十二五"期间，辽宁居民消费率开始略有回升。

基于居民总消费与产值之间历年数值演算，2000~2015年，辽宁居民消费率最高（最佳）值为2003年29.80%，最低值为2011年22.19%，近年来仍未回复2000年初始值，更未达到2003年最佳值。这意味着，当地居民消费拉动经济增长的同步协调性有待增强。还应注意到，辽宁居民消费率下降而当地居民收入比上升，反过来即意味着居民积蓄率上升，同时亦即积蓄对消费的抑制作用加重。

居民消费子系统可相对自成一体，其下又包含八个三级子系统，即国家现行统计制度下"人民生活"总消费支出中的各分类单项消费。本项检测将其划分为"物质生活消费"和"非物生活消费"两个大类，其间消费结构变化尤其值得关注。

2000年以来的15年间，辽宁各类消费人均值年均增长率、比重值升降变化（百分比演算更为精确）排序：居住消费年增17.52%，比重上升106.38%，为最高；交通通信消费年增16.98%，比重上升92.50%，为次高；医疗保健消费年增13.11%，比重上升16.29%，为第三高；教育文化娱乐消费年增12.14%，比重上升2.11%，为第四高；生活用品及服务消费年增11.80%，比重下降2.36%，为第五高；衣着消费年增9.96%，比重下降23.88%，为第六高；其他用品及服务消费年增9.23%，比重下降31.17%，为次低；食品烟酒消费年增9.02%，比重下降33.05%，为最低。

四 辽宁物质生活消费综合增长态势

居民物质生活消费合计及其相关性分析为民生指数检测系统的二级子系统之三。辽宁居民物质生活消费合计及其相关性变动态势见图4。

辽宁：2015年度民生指数排名第4位

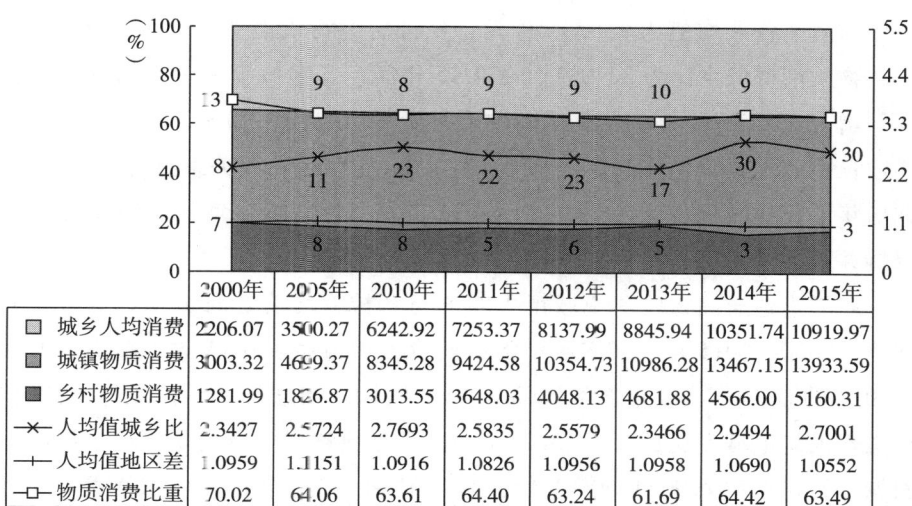

图4　辽宁居民物质生活消费合计及其相关性变动态势

左轴面积：当地城乡综合、城镇、乡村居民物质生活消费合计人均值（元转换为%），各项数值历年变化呈直观比例。右轴曲线：居民物质消费人均值城乡比（乡村=1）、地区差（无差距=1）。左轴曲线：居民物质消费比重（占总消费比）（%）。标注当地居民物质消费比重及其城乡比、地区差省域排序位次。

1. 城乡综合人均值及其地区差变动状况

基于辽宁城乡综合演算，2000年，居民物质消费人均值为2206.07元，人均物质消费地区差为1.0959；2015年，居民物质消费人均值为10919.97元，人均物质消费地区差为1.0552。在这15年间，辽宁城乡居民人均物质消费年均增长11.25%。

基于当地城乡居民物质消费人均值与全国人均值之间历年绝对偏差值演算，2000～2015年，辽宁居民物质消费人均值地区差最小（最佳）值为2015年的1.0552，最大值为2009年的1.1507。在这15年间，辽宁居民物质消费人均值地区差缩小了3.72%。由于其他省域相应变化，辽宁物质消费地区差位次从2000年的第7位升至2015年的第3位。这意味着，辽宁与其余各地居民物质消费增长的同步均衡性有所增强，体现出"全面小康"建设进程在缩小居民物质消费地区差距方面的有效进展。

2. 城镇与乡村人均值及其城乡比变动状况

2000年，辽宁城镇居民物质消费人均值为3003.32元，乡村居民物质消费人均值为1281.99元，物质消费城乡比为2.3427；2015年，辽宁城镇居民物质消费人均值为13933.59元，乡村居民物质消费人均值为5160.31元，物质消费城乡比为2.7001。在这15年间，辽宁城镇居民人均物质消费年均增长10.77%，乡村居民人均物质消费年均增长9.73%，乡村人均值年均增长率低于城镇年增1.04个百分点。城乡之间增长相关系数为-0.0423，即历年增长逆向程度为4.23%，呈极弱负相关性，城乡增长走势缺乏历年保持并行的良好均衡度。

基于当地居民物质消费城镇人均值与乡村人均值之间历年绝对值差异演算，2000～2015年，辽宁居民物质消费人均值城乡比最小（最佳）值为2000年的2.3427，最大值为2003年的2.9710。在这15年间，辽宁居民物质消费人均值城乡比扩大了15.26%。由于其他省域相应变化，辽宁物质消费城乡比位次从2000年的第8位降至2015年的第30位。这意味着，辽宁城乡居民物质消费增长的同步均衡性有所减弱，体现出"全面小康"建设进程在缩小居民物质消费城乡差距方面的成效欠佳。

3. 城乡综合物质消费比重历年变化状况

基于辽宁城乡综合数值演算，2000年居民物质消费比重为70.02%，2015年居民物质消费比重为63.49%。在这15年间，辽宁居民物质消费比重下降了6.53个百分点。由于其他省域相应变化，辽宁物质消费比重位次从2000年的第13位升至2015年的第7位。辽宁居民物质消费比重持续降低，意味着人民在保证物质生活"必需消费"之外，还有越来越多的余钱用以满足非物质消费需求。

基于居民物质消费与总消费之间历年数值演算，2000～2015年，辽宁居民物质消费比重最低（最佳）值为2013年的61.69%，最高值为2000年的70.02%。从"全面小康"建设进程起点2000年，到新近数据年度2013年，辽宁居民物质消费比重由历年最高值持续下降至历年最低值，这无疑表明当地人民生活水平早已完全超越满足衣食温饱需求的消费层次提升阶段。

五 辽宁非物生活消费综合增长态势

居民非物生活消费合计及其相关性分析为民生指数检测系统的二级子系统之四。辽宁居民非物生活消费合计及其相关性变动态势见图5。

辽宁：2015年度民生指数排名第4位

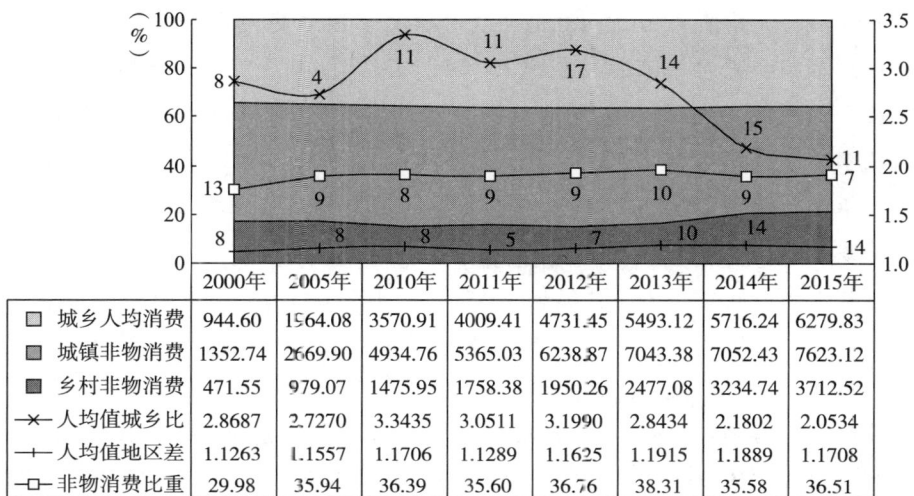

图5 辽宁居民非物生活消费合计及其相关性变动态势

左轴面积：当地城乡综合、城镇、乡村居民非物生活消费合计人均值（元转换为%），各项数值历年变化呈直观比例。右轴曲线：居民非物消费人均值城乡比（乡村=1）、地区差（无差距=1）。左轴曲线：居民非物消费比重（占总消费比）(%)。标注当地居民非物消费比重及其城乡比、地区差省域排序位次。

1. 城乡综合人均值及其地区差变动状况

基于辽宁城乡综合演算，2000年，居民非物消费人均值为944.60元，人均非物消费地区差为1.1263；2015年，居民非物消费人均值为6279.83元，人均非物消费地区差为1.1708。在这15年间，辽宁城乡居民人均非物消费年均增长13.46%。

基于当地城乡居民非物消费人均值与全国人均值之间历年绝对偏差值演算，2000~2015年，辽宁居民非物消费人均值地区差最小（最佳）值为2006年的1.0792，最大值为2009年的1.1980。在这15年间，辽宁居民非物消费人均值地区差扩大了3.95%。由于其他省域相应变化，辽宁非物消费地区差位次从2000年的第8位降至2015年的第14位。这意味着，辽宁与其余各地居民非物消费增长的同步均衡性有所减弱，体现出"全面小康"建设进程在缩小居民非物消费地区差距方面的成效欠佳。

2. 城镇与乡村人均值及其城乡比变动状况

2000年，辽宁城镇居民非物消费人均值为1352.74元，乡村居民非物消费人均值为471.55元，非物消费城乡比为2.8687；2015年，辽宁城镇居民非物消费人均值为7623.12元，乡村居民非物消费人均值为3712.52元，非物消费城乡比为2.0534。在这15年间，辽宁城镇居民人均非物消费年均增长12.22%，乡村居民人均非物消费年均增长14.75%，乡村人均值年均增长率高于城镇年增2.53个百分点。城乡之间增长相关系数为-0.0151，即历年增长逆向程度为1.51%，呈极弱负相关性，城乡增长走势缺乏历年保持并行的良好均衡度。

基于当地居民非物消费城镇人均值与乡村人均值之间历年绝对值差异演算，2000~2015年，辽宁居民非物消费人均值城乡比最小（最佳）值为2015年的2.0534，最大值为2004年的3.8916。在这15年间，辽宁居民非物消费人均值城乡比缩小了28.42%。由于其他省域相应变化，辽宁非物消费城乡比位次从2000年的第8位降至2015年的第11位。这意味着，辽宁城乡居民非物消费增长的同步均衡性有所增强，体现出"全面小康"建设进程在缩小居民非物消费城乡差距方面的有效进展。

3. 城乡综合非物消费比重历年变化状况

基于辽宁城乡综合数值演算，2000年居民非物消费比重为29.98%，2015年居民非物消费比重为36.51%。在这15年间，辽宁居民非物消费比重上升了6.53个百分点。由于其他省域相应变化，辽宁非物消费比重位次从2000年的第13位升至2015年的第7位。辽宁居民非物消费比重持续提高，意味着人民在保证物质生活"必需消费"之外，确实越来越注重追求非物质生活"应有消费"。

基于居民非物消费与总消费之间历年数值演算，2000~2015年，辽宁居民非物消费比重最高（最佳）值为2013年的38.31%，最低值为2000年的29.98%。从"全面小康"建设进程起点2000年，到新近数据年度2013年，辽宁居民非物消费比重由历年最低值持续上升至历年最高值，这无疑表明当地人民生活水平已经转入注重非物质生活需求的消费结构优化阶段。

六　辽宁居民积蓄增长及其相关性分析

居民积蓄及其相关性分析为民生指数检测系统的二级子系统之五。辽宁居民积蓄及其相关性变动态势见图6。

辽宁：2015年度民生指数排名第4位

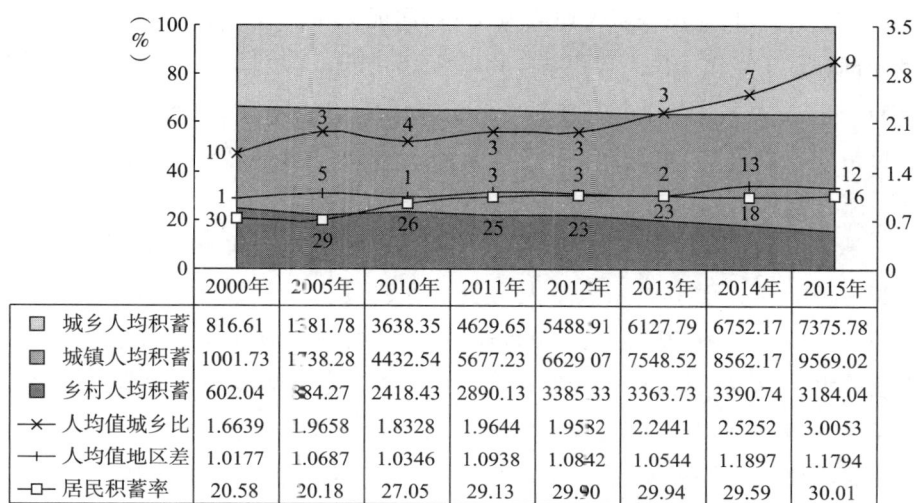

图6 辽宁居民积蓄及其相关性变动态势

左轴面积：当地城乡综合、城镇、乡村居民积蓄人均值（元转换为%），各项数值历年变化呈直观比例。右轴曲线：居民积蓄人均值城乡比（乡村＝1）、地区差（无差距＝1）。左轴曲线：居民积蓄率（占居民收入比）（%）。标注当地居民积蓄率及其城乡比、地区差省域排序位次。

1. 城乡综合人均值及其地区差变动状况

基于辽宁城乡综合演算，2000年，居民积蓄人均值为816.61元，人均积蓄地区差为1.0177；2015年，居民积蓄人均值为7375.78元，人均积蓄地区差为1.1794。在这15年间，辽宁城乡居民人均积蓄年均增长15.80%。

基于当地城乡居民积蓄人均值与全国人均值之间历年绝对偏差值的平均值演算，2000～2015年，辽宁居民积蓄人均值地区差最小（最佳）值为2004年的1.0017，最大值为2014年的1.1897。在这15年间，辽宁居民积蓄人均值地区差扩大了15.89%。由于其他省域相应变化，辽宁居民积蓄地区差位次从2000年的第1位降至2015年的第12位。这意味着，辽宁与其余各地居民积蓄增长的同步均衡性有所减弱，体现出"全面小康"建设进程在缩小居民积蓄地区差距方面的成效欠佳。

2. 城镇与乡村人均值及其城乡比变动状况

2000年，辽宁城镇居民积蓄人均值为1001.73元，乡村居民积蓄人均值为602.04元，积蓄城乡比为1.6639；2015年，辽宁城镇居民积蓄人均值为

9569.02元，乡村居民积蓄人均值为3184.04元，积蓄城乡比为3.0053。在这15年间，辽宁城镇居民人均积蓄年均增长16.24%，乡村居民人均积蓄年均增长11.74%，乡村人均值年均增长率低于城镇年增4.50个百分点。城乡之间增长相关系数为0.2863，即历年增长同步程度为28.63%，呈极弱正相关性，城乡增长走势缺乏历年保持并行的良好均衡度。

基于当地居民积蓄城镇人均值与乡村人均值之间历年绝对值差异演算，2000~2015年，辽宁居民积蓄人均值城乡比最小（最佳）值为2003年的1.1069，最大值为2015年的3.0053。在这15年间，辽宁居民积蓄人均值城乡比扩大了80.62%。由于其他省域相应变化，辽宁居民积蓄城乡比位次从2000年的第10位升至2015年的第9位。这意味着，辽宁城乡居民积蓄增长的同步均衡性有所减弱，体现出"全面小康"建设进程在缩小居民积蓄城乡差距方面的成效欠佳。

3. 城乡综合居民积蓄率历年变化状况

基于辽宁城乡综合数值演算，2000年居民积蓄率为20.58%，2015年居民积蓄率为30.01%。在这15年间，辽宁居民积蓄率上升了9.43个百分点。由于其他省域相应变化，辽宁居民积蓄率位次从2000年的第30位升至2015年的第16位。辽宁居民积蓄率持续提高，意味着人民劳动所得可以保证物质生活"必需消费"、社会生活和精神生活"应有消费"，越来越多的宽余"闲钱"可供人民自由支配。

基于居民积蓄与收入之间历年数值演算，2000~2015年，辽宁居民积蓄率最高（最佳）值为2015年的30.01%，最低值为2005年的20.18%。从"全面小康"建设进程初期2005年，到新近数据年度2015年，辽宁居民积蓄率由历年最低值持续上升至历年最高值，表明当地人民生活水平已经进入更加充裕富足的阶段。

在此，有必要归纳对比辽宁经济、财政与人民生活各类数据的增长变化差异。2000年以来的15年间，辽宁产值、财政收入和支出、城乡居民收入、总消费、物质生活和非物生活消费、积蓄人均值年均增长率排序：积蓄年增15.80%，为最高；财政支出年增15.09%，为次高；财政收入年增13.69%，为第三高；非物生活消费年增13.46%，为第四高；居民收入年增12.93%，为第五高；产值年增12.49%，为第六高；居民总消费年增

11.98%，为次低；物质生活消费年增 11.25%，为最低。其间，辽宁当地经济增长，财政收支额度增高，居民收入、消费（包括物质生活、非物生活消费）和积蓄增多之间的相对关系一目了然。

七 辽宁民生发展指数综合检测

全面汇总以上各类数据分析检测，以及置于后台数据库的全部相关测量演算，检测系统共包含一级指标（子系统）5 项，二级指标（类别项）41 项，三级指标（演算项）156 项测算数值，最终综合加权得出辽宁民生发展指数检测结果。2000 年以来辽宁城乡居民生活发展指数变动态势见图 7。

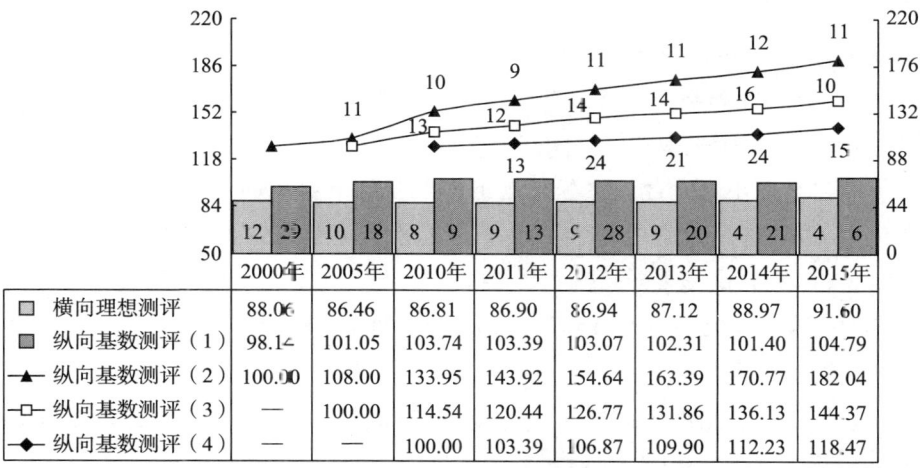

图 7 2000 年以来辽宁城乡居民生活发展指数变动态势

左轴柱形：横向理想测评（无差距理想值 =100）；纵向基数测评（1），上年 =100。
右轴曲线：纵向基数测评（起点年基数值 =100），（2）以 2000 年为起点，（3）以 2005 年为起点，（4）以 2010 年为起点。标注各类测评结果省域排序位次。

1. 各年度理想值横向检测指数

以假定辽宁各类民生数据城乡、地区无差距理想值为 100，2015 年辽宁城乡民生发展检测指数为 91.60，低于无差距理想值 8.40%，但高于上年检测指数 2.63 个点。辽宁此项检测指数在省域间排行的变化，2000 年为第 12 位，2005 年为第 10 位，2010 年为第 8 位，2015 年与上年持平，皆为第 4 位。

各年度（包括图中省略年度）此项检测指数对比，各个年度均低于无差距理想值100；2001~2002年、2004年、2006~2007年、2010~2015年11个年度高于上年检测指数值。其中，历年民生指数最高值为2015年的91.60，最低值为2009年的85.86。

2. 历年基数值纵向检测指数

以上一年度起点数据指标演算基数值为100，2015年辽宁城乡民生发展检测指数为104.79，高于起点年基数值4.79%，高于上年检测指数3.39个点。辽宁此项检测指数在省域间排行的变化，2000年为第29位，2005年为第18位，2010年为第9位，2015年从上年第21位上升到第6位。

各年度（包括图中省略年度）此项检测指数对比，2001~2002年、2004~2008年、2010~2015年13个年度高于起点年基数值100；2001~2002年、2004年、2006年、2010年、2015年6个年度高于上年检测指数值。其中，历年民生指数最高值为2015年的104.79，最低值为2000年的98.14。

3. 2000年以来基数值纵向检测指数

以"全面小康"建设进程起点年"十五"末年2000年数据指标演算基数值为100，2015年辽宁城乡民生发展检测指数为182.04，高于起点年基数值82.04%，高于上年检测指数11.27个点。辽宁此项检测指数在省域间排行的变化，2005年为第11位，2010年为第10位，2015年从上年第12位上升为第11位。

各年度（包括图中省略年度）此项检测指数对比，各个年度均高于起点年基数值100；各个年度均高于上年检测指数值。其中，历年民生指数最高值为2015年的182.04，最低值为2001年的101.89。

4. 2005年以来基数值纵向检测指数

以"全面小康"建设进程第一个五年期"十一五"末年2005年数据指标演算基数值为100，2015年辽宁城乡民生发展检测指数为144.37，高于起点年基数值44.37%，高于上年检测指数8.24个点。辽宁此项检测指数在省域间排行的变化，2010年为第13位，2015年从上年第16位上升为第10位。

各年度（包括图中省略年度）此项检测指数对比，各个年度均高于起点年基数值100；各个年度均高于上年检测指数值。其中，历年民生指数最高值为 2015 年的 144.37，最低值为 2006 年的 102.93。

5. 2010 年以来基数值纵向检测指数

以"全面小康"建设进程第二个五年期"十二五"末年 2010 年数据指标演算基数值为 100，2015 年辽宁城乡民生发展检测指数为 118.47，高于起点年基数值 18.47%，高于上年检测指数 6.24 个点。辽宁此项检测指数在省域间排行的变化，2011 年为第 13 位，2015 年从上年第 24 位上升为第 15 位。

各年度（包括图中省略年度）此项检测指数对比，各个年度均高于起点年基数值 100；各个年度均高于上年检测指数值。其中，历年民生指数最高值为 2015 年的 118.47，最低值为 2011 年的 103.39。

归纳全文各个方面的分析检测，2000～2015 年，辽宁城乡综合演算的各类民生数据人均值持续明显增长，2015 年居民收入人均值为 2000 年的 6.19 倍，总消费为 5.46 倍，物质生活消费为 4.95 倍，非物生活消费为 6.65 倍，积蓄为 9.03 倍。居民收入比从 35.50% 较明显上升至 37.60%，但居民消费率从 28.19% 较明显下降至 26.32%，"十二五"期间略有回升；尤其应注意居民收入年均增长略微低于财政收入年增 0.67 个百分点，居民消费支出年均增长明显低于财政支出年增 3.04 个百分点。居民收入、总消费、物质生活消费、非物生活消费、积蓄地区差大都继续扩大，居民消费需求（包括总消费及物质生活、非物生活消费三个方面）城乡比大都逐步扩大，居民收入、积蓄城乡比全都继续扩大。物质生活消费比重明显降低 6.53 个百分点，非物生活消费比重明显增高 6.53 个百分点，消费结构出现很大"升级"变化；而居民积蓄率从 20.58% 持续极显著升高至 30.01%，反过来对消费需求的抑制作用加重。

R.13 安徽：2000~2015年民生指数提升第4位

李毅亭[*]

> **摘要：** 2000~2015年，安徽城乡综合演算的各类民生数据人均值持续明显增长，2015年居民收入人均值为2000年的6.45倍，总消费为6.08倍，物质生活消费为5.53倍，非物生活消费为7.66倍，积蓄为7.52倍。但居民收入比从59.56%极显著下降至51.01%，居民消费率从44.19%极显著下降至35.67%，"十二五"期间略有回升；尤其应注意居民收入年均增长显著低于财政收入年增5.83个百分点，居民消费支出年均增长极显著低于财政支出年增7.65个百分点。居民收入、总消费、物质生活消费、非物生活消费、积蓄地区差大都不断缩小，居民消费需求（包括总消费及物质生活、非物生活消费三个方面）城乡比全面逐步缩小，居民收入、积蓄城乡比缩减不大甚或继续扩大。物质生活消费比重明显降低6.70个百分点，非物生活消费比重明显增高6.70个百分点，消费结构出现很大"升级"变化；而居民积蓄率从25.81%持续较明显升高至30.07%，反过来对消费需求的抑制作用加重。
>
> **关键词：** 安徽 人民生活 民生指数

一 安徽经济财政增长与民生发展基本态势

安徽经济财政增长与城乡人民生活发展关系态势见图1，限于制图容量，图1仅列出产值数据，财政收入、支出数据置于后台进行相关演算。

---

[*] 李毅亭，云南民族大学民俗学硕士研究生，参与导师主持相关研究工作，研究方向为多样性的民族节庆。

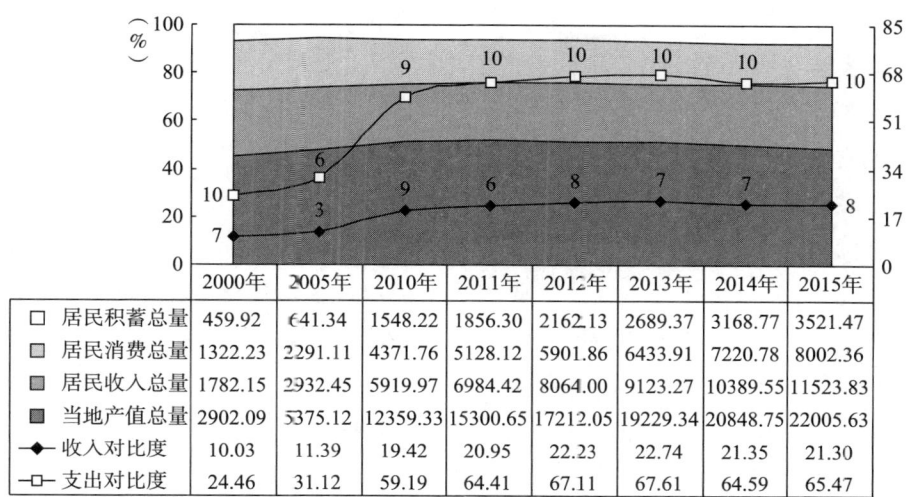

图 1 安徽经济财政增长与城乡人民生活发展关系态势

左轴面积：当地产值与居民收入、消费、积蓄总量（亿元转换为%），各项数值历年变化呈直观比例。右轴曲线：（基于财政演算）收入对比度、支出对比度（%）。囿于制图空间，省略若干年度，文中描述历年变化包括省略年度，全文同。标注当地收入对比度、支出对比度省域非序位次。

1. 安徽产值、财政收支总量增长状况

2000 年，安徽产值总量为 2902.09 亿元，另据本项检测后台数据库，财政收入总量为 178.72 亿元，财政支出总量为 323.47 亿元；2015 年，安徽产值总量为 22005.63 亿元，财政收入总量为 2454.30 亿元，财政支出总量为 5239.01 亿元。

2000 年以来的 15 年间，安徽产值总量年均增长 14.46%，同期财政收入总量年均增长 19.08%，财政支出总量年均增长 20.40%。财政收入和支出增长大大超过产值增长，这意味着，在以历年产值来体现的当地总财富中，各级财政收取并支用的部分占越来越大的比例。

2. 居民收入、消费和积蓄总量增长状况

2000 年，安徽城乡居民收入总量为 1782.15 亿元，消费总量为 1322.23 亿元，积蓄总量为 459.92 亿元；2015 年，安徽城乡居民收入总量为 11523.83 亿元，消费总量为 8002.36 亿元，积蓄总量为 3521.47 亿元。

2000 年以来的 15 年间，安徽城乡居民收入总量年均增长 13.25%，消费总量年均增长12.75%,积蓄总量年均增长14.53%。2000~2015年,安徽城乡居民收入年均增长率低于产值增长1.21个百分点,低于财政收入增长5.83个百分点;居民消费年均增长率低于产值增长1.71个百分点,低于财政支出增长7.65个百分点。

在此有必要检测安徽各类数据历年增长相关系数:产值与居民收入增长之间为0.8079(稍强正相关性),与居民消费增长之间为0.7423(较弱正相关性),可简化理解为居民收入、消费与产值历年增长分别在80.79%和74.23%的程度上同步;财政收入与居民收入增长之间为0.8812,即二者历年增长在88.12%的程度上同步,呈较强正相关性,居民收入增长较明显滞后;财政支出与居民消费增长之间为0.7024,即二者历年增长在70.24%的程度上同步,呈较弱正相关性,居民消费增长更显著滞后。

3. 收入对比度、支出对比度历年变化状况

收入对比度即在居民收入与财政收入之间求取相关性比值(可双向对应演算,互为倒数百分值)。基于安徽财政收入演算(与居民收入之商值),2000年(财政)收入对比度为10.03%,2015年(财政)收入对比度为21.30%。由于其他省域相应变化,安徽收入对比度位次从2000年的第7位降至2015年的第8位。

从安徽财政收入变化来看,15年间从居民收入的10.03%提高到21.30%,相对关系值增大了112.38%。这表明,在当地社会总财富历年分配中,财政收入所占份额扩增,而居民收入所占份额缩减,其间相互关系用收入对比度变动来表示。安徽居民收入比与财政收入比历年变化相关系数为-0.8530,呈极强负相关性,即两项比值之间在85.30%的程度上逆向变动。

支出对比度即在居民消费与财政支出之间求取相关性比值(同样可双向对应演算,互为倒数百分值)。基于安徽财政支出演算(与居民消费之商值),2000年(财政)支出对比度为24.46%,2015年(财政)支出对比度为65.47%。由于其他省域相应变化,安徽支出对比度位次保持第10位不变。

从安徽财政支出变化来看,15年间从居民消费的24.46%提高到65.47%,相对关系值增大了167.61%。这表明,在当地社会总财富历年支配中,财政

支出所占份额扩增,而居民消费所占份额缩减,其间相互关系用支出对比度变动来表示。安徽居民消费率与财政支出比历年变化相关系数为-0.9161,呈极强负相关性,即两项比值之间在91.61%的程度上逆向变动。

以上各类总量数据的分析已经反映出,进入"全面建成小康社会"进程以来,"国富"的程度和速度明显高于"民富"的程度和速度。当然,这仅仅是对宏观层面的一种基本概括,深入透视安徽民生发展的具体情况,特别是微观层面的深刻变化,还有必要对人民生活各类数据人均值进行检测,尤其需要尽可能展开各个方面的相关性分析。

二 安徽居民收入增长态势

居民收入及其相关性分析为民生指数检测系统的二级子系统之一。安徽居民收入及其相关性变动态势见图2。

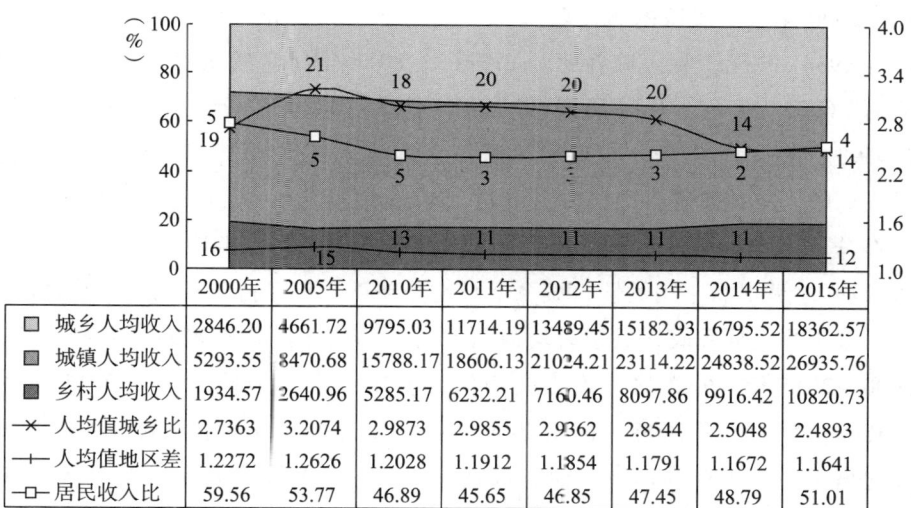

图2 安徽居民收入及其相关性变动态势

左轴面积:当地城乡综合、城镇、乡村居民收入人均值(元转换为%),各项数值历年变化呈直观比例。右轴曲线:居民收入人均值城乡比(乡村=1)、地区差(无差距=1)。左轴曲线:居民收入比(与产值即国民总收入近似值比)(%)。另需说明,本项检测经多重演算,衍生数值屡四舍五入,可能出现小数细微出入,实属演算常规,无误,全文同。标注当地居民收入比及其城乡比、地区差省域排序位次。

1. 城乡综合人均值及其地区差变动状况

基于安徽城乡综合演算，2000年，居民收入人均值为2846.20元，人均收入地区差为1.2272；2015年，居民收入人均值为18362.57元，人均收入地区差为1.1641。在这15年间，安徽城乡居民人均收入年均增长13.23%（由于当地人口增长，居民收入人均值演算增长率略低于总量演算增长率）。

基于当地城乡居民收入人均值与全国人均值之间历年绝对偏差值演算，2000~2015年，安徽居民收入人均值地区差最小（最佳）值为2015年的1.1641，最大值为2003年的1.2741。在这15年间，安徽居民收入人均值地区差缩小了5.15%。由于其他省域相应变化，安徽收入地区差位次从2000年的第16位升至2015年的第12位。这意味着，安徽与其余各地居民收入增长的同步均衡性有所增强，体现出"全面小康"建设进程在缩小居民收入地区差距方面的有效进展。

2. 城镇与乡村人均值及其城乡比变动状况

2000年，安徽城镇居民收入人均值为5293.55元，乡村居民收入人均值为1934.57元，收入城乡比为2.7363；2015年，安徽城镇居民收入人均值为26935.76元，乡村居民收入人均值为10820.73元，收入城乡比为2.4893。在这15年间，安徽城镇居民人均收入年均增长11.46%，乡村居民人均收入年均增长12.16%，乡村人均值年均增长率高于城镇年增0.70个百分点。城乡之间增长相关系数为0.4927，即历年增长同步程度为49.27%，呈很弱正相关性，城乡增长走势缺乏历年保持并行的良好均衡度。

基于当地居民收入城镇人均值与乡村人均值之间历年绝对值差异演算，2000~2015年，安徽居民收入人均值城乡比最小（最佳）值为2015年的2.4893，最大值为2006年的3.2909。在这15年间，安徽居民收入人均值城乡比缩小了9.03%。由于其他省域相应变化，安徽收入城乡比位次从2000年的第19位升至2015年的第14位。这意味着，安徽城乡居民收入增长的同步均衡性有所增强，体现出"全面小康"建设进程在缩小居民收入城乡差距方面的有效进展。

3. 城乡综合居民收入比历年变化状况

居民收入比为居民收入与国民总收入（以产值为其近似值）之间的相对比值（商值），亦即社会总财富分配中居民收益所得部分。以安徽城乡综合数值演算，2000年居民收入比为59.56%，2015年居民收入比为51.01%。在这15年间，安徽居民收入比下降了8.55个百分点；其中"十二五"以来上升4.12个百分点。由于其他省域相应变化，安徽居民收入比位次从2000年的第5位升至2015年的第4位。很明显，国家"十二五"规划制定的"努力实现居民收入增长与经济发展同步"的"约束性指标"已经产生显著作用。

基于居民收入与产值（国民总收入当地份额近似值）之间历年数值演算，2000~2015年，安徽居民收入比最高（最佳）值为2000年的59.56%，最低值为2011年的45.65%，近年来仍未回复2000年初始值，更未达到2000年最佳值。这意味着，当地居民收入增长与经济发展的同步协调性有待增强，甚而居民收入增长或应反超产值增长以补积年"拖欠"。

三 安徽居民消费增长及其结构性分析

居民消费及其相关性分析为民生指数检测系统的二级子系统之二。安徽居民总消费及其相关性变动态势见图3。

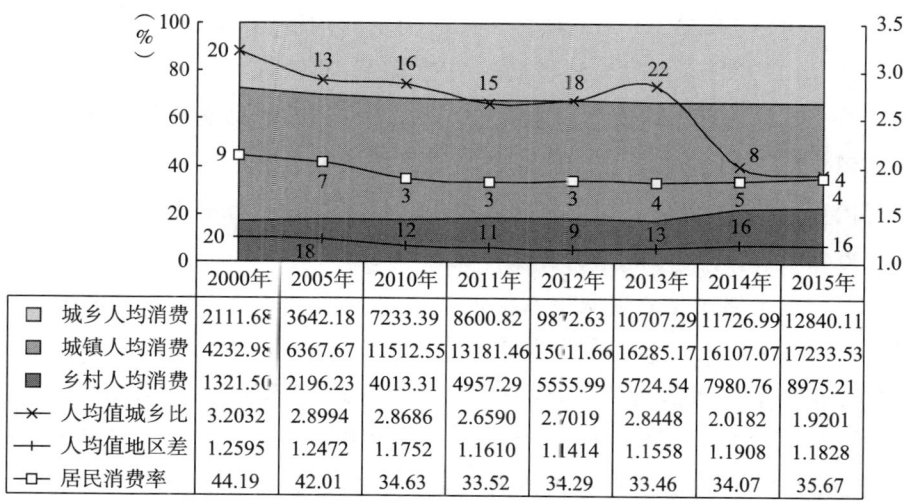

图3 安徽居民总消费及其相关性变动态势

左轴面积：当地城乡综合、城镇、乡村居民总消费人均值（元转换为%），各项数值历年变化呈直观比例。右轴曲线：居民总消费人均值城乡比（乡村=1）、地区差（无差距=1）。左轴曲线：居民消费率（与产值比）（%）。标注当地居民消费率及其城乡比、地区差省域排序位次。

1. 城乡综合人均值及其地区差变动状况

基于安徽城乡综合演算，2000年，居民总消费人均值为2111.68元，人均总消费地区差为1.2595；2015年，居民总消费人均值为12840.11元，人均总消费地区差为1.1828。在这15年间，安徽城乡居民人均总消费年均增长12.79%（由于当地人口增长，人均值演算增长率略低于总量演算增长率）。

基于当地城乡居民总消费人均值与全国人均值之间历年绝对偏差值演算，2000~2015年，安徽居民总消费人均值地区差最小（最佳）值为2012年的1.1414，最大值为2002年的1.2874。在这15年间，安徽居民总消费人均值地区差缩小了6.09%。由于其他省域相应变化，安徽消费地区差位次从2000年的第20位升至2015年的第16位。这意味着，安徽与其余各地居民总消费增长的同步均衡性有所增强，体现出"全面小康"建设进程在缩小居民总消费地区差距方面的有效进展。

2. 城镇与乡村人均值及其城乡比变动状况

2000年，安徽城镇居民总消费人均值为4232.98元，乡村居民总消费人均值为1321.50元，总消费城乡比为3.2032；2015年，安徽城镇居民总消费人均值为17233.53元，乡村居民总消费人均值为8975.21元，总消费城乡比为1.9201。在这15年间，安徽城镇居民人均总消费年均增长9.81%，乡村居民人均值年均增长13.62%，乡村人均总消费年均增长率高于城镇年增3.81个百分点。城乡之间增长相关系数为-0.1925，即历年增长逆向程度为19.25%，呈很弱负相关性，城乡增长走势缺乏历年保持并行的良好均衡度。

基于当地居民总消费城镇人均值与乡村人均值之间历年绝对值差异演算，2000~2015年，安徽居民总消费人均值城乡比最小（最佳）值为2015年的1.9201，最大值为2002年的3.2095。在这15年间，安徽居民总消费人均值城乡比缩小了40.06%。由于其他省域相应变化，安徽消费城乡比位次从2000年的第20位升至2015年的第4位。这意味着，安徽城乡居民总消费增长的同步均衡性有所增强，体现出"全面小康"建设进程在缩小居民总消费城乡差距方面的有效进展。

3. 城乡综合居民消费率历年变化状况

居民消费率为居民消费与产值之间的相对比值（商值），亦即社会总财

富支配中居民消费支出部分。以安徽城乡综合数值演算，2000年居民消费率为44.19%，2015年居民消费率为35.67%。在这15年间，安徽居民消费率下降了8.52个百分点。由于其他省域相应变化，安徽居民消费率位次从2000年的第9位升至2015年的第4位。自应对国际金融危机实施"拉动内需，扩大消费，改善民生"国策以来，直到进入"十二五"期间，安徽居民消费率开始略有回升。

基于居民总消费与产值之间历年数值演算，2000~2015年，安徽居民消费率最高（最佳）值为2000年的44.19%，最低值为2013年的33.46%，近年来仍未回复2000年初始值，更未达到2000年最佳值。这意味着，当地居民消费拉动经济增长的同步协调性有待增强。还应注意到，安徽居民消费率下降程度小于当地居民收入比下降程度，反过来即意味着居民积蓄率上升，同时亦即积蓄对消费的抑制作用加重。

居民消费子系统可相对自成一体，其下又包含八个三级子系统，即国家现行统计制度下"人民生活"总消费支出中的各分类单项消费。本项检测将其划分为"物质生活消费"和"非物生活消费"两个大类，其间消费结构变化尤其值得关注。

2000年以来的15年间，安徽各类消费人均值年均增长率、比重值升降变化（百分比演算更为精确）排序：交通通信消费年增18.56%，比重上升111.52%，为最高；居住消费年增17.17%，比重上升77.20%，为次高；医疗保健消费年增16.74%，比重上升67.60%，为第三高；生活用品及服务消费年增12.23%，比重下降7.15%，为第四高；教育文化娱乐消费年增12.02%，比重下降9.74%，为第五高；衣着消费年增11.93%，比重下降10.87%，为第六高；食品烟酒消费年增10.20%，比重下降29.37%，为次低；其他用品及服务消费年增8.28%，比重下降45.73%，为最低。

四 安徽物质生活消费综合增长态势

居民物质生活消费合计及其相关性分析为民生指数检测系统的二级子系统之三。安徽居民物质生活消费合计及其相关性变动态势见图4。

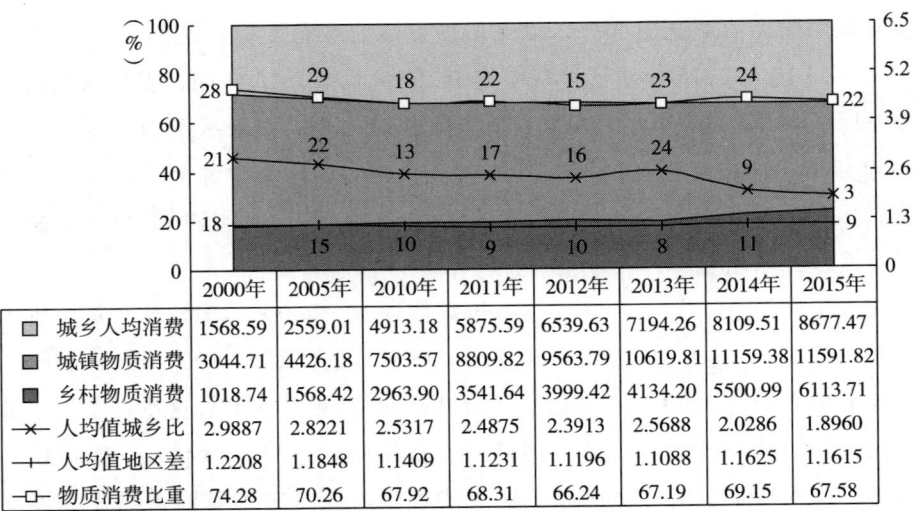

图 4　安徽居民物质生活消费合计及其相关性变动态势

左轴面积：当地城乡综合、城镇、乡村居民物质生活消费合计人均值（元转换为%），各项数值历年变化呈直观比例。右轴曲线：居民物质消费人均值城乡比（乡村=1）、地区差（无差距=1）。左轴曲线：居民物质消费比重（占总消费比）（%）。标注当地居民物质消费比重及其城乡比、地区差省域排序位次。

1. 城乡综合人均值及其地区差变动状况

基于安徽城乡综合演算，2000年，居民物质消费人均值为1568.59元，人均物质消费地区差为1.2208；2015年，居民物质消费人均值为8677.47元，人均物质消费地区差为1.1615。在这15年间，安徽城乡居民人均物质消费年均增长12.08%。

基于当地城乡居民物质消费人均值与全国人均值之间历年绝对偏差值演算，2000~2015年，安徽居民物质消费人均值地区差最小（最佳）值为2013年的1.1088，最大值为2003年的1.2303。在这15年间，安徽居民物质消费人均值地区差缩小了4.85%。由于其他省域相应变化，安徽物质消费地区差位次从2000年的第18位升至2015年的第9位。这意味着，安徽与其余各地居民物质消费增长的同步均衡性有所增强，体现出"全面小康"建设进程在缩小居民物质消费地区差距方面的有效进展。

2. 城镇与乡村人均值及其城乡比变动状况

2000年，安徽城镇居民物质消费人均值为3044.71元，乡村居民物质消费人均值为1018.74元，物质消费城乡比为2.9887；2015年，安徽城镇居民物质消费人均值为 11591.82 元，乡村居民物质消费人均值为 6113.71 元，物质消费城乡比为 1.8960。在这 15 年间，安徽城镇居民人均物质消费年均增长 9.32%，乡村居民人均物质消费年均增长 12.69%，乡村人均值年均增长率高于城镇年增 3.37 个百分点。城乡之间增长相关系数为 0.3486，即历年增长同步程度为 34.86%，呈极弱正相关性，城乡增长走势缺乏历年保持并行的良好均衡度。

基于当地居民物质消费城镇人均值与乡村人均值之间历年绝对值差异演算，2000～2015 年，安徽居民物质消费人均值城乡比最小（最佳）值为 2015 年的 1.8960，最大值为 2003 年的 3.0255。在这 15 年间，安徽居民物质消费人均值城乡比缩小了 36.56%。由于其他省域相应变化，安徽物质消费城乡比位次从 2000 年的第 21 位升至 2015 年的第 3 位。这意味着，安徽城乡居民物质消费增长的同步均衡性有所增强，体现出"全面小康"建设进程在缩小居民物质消费城乡差距方面的有效进展。

3. 城乡综合物质消费比重历年变化状况

基于安徽城乡综合数值演算，2000 年居民物质消费比重为 74.28%，2015 年居民物质消费比重为 67.58%。在这 15 年间，安徽居民物质消费比重下降了 6.70 个百分点。由于其他省域相应变化，安徽物质消费比重位次从 2000 年的第 28 位升至 2015 年的第 22 位。安徽居民物质消费比重持续降低，意味着人民在保证物质生活"必需消费"之外，还有越来越多的余钱用以满足非物质消费需求。

基于居民物质消费与总消费之间历年数值演算，2000～2015 年，安徽居民物质消费比重最低（最佳）值为 2012 年的 66.24%，最高值为 2000 年的 74.28%。从"全面小康"建设进程起点 2000 年，到新近数据年度 2012 年，安徽居民物质消费比重由历年最高值持续下降至历年最低值，这无疑表明当地人民生活水平早已完全超越满足衣食温饱需求的消费层次提升阶段。

五　安徽非物生活消费综合增长态势

居民非物生活消费合计及其相关性分析为民生指数检测系统的二级子系统之四。安徽居民非物生活消费合计及其相关性变动态势见图 5。

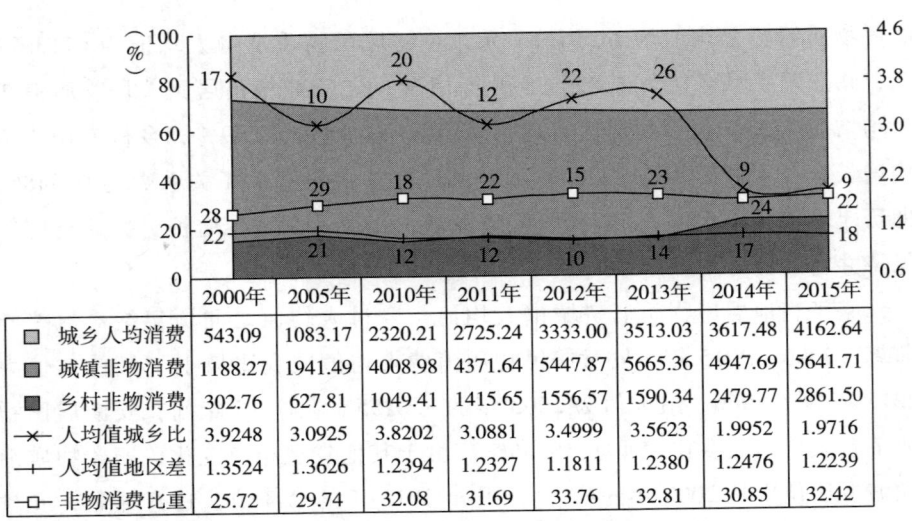

图 5　安徽居民非物生活消费合计及其相关性变动态势

左轴面积：当地城乡综合、城镇、乡村居民非物生活消费合计人均值（元转换为%），各项数值历年变化呈直观比例。右轴曲线：居民非物消费人均值城乡比（乡村 =1）、地区差（无差距 =1）。左轴曲线：居民非物消费比重（占总消费比）（%）。标注当地居民非物消费比重及其城乡比、地区差省域排序位次。

1. 城乡综合人均值及其地区差变动状况

基于安徽城乡综合演算，2000 年，居民非物消费人均值为 543.09 元，人均非物消费地区差为 1.3524；2015 年，居民非物消费人均值为 4162.64 元，人均非物消费地区差为 1.2239。在这 15 年间，安徽城乡居民人均非物消费年均增长 14.54%。

基于当地城乡居民非物消费人均值与全国人均值之间历年绝对偏差值演算，2000～2015 年，安徽居民非物消费人均值地区差最小（最佳）值为 2012 年的 1.1811，最大值为 2002 年的 1.4059。在这 15 年间，安徽居民非物消费人均值地区差缩小了 9.50%。由于其他省域相应变化，安徽非物消费地区差位次从 2000 年的第 22 位升至 2015 年的第 18 位。这意味着，安徽与其余各地居民非物消费增长的同步均衡性有所增强，体现出"全面小康"建设进程在缩小居民非物消费地区差距方面的有效进展。

2. 城镇与乡村人均值及其城乡比变动状况

2000 年，安徽城镇居民非物消费人均值为 1188.27 元，乡村居民非物消费人均值为 302.76 元，非物消费城乡比为 3.9248；2015 年，安徽城镇居民非物消费人均值为5641.71元，乡村居民非物消费人均值为2861.50元，非物消费城乡比为1.9716。在这15年间，安徽城镇居民人均非物消费年均增长10.94%，乡村居民人均非物消费年均增长16.15%，乡村人均值年均增长率高于城镇年增5.21个百分点。城乡之间增长相关系数为 -0.5595，即历年增长逆向程度为55.95%，呈较强负相关性，城乡增长走势缺乏历年保持并行的良好均衡度。

基于当地居民非物消费城镇人均值与乡村人均值之间历年绝对值差异演算，2000~2015年，安徽居民非物消费人均值城乡比最小（最佳）值为2015年的1.9716，最大值为2000年的3.9248。在这15年间，安徽居民非物消费人均值城乡比缩小了49.77%。由于其他省域相应变化，安徽非物消费城乡比位次从2000年的第17位升至2015年的第9位。这意味着，安徽城乡居民非物消费增长的同步均衡性有所增强，体现出"全面小康"建设进程在缩小居民非物消费城乡差距方面的有效进展。

3. 城乡综合非物消费比重历年变化状况

基于安徽城乡综合数值演算，2000年居民非物消费比重为25.72%，2015年居民非物消费比重为32.42%。在这15年间，安徽居民非物消费比重上升了6.70个百分点。由于其他省域相应变化，安徽非物消费比重位次从2000年的第28位升至2015年的第22位。安徽居民非物消费比重持续提高，意味着人民在保证物质生活"必需消费"之外，确实越来越注重追求非物质生活"应有消费"。

基于居民非物消费与总消费之间历年数值演算，2000~2015年，安徽居民非物消费比重最高（最佳）值为2012年的33.76%，最低值为2000年的25.72%。从"全面小康"建设进程起点2000年，到新近数据年度2012年，安徽居民非物消费比重由历年最低值持续上升至历年最高值，这无疑表明当地人民生活水平已经转入注重非物质生活需求的消费结构优化阶段。

六 安徽居民积蓄增长及其相关性分析

居民积蓄及其相关性分析为民生指数检测系统的二级子系统之五。安徽居民积蓄及其相关性变动态势见图6。

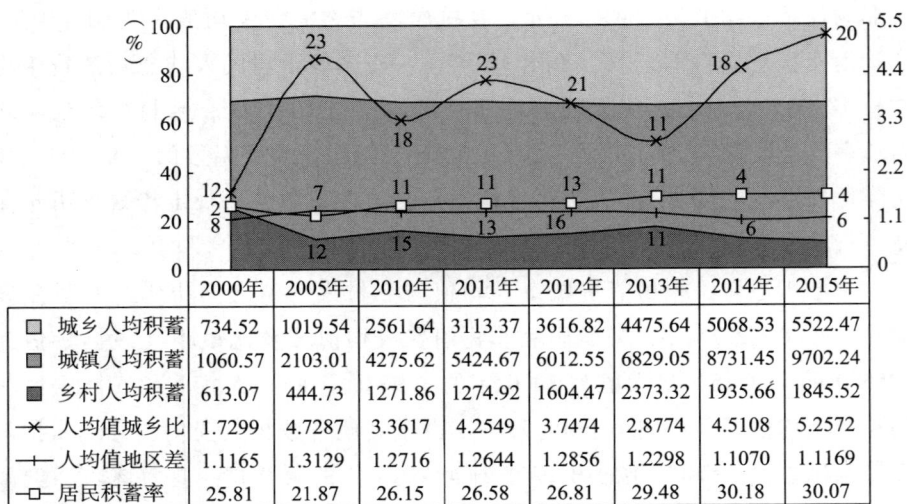

图 6　安徽居民积蓄及其相关性变动态势

左轴面积：当地城乡综合、城镇、乡村居民积蓄人均值（元转换为%），各项数值历年变化呈直观比例。右轴曲线：居民积蓄人均值城乡比（乡村=1）、地区差（无差距=1）。左轴曲线：居民积蓄率（占居民收入比）（%）。标注当地居民积蓄率及其城乡比、地区差省域排序位次。

1. 城乡综合人均值及其地区差变动状况

基于安徽城乡综合演算，2000年居民积蓄人均值为734.52元，人均积蓄地区差为1.1165；2015年居民积蓄人均值为5522.47元，人均积蓄地区差为1.1169。在这15年间，安徽城乡居民人均积蓄年均增长14.40%。

基于当地城乡居民积蓄人均值与全国人均值之间历年绝对偏差值的平均值演算，2000~2015年，安徽居民积蓄人均值地区差最小（最佳）值为2014年的1.1070，最大值为2005年的1.3129。在这15年间，安徽居民积蓄人均值地区差扩大了0.04%。由于其他省域相应变化，安徽居民积蓄地区差位次从2000年的第8位升至2015年的第6位。这意味着，安徽与其余各地居民积蓄增长的同步均衡性有所减弱，体现出"全面小康"建设进程在缩小居民积蓄地区差距方面的成效欠佳。

2. 城镇与乡村人均值及其城乡比变动状况

2000年，安徽城镇居民积蓄人均值为1060.57元，乡村居民积蓄人均值为613.07元，积蓄城乡比为1.7299；2015年，安徽城镇居民积蓄人均值为9702.24元，乡村居民积蓄人均值为1845.52元，积蓄城乡比为5.2572。在这15年间，安徽城镇居民人均积蓄年均增长15.90%，乡村居民人均积蓄年均增长7.62%，乡村人均值年均增长率低于城镇年增8.28个百分点。城乡之间增长相关系数为-0.2537，即历年增长逆向程度为25.37%，呈较弱负相关性，城乡增长走势缺乏历年保持并行的良好均衡度。

基于当地居民积蓄城镇人均值与乡村人均值之间历年绝对值差异演算，2000~2015年，安徽居民积蓄人均值城乡比最小（最佳）值为2000年的1.7299，最大值为2015年的5.2572。在这15年间，安徽居民积蓄人均值城乡比扩大了203.90%。由于其他省域相应变化，安徽居民积蓄城乡比位次从2000年的第12位降至2015年的第20位。这意味着，安徽城乡居民积蓄增长的同步均衡性有所减弱，体现出"全面小康"建设进程在缩小居民积蓄城乡差距方面的成效欠佳。

3. 城乡综合居民积蓄率历年变化状况

基于安徽城乡综合数值演算，2000年居民积蓄率为25.81%，2015年居民积蓄率为30.07%。在这15年间，安徽居民积蓄率上升了4.26个百分点。由于其他省域相应变化，安徽居民积蓄率位次从2000年的第2位降至2015年的第4位。安徽居民积蓄率持续提高，意味着人民劳动所得可以保证物质生活"必需消费"、社会生活和精神生活"应有消费"，越来越多的宽余"闲钱"可供人民自由支配。

基于居民积蓄与收入之间历年数值演算，2000~2015年，安徽居民积蓄率最高（最佳）值为2014年的30.18%，最低值为2005年的21.87%。从"全面小康"建设过程初期2005年，到新近数据年度2014年，安徽居民积蓄率由历年最低值持续上升至历年最高值，表明当地人民生活水平已经进入更加充裕富足的阶段。

到这里，有必要归纳对比安徽经济、财政与人民生活各类数据的增长变化差异。2000年以来的15年间，安徽产值、财政收入和支出、城乡居民收入、总消费、物质生活和非物生活消费、积蓄人均值年均增长率排序：财政支出年增20.59%，为最高；财政收入年增19.27%，为次高；非物生活消费年增14.54%，为第三高；产值年增14.41%，为第四高；积蓄年增14.40%，为第五高；居民收入年增13.23%，为第六高；居民总消费年增

12.79%，为次低；物质生活消费年增12.08%，为最低。其间，安徽当地经济增长，财政收支额度增高，居民收入、消费（包括物质生活、非物生活消费）和积蓄增多之间的相对关系一目了然。

七 安徽民生发展指数综合检测

全面汇总以上各类数据分析检测，以及置于后台数据库的全部相关测量演算，检测系统共包含一级指标（子系统）5项，二级指标（类别项）41项，三级指标（演算项）156项测算数值，最终综合加权得出安徽民生发展指数检测结果。2000年以来安徽城乡居民生活发展指数变动态势见图7。

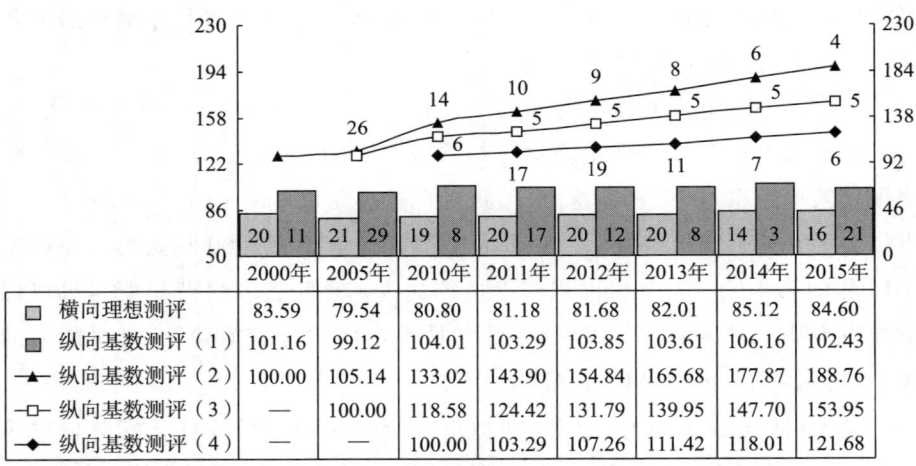

图7 2000年以来安徽城乡居民生活发展指数变动态势

左轴柱形：横向理想测评（无差距理想值＝100）；纵向基数测评（1），上年＝100。
右轴曲线：纵向基数测评（起点年基数值＝100），（2）以2000年为起点，（3）以2005年为起点，（4）以2010年为起点。标注各类测评结果省域排序位次。

1. 各年度理想值横向检测指数

以假定安徽各类民生数据城乡、地区无差距理想值为100，2015年安徽城乡民生发展检测指数为84.60，低于无差距理想值15.40%，低于上年检测指数0.52个点。安徽此项检测指数在省域间排行的变化，2000年为第20位，2005年为第21位，2010年为第19位，2015年从上年第14位下降为第16位。

各年度（包括图中省略年度）此项检测指数对比，各个年度均低于无差距理想值100；2004年、2006~2007年、2010~2014年8个年度高于上年检测指数值。其中，历年民生指数最高值为2014年的85.12，最低值为2005年的79.54。

2. 历年基数值纵向检测指数

以上一年度起点数据指标演算基数值为100，2015年安徽城乡民生发展检测指数为102.43，高于起点年基数值2.43%，但低于上年检测指数3.73个点。安徽此项检测指数在省域间排行的变化，2000年为第11位，2005年为第29位，2010年为第8位，2015年从上年第3位下降为第21位。

各年度（包括图中省略年度）此项检测指数对比，2000年、2002年、2004年、2006~2015年13个年度高于起点年基数值100；2002年、2004年、2006~2007年、2010年、2012年、2014年7个年度高于上年检测指数值。其中，历年民生指数最高值为2014年的106.16，最低值为2003年的99.07。

3. 2000年以来基数值纵向检测指数

以"全面小康"建设进程起点年"十五"末年2000年数据指标演算基数值为100，2015年安徽城乡民生发展检测指数为188.76，高于起点年基数值88.76%，高于上年检测指数10.89个点。安徽此项检测指数在省域间排行的变化，2005年为第26位，2010年为第14位，2015年从上年第6位上升为第4位。

各年度（包括图中省略年度）此项检测指数对比，2002~2015年14个年度高于起点年基数值100；2002年、2004~2015年13个年度高于上年检测指数值。其中，历年民生指数最高值为2015年的188.76，最低值为2001年的99.68。

4. 2005年以来基数值纵向检测指数

以"全面小康"建设进程第一个五年期"十一五"末年2005年数据指标演算基数值为100，2015年安徽城乡民生发展检测指数为153.95，高于起点年基数值53.95%，高于上年检测指数6.25个点。安徽此项检测指数在省域间排行的变化，2010年为第6位，2015年与上年持平，皆为第5位。

各年度（包括图中省略年度）此项检测指数对比，各个年度均高于起点年基数值100；各个年度均高于上年检测指数值。其中，历年民生指数最高值为2015年的153.95，最低值为2006年的102.97。

5. 2010年以来基数值纵向检测指数

以"全面小康"建设进程第二个五年期"十二五"末年2010年数据指标演算基数值为100，2015年安徽城乡民生发展检测指数为121.68，高于起点年基数值21.68%，高于上年（2014年）检测指数3.67个点。安徽此项检测指数在省域间排行的变化，2011年为第17位，2015年从上年第7位上升为第6位。

各年度（包括图中省略年度）此项检测指数对比，各个年度均高于起点年基数值100；全部各个年度均高于上年检测指数值。其中，历年民生指数最高值为2015年的121.68，最低值为2011年的103.29。

归纳全文各个方面的分析检测，2000~2015年，安徽城乡综合演算的各类民生数据人均值持续明显增长，2015年居民收入人均值为2000年的6.45倍，总消费为6.08倍，物质生活消费为5.53倍，非物生活消费为7.66倍，积蓄为7.52倍。但居民收入比从59.56%极显著下降至51.01%，居民消费率从44.19%极显著下降至35.67%，"十二五"期间略有回升；尤其应注意居民收入年均增长显著低于财政收入年增5.83个百分点，居民消费支出年均增长极显著低于财政支出年增7.65个百分点。居民收入、总消费、物质生活消费、非物生活消费、积蓄地区差大都不断缩小，居民消费需求（包括总消费及物质生活、非物生活消费三个方面）城乡比全面逐步缩小，居民收入、积蓄城乡比缩减不大甚或继续扩大。物质生活消费比重明显降低6.70个百分点，非物生活消费比重明显增高6.70个百分点，消费结构出现很大"升级"变化；而居民积蓄率从25.81%持续较明显升高至30.07%，反过来对消费需求的抑制作用加重。

Abstract

From 2000 to 2015, the per capita value of all types of people's livelihood data in national urban and rural comprehensive calculation steadily continue to increase, the residents' income in 2015 is 5.96 times of that in 2000, the overall consumption is 5.51 times, the physical living consumption is 5.14 times, the non-physical living consumption is 6.40 times and the amassment is 7.52 times. But the ratio of residents' income certainly fall from 46.37% to 43.94% and the ratio of residents' consumption evidently fall from 35.91% to 31.43%, it recover slightly while the Twelfth Five-Year Plan period. Especially ought to notice, the average annual growth of residents' income is evidently 4.18 percentage points lower than the annual growth of fiscal revenues and the average annual growth of residents' consumption expenditure is evidently 4.59 percentage points lower than the annual growth of fiscal expenditure.

The regional disparity of residents' income, total consumption, physical living consumption, non-physical living consumption and amassment roundly continue to be reduced, the ratio of the urban and rural of residents' consumption demand (including total consumption, physical living consumption and non-physical living consumption) roundly continue to be reduced, the ratio of the urban and rural of residents' income and amassment slightly be reduced and even continuously be extended. The proportion of residents' physical living consumption certainly debase over 4.73 percentage points and the proportion of residents' non-physical living consumption certainly heighten over 4.73 percentage points, the consumption structure appearance certain "upgrade" change. However the ratio of residents' amassment evidently continue to rise from 22.57% to 28.47%, the action which restrains residents' consumption demand aggravate.

Based on the cardinality value since 2000, the longitudinal measurement shows a largest rise in the people's livelihood index of the West, followed by the Central Regions, the Northeast and the East, which means some preliminary effects of the national strategy of regional balanced development. Tibet, Shaanxi, Yunnan, Anhui and Henan rank top five. The ideal no-gap lateral measurement in 2015 shows that the gap exists because of the poor coordination and balance. Shanghai, Beijing, Zhejiang, Liaoning and Tianjin rank top five. If the residents' income ratio and the consumption rate all over the China should not decline, and various types of livelihood data should achieve a minimum ratio of the urban and rural until the bridging of the urban and rural, the people's living standards development index would be significantly enhanced.

Contents

R. I General Report

R.1 The Overall Evaluation of the People's Livelihood Development in the Process of "Roundly Building a Moderately Prosperous Society"
—Measuring on the Index of People's Livelihood from 2000 to 2015
Wang Ya'nan and Liu Ting / 001

1. The National Economy & Finance growth and People's Livelihood Development / 003
2. The Residents' Income Growth / 005
3. The Residents' Consumption Growth and its Structure Analysis / 007
4. The Comprehensive Growth of the Physical Living Consumption / 013
5. The Comprehensive Growth of the Non-Physical Living Consumption / 014
6. The Residents' Amassment Growth and its Correlation Analysis / 016
7. The Comprehensive Measurements of the People's Livelihood Development / 022
8. The National People's Livelihood Statistic Growth Space Measuring / 026

From 2000 to 2015, the per capita value of all types of people's livelihood data in national urban and rural comprehensive calculation steadily continue to increase, the residents' income in 2015 is 5.96 times of that in 2000, the overall consumption is 5.51 times, the physical living consumption is 5.14 times, the non-physical living consumption is 6.40 times and the amassment is 7.52 times. But the ratio of residents' income certainly fall from 46.37% to 43.94% and the ratio of residents' consumption evidently fall from 35.91% to 31.43%, it recover slightly while the Twelfth Five-Year Plan period. Especially ought to notice, the average annual growth of residents' income is evidently 4.18 percentage points lower than the annual growth of fiscal revenues and the average annual growth of residents' consumption expenditure is evidently 4.59 percentage points lower than the annual growth of fiscal expenditure. The regional disparity of residents' income, total consumption, physical living consumption, non-physical living consumption and amassment roundly continue to be reduced, the ratio of the urban and rural of residents' consumption demand (including total consumption, physical living consumption and non-physical living consumption) roundly continue to be reduced, the ratio of the urban and rural of residents' income and amassment slightly be reduced and even continuously be extended. The proportion of residents' physical living consumption certainly debase over 4.73 percentage points and the proportion of residents' non-physical living consumption certainly heighten over 4.73 percentage points, the consumption structure appearance certain "upgrade" change. However the ratio of residents' amassment evidently continue to rise from 22.57% to 28.47%, the action which restrains residents' consumption demand aggravate.

R. Ⅱ Technical Report and Comprehensive Analysis

R.2 Expatiating on the Development Index System of People's Living Conditions of China
—Technical Report and Provincial Comprehensive Ranking

Wang Ya'nan, Fang Yu and Wei Haiyan / 029

Abstract: Based on the cardinality value since 2000, the longitudinal measurement shows a largest rise in the people's livelihood index of the West, followed by the Central Regions, the Northeast and the East, which means some preliminary effects of the national strategy of regional balanced development. Tibet, Shaanxi, Yunnan, Anhui and Henan rank top five. The ideal no-gap lateral measurement in 2015 shows that the gap exists because of the poor coordination and balance. Shanghai, Beijing, Zhejiang, Liaoning and Tianjin rank top five. If the residents' income ratio and the consumption rate all over the China should not decline, and various types of livelihood data should achieve a minimum ratio of the urban and rural until the bridging of the urban and rural, the people's living standards development index would be significantly enhanced.

Keywords: Overall Well-off; Measurement Criteria; Index of People's Livelihood; Interpretation and Ranking

R.3 Ranking on Residents' Income Increase Index in the Countrywide Various Provinces
—The Test to 2015 and the Measurement to 2020

Wang Ya'nan, Zhao Juan and Sun Rui / 059

Abstract: "The Residents' Income Increase Index" is the first of five subsystems at second-class in "The Development Index System of People's Living Conditions of China". Based on the cardinality value since 2000, the longitudinal measurement shows a largest rise in the people's livelihood index of the West, followed by the Central Regions, the Northeast and the East, which means some preliminary effects of the national strategy of regional balanced development. Shaanxi, Henan, Ningxia, Inner Mongolia and Anhui ranked top five. The ideal no-gap lateral measurement in 2015 shows that the gap exists because of the poor coordination and balance. Shanghai, Beijing, Liaoning, Zhejiang and Tianjin ranked top five. If the countrywide residents' income synchronously should achieve a minimum ratio of the urban and rural until the bridging of the urban and rural, the people's living standards development index would be significantly enhanced.

Keywords: Overall Well-off; Residents' Income; Special Index; Measuring and Ranking

R.4 Ranking on Residents' Consumption Status Index in the Countrywide Various Provinces
—The Test to 2015 and the Measurement to 2020

Liu Ting, Wang Ya'nan and Zhang Lin / 085

Abstract: "The Residents' Consumption Status Index" is the second of five subsystems at second-class in "The Development Index System of People's Living Conditions of China", too it is oppositely unattached "The People's Living Consumption Status Index System of China". Based on the cardinality value since 2000, the longitudinal measurement shows a largest rise in the people's livelihood index of the West, followed by the Central Regions, the East and the Northeast, which means some preliminary effects of the national strategy of regional balanced development. Qinghai, Tibet, Hebei, Anhui and Sichuan ranked top five. The ideal no-gap lateral measurement in 2015 shows that the gap exists because of the poor coordination and balance. Beijing, Shanghai, Tianjin, Zhejiang and Liaoning ranked top five. If the countrywide residents' consumption synchronously should achieve a minimum ratio of the urban and rural until the bridging of the urban and rural, the people's living standards development index would be significantly enhanced.

Keywords: Overall Well-off; Residents' Consumption; Special Index; Measuring and Ranking

R.5 Ranking on Physical Living Consumption Index in the Countrywide Various Provinces
—The Test to 2015 and the Measurement to 2020

Fang Yu, Wang Ya'nan and Jiang Kunyang / 111

Abstract: "The Physical Living Consumption Index" is the third of five subsystems at second-class in "The Development Index System of People's Living Conditions of China". Based on the cardinality value since 2000, the longitudinal measurement shows a largest rise in the people's livelihood index of the West, followed by the Central Regions, the East and the Northeast, which means some preliminary effects of the national strategy of regional balanced development. Anhui, Hebei, Inner Mongolia, Gansu and Tianjin ranked top five. The ideal no-gap lateral measurement in 2015 shows that the gap exists because of the poor coordination and balance. Shanghai, Beijing, Zhejiang, Tianjin and Fujian ranked top five. If the countrywide physical living consumption synchronously should achieve a minimum ratio of the urban and rural until the bridging of the urban and rural, the people's living standards development index would be significantly enhanced.

Keywords: Overall Well-off; Physical Living Consumption; Special Index; Measuring and Ranking

R.6 Ranking on Non-Physical Living Consumption Index in the Countrywide Various Provinces
—The Test to 2015 and the Measurement to 2020

Zhao Juan, Wang Ya'nan and Yang Yuanyuan / 137

Abstract: "The Non-Physical Living Consumption Index" is the fourth of five subsystems at second-class in "The Development Index System of People's Living Conditions of China". Based on the cardinality value since 2000, the longitudinal measurement shows a largest rise in the people's livelihood index of the West, followed by the Central Regions, the Northeast and the East, which means some preliminary effects of the national strategy of regional balanced development. Tibet, Qinghai, Guizhou, Hebei and Henan ranked top five. The ideal no-gap lateral measurement in 2015 shows that the gap exists because of the poor coordination and balance. Beijing, Tianjin, Shanghai, Zhejiang and Liaoning ranked top five. If the countrywide non-physical living consumption synchronously should achieve a minimum ratio of the urban and rural until the bridging of the urban and rural, the people's living standards development index would be significantly enhanced.

Keywords: Overall Well-off; Non-Physical Living Consumption; Special Index; Measuring and Ranking

R.7 Ranking on Residents' Amassment Affluence Index in the Countrywide Various Provinces
—The Test to 2015 and the Measurement to 2020

Wei Haiyan, Wang Ya'nan and Qin Ruijing / 163

Abstract: "The Residents' Amassment Affluence Index" is the fifth of five subsystems at second-class in "The Development Index System of People's Living Conditions of China". Based on the cardinality value since 2000, the longitudinal measurement shows a largest rise in the people's livelihood index of the Northeast, followed by the West, the Central Regions and the East, which means some preliminary effects of the national strategy of regional balanced development. Tibet, Shaanxi, Hunan, Yunnan and Guangxi ranked top five. The ideal no-gap lateral measurement in 2015 shows that the gap exists because of the poor coordination and balance. Shanghai, Beijing, Liaoning, Zhejiang and Shandong ranked top five. If the countrywide residents' amassment synchronously should achieve a minimum ratio of the urban and rural until the bridging of the urban and rural, the people's living standards development index would be significantly enhanced.

Keywords: Overall Well-off; Residents' Amassment; Special Index; Measuring and Ranking

R. Ⅲ Reports on Provinces

R.8 Shanghai: Rank the 1st in the 2015 Annual Development Index of People's Livelihood Leaders

Liu Juanjuan / 189

Abstract: From 2000 to 2015, the per capita value of all types of people's livelihood data in Shanghai's urban and rural comprehensive calculation steadily continue to increase, the residents' income in 2015 is 4.54 times of that in 2000, the overall consumption is 4.19 times, the physical living consumption is 4.23

times, the non-physical living consumption is 4.12 times and the amassment is 5.63 times. The ratio of residents' income significantly raise from 36.99% to 48.04% and the ratio of residents' consumption remarkably raise from 27.95% to 33.51%. Especially ought to notice, the average annual growth of residents' income is evidently 3.72 percentage points lower than the annual growth of fiscal revenues and the average annual growth of residents' consumption expenditure is evidently 3.46 percentage points lower than the annual growth of fiscal expenditure. The regional disparity of residents' income, total consumption, physical living consumption, non-physical living consumption and amassment roundly continue to be reduced, the ratio of the urban and rural of residents' consumption demand (including total consumption, physical living consumption and non-physical living consumption) mostly continue to be extended, the ratio of the urban and rural of residents' income and amassment roundly continue to be extended. The proportion of residents' physical living consumption slightly heighten over 0.61 percentage points and the proportion of residents' non-physical living consumption slightly debase over 0.61 percentage points, the consumption structure appearance partial "inverted upgrade" change. However the ratio of residents' amassment evidently continue to rise from 24.43% to 30.25%, the action which restrains residents' consumption demand aggravate.

Keywords: Shanghai; People's Living Conditions; Development Index; Measuration and Evaluation

R.9 Tibet: Rank the 1st in the 2000–2015 Development Index of People's Livelihood Runners-up

Hui Huang / 206

Abstract: From 2000 to 2015, the per capita value of all types of people's livelihood data in Tibet's urban and rural comprehensive calculation steadily continue to increase, the residents' income in 2015 is 4.98 times of that in 2000, the overall consumption is 4.25 times, the physical living consumption is 3.99 times, the non-physical living consumption is 5.54 times and the amassment is 7.68 times. But the ratio of residents' income significantly fall from 53.87% to 38.30% and the ratio of residents' consumption significantly fall from 42.45% to 25.77%, it recover slightly while the Twelfth Five-Year Plan period. Especially ought to notice, the average annual growth of residents' income is significantly 10.79 percentage points lower than the annual growth of fiscal revenues and the average annual growth of residents' consumption expenditure is significantly 11.15 percentage points lower than the annual growth of fiscal expenditure. The regional disparity of residents' income, total consumption, physical living consumption, non-physical living consumption and amassment mostly continue to be extended, the ratio of the urban and rural of residents' consumption demand (including total consumption, physical living consumption and non-physical living consumption) roundly continue to be reduced, the ratio of the urban and rural of residents' income and amassment roundly continue to be reduced. The proportion of residents' physical living consumption evidently debase over 5.05 percentage points and the proportion of residents' non-physical living consumption evidently heighten over 5.05 percentage points, the consumption structure appearance certain "upgrade" change. However the ratio of residents' amassment significantly continue to rise from 21.20% to 32.71%, the action which restrains residents' consumption demand aggravate.

Keywords: Tibet; People's Living Conditions; Development Index; Measuration and Evaluation

R.10　Shaanxi: Rank the 2nd in the 2000–2015 Development Index of People's Livelihood Runners-up

Wang Ying / 223

Abstract: From 2000 to 2015, the per capita value of all types of people's livelihood data in Shaanxi's urban and rural comprehensive calculation evidently continue to increase, the residents' income in 2015 is 6.67 times of that in 2000, the overall consumption is 5.93 times, the physical living consumption is 5.49

times, the non-physical living consumption is 6.89 times and the amassment is 10.78 times. But the ratio of residents' income significantly fall from 52.46% to 36.52% and the ratio of residents' consumption significantly fall from 44.42% to 27.48%, it recover slightly while the Twelfth Five-Year Plan period. Especially ought to notice, the average annual growth of residents' income is significantly 7.09 percentage points lower than the annual growth of fiscal revenues and the average annual growth of residents' consumption expenditure is significantly 7.19 percentage points lower than the annual growth of fiscal expenditure. The regional disparity of residents' income, total consumption, physical living consumption, non-physical living consumption and amassment roundly continue to be reduced, the ratio of the urban and rural of residents' consumption demand (including total consumption, physical living consumption and non-physical living consumption) roundly continue to be reduced, the ratio of the urban and rural of residents' income and amassment slightly be reduced and even continuously be extended. The proportion of residents' physical living consumption evidently debase over 5.10 percentage points and the proportion of residents' non-physical living consumption evidently heighten over 5.10 percentage points, the consumption structure appearance certain "upgrade" change. However the ratio of residents' amassment significantly continue to rise from 15.33% to 24.76%, the action which restrains residents' consumption demand aggravate.

Keywords: Shaanxi; People's Living Conditions; Development Index; Measuration and Evaluation

R.11 Zhejiang: Rank the 3rd in the 2015 Annual Development Index of People's Livelihood Leaders

Chen Jing / 240

Abstract: From 2000 to 2015, the per capita value of all types of people's livelihood data in Zhejiang's urban and rural comprehensive calculation steadily continue to increase, the residents' income in 2015 is 5.36 times of that in 2000, the overall consumption is 4.80 times, the physical living consumption is 4.66

times, the non-physical living consumption is 5. 09 times and the amassment is 7. 10 times. But the ratio of residents' income evidently fall from 49. 44% to 45. 77% and the ratio of residents' consumption remarkably fall from 37. 46% to 31. 06%, it recover slightly while the Twelfth Five-Year Plan period. Especially ought to notice, the average annual growth of residents' income is remarkably 5. 86 percentage points lower than the annual growth of fiscal revenues and the average annual growth of residents' consumption expenditure is significantly 7. 45 percentage points lower than the annual growth of fiscal expenditure. The regional disparity of residents' income, total consumption, physical living consumption, non-physical living consumption and amassment roundly continue to be reduced, the ratio of the urban and rural of residents' consumption demand (including total consumption, physical living consumption and non-physical living consumption) roundly continue to be reduced, the ratio of the urban and rural of residents' income and amassment slightly be reduced and even continuously be extended. The proportion of residents' physical living consumption slightly debase over 2. 01 percentage points and the proportion of residents' non-physical living consumption slightly heighten over 2. 01 percentage points, the consumption structure appearance partial "upgrade" change. However the ratio of residents' amassment remarkably continue to rise from 24. 24% to 32. 14%, the action which restrains residents' consumption demand aggravate.

Keywords: Zhejiang; People's Living Conditions; Development Index; Measuration and Evaluation

R. 12   Liaoning: Rank the 4th in the 2015 Annual Development Index of People's Livelihood Leaders

Cui Ning / 257

Abstract: From 2000 to 2015, the per capita value of all types of people's livelihood data in Liaoning's urban and rural comprehensive calculation evidently continue to increase, the residents' income in 2015 is 6. 19 times of that in 2000, the overall consumption is 5.46 times, the physical living consumption is 4.95 times, the non-physical living consumption is 6.65 times and the amassment is 9.03 times. The ratio of residents' income certainly raise from 35.50% to 37.60%, but the ratio of residents' consumption certainly fall from 28.19% to 26.32%, it recover slightly while the Twelfth Five-Year Plan period. Especially ought to notice, the average annual growth of residents' income is slightly 0.67 percentage points lower than the annual growth of fiscal revenues and the average annual growth of residents' consumption expenditure is evidently 3.04 percentage points lower than the annual growth of fiscal expenditure. The regional disparity of residents' income, total consumption, physical living consumption, non-physical living consumption and amassment mostly continue to be extended, the ratio of the urban and rural of residents' consumption demand (including total consumption, physical living consumption and non-physical living consumption) mostly continue to be reduced, the ratio of the urban and rural of residents' income and amassment roundly continue to be extended. The proportion of residents' physical living consumption evidently debase over 6.53 percentage points and the proportion of residents' non-physical living consumption evidently heighten over 6.53 percentage points, the consumption structure appearance remarkable "upgrade" change. However the ratio of residents' amassment significantly continue to rise from 20.58% to 30.01%, the action which restrains residents' consumption demand aggravate.

Keywords: Liaoning; People's Living Conditions; Development Index; Measuration and Evaluation

R.13 Anhui: Rank the 4th in the 2000–2015 Development Index of People's Livelihood Runners-up

Li Yiting / 274

Abstract: From 2000 to 2015, the per capita value of all types of people's livelihood data in Anhui's urban and rural comprehensive calculation evidently continue to increase, the residents' income in 2015 is 6.45 times of that in 2000, the overall consumption is 6.08 times, the physical living consumption is 5.53 times, the non-physical living consumption is 7.66 times and the amassment is 7.52 times. But the ratio of residents' income significantly fall from 59.56% to 51.01% and the ratio of residents' consumption significantly fall from 44.19% to 35.67%, it recover slightly while the Twelfth Five-Year Plan period. Especially ought to notice, the average annual growth of residents' income is remarkably 5.83 percentage points lower than the annual growth of fiscal revenues and the average annual growth of residents' consumption expenditure is significantly 7.65 percentage points lower than the annual growth of fiscal expenditure. The regional disparity of residents' income, total consumption, physical living consumption, non-physical living consumption and amassment mostly continue to be reduced, the ratio of the urban and rural of residents' consumption demand (including total consumption, physical living consumption and non-physical living consumption) roundly continue to be reduced, the ratio of the urban and rural of residents' income and amassment slightly be reduced and even continuously be extended. The proportion of residents' physical living consumption evidently debase over 6.70 percentage points and the proportion of residents' non-physical living consumption evidently heighten over 6.70 percentage points, the consumption structure appearance remarkable "upgrade" change. However the ratio of residents' amassment certainly continue to rise from 25.81% to 30.07%, the action which restrains residents' consumption demand aggravate.

Keywords: Anhui; People's Living Conditions; Development Index; Measuration and Evaluation

图书在版编目(CIP)数据

中国人民生活发展指数检测报告.2017/王亚南主编.--北京：社会科学文献出版社，2017.3
（民生指数报告）
ISBN 978-7-5201-0407-4

Ⅰ.①中… Ⅱ.①王… Ⅲ.①人民生活-生活水平-研究报告-中国-2017 Ⅳ.①F126

中国版本图书馆 CIP 数据核字（2017）第 036144 号

·民生指数报告·

中国人民生活发展指数检测报告（2017）

主　　编／王亚南
联合主编／祁述裕　张继焦
副 主 编／朱　岚　刘　婷　方　彧

出 版 人／谢寿光
项目统筹／邓泳红
责任编辑／吴　敏　张　超　周晓静

出　　版／社会科学文献出版社·皮书出版分社（010）59367127
　　　　　地址：北京市北三环中路甲29号院华龙大厦　邮编：100029
　　　　　网址：www.ssap.com.cn
发　　行／市场营销中心（010）59367081　59367018
印　　装／北京季蜂印刷有限公司

规　　格／开　本：787mm×1092mm　1/16
　　　　　印　张：19.75　字　数：312千字
版　　次／2017年3月第1版　2017年3月第1次印刷
书　　号／ISBN 978-7-5201-0407-4
定　　价／79.00元

本书如有印装质量问题，请与读者服务中心（010-59367028）联系

▲ 版权所有 翻印必究